THÉORIE DU / NUAGE /

DU MÊME AUTEUR

AUX MÊMES ÉDITIONS

Fenêtre jaune cadmium,
ou les dessous de la peinture
collection « Fiction & Cie », 1984

CHEZ D'AUTRES ÉDITEURS

Ruptures / Cultures
Minuit, 1974
collection « Critique »

L'Origine de la perspective
Flammarion, 1987
collection « Idées et recherches »

HUBERT DAMISCH

THÉORIE DU / NUAGE /

POUR UNE HISTOIRE DE LA PEINTURE

ÉDITIONS DU SEUIL
27, rue Jacob, Paris VIe

En couverture :
Mantegna, Saint Sébastien (détail).
Kunsthistorischemuseum, Vienne.
Photo Giraudon

ISBN 2.02.002711.9

« E la pittura panno acotonato dello inferno, che dura poco et è di manco spesa, perchè levato ce gl'ha quello riciolino, non se tiene più conto. »

JACOPO DA PONTORMO

lettre à Benedetto Varchi, 18. II. 1548.

1

SIGNE ET SYMPTÔME

1.1. COUPOLES

Soit, à Parme, les coupoles peintes à fresque par le Corrège :

1. *L'ascension du Christ* ou, pour mieux dire, la *Vision de saint Jean à Patmos* (église Saint-Jean-l'Evangéliste, 1520-1524) (planche I A).

2. *L'assomption de la Vierge* (cathédrale, 1526-1530). « Sans doute le plus bel ouvrage qui ait jamais été fait en ce genre, avant et après lui » (Anton-Rafael Mengs, *Mémoire sur la vie et sur les œuvres d'Antoine Allegri dit le Corrège, Œuvres,* t. II, p. 169).

1.1.1. PRINCIPE

Là où ses prédécesseurs et (pendant longtemps) nombre de ses successeurs dans l'art du décor plafonnant se seront appliqués, lorsque de pareilles surfaces leur étaient concédées, à en affirmer, à en souligner sur le mode souvent illusionniste la nature et les articulations architectoniques — quand ils ne s'en tenaient pas à traiter coupoles, voûtes et plafonds comme autant de parois où répartir et appliquer des figures et des panneaux conçus selon les normes du tableau de chevalet —, la solution à laquelle est attaché le nom du Corrège revient au contraire à une négation : négation de la bâtisse, sinon négation de la clôture de l'édifice par l'établissement en un lieu privilégié de la couverture d'un décor ainsi conçu qu'il paraisse « trouer » la muraille et y ménager une ouverture feinte sur un ciel lui-même traité en trompe l'œil (solution déjà acquise par Mantegna, dès 1472-1474, au plafond de la Chambre des époux, à Mantoue : on y reviendra).

Trompe-l'œil

Sur la surface intérieure de la coupole, dont la construction picturale utilise habilement la concavité, se développe une composition circulaire ou, pour mieux dire, hémisphérique, libre de toute référence ou ponctuation architectonique et dont l'ordonnance paraît fondée, dans sa *continuité,* sur les seuls prestiges de la perspective aérienne et du raccourci des figures. A Saint-Jean-l'Evangéliste, dont la coupole repose sur un tambour très bas et presque aveugle, traité en façon d'entablement et décoré d'une frise à l'antique, le cercle plus ou moins affalé des Apôtres trouve appui sur un amas de nuées grisâtres, d'apparence solide, renforcées de *putti,* et dont l'anneau laisse paraître en son centre la figure du Christ voletant sur le fond d'une gloire dorée — la « machine » (comme dira Annibal Carrache) étant sans rapport apparent avec la bâtisse qui semble s'interrompre à la hauteur de la retombée des voûtes pour laisser place à une vision céleste. A la coupole de la cathédrale, au contraire, les figures des Apôtres réparties entre les oculi du tambour sont solidement implantées sur la corniche inférieure, devant une balustrade chargée de candélabres et d'adolescents qui assurent la transition avec le registre céleste : le trompe-l'œil n'en est que plus assuré, et mieux marquée l'opposition entre ceux qui, pour tendus qu'ils soient vers le ciel, n'en gardent pas moins les pieds rivés au sol, et la figure lointaine et presque indistincte de la Vierge établie dans l'axe de l'abside et qu'emporte un tourbillon fluide et lumineux où s'enchaînent, selon une spire sans fin, anges, élus et nuées. (On observera cependant que, dans la coupole de Saint-Jean-l'Evangéliste, une figure à vrai dire à peu près totalement dissimulée — elle n'est visible que du fond de l'abside — prend également appui sur la corniche : celle de saint Jean lui-même, agenouillé en oraison [1].)

Description (Burckhardt, *Der Cicerone,* 1855)

« De 1521 à 1524, Corrège peignit, pour l'église de S. Giovanni, d'abord la belle et puissante figure de l'apôtre illuminé dans la lunette au-dessus de la porte du transept gauche, puis la

1. Cf. Augusta Ghidiglia Quintavalle, *Gli affreschi del Correggio in San Giovanni Evangelista a Parma,* Milan, 1962, fig. 8-11.

coupole. C'est ici la première coupole consacrée à une grande composition d'ensemble : le *Christ dans sa gloire,* entouré des Apôtres assis sur les nuages, et le tout est la *Vision de saint Jean,* placé plus bas, au bord de la fresque. Les Apôtres sont de vrais Lombards, d'un type noble, d'une stature grandiose. La perspective d'en bas, dont cette fresque est le premier exemple aussi complètement achevé (*Die völlig durchgeführte Untensicht, von welcher dieses Beispiel das frühste erhaltene und jedenfalls das frühste so ganz durchgeführte ist*), parut aux contemporains et à la génération suivante le triomphe de l'art de peindre. On négligea de remarquer quelles étaient, dans cette perspective, les parties du corps humain qui venaient au premier plan, tandis que le sujet, commun à la plupart des coupoles, la Gloire céleste, n'eût admis que l'expression d'une vie plus spirituelle. On oublie que, dans un tel cas, la réalité même de l'espace est une sorte d'amoindrissement, et que seule une composition idéale, de caractère architectonique, pouvait éveiller un sentiment conforme à la dignité du sujet *(Man empfand nicht mehr, das für diesen Gegenstand die Raumwirklichkeit eine Entwürdigung ist und dass überhaupt nur die ideale, architektonische Composition ein Gefühl erwecken kann, welches demselben irgendwie gemäss ist).* Or il se trouve précisément que la figure principale, le Christ, est d'un raccourci qui la fait ressembler à une grenouille ; chez quelques-uns des Apôtres de même les genoux touchent le cou. La désignation de l'espace, des supports et de l'assiette, et de même les gradations, les nuances de la peinture, sont exprimées par des nuages, que Corrège traite comme des corps résistants, en forme de pelote, et d'un volume déterminé *(Als Raumverdeutlichung, Stütze und Sitz, malerisch auch als Mittel der Abstufund und Unterbrechung dienen die Wolken, welche Corregio als consistent geballte Körper von bestimmten Volumen behandelt).* Aux pendentifs de la coupole sont de même représentés, alternativement, les Evangélistes et les Pères de l'Eglise, belles figures, d'un raccourci peut-être excessif, assises sur les nuages. Michel-Ange, lui, asseyait solidement sur des trônes ses Prophètes et ses Sibylles *(Während noch Michel Angelo seinen Propheten und Sibyllen an ähnlicher Stelle feste Throne gegeben hatte).*

« De 1526 à 1530 enfin, Corrège peignit la coupole de la cathédrale ; et là il s'abandonna sans limite à sa façon d'interpréter les sujets supra-terrestres. Il donne à tout une expression purement extérieure, au risque de profanation. Au centre (aujourd'hui très endommagé), le Christ accourt au-devant de la Vierge, qui s'avance parmi une masse d'anges et de nuages. Le motif et le moment d'ailleurs ne manquent pas de puissance : cette grappe d'anges innombrables qui se précipitent les uns au-devant des autres et s'enlacent avec passion est sans exemple dans l'art *(Der Knäul zahloser Engel, welche hier mit höchster Leidenschaft einander entgegenstürzen um sich umschlingen, ist ohne Beispiel in der Kunst).* Quant à savoir si cet événement ne pouvait pas être représenté avec plus de dignité, c'est une autre question. Si oui, cet enchevêtrement de jambes et de bras, caractérisé par un mot d'esprit bien connu [1], était inévitable ; car en supposant que la scène eût été réelle, il devenait impossible de la traduire autrement. Plus bas, entre les fenêtres, sont les Apôtres contemplant la Vierge ; derrière eux, sur un balcon, sont des Génies avec des candélabres et des encensoirs. Corrège prête une inconséquence aux Apôtres : il est peu naturel que, dans l'excitation qu'ils éprouvent, ils restent tranquillement dans leur coin ; de même leur prétendue position n'est pas d'une vérité absolue. Ce qui est tout à fait admirable, ce sont quelques-uns de ces Génies, et aussi les anges de la coupole même, mais surtout ceux qui, dans les pendentifs, planent autour des quatre patrons de Parme. C'est presque une sorte d'ivresse que l'impression causée par ces figures (*Es ist ein eigenthümliche Art der Berauschung, womit diese Gestalten den Sinn erfüllen*). La meilleure lumière, et de même pour l'ascension de la coupole, est vers midi [2]. »

Espace/lumière : la destruction du cube perspectif

Au regard du concept d'un style « baroque » ou encore « pittoresque », « pictural » *(malerisch),* et dont « l'aversion pour toute délimitation précise est peut-être le trait le plus marquant [3] », les coupoles du Corrège ne pouvaient manquer d'apparaître, historiquement parlant, comme une production inaugurale : l'une des premières manifestations, singulièrement

1. Burckhardt fait ici allusion à la tradition selon laquelle, lors de la consécration de la coupole du Corrège, un chanoine l'aurait comparée à un « ragoût de grenouilles ». Cf. Corrado Ricci, *Corrège,* trad. française, Paris, 1930, p. 103.

2. Jacob Burckhardt, *Der Cicerone,* 4ᵉ édition, Leipzig, 1879, t. II, p. 698-700 ; trad. française, Paris, 1885-1892, t. II, p. 715-716.

3. Heinrich Wölfflin, *Renaissance et Baroque,* trad. française, Paris, 1967, p. 151.

précoce et décidée, d'un art où paraîtront se défaire les mesures du cube perspectif, de l'espace tectonique orthogonal et clos du Quattrocento.

« Ses réalisations les plus réussies, les intérieurs d'églises, font apparaître dans l'art *un sentiment tout nouveau de l'espace, tendu vers l'infini :* la forme se dissout, pour laisser la place au pittoresque dans son acception la plus haute, c'est-à-dire à la *magie de la lumière.* Le propos n'est plus de rechercher une proportion cubique précise, un rapport bienfaisant entre la hauteur, la largeur et la profondeur d'un espace fermé précis ; le style pittoresque pense d'abord aux effets d'éclairage : profondeur d'une obscurité insondable, magie de la lumière tombant des hauteurs invisibles de la coupole, passage de l'obscurité à une clarté toujours plus grande, voilà les moyens avec lesquels ce style opère sur nous.

« L'espace, que la Renaissance éclairait de façon régulière et ne pouvait pas se représenter autrement que comme un espace tectoniquement clos, semble ici se perdre dans l'illimité, l'indéfini. On ne pense plus du tout à la forme extérieure : de tous côtés le regard est guidé vers l'infini. Le fond du chœur disparaît dans l'éblouissement doré de l'édifice du maître-autel, dans l'éclat de la « splendeur céleste » ; sur les côtés les chapelles obscures ne laissent rien distinguer de précis, mais en haut, là où jadis un plafond plat fermait paisiblement l'espace, s'arrondit une immense voûte (berceau), ou plutôt non : elle est trop ouverte : des flots de nuages descendent, des cohortes d'anges passent, un éclat céleste resplendit. Regard et pensée se perdent dans les espaces incommensurables.

« Il faut reconnaître que ces effets confiés à la toute-puissance de la décoration n'apparaissent qu'à la dernière période du baroque. Le trait significatif du nouvel art, l'orgie d'espace et de lumière, ne s'en manifeste pas moins, irrésistiblement, dès le début [1]. »

1.1.2. PRESTIGE

Mais ce n'est pas seulement l'analyse stylistique qui aura autorisé des historiens tels que Wölfflin ou Riegl (et déjà Burckhardt) à voir dans les coupoles de Parme le point de départ d'une série qu'ils furent parmi les premiers à désigner comme « baroque »

1. Wölfflin, *op. cit.,* p. 151-154.

et où nuages et nuées ont envahi la totalité de la composition, quand ils ne débordent pas sur son cadre et sur les parties voisines de l'architecture. La filiation est historiquement établie, attestée par quantité de témoignages.

Opération

« Je n'ai pu me retenir d'aller voir tout de suite la grande coupole que vous m'avez tant de fois vantée et je reste encore stupéfait d'avoir vu une si grande machine, si bien entendue en toutes ses parties, si bien vue de bas en haut et avec une telle rigueur, mais toujours avec tant de jugement, tant de grâce, et cette couleur qui est vraiment celle de la chair (*una cosi gran macchina, cosi ben intesa ogni cosa, cosi ben veduta di sotto in sù con si gran rigore, ma sempre con tanto giudizio, e con tanta grazia, con un colorito, che è di vera carne*) ! Ma foi, ni Tibaldi, ni Nicolino [Nicolo dell'Abbate], ni même, oserai-je le dire, Raphaël, ne comptent plus [1]. » Ces lignes qu'adressait de Parme à son cousin Louis, le 10 avril 1580, le jeune Annibal Carrache, disent assez le prestige considérable — et *raisonné* — qu'avaient aux yeux des futurs maîtres de l'école bolonaise les décors peints à fresque du Corrège, et d'abord sa grande coupole [2]. *Raphaël lui-même ne compte plus...* C'est que le *goût* l'emporte ici, le goût qui sera la grande affaire de l'éclectisme et où un Mengs reconnaîtra encore, deux siècles plus tard, la marque distinctive de l'art du Corrège, et qu'il voudra associer, suivant l'exemple d'Augustin Carrache, à l'*expression* (le dessin) de Raphaël et à la *vérité* (la couleur) de Titien.

Mais le goût, qu'est-ce à dire pour un homme du XVIIIe siècle, sinon, à l'instar du goût physique (la saveur d'un aliment),

1. Cf. Giovanni Bottari, *Raccolta di lettere sulla pittura, scultura ed architettura,* Rome, 1767, t. I, p. 86.

2. Celle, sans doute, de la cathédrale. Mais le même Annibal aura pu étudier l'ensemble, alors intact, de Saint-Jean-l'Evangéliste. En 1586, s'étant fixé à Parme pour « s'y appliquer tout entier à l'étude du Corrège », il travaillera même, avec son frère Augustin, à copier la fresque de l'abside, sur le point d'être détruite pour permettre l'agrandissement du chœur, et que l'on connaît par les fragments qui en sont conservés à la Galerie nationale de Parme et à la National Gallery de Londres, ainsi que par la copie de Cesare Aretusi, substituée à l'original dans l'abside reconstruite (cf. Giovanni Bellori, *Le Vite de Pittori, scultori et architetti moderni,* Rome, 1672, p. 22-23).

l'action qu'exerce sur le nerf optique un objet qui se veut agréable à l'œil, cette *opération* (pour parler comme Mengs, mais encore comme Wölfflin) pouvant être regardée « comme une espèce de style ou de manière »[1] ? Il n'est pas sûr que les Carrache l'aient entendu ainsi, bien qu'un certain platonisme qui regarde la beauté des corps comme l'apparence visible de la perfection, ait toujours fait bon ménage, dans les académies, avec le sensualisme. S'agissant des coupoles de Parme, l'important est qu'Annibal Carrache ait cru devoir distinguer entre l'arrangement des parties, l'organisation perspective de la « machine », et le jugement, la grâce, la qualité de la couleur — toutes choses que Mengs désignera du nom de *style* ou de *manière*[2] : le rapprochement portant à s'interroger sur les mécanismes de l'opération et sur les rapports du « style » (dont on demandera s'il est seulement d'exécution) avec la structure de l'œuvre (« une machine si bien entendue »).

Modèle/série

Si la recherche des « sources » doit avoir un sens (en l'occurrence elle en a bien un, mais peut-être pas celui qu'on croit), il semble en tout cas qu'on tienne ici le modèle, explicitement reconnu et désigné, célébré comme tel, d'un mode de décor illusionniste, spectaculaire et mouvementé, épinglé par les historiens de l'étiquette « baroque », et qui devait s'imposer à Rome un siècle au moins après le Corrège : coupoles, voûtes et plafonds où s'enlève, dans un ciel peuplé de nuées, telle « Gloire » ou « Triomphe » d'une Vierge, d'un saint, d'une famille, voire d'un ordre religieux — la coupole de Lanfranco à San Andrea della Valle (*Assomption,* 1625-1628), le plafond de Pierre de Cortone au palais Barberini (*Gloire de la famille d'Urbain VIII,* 1633-1639), la voûte de la nef du Gesù, peinte par le Baciccia (*Triomphe du nom de Jésus,* 1672-1683), et

1. Anton-Raphaël Mengs, *Réflexions sur la beauté et sur le goût dans la pointure,* in *Œuvres complètes,* trad. française, Paris, 1786, t. I, p. 99.

2. Au sens relevé du terme. Car il y a une grande différence, selon Mengs, entre le goût qui naît du choix des parties, et qui vise (ainsi le veut la doctrine académique) à « amender » la nature, et ce qu'on appelle communément « manière », soit l'espèce de fiction ou d'imposture qui consiste à omettre des éléments ou à en inventer qui passent les bornes de la nature (*ibid.,* p. 104).

celle de Saint-Ignace, par le père Pozzo (*Triomphe des jésuites*, 1691-1694), en étant les exemples clés [1].

Blocage

On a dit l'intérêt que portaient les Carrache aux « machines » du Corrège. Et cependant le décor de la voûte de la galerie Farnèse (1597-1604) contredit, dans son principe même, à l'ordonnance *continue* et suivant une perspective de bas en haut (*dal sotto in sù*) des coupoles de Parme : là où le Corrège, dès 1520, paraît avoir tiré argument de la relation verticale entre le spectateur et le décor qui lui est donné à voir pour établir au zénith le point de fuite de la composition, les Carrache, au début du siècle suivant (et Pierre de Cortone encore, vers son milieu, dans la nef de la Vallicella), continueront d'appliquer le schème vénitien du *quadro riportato,* d'une peinture ou d'un cycle de peintures conçues suivant les normes du tableau de chevalet et de la perspective à l'horizontale, mais disposées sur la voûte ou le plafond de telle façon que la ligne de terre a basculé de 90° par rapport au plan du mur, le visiteur qui prétend étudier de tels ensembles étant astreint à une véritable gymnastique optique (laquelle, comme l'a bien vu Wölfflin, est impliquée dans l'économie du décor : « La disposition architectonique simple et claire de Michel-Ange a été sacrifiée au désir d'étaler une insondable richesse. On peut difficilement saisir la disposition de l'ensemble ; l'œil n'arrive pas à trouver de repos en face de figures qu'il ne parvient pas à appréhender ; les images sont superposées ; on croit que jusqu'à l'infini on pourra se contenter d'en repousser une pour en découvrir une autre ; dans les angles s'ouvre une perspective sur l'infini de l'espace vide [2]. »)

La solution adoptée par le Corrège peut à première vue paraître plus « naturelle », plus homogène et cohérente en tout cas, moins contradictoire, fondée qu'elle est en toutes ses parties (et non pas seulement dans ses angles) sur un principe unitaire : il reste que, par l'effet d'un blocage historique dont ce travail vise entre autres choses à découvrir les ressorts, il aura fallu attendre plus d'un siècle pour la voir s'imposer à Rome et de là s'étendre à l'Europe entière (encore qu'au XVIIIe siècle — ce

1. Cf. Marie-Christine Gloton, *Trompe-l'œil et Décor plafonnant dans les églises romaines de l'âge baroque,* Rome, 1965.
2. Wölfflin, *op. cit.,* p. 149-151.

genre de querelle n'est pas nouveau — on ait prétendu que le Corrège avait lui-même pris l'idée de sa coupole à un maître ancien dont un tableau se trouvait dans l'église des Saints-Apôtres, à Rome [1]). De Ludovico Cigoli, qui aura contribué à introduire à Rome ce type de décor [2], on sait que ce peintre florentin, ami — comme on verra — de Galilée, et fixé à Rome, avait fait le voyage de Parme. Quand, en 1625, à la suite de péripéties et rivalités qui n'importent pas ici, les théatins de Sant'Andrea della Valle voudront eux aussi avoir « leur » coupole, c'est à un Parmesan qu'ils feront appel, Giovanni Lanfranco, dont Bellori rapporte que, lors d'un séjour dans la ville du Corrège, il avait exécuté une maquette de la coupole de la cathédrale [3], et qui devait ensuite s'illustrer dans ce genre à Naples (coupole du Gesù Nuovo, 1635-1637, etc.). Et quant au Baccicia (Giovanni Battista Gauli, dit le), que le *Triomphe du nom de Jésus,* peint à fresque sur la voûte du Gesù, allait consacrer comme l'un des maîtres du décor plafonnant, il aura tenu, alors qu'il travaillait quelques années auparavant aux pendentifs de Sant'Agnese in Agone, à faire lui aussi le voyage de Parme pour y étudier les procédés du Corrège [4].

1.1.3. GRILLE

Quelque prestige qui s'y soit attaché dès l'origine, les coupoles du Corrège n'en occupent pas moins, par conséquent, une position énigmatique dans l'histoire de l'art, du fait de l'écart de plus d'un siècle qui les sépare des premières productions romaines dont elles auront fourni le modèle explicite. Ignorant pour le moment le problème, on s'étonnera qu'au détour du siècle dernier, et à l'heure de la *Sezession* (mais aussi bien de Cézanne et de Seurat, et des impressionnistes allemands), le plus illustre représentant de l'Ecole de Vienne et le premier des *théoriciens*

1. Cf. Mengs, *Réflexions sur Raphaël, sur le Corrège, sur le Titien, et sur les ouvrages des Anciens,* in *Œuvres,* t. I, p. 249.
2. Gloton, *op. cit.*, p. 99.
3. « *Accrescevasi in lui sempre più lo spirito, e l'habilità alla pittura ; perche invaghitosi de' modi del Correggio, disegnava, e coloriva le sue opere, e s'invoglio tanto della cupola del duomo di Parma, che ne formo di coloretti un picciolo modello, praticando l'unione, e lo stile delle figure vedute dal sotto in sù in scorto.* » Bellori, *Le Vite...,* p. 99.
4. Cf. Gloton, *op. cit.*

de l'art au sens où ce texte l'entend, Aloïs Riegl, ait cru pouvoir s'accorder avec Burckhardt pour reconnaître en cet artiste provincial *le plus moderne de tous les peintres de la Renaissance italienne* [1]. Il importe de voir comment les productions du Corrège trouvent leur place, au titre tout à la fois de point de repère et d'illustration, à la charnière d'une opposition théorique qui fonctionne aujourd'hui encore, qu'on le veuille ou non, comme une grille de lecture et sur laquelle s'articule toute interprétation qui peut être proposée de ces ouvrages (à charge pour le lecteur d'en traverser l'écran, et de substituer à la grille, au texte reçu, sa propre grille, son propre texte).

Concepts

Formé qu'il était au *goût* du XVIIIe siècle (celui de Mengs), Stendhal pouvait juger « sublimes » les fresques du Corrège, en être « touché jusqu'aux larmes [2] ». Mais Riegl ? Si celui-ci a fait la part belle à ce peintre dans son système, ce n'est pas seulement pour avoir vu dans telle de ses œuvres le point de départ, sinon le modèle d'une forme de l'art (le « baroque », — voire, comme déjà le voulait Burckhardt, le « rococo [3] ») dont les historiens travaillaient alors à élaborer le concept. Les productions du Corrège avaient à ses yeux une autre portée : sur l'axe qui joint le pôle *objectif* de l'art — où les êtres et les choses sont « rendus » tels qu'ils sont donnés d'abord au toucher, dans la proximité immédiate de leur surface — à son pôle *subjectif* — où ils le sont tels que la vue les découvre à distance, dans un espace à trois dimensions —, dans l'écart encore qui sépare les modes *tactile* et *optique* de la figuration et où s'inscrivait, selon Riegl, l'évolution entière de l'art occidental, depuis l'Antiquité gréco-orientale jusqu'aux jours de l'impressionnisme, ces productions lui semblaient occuper une position décisive. Si la Renaissance apparaît comme le moment d'un compromis entre la composition sur le plan, à l'antique, et la compo-

1. « *Als der modernste aller jener Renaissance-Italiener* », Aloïs Riegl, *Die Entstehung der Barockkunst in Rom*, Vienne, 1908, p. 47.
2. Stendhal, *Rome, Naples et Florence.*
3. Burckhardt, *Der Cicerone*, t. II, p. 701 : « Corrège a été le modèle de la peinture rococo (*das Muster der Rococomalerei*) » ; cf. Riegl, *op. cit.*, p. 54 : « Tout le développement sort de là (*Die ganze Entwicklung geht von hier aus*) », de là, c'est-à-dire, nommément, de la coupole de la cathédrale de Parme.

sition moderne, dans l'espace, c'est dans l'œuvre du Corrège que se serait fait jour, pour la première fois, sans restriction aucune, la volonté de construire le tableau à partir du point de vue du *sujet,* un sujet défini en termes kantiens et auquel l'espace aurait été donné dès l'abord, au titre de forme *a priori* de la sensibilité.

Comment l'entendre, dans une perspective moins historique que systématique, s'il est vrai que Riegl [1] ait été le premier à tenter d'analyser les produits de l'art à partir de leurs conditions formelles de possibilité [2], et à substituer à l'enquête iconographique, portant sur le seul contenu des images, sur leur seul *signifié,* l'étude de leurs principes formateurs et des traits constitutifs de l'apparence des choses telles que la peinture les donne à voir : rapport entre les figures et le fond sur lequel elles s'enlèvent, entre les formes et le lieu où elles s'ordonnent, contour, modelé, ombre portée, couleur, clair-obscur, raccourci, perspective atmosphérique, etc. — soit, comme on va le voir, reprises sur le mode systématique, quelques-unes des parties et rubriques sous lesquelles Mengs avait traité, en son temps, du goût du Corrège et de son apport à l'art de la peinture ?

Il faut en effet revenir ici sur le *goût* dont les académistes créditaient le Corrège pour, tout à la fois, en préciser le concept et reconnaître le champ idéologique où opère, depuis Riegl, la théorie de l'art. Si le goût est le propre du Corrège, est-ce à dire que Raphaël ou Titien en aient manqué dans la partie de l'art où ils ont excellé — le dessin (l'*expression,* la grandeur) pour Raphaël, le coloris (la *vérité*) pour Titien ? La doctrine académique voulant qu'aucun artiste du passé n'ait réussi à faire la preuve de son excellence dans toutes les parties de l'art à la fois, le Corrège était fait pour séduire les esprits éclectiques qui le louaient d'avoir apporté leur complément à ces différentes excellences en unissant à la grandeur et à la vérité « une certaine élégance à laquelle on donne communément le nom de goût, par lequel on entend le caractère propre et déterminé de chaque chose, sans qu'il y ait de parties gratuites et inutiles [3] ». Mais ce qui importe ici, c'est que Mengs croie pouvoir écrire que l'harmonie, le « style moyen » où ce peintre

1. Cf. Riegl, *op. cit.*, p. 51-53, et pour une position plus générale du problème, *Die Spätrömische Kunstindustrie,* Vienne, 1901, chap. 1.

2. Cf. Erwin Panofsky, « Der Begriff des Kunstwollens », *Aufsätze zu Grundfragen der Kunstwissenschaft,* Berlin, 1964, p. 33-47.

3. Mengs, *Réflexions sur le talent du Corrège, Œuvres,* t. II, p. 194.

était passé maître, répondait à l'intention qui était sienne de « faire plaisir aux yeux et de charmer l'âme de ses spectateurs ». *Faire plaisir aux yeux* : telle était, selon Mengs, l'opération (« cette manière de style ») à laquelle se ramenait le goût, le Corrège ayant été le premier à faire concourir à cette fin toutes les parties de son art et à n'exercer son talent que « pour satisfaire son cœur, *en suivant ses propres sensations* [1] », puisque aussi bien « c'est par la vue que la peinture nous plaît [2] ».

Quelle qu'en soit la connotation sentimentale (« Il est à croire que le Corrège était d'une grande sensibilité et qu'il avait le cœur fort tendre et porté à l'amour [3] »), la qualité essentiellement visuelle et subjective que Mengs reconnaît à l'art du Corrège s'accorde par conséquent assez bien avec les assertions de Riegl [4] et la position que celui-ci assigne au peintre de Parme au détour de l'art moderne — un art qui ne voudrait connaître, à la limite, que des seules sensations, des seules impressions optiques. Mais il faut dire davantage : car l'opposition des deux pôles, tactile (objectif) et visuel (subjectif), si elle a chez Riegl une valeur théorique et lui permet d'ordonner les produits de l'art suivant un axe qui n'est plus seulement celui de l'histoire et de la successivité entendue comme principe d'explication, c'est dans la proportion où elle sert à introduire un protocole d'analyse formelle. Un art voué à l'appréhension des corps considérés dans leur unité et leur impénétrabilité matérielle aura recours au contour qui isole les figures du fond sur lequel elles s'enlèvent, et s'attachera à éliminer tout modelé, tout raccourci, tout effet de recouvrement ou d'éloignement, tout trait expressif qui puisse interrompre la continuité objective de la surface ou déranger l'ordre des figures sur le plan ; ses moyens seront essentiellement *linéaires,* au rebours de ceux, *picturaux,* qui sont le propre d'un art qui prend pour objet (pour référent) l'espace lui-même, et pour sujet (qu'on ne confondra pas avec la « fable » de l'œuvre, l' « histoire » que l'image illustre ou raconte par les moyens qui sont les siens) la représentation des formes singulières telles qu'elles apparaissent et se découvrent dans une profondeur libre et indéfinie, considérée dans sa substance lumineuse et aérienne.

1. Mengs, *op. cit.*
2 et 3. Id., *Réflexions sur la beauté et sur le goût dans la Peinture,* p. 115.
4. Cf. Burckhardt, « *Correggio's durchhaus subjektive Kunst* », *op. cit.,* II, p. 700.

Lorsqu'il recensera les traits distinctifs des styles « linéaire » et « pictural » (soit les couples d'opposition limité/illimité, présentation par plans/en profondeur, forme ouverte/fermée, pluralité/unité, etc.), Wölfflin ne fera que reprendre, à des fins que l'histoire de l'art académique devait bientôt réduire à celles d'une taxinomie strictement descriptive, l'articulation *théorique* définie quelques années auparavant par Riegl [1]. Or il est sûr que l'art du Corrège peut paraître fournir une bonne illustration du style « pictural », dans son opposition au style « linéaire », s'il est vrai, comme déjà l'écrivait Mengs, que ce peintre ait refusé les lignes droites et simples par quoi se définit la forme extérieure et qu'il ait toujours voulu interrompre ses contours par le clair-obscur, tout en restant sans rival dans l'art de la perspective aérienne pour avoir observé que la nature ne présente jamais plusieurs objets dans le même degré de force (« Car ce qui est sur le devant du tableau est supposé ne pas être voilé par les corpuscules éclairés qui circulent dans l'air ; au lieu que le fond, qui est plus reculé, doit être regardé comme couvert de plusieurs couches de ces corpuscules [2] »). Corrège, s'il a été — comme le voudra Riegl — le plus proche des modernes et le premier des « baroques », c'est que « les contours trop maigres et trop resserrés de ses prédécesseurs ne pouvaient suffire à son esprit céleste [3] ». Mais qu'on y prenne garde : « En agrandissant les masses des jours et des ombres, tel qu'un fleuve qui franchit ses limites, il entraîna ses spectateurs dans la vaste mer du gracieux et en a conduit beaucoup, par le chant de ses sirènes, dans le pays de l'erreur [4]. »

1. Il importe de souligner ici le caractère *théorique* des fonctions assignées par Riegl, et à un moindre degré par Wölfflin, à une opposition dont déjà la doctrine classique avait su jouer (comme le prouvent les textes de Mengs), mais de façon empirique, et sans prétendre à lui conférer un statut, une portée « scientifiques ».
2. Mengs, *Réflexions sur Raphaël...*, p. 254-255.
3 et 4. Id., *Réflexions sur la beauté...*, p. 137.

1.2. INDEX

> « L'esprit scientifique exige que la complexité qui lui est offerte puisse être analysée de façon à permettre d'extraire un seul trait et à utiliser ce trait comme une clé pour l'ensemble. » LOUIS HJELMSLEV
> *Prolégomènes à une théorie du langage*, p. 177.

1.2.1. PROCÈS : TEXTURE

On ignorera provisoirement la connotation pathologique — « le pays de l'erreur » — que Mengs a choisi d'attacher à certaines des conséquences *historiques* de la pratique picturale du Corrège : c'est là moins le théoricien qui parle que le gardien d'un ordre, et de ses *limites*. Mais l'œuvre du Corrège n'a pas eu seulement des suites, un retentissement plastiques : elle aura donné matière à rêver à des générations d'âmes plus ou moins sensibles, et l'on ne saurait faire que des commentaires tels que ceux de Stendhal ne lui aient conféré des prestiges un peu troubles. Or dans le champ même des lectures articulées en termes linguistiques (par opposition aux lectures « picturales » qui auront été le fait des peintres), une césure se fait jour : les considérations de Mengs et, à un moindre degré, les analyses de Riegl portent sur la seule *facture* de l'œuvre, à l'exclusion de tout développement sémantique. Elles n'en commandent pas moins une interprétation qui assigne à cette œuvre sa place dans le champ idéologique qui a nom « histoire de l'art ». Mais la signification que l'œuvre revêt au regard d'une histoire des « styles » demeure transcendantale, au sens propre du terme : elle lui est imposée de l'extérieur par une interprétation qui ne connaît des productions du Corrège que dans une perspective historique et doctrinale et sur la base d'une description strictement technique, formelle, indifférente au procès signifiant dont ces productions marquent le trajet.

En fait, rien n'autorise à penser que l'ensemble des traits matériels recensés sous les rubriques du contour, de la couleur, etc., soient articulés systématiquement en vue de la production d'un *sens* (peut-être ne concourent-ils qu'à celle d'un *effet*), et moins encore, dans les termes de Hjelmslev, que ces *figures* soient au service de *signes* (iconiques) qui en détermineraient logiquement l'existence. Et si même l'on affectait d'y reconnaître par hypothèse les éléments d'un ordre signifiant, on ne voit pas que ces éléments soient justiciables *a priori* d'un inventaire *fini,* ni qu'on soit fondé à se proposer d'en restituer le système, ainsi que les linguistes s'emploient à le faire pour les éléments — phonèmes et traits distinctifs — qui correspondent aux niveaux inférieurs de l'analyse linguistique. Et cependant, si le projet d'une sémiologie de l'art est fondé, une description menée au niveau des éléments proprement picturaux ne saurait se réduire au repérage d'un nombre indéfini de tours conventionnels, de recettes d'atelier, de traits caractéristiques ; elle doit trouver à s'engrener, sous un mode ou un autre, sur une analyse opérant à un niveau « supérieur [1] », correspondant celui-là à une articulation proprement signifiante (et il serait facile de montrer que tout « effet » est en définitive d'ordre symbolique). Fût-ce dans le contexte de l'art représentatif au sens strict, le procès pictural n'est en aucun cas ordonné à la seule figuration, à la seule dénotation des êtres et des objets par les moyens de la couleur et/ou du dessin : dès lors que peinture il y a, les signes iconiques ont leur *texture,* une texture qui entre à titre de composante souvent indiscrète dans l'opération du « goût », et jusqu'à imposer l'idée qu'un style lui emprunte partie de ses prestiges. C'est ainsi que l'opposition désormais classique du « linéaire » et du « pictural », pour autant qu'elle soit pertinente, renvoie à la trame matérielle du procès pictural, dont on demandera si elle a une valeur seulement décorative : le « traitement » de l'image ne serait-il pas, bien plutôt, le signifiant d'un sens second, d'un message connoté correspondant au « style » de la représentation, et qui se superposerait en quelque façon

1. « Supérieur » étant ici placé entre guillemets pour signifier que la notion n'a de sens que relativement à la procédure d'analyse, s'agissant d'un procès dont on verra qu'il implique en fait la subversion de toute hiérarchie, le brouillage de toute distinction de niveaux.

au message dénoté, fondé celui-là sur l'imitation, sur une analogie entre signifiant et signifié qui n'emporterait pas la position d'un code [1] ?

Style/système

Or c'est là précisément ce qui fait question au regard de la notion de procès pictural : que l'on puisse et doive distinguer entre « imitation » et « stylisation », entre la présentation, la « dénotation » figurative comme telle, et les connotations expressives dont elle s'accompagne. La définition mal assurée, l'extension très lâche assignée à la notion de *style* dans le champ de l'histoire de l'art font que cette question, à la lettre, n'y peut être *entendue* (ainsi voit-on Wölfflin désigner indifféremment comme style *ou* langage les modes linéaire et pictural de la présentation : une forme quelconque de présentation, pour liée qu'elle soit à « une certaine idée de la beauté », et si même elle possède des « vertus particulières », n'en constitue pas moins un langage « capable de tout exprimer [2] »). Rien n'autorise *a priori* à faire le départ entre le style, individuel ou collectif, qui conférerait aux procès dont l'analyse doit connaître leur qualité, leur « goût » spécifique, et le « système » qui les sous-tendrait, et moins encore à postuler l'existence, par-delà la diversité des œuvres, d'une *aisthesis*, d'un réseau de contraintes structurales et de possibilités formelles et expressives qui donnerait à la production picturale d'une époque donnée sa cohérence historique. Rien, sinon quelques signes ou indices auxquels le contexte prête un relief, une *charge* particulière et autour desquels paraît pouvoir se nouer le projet d'une analyse qui donnerait accès, sur le mode d'une symptomatologie, aux structures profondes des images de peinture, saisies dans l'unité du procès sémiotique dont elles sont l'enjeu.

1.2.2. LE/NUAGE/DU CORRÈGE

Une analyse sémiologique qui ne s'établirait pas d'entrée de jeu dans la dépendance du modèle linguistique (phonétique)

1. Cf. Roland Barthes, « Le message photographique », *Communications*, I (1961), p. 127-138.
2. Heinrich Wölfflin, *Principes fondamentaux de l'histoire de l'art*, trad. française, Paris, 1952, p. 13.

mais viserait au contraire à définir la fonction sémiotique spécifique qui fait le ressort de la production picturale, cette analyse ne saurait procéder d'une simple division fonctionnelle de la surface peinte en ses parties constitutives et de celles-ci, à leur tour, en leurs éléments composants. Il lui appartiendra au contraire de dépasser le plan où s'inscrit l'image pour viser celle-ci dans sa texture et son épaisseur de *peinture* et travailler à repérer les niveaux ou, pour mieux dire, les instances dont la superposition (ou l'intrication) et le jeu réglé — sinon le brouillage — définissent le procès pictural dans sa matérialité signifiante, sans préjuger de leur cohérence relative, ni de la possibilité d'un inventaire plus ou moins exhaustif des termes et des fonctions appartenant à une même classe. En l'absence d'une théorie explicite, la méthode ne saurait être qu'inductive : elle reviendra à inférer d'une analyse du procès pictural lui-même le concept de ses différents niveaux ou instances, pour ensuite les *décrire,* au sens physique du terme, et en mettre au jour l'économie relative.

Or il est un motif qui paraît fournir un bon index de la manière du Corrège et réunir, comme en un faisceau, dans son apparence sensible autant que par les fonctions qu'il assume, les principaux traits par lesquels on s'accorde à qualifier l'« art » de ce peintre. Ce motif, qui devrait pouvoir servir de conducteur pour une analyse en profondeur de la production du Corrège, cet *index,* c'est le /nuage/— le graphe pictural dénoté *nuage* [1] au niveau de la description, et qu'on inscrira entre deux barres obliques (comme il apparaît dès le titre de ce travail) chaque fois que l'analyse demandera qu'il soit marqué en position de signifiant, réservant les italiques à l'emploi strictement dénotatif

1. La dénotation empruntant moins ici à la relation iconique, ou de ressemblance, entre le « signe » et la chose (la « réalité ») qu'à l'ordre déclaratif où le graphe pictural se trouve associé au concept « nuage ». Entre le / nuage / en peinture et le nuage « réel », le rapport n'est d'abord que d'*homonymie,* au sens où l'entend Aristote dans le traité des *Catégories* : « On appelle homonymes les choses dont le nom seul est commun, tandis que la notion désignée par ce nom est diverse. Par exemple, animal est aussi bien un homme réel qu'un homme en peinture ; ces deux choses n'ont en effet en commun que le nom, alors que la notion désignée par le nom est différente » (*Cat.*, I, cité par Bernard Pautrat, *Versions du soleil, figures et système de Nietzsche*, Paris, Ed. du Seuil, 1971, p. 13-14, n.1.) C'est dire, comme on aura à y insister, que les occurrences du motif /nuage/ doivent être considérées en termes sémiologiques, avant toute référence à la réalité *dépeinte*, phénomène physique ou objet matériel.

du mot et les guillemets à sa production au titre de signifié. Le /nuage/ qui intervient, avec une valeur d'emploi et sous des espèces figuratives et/ou picturales variables dans nombre des compositions du Corrège (et l'on a vu à quelles fins, jusqu'alors inédites, avec quelle profusion aussi, le peintre en aura usé dans les ensembles décoratifs de Parme, allant jusqu'à en détacher quelques amas sur les pendentifs de ses coupoles pour y asseoir les figures des Evangélistes ou de Pères de l'Eglise). Ici c'est telle madone (Florence, Dresde, etc.) que supporte une nuée, ou qui trône sur le fond d'une Gloire de séraphins, ourlée de nuages ; ailleurs (*la Nuit* de Dresde, *la Zingarella* de Naples, *la Madonna della scodella* de Parme), des angelots jouent et se bousculent sur des ballons nébuleux qui flottent dans la partie supérieure de la composition. Mais il est encore des nuées moins chastes et chrétiennes : celle, lumineuse, ensoleillée, d'où l'or ruisselle sur la *Danaé* de la galerie Borghèse ; et cette autre où s'esquisse, sur le fond de brouillards indistincts, la figure du dieu qu'étreint l'*Io* du musée de Vienne.

Le *nuage* est l'un des termes clés du vocabulaire figuratif du Corrège, peut-être — on va le voir — l'un des objets d'élection de sa thématique. Mais le motif contredit encore, par les effets de texture auxquels il prête, à l'idée même de contour et de délinéation, et, par son inconsistance relative, à la solidité, à la permanence, à l'identité qui définissent la *forme,* au sens classique du terme (sans qu'on puisse ignorer cependant que dans telle composition les nuées sont fortement dessinées, et d'une apparence toute solide, matérielle). Si le Corrège, comme le voulait Mengs, a refusé les contours rectilignes, les formes droites et simples, et travaillé obstinément à les interrompre, s'il a eu le goût des formes intérieures ondoyantes et des lignes courbes [1], on conçoit que les structures nébuleuses aient été pour le séduire, autant pour leur plasticité que par la ressource qu'elles lui offraient de pouvoir disposer, diviser et confondre à son gré les figures dont il les peuplait. Les corps mêlés aux nuées échappent aux lois de la pesanteur et tout à la fois aux principes de la perspective linéaire, en même temps qu'ils se prêtent aux positions, aux raccourcis, aux déformations, aux césures, aux rapprochements et aux coq-à-l'âne les plus arbitraires. Burckhardt en a fait la remarque : chez certains des Apôtres de Saint-Jean-l'Evangéliste, les genoux jouxtent le cou.

1. Mengs, *Réflexions sur Raphaël...*, p. 252-253.

Et quant à la coupole de la cathédrale, ce ne sont que figures interrompues, fragmentaires, noyées dans la masse, elle-même lacunaire, d'une nuée indécise. On ne peut que donner raison à Mengs : une telle composition ressemble plutôt à « *une production de l'imagination ou à un rêve* qu'au beau idéal [1] ». (Et Burckhardt, encore une fois : « Cette grappe d'anges innombrables qui se précipitent les uns au-devant des autres et s'enlacent avec passion est sans exemple dans l'art... C'est presque une sorte d'ivresse que l'impression causée par ces figures. »)

L'art « céleste » du Corrège, sa manière « vaporeuse » trouveraient ainsi à s'accomplir et se manifester par le détour d'un élément, d'un motif dont Burckhardt aura le premier reconnu la valeur et les fonctions. Car si le /nuage/, considéré en tant que graphe pictural, peut paraître contredire aux données et aux principes d'un art fondé sur la stricte délinéation des formes et la perspective géométrique, s'il permet en outre de soustraire les figures aux lois de la physique des corps et autorise nombre d'effets aériens, de transports, de ruptures et de juxtapositions paradoxales, ce n'est pas à dire que son occurrence, son maniement, son traitement même relèvent du seul caprice, de la « manière » au sens péjoratif du mot. L'« ivresse » à laquelle convie le Corrège est précisément calculée, et le *nuage* entre dans ce calcul à titre de vecteur libre qui prête à des opérations dont Burckhardt a parfaitement reconnu la nature sémiotique, tout à la fois signalétique et syntaxique. Le /nuage/ n'est pas seulement le moyen d'un style, mais le matériau d'une *construction*. Pour autant que le Corrège ait donné aux Gloires de l'au-delà « un espace cubique mesurable qu'il emplit de figures au vol puissant », cet espace n'est pas défini suivant les normes architectoniques de la perspective linéaire. Mais il ne l'est pas davantage suivant celles, atmosphériques et lumineuses, de la perspective aérienne. Car les cieux du Corrège ne sont pas sans nuages, des *nuages* dont Burckhardt a bien mesuré l'apparence ambiguë et la façon d'alliance qu'ils autorisent entre les deux façons de perspective : « *La désignation de l'espace, des supports et de l'assiette, et de même les gradations, les nuances de la peinture, sont exprimées par les nuages, que le Corrège traite comme des corps résistants, en forme de pelote, et d'un volume déterminé.* »

1. Mengs, *op. cit.*, p. 257.

Signes et figures

Voici donc un élément iconique qui, pour être employé régulièrement dans les productions du Corrège à des fins précises et limitées, et toujours en concurrence avec d'autres motifs, en vient dans certaines occasions à envahir le champ figuratif tout entier, jusqu'à prêter appui à un mode original d'organisation, d'articulation, de définition *(Verdeutlichung)*, ou — pour emprunter à l'excellente traduction française du *Cicerone* — de désignation de l'espace, des supports, de l'assiette. *Désignation :* le mot a son importance, s'il est vrai que de par sa nature même, l'idée de signe sera toujours liée à celle de désignation [1]. Contredisant à la théorie phénoménologique qui veut qu'un objet ne puisse être donné à la fois en image et en concept [2], l'analyse associe à un graphe pictural donné un signe linguistique (son *interprétant,* dans le langage de Peirce) : elle le désigne comme *nuage,* le constituant du même coup comme *representamen,* comme signe iconique. Mais si le graphe fonctionne au titre de signe, ce n'est pas seulement par le relais du langage, de la description, et du clivage que celle-ci impose entre le plan du signifiant et celui du signifié. Le graphe /nuage/ n'a pas une valeur seulement pittoresque ou décorative. Il sert à la désignation d'un espace. Son itération, sa prolifération méritent d'autant plus de retenir l'attention qu'un tel « signe » paraît devoir satisfaire, dans son apparence sensible, aux exigences d'un goût (sinon d'un style) où Annibal Carrache voyait le correctif nécessaire à la rigueur d'une machinerie qui le prenait pour matériau. Mais c'est ici que le bât blesse et que se dénoncent tout à la fois l'équivoque et les limites de la problématique du signe appliquée à l'analyse des produits de l'art : les mêmes unités interviennent à plusieurs niveaux, jouent simultanément dans plusieurs instances, et sur le double registre du signifié et du signifiant. Pour identiques qu'elles soient du point de vue de l'analyse du procès pictural en ses constituants iconiques, il s'agit pourtant là d'objets différents au regard des fonctions qu'elles assument, des opérations qui les définissent. L'unité dénotée *nuage* peut, au niveau de la facture, jouer comme *figure,*

1. Cf. Louis Hjelmslev, *Prolégomènes à une théorie du langage,* trad. française, Paris, 1968, p. 83.
2. Cf. Jean-Paul Sartre, *L'Imaginaire, psychologie phénoménologique de l'imagination,* Paris, 1948.

au sens hjelmslevien (soit un non-signe qui entre au titre de partie de signe dans un système de signes [1] : définition purement opérationnelle, mais qui n'exclut pas toute équivoque dès lors qu'on fait entrer en compte le « style » et ses *figures,* lesquelles correspondent à un niveau « supérieur » à celui du signe au sens strict). La même unité paraît se transmettre, sans modification, d'un niveau à l'autre, lorsqu'elle en vient à fonctionner comme signe servant à la désignation d'un espace ou d'une situation, d'une relation spatiale. Sans modification ? Le fait que l'élément pictural /nuage/ puisse revêtir, suivant la remarque qu'en a faite Burckhardt, les apparences d'un corps solide nettement délinéé, et d'un volume déterminé (contredisant du même coup aux connotations vaporeuses, évanescentes qui s'attachent, dans le champ sémantique, au signifié « nuage »), indique assez que l'économie relative des différents niveaux ou instances picturales doit être conçue sur le mode dialectique, et non sur celui d'une intégration mécanique des éléments de degré inférieur aux unités de degré supérieur. C'est ce dont on se convaincra mieux encore en considérant les fonctions symboliques (iconographiques, rhétoriques, thématiques, etc.) que cet élément — mais la notion même d' « élément » fait ici question — assume dans le corpus des œuvres auxquelles le nom du Corrège est attaché.

1. Hjelmslev, *op. cit.,* p. 63-70.

1.3. LA MACHINE ET LE RÊVE

1.3.1. THÉMATIQUE

Mouvement

« Chez le Corrège, tout se meut [1]. » Formule évidemment métaphorique : nul élément ou partie mobile dans ces peintures, dans ces machines que n'anime aucun mécanisme ou moteur et qui ne visent pas davantage, au rebours de nombre de productions actuelles, à des effets de cinétisme optique. Le « mouvement » où se résumerait l'art du Corrège, ce mouvement n'est aucunement *réel* : mais il n'emprunte rien non plus aux mécanismes perceptifs de l'illusion. Et cependant, si l'assertion doit avoir une quelconque portée théorique, au moins faut-il que la métaphore ne soit pas le fait du seul discours critique et que les œuvres elles-mêmes proposent du mouvement une *figure* qui prête à définition ; une image, si l'on veut, dont les ressorts se laissent appréhender dans les termes d'une rhétorique, sinon d'une thématique, — la question étant de savoir si l'analyse peut être menée sur le seul plan formel dès lors que l'image (comme déjà Mengs s'en était avisé) paraît jouer sur d'autres registres que celui de la perception : sur le registre de l'imagination, peut-être sur celui du rêve.

A cet égard encore, le *nuage* se présente comme une façon de conducteur, ou — suivant le mot de Gaston Bachelard — de signe inducteur, propre à servir de point de départ à un développement logique aussi bien qu'analytique. Si, comme le veut la thèse qui est au principe de la critique dite thématique, une image vaut moins par sa configuration que par sa mobilité, son dynamisme interne et par l'étendue des variations imaginaires auxquelles elle prête, il est sûr que le nuage fournit à la

1. C. Ricci, *op. cit.*, p. 126.

rêverie (et à l'analyse qui se règle sur celle-ci) un matériau incomparable. Et si la psychologie de l'imagination ne peut ni ne doit travailler sur des figures statiques, s'il lui faut s'instruire sur des images en voie de déformation [1], on conviendra que cet objet amorphe entre tous compte parmi les motifs oniriques privilégiés : ne livre-t-il pas accès à un monde de formes en mouvement et que le mouvement déforme, ne prête-t-il pas à des constructions dont les mutations incessantes font jouer à plein les puissances formelles de la rêverie [2] ? Mais une fois la porte ouverte à l'*imagination matérielle* (celle-là qui se définirait, à en croire Bachelard, par le lien qu'elle entretiendrait avec l'un des quatre éléments : l'air dans le cas du Corrège) et à l'*imagination dynamique* (qui opérerait, quant à elle, au niveau des impulsions élémentaires : désir de verticalité, rêve de vol, etc.), le déchiffrement des images partie par partie ne doit-il pas céder le pas à une interprétation attentive à leur devenir, à leur filiation continue, et fondée, comme le voulait encore Bachelard, sur la mise au jour de leur élément électif et sur une participation directe à leur dynamisme spécifique, sinon à l'impulsion fondamentale sur laquelle elles s'engrènent [3] ?

Les spéculations de Bachelard sur *l'imagination du mouvement,* pour étrangères qu'elles soient au propos résolument antipsychologiste auquel répond ce travail, offrent cependant prétexte à réfléchir sur la façon dont la texture sensible d'un « style » interfère avec la thématique à laquelle il s'ordonne. S'agissant des travaux du Corrège, et au premier chef des coupoles de Parme, il semble que le passage s'opère sans solution de continuité de la matière picturale à la substance imaginaire, du motif au thème, et d'un élément stratégique, identifiable comme tel, aux principes mêmes qui règlent l'ordonnance des images. Le graphe pictural du nuage, s'il paraît constituer l'un des termes clés du vocabulaire corrégien, ce n'est pas tellement pour les divers emplois signalétiques et peut-être syntaxiques qui lui sont impartis, emplois dont la récurrence atteste la légalité, la régularité, que pour l'extension remarquable des fonctions qu'il assume dans les grands décors à fresque : le même élément — ou motif — qui permettait d'introduire dans une composition organisée suivant les principes de la perspective le signe d'une présence divine

1. Gaston Bachelard, *L'Air et les Songes. Essai sur l'imagination du mouvement,* Paris, 1942, p. 30.
2. *Ibid.,* p. 212-214.
3. *Ibid.,* p. 118.

(sous les espèces de quelques *putti* ou angelots), ou encore de soustraire à l'espace commun la Vierge entrônée ou une nymphe amoureuse, le nuage prend alors les dimensions d'une nuée pour définir le milieu où se déplacent et trouvent appui des cohortes d'anges et d'élus et, tous ensemble, pour servir — selon le mot de Burckhardt — à la désignation (*Raumverdeutlichung*) d'un espace. C'est dire que le développement des valences qui lui sont assignables ne s'effectue pas de façon linéaire, et suivant la seule dimension du *signe*. Dans un tel contexte, le graphe s'annonce au contraire comme l'opérateur d'une liaison entre les différents niveaux ou instances du procès signifiant, et fonctionne simultanément au titre d'élément constructif et comme le schème inducteur d'un développement thématique.

Est-il alors nécessaire d'en appeler, avec les adeptes de la critique thématique, à la psychologie, et de faire état d'un hypothétique « projet d'être » qui se manifesterait, dans son unité constitutive, aux différents niveaux du travail d'expression [1], pour observer que le « style » du Corrège paraît se *signaler* lui-même à travers un élément privilégié, à la fois matière, forme et peut-être fétiche, terme d'un lexique, outil syntaxique et emblème thématique, et dont l'itération, la prolifération même relèvent d'une logique qui n'est de toute évidence pas seulement imaginative, mais plastique — au sens strict du mot ? Du motif (du nuage dénoté par un signifiant fait « à son image »), on passe, encore une fois sans solution de continuité, au *thème* (la vision miraculeuse, l'ouverture sur l'espace divin). C'est qu'en l'occurrence, et à la différence des mécanismes que met en lumière l'analyse iconographique, le motif ne se prête pas seulement à illustrer un texte qui aurait été élaboré au préalable, à le fixer par des moyens iconiques — ainsi que l'écriture phonétique le ferait de la parole. Dans sa qualité sensible même, la matière paraît anticiper sur le thème, l'expérience fondamentale qui donnerait au « style » du Corrège sa tonalité propre se résumant, au dire unanime de la critique, en une manière d'*extase*, de *ravissement*, d'*effusion*, de participation à la « substance céleste ». Mais du même coup, c'est le bien-fondé du projet sémiologique lui-même qui semble devoir être mis en doute, le procès symbolique dont ces productions sont le fruit apparaissant comme étant d'ordre à la fois intra- et suprasémiotique : infra-sémiotique, pour autant qu'il aurait sa source

1. Cf. Jean-Pierre Richard, *L'Univers imaginaire de Mallarmé*, Paris, Ed. du Seuil, 1961, p. 17 s.

dans une région plus profonde que celle des formes (des signes) et de leur articulation manifeste ; supra-sémiotique, dans la mesure où la thématique du Corrège impliquerait la négation de toute discontinuité entre le plan du matériau et celui de l'image et le passage immédiat de l'un à l'autre, hors de toute référence à un ordre signifiant et par la seule médiation de l'imagination. Le « style » du Corrège, ce style serait si bien accordé à sa matière sensible *et* thématique qu'il serait vain, sinon erroné, de prétendre l'analyser de façon objective pour en mettre au jour les assises formelles. Mieux vaudrait le « vivre » sur le mode d'une participation subjective qui se réglerait sur son mouvement, jusqu'à reconnaître ces images pour ce qu'elles sont : des *opérateurs d'élévation* (ainsi que Bachelard le disait des images poétiques de Shelley, dont on connaît par ailleurs le poème intitulé *The Cloud*).

L'air, le ciel

Respectueux d'une tradition d'interprétation établie, Mengs tenait Raphaël pour *divin* et le Corrège pour *céleste*. La nuance est d'importance. Et si le même Mengs a pu écrire, à propos de la coupole de la cathédrale de Parme, qu'elle ressemblait à une production de l'imagination, voire à un rêve, ce n'est peut-être pas seulement que le Corrège ait été indifférent au « beau idéal » : l'*ivresse* à laquelle convie sa peinture ne serait-elle pas de nature onirique, liée à la dynamique de l'imagination ascensionnelle et d'abord au *rêve de vol,* le Corrège apparaissant comme le type du peintre « vertical », voué à ce titre à l'élément aérien ? Et de fait, en dehors des exemples presque trop parfaits qu'offrent les coupoles de Parme d'un élan polarisé à la fois par la hauteur et par la lumière (et ponctué encore par les signes caractéristiques, ambigus et fuyants, de l'imagination aérienne : l'aile, le nuage), nombre de ses compositions, parmi les plus célèbres, manifestent la prédominance de l'axe vertical, celui-là selon lequel s'opère la communication entre la terre et le ciel. C'est le plafond de la *camera di San Paolo,* avec sa feinte tonnelle de feuillage percée d'ouvertures donnant sur le ciel (motif introduit par Mantegna, dans *la Vierge de la victoire* du Louvre) et où se laissent apercevoir des groupes de *putti* à l'antique [1]. C'est la *Nuit* de Dresde, où la

1. Cf. Erwin Panofsky, *The Iconography of Correggio's Camera di San Paolo,* Londres, 1961.

nuée porteuse d'angelots est associée non seulement à une colonne (accessoire obligé de toute Nativité), mais encore à un escalier dont la volée s'interrompt. Ce sont telles images de madones, où la dualité des registres (terre/ciel) est marquée par l'adjonction au groupe terrestre d'un nuage à *putti,* soit que ceux-ci repoussent un écran de feuillages (*la Zingarella* de Naples) ou qu'ils laissent ce soin à saint Joseph (*la Madonna della Scodella,* à Parme), tandis qu'ailleurs, et suivant un jeu évidemment réglé de substitutions, un ample rideau reposant sur des branchages tient lieu et place de nuée, en même temps qu'il confère au surgissement de l'image la valeur d'un dévoilement (*la Vierge de saint Jérôme,* Parme).

Mais il est une autre série de peintures du Corrège où l'élément aérien, ascensionnel, et avec lui le nuage, connaît une fortune insolite. Les quatre panneaux mythologiques commandés au peintre par Frédéric de Gonzague, deuxième duc de Mantoue, et dont on a récemment démontré que loin d'avoir été prévus pour être offerts à Charles Quint, comme le prétend Vasari, ils étaient à l'origine destinés à s'intégrer au décor d'une salle du palais du Té, désignée comme salle d'Ovide [1], ces tableaux aujourd'hui dispersés répondent, sur le double plan iconographique et thématique, à une donnée unitaire. Chacun des quatre panneaux de ce cycle — le premier dans l'histoire de la peinture moderne qui ait été consacré aux amours de Jupiter — illustre en effet la fable de l'union du dieu avec une créature mortelle, et cela sous des espèces variées mais toujours aériennes, ou participant en quelque façon de la rêverie « ouranienne » [2] : soit que Jupiter apparaisse à l'objet de son désir sous la forme d'un nuage *(Io),* d'une pluie d'or associée à une nuée *(Danaé),* d'un cygne aux ailes largement déployées *(Léda)*

1. Cf. Egon Verheyen, « Correggio's 'Amori di Giove' », *Journ. of the Warburg and Courtauld Inst.,* vol. XXIX, 1966, p. 160-192.

2. Si l'on accepte la restitution proposée par E. Verheyen, le décor projeté par Jules Romains pour la salle d'Ovide aurait dû comporter huit panneaux du Corrège sur le thème des amours de Jupiter. On sait les vaines démarches entreprises par le duc de Mantoue, après la mort du peintre, pour prendre possession des toiles dont il avait passé commande, et des travaux s'y rapportant (cf. Piero Bianconi *Tutta la pittura del Correggio,* Milan, 2ᵉ éd., 1960, p. 32). Quelque hypothèse qu'on puisse faire, au vu de tel dessin (cf. Arthur H. Popham, *Correggio's Drawings,* Londres, 1957, catal. n° 80, pl. Ca), sur les autres épisodes prévus, il est significatif que les panneaux effectivement exécutés s'ordonnent à un thème unique, et dont la connotation aérienne est bien marquée.

ou que, métamorphosé en aigle, il l'enlève dans les airs *(Ganymède).* L'interprétation allégorique (et chrétienne) de ces moralités mythologiques n'en contredit d'ailleurs pas l'interprétation thématique : le rapt de Ganymède (traditionnellement regardé comme une préfiguration et un substitut de saint Jean l'Evangéliste, le même saint Jean dont le Corrège a peint la vision) symboliserait l'essor de l'intellect, libéré des désirs terrestres, vers le ciel de la contemplation [1] ; dans la *Danaé,* l'association, au pied du lit, de deux petits amours, l'un doté d'ailes et l'autre qui en est dépourvu, renverrait à l'opposition de la Vénus céleste (l'amour sacré) et de la Vénus terrestre (l'amour profane), tandis qu'un Cupidon plus développé, et pourvu celui-là de grandes ailes (dont l'*Iconologie* de Cesare Ripa fera le trait essentiel du *desiderio verso Iddio,* du désir qui a Dieu pour objet), se tient aux côtés de la jeune fille, en position d'intercesseur [2] ; et quant à la *Léda,* dont l'ordonnance pose un intéressant problème de lecture, si même on doit y reconnaître une allégorie fondée sur l'opposition du principe apollinien de la musique à son principe dionysiaque [3], on ne voit pas que cette interprétation interdise de reconnaître dans le groupe des bai-

1. Cf. Le *Commentaire sur Dante,* de Landino, cité par Panofsky, *Essais d'iconologie,* trad. française, Paris, 1967, p. 298 : « Ganymède signifierait la *mens humana,* aimée de Jupiter, qui est l'être suprême... Se trouvant séparé du corps, oubliant les choses matérielles, il se consacre tout entier à la contemplation des secrets du ciel. » La leçon fut adoptée par les humanistes, et notamment par les auteurs de recueils d'emblèmes, au premier rang desquels l'initiateur du genre, Alciat (*Emblemata,* 1530). Déjà *l'Ovide moralisé* avait interprété Ganymède comme une préfiguration de saint Jean l'Evangéliste (l'aigle représentant le Christ) : interprétation qui éclaire, comme l'a bien vu Panofsky, un curieux passage d'une lettre adressée le 7 juillet 1533 par Sebastiano del Piombo à Michel-Ange, et où l'on peut certes voir une plaisanterie, mais qui n'est pas sans jeter à son tour un jour singulier sur le problème des coupoles célestes en même temps que sur les entreprises légèrement antérieures du Corrège, et notamment sur la relation entre le *Ganymède* et la coupole de Saint-Jean-l'Evangéliste : « Quant à la peinture destinée à la voûte du lanterneau [de la chapelle Médicis], sa Sainteté [le pape Clément VII] te laisse toute liberté d'en choisir le sujet. Il me semble que le Ganymède ferait bien à cet endroit ; tu pourrais lui donner un halo, et *il passerait pour saint Jean de l'Apocalypse transporté au ciel.* » Panofsky, *op. cit.*, p. 296 (je souligne.)

2. Verheyen, art. cit., p. 189. L'importance de la nuée est mise en évidence dans un dessin sur le même thème, conservé à Windsor, et attribué au Corrège par A. Venturi et C. Ricci (*op. cit.*, pl. CCXCII), mais que Popham n'a pas retenu (*op. cit.*, p. 196, catal. n° A 132).

3. Verheyen, art. cit., p. 189-190.

gneuses qui occupe la partie droite de la composition les éléments d'un récit articulé autour de la figure centrale de Léda couverte par le cygne, et qui constitueraient une séquence narrative complète, depuis l'apparition de l'oiseau divin jusqu'à son envol final, lequel confère à l'image sa dimension verticale et aérienne.

1.3.2. FANTASMES

Io

Mais l'*Io* de Vienne demeure le tableau de la série le plus remarquable, à la fois par son titre (*Io, eo, je,* soit le sigle de la subjectivité), par la fable qu'il illustre, par la nouveauté de la version qu'il en propose et par la fonction qui s'y trouve assignée à la nuée, ici promue au statut d'objet fantasmatique du désir. Si le nuage, dans la variété toujours changeante de ses formes, peut apparaître comme le support, sinon comme le modèle de toute métamorphose, les sources antiques, et d'abord Ovide, aussi bien que les commentateurs modernes, en faisaient seulement l'instrument des desseins de Jupiter : soit que le dieu ait voulu retirer à la fille d'Inachos toute possibilité de fuite, ou qu'il ait entendu dérober leurs amours aux regards indiscrets. *Coperto di nebia a dimostrare che nel viso humano son le cose divine occulte :* l'allégorie qui fait face à la fable d'Io dans l'édition de 1522 des *Métamorphoses* est d'intention évidemment apologétique, encore que Jupiter ait peut-être cherché à se cacher de Junon plutôt que des hommes. C'est là, en tout cas, la leçon retenue par Paris Bordone dans sa version de *Jupiter et Io,* où l'on voit le dieu, sous une forme humaine, assis avec la jeune fille dans une nuée qui occupe tout le champ de la composition[1]. La version du Corrège est autrement érotique et équivoque ; et il importe assez peu qu'on puisse reconnaître dans le daim se désaltérant à l'arrière-plan un emblème traditionnel qui confirmerait l'allégorie du tableau (le *desiderio verso Iddio*[2]). L'extase, la jouissance dont il est ici traité par les moyens de la peinture est celle d'un « sujet » qui ne trouve à étreindre qu'une nuée dont la valeur de *fétiche,* au sens freudien, de substitut fantasmatique à l'objet réel du

1. Cf. Giordana Canova, *Paris Bordon,* Venise, 1964, fig. 135.
2. Verheyen, art. cit., p. 185-186.

désir, est clairement dénoncée [1]. Si le nuage est l'un des signes sur lesquels s'ordonne le désir mystique d'union avec Dieu, il reste qu'il se donne dans ce tableau pour un objet hallucinatoire, lié comme tel à une expérience « ascensionnelle » fondamentale, mais rien de moins que spirituelle : celle d'une tension érotique et de sa résolution sur le mode de l'effusion onirique.

Fonctions

Il semble qu'à ce point l'interprétation allégorique et l'interprétation thématique trouvent leur limite. La première, parce qu'elle échoue à rendre compte de la relation entre la « moralité » prétendue des images et leur pouvoir de sollicitation érotique [2], entre la signification emblématique de tel trait ou schème iconographique et la fonction représentative d'un ensemble décoratif destiné semble-t-il à illustrer le pouvoir d'Eros sur le duc de Mantoue lui-même, qu'une *impresa* des Gonzague, encore visible sur la cheminée de la salle d'Ovide, assimile explicitement au maître de l'Olympe [3]. La seconde, dont on a dit le caractère psychologique, et qui prétend renouer, par-delà les figures fixées, avec le mouvement *vécu* où s'engendrent les « hiéroglyphes » de l'art [4], parce qu'elle est toujours menacée, de par la décision même qui la fait se prêter aux puissances fantasmatiques de la peinture, de se laisser entraîner là où la convoquait Stendhal quand il écrivait que pour comprendre le Corrège il fallait

1. La valeur de fantasme que prend ici le nuage est confirmée, dans l'ordre mythologique, par la fable d'Ixion, qui fait pendant à celle d'Io : ce roi de Thessalie ayant tenté de violer Héra, celle-ci prévint Zeus, lequel, pour s'assurer de ses dires, donna son apparence à une nuée qu'il étendit auprès d'Ixion. Le comportement de celui-ci n'ayant laissé aucun doute quant à la réalité de ses désirs, Zeus l'attacha, pour le punir, à une roue (enflammée ?) qui l'emporta à travers les airs. De l'union d'Ixion avec ce simulacre naquirent les Centaures (cf. Georges Dumézil, *Le Problème des Centaures. Etude de mythologie comparée indo-européenne*, Paris, 1929, p. 191-192). La dimension ouranienne du mythe d'Io est encore confirmée par la transformation finale de la jeune fille en constellation.

2. Une lettre adressée par l'Arétin au duc de Mantoue, le 6 août 1527, et citée par Verheyen, témoigne du goût de Frédéric II pour les représentations « suggestives » : « *Credo que Mess. Jacopo Sansovino rarissimo vi ornerà la camera di una Venere si vera e si viva, che empie di libidine il pensiero de chiascuno che la mira.* » (Cf. G. Bottari, *Raccolta di lettere...*, éd. de 1822, Milan, t. I, p. 532.)

3. Verheyen, art. cit., p. 186.

4. G. Bachelard, *op. cit.*, p. 297.

s'être donné quelques ridicules au service des passions de l'amour. Dans un cas comme dans l'autre, l'interprétation procède d'une logique étrangère à l'ordre pictural : de la logique qui est au principe de la rhétorique humaniste, s'agissant de l'interprétation allégorique ; de celle suivant laquelle s'ordonnent les figures du désir, s'agissant d'une interprétation psychologique dont la teinture prétendument psychanalytique ne saurait faire illusion. Mais l'ordre pictural, si même il emprunte quelque chose aux ressorts du fantasme et aux prestiges du discours, est-ce à dire qu'il n'ait pas sa nécessité, son efficace, sa légalité propres ?

Que l'œuvre du Corrège s'achève, ou peu s'en faut, sur la figure d'Io (le sujet) aux prises avec un leurre, voilà qui peut prendre valeur d'emblème, sinon d'énigme : car l'ambivalence s'y dénonce d'un élément (la nuée) dont on se prend à douter s'il ressortit à un ordre signifiant autonome ou s'il ne remplit d'autres fonctions symboliques que celles-là que lui assignent le code culturel ou la rhétorique de l'inconscient. A vouloir saisir l'œuvre du Corrège dans son unité à la fois sensible et thématique sans doute prétend-on trop embrasser, au risque de n'étreindre que des formes, des structures inconsistantes. Tout procès signifiant implique des discontinuités, une articulation : c'est seulement au registre des signifiés et dans le mouvement de la « compréhension » subjective que le passage d'un niveau, d'une instance à l'autre peut paraître s'opérer suivant un parcours continu. Mais l'interprétation allégorique qui réfère l'image à des textes étrangers à son ordre propre ne donne pas davantage accès au procès pictural, dans ce qu'il a de spécifique. Si le graphe pictural désigné comme *nuage* est souvent très éloigné de revêtir les dehors vaporeux et instables qui feraient cet élément connoter matériellement une effusion et, dynamiquement, une ascension, force est alors d'admettre que le procès iconique ne se fonde pas nécessairement sur une analogie naturelle, une correspondance bi-univoque entre le signe et l'objet réel qu'il est censé représenter (dénoter). Signes et figures sont déterminés, jusque dans leur apparence sensible, par les fonctions qu'ils assument aux différents niveaux et les relations qu'ils entretiennent avec les unités de même instance auxquelles ils sont susceptibles d'être associés, ou qui leur sont opposables : toutes fonctions et relations dont la prise en considération apparaît comme la démarche inaugurale d'une théorie de l'art.

1.4. L'ÉCART ET LA NORME

1.4.1. LE PAYS DE L'ERREUR

L'affirmation de Mengs selon laquelle le Corrège, en s'attaquant au contour et au réseau des limites où ses prédécesseurs tenaient les formes enserrées, aurait entraîné nombre de ses adeptes au « pays de l'erreur », cette affirmation indique assez que ce n'est pas pour avoir fourni son public d'images ou de thèmes oniriques que ce peintre aurait joué dans l'histoire un rôle déterminant, et peut-être — pour une part — néfaste. L'affaire se joue sur le terrain de la forme, et d'abord sur celui du dessin, assimilé par la théorie à l'*expression.* Il s'agit de comprendre pourquoi la mise en cause du contour a pu être tenue pour un errement à l'époque néo-classique, cette réaction manifestant — par-delà les remous de surface de l'histoire du goût ou de la « vie des formes » — la *résistance* d'une structure représentative fondée sur la précellence des fonctions graphiques et dont il apparaît qu'elle n'aura pas été fondamentalement entamée par les expériences « baroques ».

On serait cependant tenté d'en appeler ici aux schémas wölffliniens : la dissolution du contour a pu paraître attenter à l'ordre de la figuration dans la mesure où elle appelait comme son corollaire l'exacerbation d'une *picturalité* exclusive de toute délinéation trop stricte des formes. Mais pour historiquement datées et localisées qu'elles soient, les productions du Corrège n'en participent pas moins d'une situation beaucoup plus générale, qui est celle-là même de l'image de peinture dans sa différence spécifique (la différence qui la constitue au titre d'image *peinte,* irréductible en tant que telle à toute autre variété d'image), et qui se traduit régulièrement, et le plus souvent à point nommé (dans une œuvre épinglée d'un *nom*), par l'apparition dans le champ plastique de traits bientôt désignés comme aberrants, voire comme pathologiques. Au regard des normes reçues, toute innovation prend figure d'écart. Mais parmi ces écarts, il en est qui, loin de se réduire à une simple variation stylistique ou à une transformation plus ou moins profonde des règles de la figuration, paraissent ébranler la hiérarchie des fonctions picturales et, du même coup, poser en termes renouvelés la question du statut de l'image peinte. L'image picturale ne se réduit pas à une icône dont la texture — comme on l'a nommée — serait indifférente : elle a son poids de *peinture,* un pouvoir permanent de sollicitation sensorielle sans mesure commune avec la minceur de la pellicule colorée déposée sur un support en lui-même neutre et de peu de prix (mais qui n'en est pas moins partie intégrante du produit). Or c'est là ce qu'une certaine tradition de pensée — un système culturel dont l'orientation principalement iconographique des études sur l'art dénonce l'emprise persistante — s'emploie à oblitérer, à refouler systématiquement, en feignant de ne retenir des images que l'information qu'elles véhiculent, information mesurable, analysable, et propre à fournir, en tant que telle, matière à *échange.*

« *Ut pictura poesis* »

Il en est à cet égard de la peinture comme de la poésie — *ut pictura poesis* —, encore que dans un sens bien différent de celui où l'entendait la théorie humaniste [1] : si dans les conditions ordinaires de l'échange linguistique, la visée du message pour lui-même, la mise en évidence du signifiant acoustique ou scripturaire, dans sa matérialité sensible, apparaît comme une fonction accessoire, subordonnée aux autres fonctions expressives, le langage poétique semble au contraire se caractériser par le rôle prédominant qui se trouve conféré, dans son économie générale, au côté « palpable » des signes, dont la manifestation délibérée et réglée détermine l'organisation du message [2]. Ainsi que les Formalistes russes l'ont observé, les sons du vers ne sont pas seulement les éléments d'une harmonie extérieure, ni le simple accompagnement (ou décor) du sens : ils ont par eux-mêmes une signification, une fonction verbale et répondent

1. Cf. Rensselaer W. Lee, « *Ut Pictura Poesis* : The Humanistic Theory of Painting », *Art Bulletin,* vol. XXII, 1940, p. 197-269.
2. Cf. Roman Jakobson, *Essais de linguistique générale,* trad. française, Paris, 1963, p. 30-31 et 218.

à un dessein poétique autonome [1]. Mais on ne saurait ignorer, en retour, ce que ces thèses devaient, chez des auteurs dont certains allaient compter parmi les fondateurs de la linguistique structurale, à la prise en considération non seulement de la poésie dite « transrationnelle » (qui usait de mots sans signification) et d'une musique accueillante au « bruit », sous ses diverses espèces, mais à celle encore d'une peinture qui travaillait alors à produire, théoriquement et pratiquement, ce que Mondrian allait bientôt désigner comme les « moyens plastiques » fondamentaux : la surface, la ligne, le point, et encore — d'une façon plus secrète, et autrement transgressive — la couleur, « vérité » longtemps asservie à l'« expression » (au signe), et qui apparaît désormais comme une fonction picturale irréductible, un instrument formel autonome et complet en soi [2].

L'accueil réservé en leur temps aux productions des « Fauves » par la conscience (le « sens ») commun(e) — fussent-ils à prétentions critiques — témoigne assez du caractère pathologique (« insensé ») que la culture picturale de l'Occident est portée à reconnaître à tout écart qui conduit à donner le pas aux composantes sensibles (matérielles) de l'image de peinture sur ses composantes proprement iconiques (soit, en l'occurrence, à la couleur sur le dessin). En fait, l'ordre suivi par Alberti dans le *Della Pittura* pour l'exposé des « parties de la peinture » — (a) circonscription (ou délinéation), (b) composition, (c) répartition des lumières et des couleurs — est celui-là même qu'impose un système culturel qui se présente comme trans-historique et dont aucune expérience, si radicale qu'elle ait pu paraître, n'aura pendant longtemps mis le règne en danger. La « vérité » (la couleur) ne doit pas prendre le pas sur l'« expression » (le dessin) : c'est, comme l'écrira Rousseau (et Kant encore après lui, à peu près dans les mêmes termes) que « les sentiments qu'excite en nous la peinture ne viennent point des couleurs... De belles couleurs bien nuancées plaisent à la vue, mais ce plaisir est purement de sensation. C'est le dessin, c'est l'imitation qui

1. Boris Eikhenbaum, « La théorie de la méthode formelle », in *Théorie de la littérature,* textes des Formalistes russes réunis, présentés et traduits par Tzvetan Todorov, Paris, Ed. du Seuil, 1965, p. 40-42.

2. « Ceux qui ont exercé sur moi le plus d'influence, ce sont les artistes, non les savants. Picasso, Braque, Khlebnikov, Joyce, Stravinsky. En 1913-14, j'ai vécu parmi les peintres, j'étais l'ami de Malevitch. Il voulait que je vienne avec lui à Paris. » (Jakobson, cité par Jean-Pierre Faye, *Le Récit hunique*, Paris, Ed. du Seuil, 1967, p. 281).

donne à ces couleurs de la vie et de l'âme ; ce sont les passions qu'elles expriment qui viennent émouvoir les nôtres ; ce sont les objets qu'elles représentent qui viennent nous affecter. L'intérêt et le sentiment ne tiennent point aux couleurs ; les traits d'un tableau touchant nous touchent encore dans une estampe : ôtez ces traits dans le tableau, les couleurs ne feront plus rien [1] ». Comme le note Jacques Derrida dans le commentaire qu'il donne de ce texte, l'esthétique passe ici par une *sémiologie,* elle s'inscrit dans la dépendance du *signe* : dans l'expérience esthétique telle que la définit Rousseau, le sujet est affecté non par les choses (les sensations) mais par les signes, par l'imitation qui procède du tracé, de la délinéation, du contour. Or les mêmes interdits qui assurent la cohérence du système (et d'une pratique fondée sur le signe et l'imitation), en inscrivant par exemple la couleur dans la dépendance *technique* du contour qui, la délimitant, en fournit la raison [2], ces mêmes interdits jouent au niveau de la délinéation elle-même ; la *limite* ne souffre pas de dérèglements [3] ; elle ne saurait non plus prendre trop de *corps.* Certes, comme l'écrit encore Alberti, on ne saurait traiter de la peinture à la façon des mathématiciens, qui considèrent la forme des choses par la seule pensée et en faisant abstraction de toute matière : celui qui veut les donner à voir doit recourir à « une plus grasse Minerve [4] ». Mais dans le système lui-même de la linéarité, il convient qu'ils soient, sinon invisibles, au moins aussi peu apparents que possible, faute de quoi ils ne « représenteraient » *(ne démontreraient)* plus le contour des formes et des objets mais apparaîtraient, sur la toile ou le mur, comme des

1. Jean-Jacques Rousseau, *Essai sur l'origine des langues,* chap. XIII, cité par Jacques Derrida, *De la grammatologie,* Paris, 1967, p. 294.

2. « *Ma se una medesima superficie cominciando ombrosa, a poco a poco venendo in chiaro continua, allora quello che fra loro sia il mezzo si noti con una sottillissima linea adcio che ivi la ragione del colorire men dubbia* », Leone-Battista Alberti, *Della Pittura,* éd. Luigi Malle, Florence, 1950, liv. II, p. 85.

3. Le peintre, écrivait Cennino Cennini, dans son *Libro dell'arte* (chap. XXIX, éd. Milanesi, Florence, 1859, p. 18), mènera une vie honnête et tempérante, évitant *tout ce qui peut faire trembler la main :* les jets de pierre, la compagnie trop fréquente des femmes, etc. (La connotation sexuelle de l'interdit se dénonçant ici explicitement.)

4. « *In ogni nostro favellare molto priegho si consideri me non chome mathematico ma come pictore scrivere di queste cose. Quelli con solo ingegnio, separata ogni materia, misurano le forme delle cose. Noi perchè vogliamo le cose essere posta da vedere, per questo useremo quanto dicono più grassa Minerva.* », Alberti, *op. cit.* liv. I, p. 55.

fissures (fessura) [1], des fentes analogues à celles qui séparent les pièces d'une image de marqueterie — la suraccentuation des moyens graphiques prenant ainsi (comme l'exemple de Gauguin suffira à le prouver) figure de transgression par rapport à une structure représentative fondée sur la stricte subordination des moyens picturaux, graphiques et colorés, aux fonctions iconiques de l'image de peinture.

C'est une question de savoir dans quelle mesure la problématique du signe, à laquelle l'approche sémiologique du phénomène pictural peut paraître subordonnée dans son principe, est liée à un système culturel déterminé, dont les limites historiques et géographiques coïncideraient du même coup avec ses propres limites de validité. Qu'en est-il de la problématique du signe appliquée à des œuvres non figuratives, à des produits où la notion même de représentation, et avec elle celle de signe iconique, se trouve mise en cause ? Ce travail ne prétend pas répondre *directement* à cette interrogation : il vise bien plutôt à montrer, dans un premier temps, comment la question du signe et des liens privilégiés que celui-ci entretiendrait avec le « dessin », se pose à l'intérieur du système représentatif lui-même et n'aura cessé, historiquement parlant, de le *travailler*. Mais un tel *travail* (qui doit être entendu au sens où l'on parle d'un bois qui « travaille » sous l'effet de l'humidité, et qui fait l'un des ressorts de ce qui a nom « histoire de l'art ») suffit à suggérer une analogie entre la pratique poétique et la pratique picturale : l'une et l'autre tendraient à mettre en péril la hiérarchie des fonctions sur laquelle est fondé l'échange des signes. Et de fait, alors que la théorie de la méthode formelle en était encore à ses débuts, ses tenants pensaient ne pouvoir définir le langage poétique autrement que dans son opposition au langage quotidien : dans le langage poétique, à l'encontre de ce qui leur paraissait être la règle dans le langage prosaïque, les *formants* linguistiques (les sons, les éléments morphologiques, etc.) auraient acquis une valeur autonome, le but pratique de la communication (la transmission d'une information) reculant au deuxième plan [2]. Mais si le Formalisme a pu se définir, au titre de science de

1. « *Pero che la circonscriptione è non altro che disegniamento del orlo quale, ove sia fatto con linea troppo apparente, non dimostrerà ivi essere margine di superficie ma fessura e io desidererei nulla proseguirsi circonscrivendo che solo l'andare del orlo.* » Alberti, *op. cit.*, p. 82.

2. Cf. Lev Yakoubinski, « Sur les sons de la langue poétique », cité par Eikhenbaum, art. cit., p. 39.

la littérature, comme une science de la « littérarité » (*Litteraturnost'*), et qui devait définir les traits distinctifs qui définissent l'objet littéraire en tant que tel, la théorie de l'art ne s'est guère souciée, quant à elle, de reconnaître la différence spécifique de l'image de peinture, les caractères par lesquels celle-ci se distingue de toute autre espèce d'image. L'image de peinture ne se résout pas en ce qu'elle figure et/ou représente (son « sujet ») ni dans les contenus qu'elle véhicule : et quant aux *formants* plastiques (pour autant que la notion en soit recevable), on ne saurait y voir seulement l'instrument d'une communication qui exigerait, pour s'accomplir, la négation de la matière offerte à la perception. La théorie phénoménologique de l'image qui veut que les éléments sensibles fonctionnant à titre de représentant analogique de l'objet visé en image soient « neutralisés » (Husserl), voire « néantisés » (Sartre), pour que la synthèse imageante puisse s'opérer, cette théorie échoue à rendre compte du paradoxe d'une forme qui ne signifie pas mais *se* signifie [1], d'une forme qui est à elle-même son propre contenu, d'une matière qui, d'entrée de jeu, fonctionne déjà comme forme, d'un signifié qui ne se laisse en aucun cas séparer du signifiant : un paradoxe bien fait pour révéler *l'écart* constitutif d'une pratique dans laquelle les moyens d'expression sont mis en œuvre suivant des voies étrangères aux circuits ordinaires de la communication.

Il reste que la conception du langage poétique comme *déviation* du langage normal tend, comme Julia Kristeva l'a fait observer [2], à se figer en un poncif qui interdit d'étudier la morphologie proprement poétique. En particulier, on ne saurait s'en tenir à l'affirmation de l'autonomie des moyens poétiques, laquelle aura correspondu à une première étape, bientôt dépassée, de la théorie formelle. Mais ces remarques valent, aussi bien, pour le « langage » pictural, lequel ne se présente en aucun cas sous les dehors d'un code particulier, et qui devrait être référé à un code (iconique) plus général, qui l'engloberait et dont il violerait les règles. La question de l'écart et de la norme, et des interdits sur le fond desquels celle-ci s'enlève et prend son plus exact contour, doit être formulée en termes plastiques, en termes *de* plastique, toute innovation — lors même qu'elle est suspendue à des déterminations d'ordre social ou idéologique —

1. Henri Focillon, *Vie des formes,* Paris, 1947, p. 10.
2. Cf. Julia Kristeva, « Pour une sémiologie des paragrammes », *Tel Quel,* 29 (printemps 1967), p. 55 ; repris in Σεμειωτικη, *Recherches pour une sémanalyse,* Paris, Ed. du Seuil, 1969, p. 177.

intervenant en dernière analyse à l'intérieur de la série picturale, où elle se traduit par une distribution renouvelée des niveaux, des moyens et des fonctions. Rien n'autorise à réduire *a priori* les produits de l'art à des signes ou à des systèmes de signes, ni les effets spécifiquement plastiques à des effets de communication. Mais si la qualité sensible de l'*analogon,* son grain, sa couleur, sa texture doivent être autre chose qu'un simple accompagnement de l'information qu'il véhicule, il reste à saisir le rapport qu'entretient l'ordre pictural avec celui des signes, et la relation de complémentarité qui unit le système des règles figuratives — qui confèrent à l'image sa lisibilité — à l'ensemble des variations formelles qui la constituent en tant qu'image de *peinture.*

1.4.2. LE NORMAL ET LE PATHOLOGIQUE

L'œuvre du Corrège fournit à cet égard un bon point de départ historique : la contradiction entre l'intérêt manifeste que présentait, aux yeux de ses contemporains et de ses successeurs, le décor des coupoles de Parme et le retard de plus d'un siècle imposé dans les faits au succès d'une solution décorative dont il semble qu'elle ait atteint d'emblée à sa forme définitive, cette contradiction donne en effet à penser qu'un interdit implicite aura été ici transgressé : un interdit dont il importerait de déterminer la nature et de mesurer l'impact, la censure ayant pu jouer soit au niveau des moyens plastiques, soit dans le seul registre des signifiés. Toute innovation dans le domaine de l'art apparaît comme un écart, non seulement par rapport à un état antérieur, qui prend alors figure et valeur de norme, mais par rapport à une pratique, à un usage, à des fonctions tenues pour régulières. Mais il y a écart et écart : ceux-là que la norme tolère, dont elle paraît s'accommoder, et dont la possibilité semble inscrite en quelque façon dans le « système », et d'autres qui en perturberaient l'équilibre, le fonctionnement, et que la société peut s'employer à réduire ou refouler par le canal de ses institutions [1]. Mais de tels écarts, encore une fois, ne prennent

1. C'est sur la considération de l'écart, jugé par elle pathologique, qui serait au principe de l'art moderne que la politique culturelle nazie prétendit fonder sa théorie de l'art « malade » ou « dégénéré ». Mais précisément — et c'est là ce qui fait lever de telles résistances — l'art moderne se définit, dans ce qu'il a de radical, par le refus

leur plein relief, leur exacte portée, qu'une fois restitués à leur contexte, celui d'une pratique dont la norme est indissociable de la transgression qui la produit, qui la constitue en tant que norme.

Si la texture sensible de l'icône peut apparaître, dans certaines conditions, comme le principe organisateur du « message », est-ce à dire qu'un clivage se dessine entre les fonctions figuratives (iconiques) et les fonctions picturales, l'accent mis sur la facture et les composantes matérielles de l'image étant susceptible de contrarier la synthèse imageante et la lisibilité des figures ? A prendre à la lettre la théorie formelle, dans son expression première, on serait tenté d'étendre à la communication ce que René Leriche disait des allures « normales » de la vie, à savoir que la « santé » c'est « la vie [la communication] dans le silence des organes[1] » : dans les conditions « normales » de la communication, peu d'attention est portée à la substance sensible de l'expression, sauf à introduire dans la transmission des messages des désordres plus ou moins étendus. Or ce qui apparaît comme pathologique au regard de la pratique ordinaire de l'expression apparaît au contraire comme la norme dans le règne de l'art. La littérature est cet exercice de l'écriture qui restitue au lecteur la langue, sous ses espèces charnelles, au titre d'organe d'un corps dont elle (la langue) fait dire au sujet qu'il est sien (mais vient-il, ce corps, à prendre la parole pour son compte, sous les espèces de la douleur ou de la jouissance, que le même « sujet » doit admettre qu'il est possédé par lui, comme il l'est encore, depuis « sa » naissance jusqu'à « sa » mort, par le langage). Et quant à la peinture, l'évolution qu'elle a connue depuis Cézanne dit assez qu'il n'y a de vision — comme l'écrivait Merleau-Ponty — qu'astreinte à un *corps* (social, au même titre que le langage) et initiée par lui aux autres corps et à la nature elle-même[2]. Mais la littérature, mais la peinture, si elles ont ces pouvoirs, c'est dans la seule mesure où elles ont partie liée avec la substance même de l'expression, avec son matériau. Et l'on ne saurait faire, encore une fois, qu'une pareille alliance n'apparaisse comme paradoxale, voire pathologique, au regard des allures communes de l'expression.

de s'accepter comme *écart, déviation, anomalie,* pour se constituer, suivant le mot de J. Kristeva, en *zone analytique,* où s'élabore un savoir spécifique.

1. René Leriche, « Introduction générale » au t. VI de l'*Encyclopédie française*, cité par Georges Canguilhem, *Le Normal et le Pathologique,* Paris, 1966, p. 52.

2. Maurice Merleau-Ponty, *L'Œil et l'Esprit,* Paris, 1964, p. 13.

Taches

Les fonctions assignées à l'élément « nuage » dans les productions du Corrège manifestent le rôle déterminant que joue dans l'expression picturale la composante sensible de la peinture et, tout à la fois, la connotation fantasmatique qui vient à celle-ci de la disproportion entre la minceur de la pellicule déposée sur la toile et l'étendue des effets auxquels elle prétend. Sur le registre conceptuel, le « nuage » est cette formation instable, sans contour mais aussi sans couleur définie, et qui cependant participe des puissances d'une matière où toute figure vient au jour et s'abolit, substance sans forme ni consistance où le peintre, comme déjà Léonard dans les taches d'un mur, imprime les emblèmes de son désir. Le rapprochement n'a rien d'arbitraire ni d'anachronique, non plus que l'indice pathologique dont aurait été affecté, dans la peinture du XVIe siècle, un élément — un leurre ? — étranger à l'ordre de l'expression (le dessin), sinon à celui de la « vérité » (la couleur). On en trouvera la preuve dans la *Vie de Piero di Cosimo* par Vasari, dont il faut noter qu'elle vient immédiatement à la suite de celle du Corrège, elle-même séparée de celle de Léonard par la seule « Vie » de Giorgione. La *Vie de Piero di Cosimo* se clôt en effet sur un paragraphe où Vasari s'emploie à démontrer l'étrangeté du caractère et des mœurs du peintre, la bizarrerie de son esprit et l'attrait qu'avaient pour lui les choses difficiles et singulières *(La stranezza del suo cervello, ed il cercare che egli faceva delle cose difficili)* ; toutes choses dont aurait témoigné l'attention qu'il portait aux formations nébuleuses aussi bien qu'aux marques laissées sur les murs par l'accumulation *des crachats de personnes malades,* d'où il tirait toutes sortes de batailles et de cités fantastiques, et les paysages les plus grandioses[1]. Il n'est guère besoin de solliciter le texte de Vasari pour reconnaître que de pareils exercices y revêtent la valeur de *symptômes,* ceux-là d'un mal dont l'art de Cosimo n'est pas seul à porter les stigmates. Mais tel trait qui, rapporté à un individu déterminé, peut être regardé comme névrotique, revêt une tout autre signification dès lors qu'il paraît répondre à une détermination histo-

1. « *Fermavasi talora a considerare un muro' dove lungamente fusse stato sputato da persone malate, e ne cavava le battaglie de'cavagli e le più fantastiche città e più gran paesi che si vedesse mai ; simil faceva de' nuvoli dell' aria.* » Vasari, *Vite,* éd. Milanesi, t. IV, p. 134.

rique objective [1], comme c'est ici le cas : le même intérêt pour les taches et les formations nébuleuses où Vasari voyait l'indice, chez Piero di Cosimo, d'une disposition morbide, revêt dans le texte de Léonard de Vinci les allures d'une *méthode,* méthode propre à favoriser l'invention, pratiquée de longue date en Chine (encore que sous des espèces et dans un contexte différents), et qui devait connaître dans la peinture occidentale une fortune équivoque (cf. 5.1.1. et 5.1.2.).

1. Cf. Meyer Schapiro, « Style », in A. Kroeber (éd.), *Anthropology Today*, Chicago, 1953, p. 29. Au titre, encore, de *symptôme*, citons les tableautins peints par Antonio Tempesta (Rome, galerie Borghèse) à partir de pierres « imagées » ou « paysagées » : l'adjonction de quelques figures peintes aux formations nébuleuses, végétales ou architecturales que le sciage révèle dans le marbre permet d'obtenir une *Tentation de saint Antoine* (où l'image du tentateur apparaît dans une nuée tracée par la « Nature »), un *Passage de la mer Rouge*, etc. (sur la collaboration de l'art et de la « nature », cf. 1.5.)

1.5. LE NUAGE, LA PEINTURE

L'œuvre de la Fortune

« Je n'aurai garde d'oublier d'inclure parmi ces préceptes une nouvelle invention spéculative *(una nuova inventione di speculatione)* qui, bien qu'elle semble une petite chose, et presque risible *(quasi degna di riso),* se révèle néanmoins propre à conduire l'esprit à diverses inventions *(a destare l'ingegnio a varie inventioni).* Elle consiste à regarder des murs maculés de diverses taches *(muri umbrattati di varie machie)* ou des pierres de couleurs mélangées. Si tu devais inventer quelque site *(Se havai a inventionare qualche sito),* tu pourrais y voir l'image de divers paysages *(potrai li veder similitudini di diversi paesi)* ornés de montagnes, fleuves, rochers, arbres, grandes plaines, vallées, collines. Bien mieux, tu pourrais y voir diverses batailles et actions rapides de figures *(atti pronti di figure),* d'étranges expressions de visages, des costumes et un nombre infini de choses qu'il te serait possible de ramener à une forme bonne et complète *(le quali tu potrai ridure in integra e bona forma).* Il en advient ainsi avec les murs et les pierres multicolores comme avec le son des cloches, dans la sonnerie desquelles tu trouveras tout nom et vocable que tu imagineras *(come del sono delle campane che ne loro cocchi vi troverai ogni nome e vocabolo che tu oti imaginerai).*

« Ne méprise pas mon avis, quand je te rappelle qu'il ne devrait pas être difficile pour toi de t'arrêter quelquefois pour regarder dans les taches des murs, les cendres du feu, ou les nuages, ou la boue, ou autres choses semblables *(nelle machie de muri, o nella cenere del foco, o nuvoli, o fanghi, o altri simili lochi)* : si tu les considères attentivement, tu y trouveras des idées réellement merveilleuses. L'esprit du peintre est excité à de nouvelles inventions, compositions de batailles d'animaux ou d'hommes, diverses compositions de paysages et de choses monstrueuses *(e di cosi mostruose)*, telles que des diables et autres choses semblables qui pourraient te faire honneur, car dans les choses confuses l'esprit trouve matière à de nouvelles inventions *(perche nelle cose confuse l'ingegnio si desta a nuovi inventione)*[1]. »

Or l'Antiquité elle-même n'aura pas été sans prêter attention aux images dont la formation ne doit rien qu'à des mécanismes naturels, aux figures qui se présentent comme le fruit du hasard ou comme l'œuvre de la Fortune : configurations célestes[2], pierres « imagées[3] », *mirabilia* de diverses espèces, sans oublier les « couleurs et les formes variées qui se laissent voir dans les nuages, selon — comme en jugeait Pline — que le feu qui s'y mêle domine ou a le dessous[4] ». Mais c'est seulement à l'époque hellénistique que — rhétorique ou théorie — un

1. Léonard de Vinci, *Traité de la peinture*, cod. urb. lat. 1270, 35v., « Façon d'accroître l'esprit et de le conduire à diverses inventions » *(Modo d'aumentare e destare l'ingegnio a varie inventioni)*. Cf. Philippe Mac Mahon (éd.), *Treatise on Painting*, Princeton, 1956, vol. I, p. 50-51, vol. II, *passim*. Raphaël Petrucci (*La Philosophie de la nature dans l'art d'Extrême-Orient*, Paris, 1910, p. 117-118) aura été le premier à rapprocher ce passage du *Traité de la peinture* d'un texte de Song Di, peintre chinois du XIe siècle, publié par H. Giles (*An Introduction to the History of Chinese Pictorial Art*, Shangaï, 1905, p. 100) : « Choisissez un vieux mur en ruine, étendez sur lui un morceau de soie blanche. Alors, soir et matin, regardez-le, jusqu'à ce qu'à la fin vous puissiez voir la ruine à travers la soie, ses bosses, ses niveaux, ses zigzags, ses fentes, les fixant dans votre esprit et dans vos yeux. Faites des proéminences vos montagnes, des parties les plus basses vos eaux, des creux vos ravins, des fentes vos torrents, des parties les plus éclairées vos points les plus proches, des parties les plus sombres vos points les plus éloignés. Fixez tout cela profondément en vous et bientôt vous verrez des hommes, des oiseaux, des plantes et des arbres et des figures volant ou se mouvant parmi eux. Vous pourrez alors jouer de votre pinceau suivant votre fantaisie. Et le résultat sera une chose du ciel et non de l'homme. »

2. Pour Pline, le ciel (*caelum*, de *caelatum*, « ciselé », selon l'étymologie que propose l'*Histoire naturelle*, laquelle insiste encore sur le double sens de *mundus*, gr. κόσμος, « monde » et « parure ») n'est pas lisse, poli comme un œuf, mais porte, gravées en lui, les figures innombrables de tous les animaux et de toutes les choses (*esse innumeras ei effigies animalium rerumque cunctarum impressas, Hist. nat.*, II, III), dont les germes, tombant sur la terre ou dans la mer donnent naissance aux êtres : l'œil aperçoit ici l'image d'un ours, là celle d'un taureau ou encore celle d'une lettre.

3. Cf. Jurgis Baltrušaitis, *Aberrations, quatre essais sur la légende des formes*, Paris, 1957, p. 47-72.

4. « *Varietates colorum figurarumque in nubilus cerni, prout admixtus ignis superet aut vincatur.* » Pline, *Hist. nat.*, II, LXI.

premier rapprochement aura été établi entre ces phénomènes et les produits de l'art [1]. Pline lui-même les considérait avant tout comme un argument supplémentaire pour démontrer l'étendue des pouvoirs de la Fortune, cette même Fortune qui ne dédaignait pas de venir en aide, à l'occasion, à des artistes particulièrement ambitieux ou exigeants, pour leur faire obtenir, par des moyens rien moins qu'automatiques, l'illusion recherchée : tel Protogenes qui, désespérant de parvenir à restituer l'apparence de l'écume sortant de la bouche d'un chien, aurait fini par jeter une éponge sur sa peinture, atteignant du même coup, sans l'avoir voulu, au but, c'est-à-dire à une représentation dont la vérité ne dût rien à l'art (l'art qui, d'être visible, contredit à la vérité de l'imitation [2]). Anecdote souvent reprise, et que Léonard lui-même devait transformer en l'inscrivant au compte de Botticelli, lequel aurait jugé que le paysage ne valait pas qu'on s'y arrêtât, puisqu'il suffisait d'écraser une éponge à l'endroit voulu pour en faire surgir une représentation des plus satisfaisantes [3]. *Fecitque in pictura fortuna naturam,* la Fortune produit dans la peinture l'effet de la nature : encore Pline tenait-il ces interventions du hasard pour autant de « coups de chance », réservés à des artistes hors pair. Il faudra attendre Philostrate pour voir poser, par la bouche d'Apollonius de Thyane, la question : « Les choses qu'on aperçoit dans le ciel, quand les nuages se séparent les uns des autres, centaures, cervidés, chevaux, qu'as-tu à en

1. Cf. H.W. Janson, « The " Image made by Chance " in Renaissance Thought », in Millard Meiss (éd.), *De Artibus opuscula XL, Essays in honor of Erwin Panofsky*, New York, 1961, p. 254-266.
2. Pline, *Hist. nat.*, XXXV, xxxvi, 102-103.
3. « Il n'est pas universel celui qui n'apprécie pas également toutes les choses qui sont contenues dans la peinture (*Quello non sia universale che non ama equalmente tutte le cose che si contengono nella pittura*). Par exemple, si l'un n'aime pas les paysages, il juge qu'ils ne méritent qu'une attention brève et simple, comme le disait notre Botticelli, quand il affirmait qu'une telle étude est vaine, puisque le simple lancer d'une éponge chargée de diverses couleurs sur un mur *(col solo gittare d'una spanga piena di diversi colori, in un muro)* y laisse une tache où se voit un beau paysage. Il est bien vrai que diverses inventions peuvent être vues dans de telles taches. Je dis qu'on devrait y chercher des têtes d'hommes, divers animaux, batailles, rochers, mers, nuages, bois et autres choses semblables et faire comme avec le son des cloches dans lequel on peut entendre ce qu'on veut », Léonard de V., *Traité,* 33v., Mac Mahon, vol. I, p. 93. On voit qu'ici l'observation des taches peut servir à l'invention des nuages en peinture, le nuage jouant lui-même à son tour, dans un autre contexte, un rôle productif.

dire [1] ? » S'agit-il là d'œuvres d'imitation, auquel cas on devrait admettre que Dieu est un peintre qui, descendu de son char, s'amuserait à tracer ces images dans le sable, comme un enfant ? Hypothèse insoutenable : les figures qui apparaissent dans le ciel n'ont *aucun sens* (τὰ ταὐτὸ μὲν ἄσημά), elles sont le pur effet du hasard. C'est l'homme, porté qu'il est par la nature à l'imitation, qui leur confère une signification en même temps qu'une permanence relative, en les associant à l'idée de la créature qu'elles évoquent. Il est réservé à celui qui a été formé au dessin de produire des imitations (ἀπομιμεῖσθαι) qui méritent le nom de *peintures* (γραφικαί) : la peinture, quant à elle, n'emprunte rien que de l'art [2].

Texte charnière, comme l'a bien vu H.W. Janson, et dont la référence se marque peut-être, avec une connotation érudite, dans les curieux nuages « imagés » (ou pour mieux dire : « informés ») qu'on observe dans deux tableaux de Mantegna. C'est, dans le *Saint Sébastien* de Vienne (en couverture), un nuage où s'esquisse la figure d'un cavalier, et qui répond aux fragments sculptés — tête, pied chaussé d'une sandale, bustes — dont le sol est jonché : comme si, par l'effet des jeux contrastés de la *similitude* dont Michel Foucault (on y reviendra) veut qu'elle ait organisé, à la Renaissance, les figures du savoir, les documents archéologiques le devaient disputer aux suggestions d'une Nature que le peintre humaniste déclare prendre pour maître, et dont les figures sont désormais tenues pour des *signes,* au même titre que ceux dont les textes gardent le dépôt [3]. Et de même, dans le *Triomphe de la vertu* (Louvre), le visage gigantesque qui apparaît dans les nuées, à proximité d'un pan de montagne frappé d'écroulement, suivant la phrase même de Lucrèce [4], ce visage fait écho à l'arbuste anthropomorphe — celui-là de tant de fables antiques,

1. Philostrates. *The Life of Apollonius of Tyana,* II, XXII, trad. Conybeare, Cambridge (Mass.), 1948-1950, vol. I, p. 174-175.

2. Μιμητικην μεν εκ Φυσεως τοις ανθρωποις ηκειν, την γραφικην δε εκ τεχνης, *ibid.*

3. « L'héritage de l'Antiquité est comme la nature elle-même, un vaste espace à interpréter : ici et là il faut relever des signes et peu à peu les faire parler. » Michel Foucault, *Les Mots et les Choses, Paris,* 1966, p. 48.

4. « Souvent il nous semble voir voler des faces de géants qui répandent au loin leur ombre, ou encore s'avancer de hautes montagnes, entraînant des roches arrachées à leurs flancs et dont la marche masque le soleil : puis c'est quelque autre figure bizarre qui attire à elle d'autres nuages pour s'en affubler. » Lucrèce, *De Natura Rerum,* IV, v. 136-140 (trad. A. Ernout).

à commencer par celle de Daphné — qui occupe le côté gauche de la scène, le tableau ouvrant, après l'espace des analogies, celui des métamorphoses, où l'art s'alimente comme à une source : la peinture n'ayant qu'à gagner à une « invention » qui permettra au peintre de trouver son inspiration dans les formes toujours changeantes des nuages [1], à charge pour lui d'y reconnaître des images qui exigent d'être lues, déchiffrées et en fin de compte produites par les voies qui sont celles de la peinture, à la façon dont le son des cloches donne à entendre, à qui les articule en silence, quantité de noms ou de vocables (la référence à la *phonè* étant ici clairement marquée).

Miroirs

Or c'est précisément à ce point que l'exercice, sinon la méthode, fait question. Car le nuage, s'il fournit à la rêverie, à l'imagination, un support privilégié, ce n'est pas, semble-t-il, par son contour, mais bien au contraire par ce qui, en lui, contredit à l'ordre de la délinéation et ressortit à celui du matériau, de la « matière » en tant qu'elle aspire à la « forme » ; et c'est à ce titre qu'il peut paraître fournir un index du style « vaporeux » dont le Corrège est tenu, à tort ou à raison, pour l'initiateur. S'il en est ainsi, on conçoit que les auteurs anciens n'aient pas été portés à y déceler une source d'inspiration pour le peintre, et moins encore à reconnaître dans ses avatars formels le paradigme de la production picturale. Si peindre c'est d'abord dessiner (un même terme, γράφειν, désignant en grec l'acte d'écrire et celui de dessiner *ou* de peindre), si la peinture commence avec le contour [2], la couleur n'intervenant qu'en second lieu, au titre de *supplément* que sa séduction rend plus inquiétant encore, et suspect, le nuage est connoté d'entrée de jeu comme

1. On observera que, pour Lucrèce, les images que donnent à voir les nuages sont des façons de simulacres qui n'émanent pas des corps, mais se constituent spontanément dans l'atmosphère, possibilité déjà admise par Epicure (*Lettre à Hérodote*, 46) : « Formées de mille manières, elles s'élèvent dans les hauteurs, et ne cessent dans leur course de se fondre et de se transformer, et de prendre les aspects les plus divers : tels ces nuages que nous voyons parfois se rassembler dans les hauteurs du ciel et qui, caressant l'air de leur vol, altèrent la sérénité du ciel. » *De Nat. Rer.*, IV, v. 129-135.

2. De Pline à Alberti et Rousseau, la tradition occidentale regarde la délinéation de l'ombre d'un être humain projetée sur un mur comme le geste inaugural de la peinture, l'acte fondateur (au sens phénoménologique du terme) où s'annonce le mode d'historicité propre à cette pratique en Occident (cf. 3.3.4.).

élément hors la norme (et l'on verra que c'est une question de savoir si les peintres de l'Antiquité lui ont fait une place dans leurs représentations, cf. 4.1.1.). Que le nuage (dans l'acception physique, météorologique du terme) ait partie liée avec la couleur plutôt qu'avec la figure, on en trouve la démonstration — une démonstration qui intéresse la peinture — chez Aristote, au livre III des *Météorologiques,* où il est traité des apparitions qu'on voit se former dans le ciel par nuit claire (et ce sont alors « des gouffres, des trous et des couleurs semblables à du sang[1] »), ou quand des nuages se trouvant à proximité du soleil, la vue est réfléchie par quelque surface liquide : le nuage, par lui-même incolore, semble être alors rempli de « colonnes[2] ». Tous ces phénomènes admettent une même explication : la *réflexion.* Mais celle-ci, dans le cas des colonnes solaires comme dans celui des halos et des parhélies, n'emprunte rien de la figure : elle joue sur la seule couleur. Constitué qu'il est, en effet, d'un grand nombre d'éléments plus ou moins denses et aqueux, et de dimensions infimes, le nuage fonctionne dans sa masse comme ces miroirs qui, à la différence de ceux où se réfléchissent les figures, renvoient les seules couleurs. « A cette dernière espèce appartiennent les miroirs qui sont tellement petits qu'ils sont indivisibles à la sensation (τοιαῦτα δ'ἐστὶν ὅσα μικρὰ τῶν ἐνόπτρων, καὶ μηδεμίαν αἰσθητὴν ἔχει διαίρεσιν) : en eux, en effet, il est impossible que la figure soit réfléchie (car alors le miroir serait divisible aux sens, puisque la divisibilité est toujours donnée en même temps que la notion de figure, πᾶν γὰρ σχῆμα ἅμα δοκεῖ σχῆμά τ'εἶναι καὶ διαίρεσιν ἔχειν) ; mais puisqu'il faut bien que quelque chose y soit réfléchi, et que ce ne peut être la figure, il reste que c'est la couleur seule qui l'est[3]. »

Ignorant ici l'assertion — dont la portée théorique n'a pas à être soulignée — selon laquelle la notion de figure serait liée à celle de *divisibilité,* la couleur apparaissant au contraire, dans chacun de ces miroirs microscopiques, à part de la figure (χωρὶς τοῦ σχήματος), et *comme un point indivisible aux sens* (καὶ μηδεμίαν ἔχων αἰσθητὴν διαίρεσιν)[4], on retiendra de cette tentative d'explication

1. Aristote, *Les Météorologiques,* I, 5, 342a. Trad. Tricot, Paris, 1955, p. 23.
2. *Ibid.,* III, 6.
3. *Ibid.,* III, 2, 372a - 372b, p. 188.
4. Aristote, *op. cit.* III, 3, 373a ; Tricot, p. 192. Je reviens sur ce point dans un travail portant sur un tableau de Paul Klee (*Egale infini*), à paraître.

scientifique la distinction qu'elle introduit entre la réfraction des figures et celle des couleurs : le nuage intéresse Aristote, du point de vue optique, dans la mesure où les effets de réflexion dont il est la cause occasionnelle échappent à l'ordre de la figure (mais non, il faut y insister, à celui de la *spécularité*). Et de fait Aristote n'a pas prêté attention aux figures que revêtent les formations nébuleuses, mais aux seuls phénomènes de réfraction des couleurs dont elles sont le théâtre. Mais quel rapport ces phénomènes ont-ils alors avec la peinture, s'il est vrai — comme l'énoncera Philostrate — que celle-ci ne doit user des couleurs qu'eu égard à l'imitation (ὑπὲρ μιμήσεως), faute de quoi elle ne serait rien qu'un vain jeu avec les matières colorées [1], une manière de fard, une variante de la cosmétologie ?

Les deux dimensions de la théorie

Quoi qu'il en soit (mais la question devait être posée en ces termes, afin qu'on mesure bien ce qui est en jeu derrière certaines occurrences du nuage en peinture : le destin d'un *ordre*), le nuage et, en général, les phénomènes météorologiques n'en représentaient pas moins pour Aristote une façon de déviation, au moins le signe annonciateur d'un changement : le *signe*, l'*indice* d'une variation, sinon d'une perturbation dont ils sont l'annonce. Est-ce à dire que le /nuage/ ait même pertinence dans le champ pictural, et que son occurrence massive dans la peinture à partir du XVIe siècle ait également valeur d'indice, de symptôme ? A partir du moment où l'art du paysage allait conquérir droit de cité, en dépit des résistances que signale l'anecdote du « jet de l'éponge », épinglée par Léonard du nom de Botticelli, on verra Pontormo reconnaître dans le /nuage/ l'une des parties les plus difficiles de cet art, l'une de celles auxquelles le peintre devait selon lui s'exercer le plus assidûment [2], — quitte comme le proposait Léonard, à prendre modèle sur les taches d'un mur ? Comme si Pontormo avait entendu associer ce signe, cet *emblème*, à la définition qu'il

1. ει γαρ μη τουτο πραττοι γελοια δοξει χρωματα ποιουσα ευηθως, Philostrate, *loc. cit.*

2. « *Troppo ardito e volonteroso di imitare tutte le cose che ha fatto la natura, co' colori, perchè le paiano esse (e ancora migliorarle) per fare i sua lavori ricchi e pieni di cose varie, faccendo dove accade, come dire, splendori, notte con fuochi e altri lumi simili, aria, nugoli, paesi lontani e dappresso, casamenti con tante varie osservanze di*

donnait de la peinture, en laquelle il voyait une toile tissée par l'enfer, éphémère et de peu de prix : en retire-t-on l'apprêt, la pelure superficielle *(quello riciolino)* que nul n'en tient plus compte [1]. C'est assez dire qu'une théorie du /nuage/ paraît susceptible de livrer accès aux ressorts les plus secrets d'une pratique volontiers connotée comme *infernale* dès lors qu'elle emprunte aux choses « confuses ». Théorie devant s'entendre ici en un double sens, et pour autoriser d'abord quelques sondages historiques, avant que d'introduire, moyennant l'approfondissement et l'extension du champ analytique, une construction raisonnée qui soit propre à rendre compte de la procession équivoque des *nuages* dans la peinture d'Occident.

prospettiva, animali di tante sorti, di vari colori e tante altre cose », Pontormo, *lettre à Benedetto Varchi,* 18 février 1548. Pour une bonne édition de ce texte, maintes fois reproduit, cf. Luciano Berti, *Pontormo,* 1964, p. 91-92.

1. « *E la pittura panno acotonato dello inferno, che dura poco et è di manco spesa, perchè levato ce gl'ha quello riciolino, non se tiene più conto.* » *Ibid.* « *Panno dello inferno* » désigne, en fait, selon Bottari, une qualité ordinaire de toile, celle-là dont est faite la peinture, à la différence du vêtement, lequel sera d'autant plus durable qu'il aura plus de prix (*Pensomi dunque, che sia come del vestire, che questa sia panno fine, perchè dura più che è di più spesa, ibid.*). Mais toute chose, si *fine* soit-elle, doit avoir une *fin* (*Ma dovendo ogni cosa aver fine, non sono eterne a un modo*) ; formule prophétique si l'on songe à la dégradation aujourd'hui irrémédiable des fresques de Pontormo.

2

LE SIGNE ET LA REPRÉSENTATION

« *The object of representation can be nothing but a representation of which the first representation is the interpretant.* »
CHARLES SANDERS PEIRCE. *Principles of Philosophy, coll. Papers,* vol. I, p. 171.

2.1. ICONOMYSTICA

2.1.1. VALEURS D'EMPLOI

Un signe — au sens problématique et délibérément ambigu où ce texte prend le mot, aux fins de mesurer les limites de validité du concept dans le champ de l'analyse picturale —, un signe a une valeur d'emploi, qui le définit. Un recensement rapide des occurrences du *nuage* dans l'œuvre du Corrège et dans celles de ses contemporains et prédécesseurs immédiats conduirait à distinguer, par comparaison, entre les valences les plus conventionnelles du signe et des combinaisons autrement exceptionnelles, et peut-être transgressives. Telles, essentiellement, celles qui sont au principe des coupoles « célestes » de Parme, où le motif est utilisé au titre d'élément constructif, servant — pour reprendre encore le mot de Burckhardt — à la désignation d'un espace.

Les figures de Michel-Ange, au plafond de la Sixtine, n'avaient pas besoin du secours de nuées pour se déplacer dans les airs ; et mis à part le « ciel » du *Jugement dernier,* où s'ébattent des anges porteurs de la croix et de la colonne de la Passion, le nuage n'intervient pas dans la composition au titre d'élément constructif. L'ordonnance du décor conçu par Michel-Ange n'implique pas la négation de la bâtisse : bien au contraire, elle introduit dans un volume construit dépourvu de toute structure apparente un réseau feint de corniches, de pilastres et d'arcs en grisaille, où trouvent à s'inscrire des scènes conçues comme autant de tableaux de chevalet [1] ; et quant aux figures des Prophètes, des Sibylles et de leur suite d'esclaves, établies sur les

1. « N'est-ce point un miracle que de voir réunis, dans un ensemble compact, une telle variété de figures et de mouvements ? *Sans un système d'architecture,* ce résultat n'eût jamais été obtenu. » Heinrich Wölfflin, *L'Art classique,* Paris, 1911, p. 71 (je souligne).

retombées de la voûte, elles sont implantées sur des membres architectoniques en trompe l'œil, et non pas, suivant la remarque de Burckhardt, sur des amas nébuleux, comme le seront les Evangélistes du Corrège, dans les pendentifs des coupoles de Parme. A l'inverse, l'usage fait par le Corrège du nuage dans tel de ses panneaux répond — abstraction faite de la connotation fantasmatique qui peut s'y attacher — à une pratique conventionnelle qui permettait de distinguer ou, pour mieux dire, d'associer dans une même composition deux registres en apparence exclusifs l'un de l'autre, un registre « terrestre » et un registre « céleste ». Empruntant au « divin » Raphaël, il n'est que de citer à cet égard *la Vierge de Foligno,* laquelle a valeur de prototype (encore qu'elle ne soit pas sans précédents), telle apparition de Jahvé à Isaac, Jacob ou Moïse, dans les Loges du Vatican, et surtout la fameuse *Dispute du Saint-Sacrement,* où la superposition des registres revêt une ampleur monumentale (tandis qu'au plafond de la même Chambre de la Signature apparaissent, dans des *oculi* ménagés dans un décor en trompe l'œil, des figures allégoriques établies sur des nuées) ; ou encore l'énigmatique *Vierge de Saint-Sixte,* du musée de Dresde, qui paraît s'avancer vers le spectateur sur un tapis de nuées ; le décor de la Salle de Psyché, à la Farnésine, qu'il est de règle d'évoquer à propos du Corrège de la Camera di San Paolo et des *Amori di Giove,* avec ses figures mythologiques disposées parmi des arcades de feuillage, dans des écoinçons où s'accumulent quelques flocons nébuleux, et — au plafond — la procession des Dieux dans un Olympe de nuées ; et, encore, le petit panneau de la *Vision d'Ezéchiel* (Florence, palais Pitti), dans lequel le paysage où se laisse deviner la minuscule figure du prophète se réduit à une étroite bande de terre et de mer, reléguée dans la partie basse de la composition, et sans échelle commune avec la nuée argentée où apparaît, dans tout l'éclat d'une Gloire dorée, un Créateur aux allures jupitériennes, entouré d'anges et des symboles des Evangélistes.

Zurbaran

Vouée qu'elle aura été à la conciliation, à la transaction, à la *composition* (partie de la peinture où le peintre excellait, à en croire l'Académie), l'œuvre cependant si « lisible » de Raphaël pose des problèmes d'interprétation trop difficiles, la nouveauté y emprunte trop subtilement les dehors de la convention, pour fournir un bon terme de comparaison. On lui préférera ici un corpus d'œuvres plus tardives (mais contemporaines du triomphe, à Rome, du grand décor plafonnant) et qui, pour être étrangères au cercle aristocratique de la culture humaniste, portent témoignage sur nombre des ressorts les plus communs de la communication iconique telle que l'a entendue l'âge classique. Liés qu'ils furent, par le jeu de la commande, à l'activité des ordres monastiques espagnols, au carrefour des routes de l'Ancien et du Nouveau Monde, les grands cycles religieux peints par Zurbaran à Séville, entre 1629 et 1640, ressortissent quant à l'iconographie (et quels qu'en soient les prestiges, la splendeur picturale) à l'horizon traditionnel de l'imagerie de piété. Si Raphaël a dû d'obtenir une audience internationale à la diffusion de ses œuvres par le canal de la gravure de reproduction, Zurbaran au contraire, à l'instar de beaucoup de ses contemporains, n'aura pas hésité à emprunter le modèle de ses compositions à des estampes, le plus souvent germaniques ou flamandes, et non sans renchérir à l'occasion sur leurs aspects les plus traditionnels [1]. Sans doute n'est-il guère, d'un point de vue sémiologique, de notion plus équivoque que celle d'*archaïsme* : comme l'observe Jakobson, « quand le facteur temporel entre en jeu dans un système de valeurs symboliques..., il devient lui-même un symbole et peut être utilisé comme moyen stylistique [2] ». Mais, délibéré ou non, l'archaïsme où la critique s'accorde à voir l'un des traits dominants de l'art de Zurbaran offre une garantie supplémentaire d'avoir ici affaire à un répertoire convenu, à des normes confirmées. Il reste à voir quel usage est fait du nuage dans un pareil contexte, à des fins et suivant des voies qui ne sont pas, de toute évidence, celles-là seulement de la « peinture » au sens où la conçoit le musée.

2.1.2. IMAGES

Extases et transports

Destinée à l'origine à orner l'autel de la sacristie de l'église des Jésuites, à Séville, la *Vision du bienheureux Alonso Rodriguez,* par Zurbaran (planche II), présente dans sa partie inférieure le

1. Cf. Martin S. Soria, *The Paintings of Zurbaran,* Londres, 1953, p. 6.
2. Jakobson, *Essais...,* p. 37.

père Rodriguez, portier du collège des jésuites à Majorque et auteur de célèbres ouvrages mystiques, agenouillé en état d'oraison dans un couloir obscur ouvrant sur une *veduta* architecturale, après avoir laissé choir sur le sol, quadrillé suivant un strict tracé perspectif, le *Contentus Mundi* de Thomas a Kempis. Debout à ses côtés se tient un ange intercesseur. Tous deux dirigent leurs regards vers la partie supérieure de la composition où sont assis, dans un cadre de nuées peuplées de têtes d'angelots, le Christ et la Vierge, l'un et l'autre pressant entre leurs doigts une bourse en forme de cœur d'où émanent des rayons que le bienheureux reçoit en son sein. A droite, sur un nuage disposé légèrement en contrebas, un groupe d'anges musiciens. Si la volonté de réalisme — au sens que le mot peut avoir dans ce contexte — le dispute ici à l'expression d'un mysticisme quelque peu équivoque, le procès signifiant paraît s'articuler pour l'essentiel sur l'opposition entre les jeux d'ombre et de lumière de l'espace construit et l'éclat diffus de la nuée. Mais la division du tableau en deux registres, l'un terrestre et ordonné suivant les règles de la perspective linéaire, l'autre céleste et d'une profondeur indéfinie, cette division n'a rien d'exceptionnel dans l'œuvre de Zurbaran. Pour ne retenir que quelques images particulièrement révélatrices à cet égard, *la Portioncule* du musée de Cadix — sans doute contemporaine du tableau précédent (1630) — montre saint François en extase sur le sol carrelé de sa cellule, et auquel apparaissent dans une nuée le Christ et la Vierge médiatrice, entourés d'anges ; dans *la Pentecôte* (également à Cadix), la nuée divine se répand sur la Vierge et les Apôtres qui font cercle autour d'elle ; dans une production plus tardive, *la Messe du père Cabanuelas,* ressortissant au cycle hiéronymite de Guadalupe (1638-1639), c'est encore dans le cadre d'une nuée, celle-là de dimensions plus modestes, qu'apparaît à l'officiant agenouillé devant l'autel le symbole de l'Eucharistie ; et quant au *Saint Jérôme* du même cycle, c'est porté par une nuée mêlée de *putti* qu'il monte vers le ciel où a déjà accédé le *Saint Joseph couronné par le Christ* du musée de Séville.

La compréhension de ces images ne semble pas devoir présenter de difficultés particulières. Les schémas figuratifs adoptés par Zurbaran sont parfaitement conventionnels, quand ils ne sont pas directement empruntés à des estampes de piété, comme c'est le cas du *Saint Bonaventure priant,* du musée de Dresde, peint pour les franciscains du collège de Saint-Bonaventure, et dont la composition, très proche de celle de *la Messe du père Cabanuelas,* est imitée d'une gravure anversoise de 1605[1]. L'introduction, par le détour d'une nuée, d'un groupe ou d'un symbole divin dans une composition en perspective est l'un des procédés de construction les plus répandus dans la peinture religieuse des XVIe et XVIIe siècles. L'intérêt de pareilles compositions, s'agissant principalement des apparitions que l'image donne à voir au spectateur sous les deux espèces simultanées d'une scène « réelle » et d'une vision miraculeuse, réside moins dans la dichotomie spatiale qu'elles imposent que dans les modalités de la communication qui s'établit entre l'étage terrestre et l'étage céleste et, à l'intérieur d'un même registre, entre les figures dont celui-ci est peuplé : soit que l'élu demeure lié au sol, à la terre (satisfait qu'il est de ce monde ?), mais qu'il paraisse accueillir la vision dont il est honoré et, tout ensemble, la présenter au spectateur qui y trouve accès par son intermédiaire (la *Vision d'Alonso Rodriguez, la Portioncule*) ; soit que le saint personnage soit ravi au ciel ou soustrait temporairement à l'espace commun ; soit enfin (et c'est là une dramaturgie où Zurbaran excelle) que le bénéfice de la vision soit réservé à un seul, ceux qui l'entourent en étant exclus, et que le spectateur ait ainsi le privilège de participer, par la grâce de l'image, des deux modes de perception à la fois : les compagnons de saint Bonaventure l'observent avec respect tandis qu'il s'absorbe dans sa méditation ; mais ils ne soupçonnent rien d'une vision dont l'événement déchire le réseau des certitudes sensibles.

La nuée mystique

On est tenté d'établir entre ces images et quelques-uns des thèmes caractéristiques de la mystique espagnole un certain nombre de rapprochements. Les écrits de sainte Thérèse abondent en descriptions de montées au ciel d'hommes de « haute oraison », éclatants de gloire, et parfois accompagnés — la faveur est insigne — par des anges, voire par le Christ lui-même, et de « ravissements », « élévations », « vols d'esprit », « transports » même, que la sainte décrit en ces termes dans le *Libro de su vida* : « Le seigneur prend l'âme et l'élève complètement de terre, comme les nuées ou le soleil attirent les vapeurs, ainsi que je l'ai entendu dire. La nuée divine s'élève dans le ciel, emporte l'âme à sa suite et commence à lui

1. Soria, *op. cit.*, p. 139 (catal. n° 24, pl. 9, et fig. 16).

découvrir les splendeurs du royaume qui lui est préparé[1]. » On notera la vertu à la fois motrice et initiatique attribuée par sainte Thérèse à la nuée divine, le pouvoir d'attraction que celle-ci est censée exercer sur l'âme qu'elle emporte à sa suite (l'extériorité entre les deux registres étant ainsi bien marquée). Et si les saints personnages de Zurbaran ne quittent pas le sol (conformément au mécanisme de l'*union* où, à la différence du ravissement, « nous demeurons sur notre terrain[2] », il n'en allait pas de même pour sainte Thérèse dont le corps, à l'instar du saint Diego de *la Cuisine des Anges* de Murillo, perdait parfois sa pesanteur : « Mon âme était enlevée et même ordinairement ma tête suivait ce transport sans qu'il y eût moyen de la retenir ; quelquefois même le corps tout entier était emporté lui aussi, et ne touchait plus terre[3]. » Le phénomène se produisait en général hors de la vue de ses suivantes ; survenait-il en société, celles-ci devaient la retenir : « Mais cela n'est arrivé que rarement[4]. »

Nuages et nuées jouent ainsi dans les écrits de sainte Thérèse un rôle comparable à celui qui paraît leur être imparti dans les peintures de Zurbaran, mais aussi bien chez le Corrège — à cette différence près que celui-ci aura donné la plus grande extension possible, dans le décor des coupoles de Parme, à un événement qui non seulement contredisait aux normes de l'expérience commune mais interrompait la régularité de l'ordre constructif. Répartis sur le tambour, les Apôtres demeurent « à l'intérieur » de la cathédrale, de *ce côté-ci* de la balustrade, à l'instar du saint accroupi dans un recoin de la corniche de Saint-Jean-l'Evangéliste : simple affaire de proportion entre la part dévolue dans la composition à la manifestation du divin et celle réservée au monde empirique, et sans que l'opposition des deux registres puisse, semble-t-il, se résorber tout à fait au bénéfice exclusif de l'*autre monde*[5]. Non seulement le *nuage* soustrait ceux qu'il supporte aux lois de la pesanteur, mais il manifeste l'ouverture de l'espace profane sur un *autre* espace, qui lui donne sa vérité : vols d'esprit, ravissements, visions

1-4. Sainte Thérèse de Jésus, *Œuvres complètes*, trad. française, Paris, Ed. du Seuil, 1949, p. 194-196.

5. La réduction inverse étant au contraire parfaitement licite : dans la *Prémonition de Pierre de Salamanque*, du cycle de Guadalupe (Soria, cat., nº 151, fig. 104), la composition est circonscrite au registre terrestre et seul le revers du prodige est donné à voir sous l'espèce de nuées annonciatrices.

miraculeuses, du *Saint François* de Giotto ou de Zurbaran à Madame Bovary [1], en passant par la sainte Thérèse du Bernin, il est l'accompagnement obligé — sinon le moteur — de l'extase et des diverses formes d'ascension ou de transport. Plus généralement, il est régulièrement associé à l'irruption de *l'autre,* du *sacré.* Tantôt il s'entrouvre pour permettre à l'élu d'apercevoir l'objet de son adoration — grâce refusée aux compagnons de saint Bonaventure et à celui du père Cabanuelas, dans les tableaux de Zurbaran —, les réalités divines ne pouvant se manifester qu'à travers la déchirure de l'écran qui les dérobe à la conscience commune ; tantôt il apparaît comme la manifestation immédiate du sacré, sous les dehors d'une nuée divine qui partage l'exil de l'homme, comme le fit, jadis, la colonne de nuée qui servit de guide au peuple d'Israël, à sa sortie d'Egypte [2].

2.1.3. LE CODE HIÉROPHANIQUE

Signes/symboles

Si le thème de la montée au ciel et les diverses formes d'ascensions ou de « passages » sont une composante peut-être nécessaire de toute vision ou extase, et si les nuages ou nuées semblent participer directement de la transcendance céleste, n'est-ce pas qu'avant toute valorisation religieuse le ciel apparaît, du point de vue phénoménologique, comme le lieu de la transcendance, à la fois origine de toutes choses et de la loi, siège de la force et de la souveraineté [3] ? Est-ce à dire qu'étudiant les toiles d'un artiste provincial de l'Espagne du XVIIe siècle, on atteigne un ordre de données qui, par leur dimension essentielle, échapperaient à l'histoire, sinon une forme *a priori* de la conscience religieuse ? Pour emprunter au vocabulaire de l'histoire des religions, le nuage aurait valeur de hiérophanie, c'est-à-dire

1. « Les rideaux de son alcôve se gonflaient mollement, autour d'elle, en façon de nuées. »

2. Thérèse de Jésus, *op. cit.*, p. 193 : « Nous pourrions bien croire que la nuée elle-même de la Majesté infinie se trouve avec nous dans cet exil. »

3. Sur le symbolisme du ciel et le « monde d'en haut », cf. Mircea Eliade, *Traité d'histoire des religions,* trad. française, Paris, 1953, chap. II, et Gerardus Van der Leeuw, *La Religion dans son essence et dans ses manifestations,* trad. française, Paris, 1948, p. 54-65.

d'objet qui manifeste le sacré, ou sert à sa manifestation. Mais le repérage d'un élément hiérophanique isolé n'a pas par lui-même d'intérêt ; il demeure sans signification théorique aussi longtemps qu'on se satisfait d'y reconnaître un emblème archétypal ressortissant à un symbolisme prétendument éternel, et qui soutiendrait les diverses formes religieuses sans être jamais épuisé par cette participation [1]. La distinction du sacré et du profane suppose un partage toujours renouvelé entre les objets et les êtres, et il en va des signes du sacré comme de tout autre signe : ils ressortissent à des ensembles, à des systèmes historiquement constitués, où le rapport latéral de signe à signe l'emporte sur la relation directe, verticale, entre signifiant et signifié, qui définirait le symbole.

Séquences

L'examen même le plus superficiel de la production de Zurbaran donne à penser que celle-ci fournirait une matière privilégiée pour une recherche d'ordre comparatif. Une grande partie des éléments, des « objets figuratifs [2] » dont on note l'occurrence dans ce corpus — éléments en nombre limité et dont la fréquence d'apparition est remarquable — peuvent en effet être qualifiés de « hiérophaniques ». Fait significatif, il s'agit souvent d'éléments dont le phénoménologue considère qu'ils relèvent d'un symbolisme étroitement apparenté au symbolisme céleste. L'association de la nuée à une colonne massive, généralement disposée dans l'axe de la composition, ressortit de toute évidence au « symbolisme du centre », étudié par Mircea Eliade [3]. Mais cette référence n'a par elle-même aucune valeur opératoire. La même colonne autour de laquelle s'ordonne la scène terrestre et qui se perd dans les nuées, assurant ainsi la communication entre la terre et le ciel, se retrouve régulièrement dans l'œuvre de Zurbaran, de *l'Annonciation* et des deux *Adorations* du musée de Grenoble, à *la Messe du père Cabanuelas,* en passant par l'*Apothéose de saint Thomas d'Aquin,* du musée de Séville. Dans l'*Entretien du pape Urbain II avec saint Bruno* [4], destiné

1. Mircea Eliade, *Traité d'histoire des religions,* p. 103-104.
2. Sur la notion d' « objet figuratif », cf Pierre Francastel, *La Figure et le Lieu,* Paris, 1967, chap. II, et *La Réalité figurative,* Paris, 1965, troisième partie.
3. Cf. Mircea Eliade, *Images et Symboles,* Paris, 1952, p. 33-72.
4. Musée de Séville, Soria, *op. cit.,* catal. n° 70, pl. 46.

à la chartreuse de Santa Maria de las Cuevas, une colonne massive occupe le centre de l'image, les deux personnages principaux étant disposés symétriquement de part et d'autre de cet axe. Cette fois, la partie supérieure de la colonne n'est plus cachée par une nuée, mais tout ensemble par le dais qui surmonte le trône papal et par un rideau relevé au-dessus du saint. Séquence que l'on observe encore dans le portrait de *Gonzalo d'Illescas, évêque de Cordoue,* du cycle de Guadalupe : la colonne est au centre de la composition, tandis qu'un rideau gonflé « en façon de nuée » semble signifier que le prélat écrit sous la dictée de Dieu (ces deux éléments servant encore à introduire dans la composition une *distance* entre l'évêque, travaillant dans sa retraite, et une scène d'extérieur, disposée au second plan, où l'on voit des moines faire œuvre de charité sur le seuil du monastère). Mais le fait qu'un objet puisse ainsi se substituer à un autre dans l'économie du texte hiérophanique, ce fait (déjà noté à propos des *Vierges* du Corrège) est instructif : le /nuage/ n'a pas de signification qui lui soit assignable en propre ; il n'a d'autre valeur que celle qui lui vient des relations de consécution, d'opposition et de substitution qu'il entretient avec les autres éléments du système.

2.1.4. FONCTIONS DE LA REPRÉSENTATION

L'expérience et ses figures

Qu'en est-il du statut de l'image, de la représentation figurée, dès lors que le peintre paraît en emprunter les données à un ordre d'expression extérieur à celui de la peinture, son rôle se réduisant à la limite à celui d'un simple illustrateur tâchant à fixer par les moyens de son art, et aux fins d'édification, le souvenir d'expériences dont les écrivains mystiques ont laissé d'innombrables descriptions [1] ? Mais les rapports entre la réalité

1. Parmi les extases les plus fameuses de sainte Thérèse, celle dont elle fut l'objet en même temps que saint Jean de la Croix, venu la visiter au couvent de l'Incarnation, est faite pour retenir l'attention par son retentissement dans l'ordre des images. Commande fut aussitôt passée, en effet, d'un tableau destiné à commémorer la scène et qui fut placé dans le parloir du couvent en même temps qu'une inscription rappelant l'événement : « *Siendo priora deste convento de la Encarnacion nuestra Santa Madre, y vicario de dicho convento San Juan de la Cruz, estando en este locutorio hablando en el misterio de la Santissima Trinidad, se arrobaron entrambos, y el santo subio elevando tras si la*

de l'expérience mystique et sa traduction littéraire ou plastique sont, en fait, des plus ambigus. Après avoir décrit dans les termes qu'on a vus le ravissement dont elle avait été la proie, sainte Thérèse ajoute cette remarque — combien précieuse pour ce qu'elle laisse pressentir des fonctions de la métaphore (de l'« image ») dans l'économie du phénomène mystique : « Je ne sais si la comparaison est exacte. En tout cas les choses se passent vraiment ainsi [1]. » Mais si la représentation, même mal fondée, d'un processus physique — en l'occurrence celui de l'évaporation — est susceptible de s'imposer au titre de *forme* de l'expérience, celle-ci ne saurait être qualifiée plus longtemps d'originaire et l'on ne peut distinguer, en toute rigueur, entre la « réalité » de l'extase et son « expression ». *Como se vede en la pintura :* à la limite l'expérience s'identifie — comme il apparaît de façon éclatante chez Jean de la Croix [2] — avec sa traduction poétique. Mais s'il se peut qu'elle emprunte sa forme d'une image, c'est bien que le peintre n'en est pas réduit à noter, à fixer une vision à l'élaboration de laquelle il n'aurait point de part : à son niveau, et par ses moyens propres, il travaille à l'établissement d'une relation entre l'homme et Dieu et à la définition des voies et des figures de cette communication [3].

Et de fait, s'il est un point dans l'expérience mystique où s'abolissent les « puissances » et l'imagination elle-même, il reste que ni Jean de la Croix ni Thérèse d'Avila n'auront condamné l'usage des images, peintes ou sculptées. Bien plutôt plaignaient-ils les hérétiques qui, par leur faute, s'étaient privés d'une pareille source de consolation et — mieux encore — du recours que l'âme peut y trouver quand le Seigneur est absent ou la laisse dans la « sécheresse [4] ». Si sainte Thérèse jugeait

silla, como se vede en la pintura. » (Cité par Olivier Leroy, *La Lévitation, contribution historique et critique à l'étude du merveilleux,* Paris, 1928, p. 100, n. 3, je souligne.)

1. Thérèse de Jésus, *op. cit.,* p. 194.

2. Cf. chez Jean de la Croix, le motif de la nuit comme expression plastique nécessaire de l'absorption de l'être apparent dans l'être réel : « Par un prodige de l'imagination mystique, la nuit est à la fois la traduction la plus intime de l'expérience et l'expérience elle-même. » (Jean Baruzi, *Saint Jean de la Croix et le problème de l'expérience mystique,* Paris, 1924, p. 330.)

3. Pour d'autres exemples d'influences de la représentation picturale sur la vision mystique, cf. Erwin Panofsky, *Early Netherlandish Painting,* Cambridge (Mass.), 1958, t. I, note 277/3, p. 469-470.

4. Thérèse de Jésus, *op. cit.,* p. 764.

que la contemplation d'une image du Sauveur pouvait faciliter le dialogue avec celui-ci [1], Jean de la Croix n'hésitait pas, quant à lui, à blâmer ceux qui traitent les images avec peu de respect, et ces ouvriers encore « qui les sculptent si mal qu'au lieu de favoriser la dévotion ils l'enlèvent », et qui devraient se voir interdire l'exercice d'un art qu'ils ne pratiquent que de manière inhabile et grossière [2]. Certes, l'image ne doit pas être recherchée pour elle-même, ni pour l'attrait qu'y trouvent les sens : mais c'est assez dire qu'elle n'a pas seulement des fonctions décoratives et que la contemplation des œuvres de l'art peut aider et soutenir la prière.

Du bon usage des images

Or c'est là une vue parfaitement conforme à la position du concile de Trente sur *l'emploi légitime des images* [3], aussi bien qu'à l'enseignement de saint Ignace, dont la pédagogie faisait concourir grands et petits moyens à l'établissement du « colloque », du dialogue où se consumait l'oraison : après le rappel de l'histoire ou du motif qui fait le sujet de la méditation, chacun des « exercices spirituels » comporte une *composition* qui revient à voir par le « regard de l'imagination » le lieu matériel où se situe la scène biblique, mais aussi bien, figurativement, le point de doctrine, l'article de foi que le retraitant veut « contempler » (la grotte de la Nativité, la maison d'Anne ou de Caïphe, la « vallée » où le composé humain, âme-corps, est exilé parmi des animaux sans raison [4]), le colloque s'achevant par une façon de représentation totale (l'« application des sens »), destinée à recueillir le fruit d'une journée [5]. Les jésuites,

1. *Thérèse de Jésus*, p. 715.

2. Saint Jean de la Croix, *Œuvres spirituelles*, trad. française, Paris, Ed. du Seuil, 1964, p. 443.

3. Cf. *le Décret sur l'intercession des saints, l'invocation, la vénération des reliques et l'emploi légitime des images*, promulgué par le Concile lors de sa dernière session, en 1563, et qui visait moins, comme l'a montré Pierre Francastel, à ramener l'art chrétien dans les limites de la décence ou de l'orthodoxie, qu'à répondre à l'accusation d'idolâtrie lancée par les protestants (cf. Pierre Francastel, « La Contre-Réforme et les arts en Italie à la fin du XVIe siècle », in *La Réalité figurative*, p. 339-389).

4. Saint Ignace de Loyola, *Exercices spirituels*, trad. française, Paris, 1960, p. 44.

5. *Ibid.*, p. 76, n° 1. « S'agissant de l'enfer, le regard de l'imagination en verra les feux immenses, l'oreille entendra les hurlements, cris et

lorsque au XVIIe siècle ils en viendront à regarder les images, au même titre que la poésie ou le théâtre, comme l'une des armes les plus efficaces d'une propagande tout entière fondée sur la *représentation*, seront en cela parfaitement fidèles à l'enseignement de saint Ignace et à l'esprit du Concile. Mais là où les écrivains mystiques visaient avant tout à ouvrir les voies de la méditation d'un retraitant, dans la solitude de son oratoire, les clercs devaient poursuivre des buts autrement étendus, qui s'efforcèrent de faire servir les images tout à la fois à la formation des cadres de l'Eglise et à l'édification des foules. L'*Iconomystica* [1], la science des images qui enseignent « profitablement, vivement et délicieusement [2] » les mystères de la foi, peut revêtir à l'occasion les allures d'une technique ésotérique : cette technique n'a de sens qu'ordonnée à des effets qui, loin d'être contradictoires, sont en fait complémentaires, et qui supposent en tout cas l'existence d'un langage commun, un langage que puissent entendre, chacun à son niveau et selon sa perspective propre, aussi bien le peuple que ceux qui s'en veulent les « directeurs ».

« Il n'y a rien qui plus délecte et qui fasse glisser plus suavement une chose dans l'âme que la peinture, ni qui plus profondément la grave en la mémoire, ni qui plus efficacement pousse la volonté pour lui donner le branle et l'émouvoir avec énergie [3]. » : l'énuméré des fonctions imparties à la peinture dans le *cursus studiorum* suffit à démontrer que les images ne sont plus faites à l'intention d'une caste fermée, comme pouvaient l'être celles de Raphaël. Les mêmes moyens seront mis en œuvre, s'agissant de favoriser l'expérience de quelques solitaires ou d'endoctriner les foules, sans qu'il y ait là aucune contradiction. La même époque qui a produit les grands mystiques aura vu, simultanément, l'Eglise s'affirmer avec éclat dans le siècle : et c'est à la présence explicite de ce débat dans sa peinture que

blasphèmes, l'odorat sentira la fumée, le soufre, le cloaque et la putréfaction, le goût goûtera les choses amères, les larmes, la tristesse, le tact touchera le feu qui embrase les âmes... » *Ibid.*, p. 53-54.

1. Ainsi dénommée par le jésuite allemand Jacob Masen dans son *Ars nova argutiarum*, Cologne, 1649, et le *Speculum imaginum veritatis occultae, exhibens symbola, emblemata, hieroglyphica, oenigmata*, etc., Cologne, 1650, cité par Mario Praz, *Studies in seventeenth Century Imagery*, 2e éd., Rome, 1964, p. 173-174.

2 et 3. Epithètes et citation empruntées au père Richeome, *Tableaux sacrés des figures mystiques du très auguste sacrement de l'Eucharistie*, Paris, 1601, cit. par Praz, *op. cit.*, p. 21.

Zurbaran, avant d'être contraint à s'aligner sur les normes de la bondieuserie où triomphera un Murillo, a dû d'apparaître comme l'un des très rares artistes qui auront su tirer des enseignements de l'Eglise le meilleur de leur inspiration. L'*Entretien d'Urbain II avec saint Bruno,* où l'on voit le pape tenter de convaincre son confesseur de renoncer à sa retraite pour participer plus activement aux entreprises de la papauté, manifeste assez bien les ressorts d'une propagande qui ne produisait tous ses effets qu'à proposer aux foules l'image de saints personnages dont les interventions dans le monde prenaient d'autant plus de relief qu'ils avaient su se soustraire plus entièrement à ses séductions. En fait, l'Eglise avait reconnu de longue date dans la pédagogie d'un Loyola l'un des moyens les mieux appropriés pour s'assurer le contingent de saints dont elle avait besoin à chaque génération [1], le courant mystique et le courant mondain apparaissant comme les deux faces complémentaires d'une même politique qui visait à toucher le plus grand nombre par l'intermédiaire de quelques figures — ou *images ?* — d'exception. Pour servir à l'édification des foules, l'expérience mystique devait revêtir une forme telle qu'elle pût faire l'objet d'une *représentation* à la fois lisible et efficace. Le paradoxe de l'art de Zurbaran est celui d'une peinture d'inspiration monastique où les exigences de la représentation, de l'efficacité symbolique, l'emportent à la fin sur toute autre considération. D'où le statut ambigu assigné, dans l'ordre pictural, aux éléments d'une iconographie tout ensemble mentale et figurative et qui fonctionnait sur plusieurs registres à la fois.

1. Cf. François Courel, Introduction aux *Exercices* de saint Ignace, *op. cit.,* p. 8.

2.2. LES DEUX MODES DE LA REPRÉSENTATION

2.2.1. L'ÉCRITURE ET LA REPRÉSENTATION

Présentation/représentation

Nombreuses sont, à la fin du XVe et au début du XVIe siècle, les compositions à destination religieuse dans lesquelles un saint, un prophète, un martyr ou un dignitaire de l'Eglise présente au spectateur un groupe (généralement une Vierge à l'enfant) qui prend valeur d'icône. Avec les coupoles du Corrège et — dans un contexte très différent — les peintures de Zurbaran, on n'a plus affaire à la présentation d'une image mais à la représentation d'une vision. L'important — et c'est par là que les décors de Parme et nombre des tableaux de Zurbaran échappent aux normes de l'imagerie pieuse — est que le spectateur n'ait accès à la vision miraculeuse que par le détour, le relais d'un intercesseur, lui-même souvent assisté d'intermédiaires, angéliques ou autres. Répétons-le : par la grâce de la peinture, le spectateur est admis à embrasser d'un seul regard et la représentation d'un individu en oraison et celle de l'apparition dont il constitue le support (comme le dénote clairement l'attitude de l'Alonso Rodriguez ou du Saint François de Zurbaran aussi bien que celle des Apôtres de la cathédrale de Parme, qui paraissent soutenir, de leurs bras largement ouverts, le registre céleste). Support, relais peut-être indispensables : là même où il est besoin de quelque application pour le découvrir, le *témoin* est présent, figure souvent minuscule (cf. la *Vision d'Ezéchiel* de Raphaël) et parfois à peu près invisible, comme l'est l'Evangéliste du Corrège, si bien dissimulé par la saillie de la corniche qu'on aura longtemps regardé l'image comme une Ascension et non comme l'apparition du Christ à saint Jean, dans l'île de Patmos, telle que la décrit l'Apocalypse.

Le Corrège n'aura cependant pas suivi à la lettre le texte de l'Ecriture : « Le voici qui vient sur les nuées. Tout œil le verra, et ceux même qui l'ont percé [1]. » La figure du Christ, loin qu'elle soit établie sur une assise de nuages (comme le sont celles des Apôtres qui font cercle autour de lui) demeure suspendue dans un espace indécis, sur un fond doré, et sa position devait choquer nombre des contemporains du peintre et jusqu'à Burckhardt [2]. Certes, l'adoption de la perspective de bas en haut *(dal sotto in sù)* rendait difficile la représentation d'une descente du Christ sur un tapis de nuées, suivant le principe adopté par Raphaël dans *la Vierge de Saint-Sixte.* Mais dès avant le XVIe et encore au XVIIe siècle, la mise en peinture (au sens d'une mise en scène) des transports, ascensions et apparitions du Christ paraît avoir posé des problèmes d'ordre aussi bien figuratif que théologique. Loin de suivre la leçon, pourtant explicite, des textes bibliques, et s'agissant aussi bien de l'Ascension [3] que de la Parousie [4], il semble que beaucoup aient hésité non pas à reconnaître au Christ des pouvoirs de lévitation, mais à feindre que ces pouvoirs aient été assujettis à un appareil quelconque, à un accessoire auquel s'attachaient des connotations parfois équivoques [5]. Passe encore qu'il faille

1. *Apocalypse,* **1,** 7.

2. « La figure principale, le Christ, est d'un raccourci qui la fait ressembler à une grenouille », Burckhardt, *Cicerone,* t. II, p. 715.

3. *Luc,* **24,** 51 : « Pendant qu'il les bénissait, il se sépara d'eux et il fut enlevé au ciel. » *Actes,* **1,** 9 : « Après qu'il eût ainsi parlé, il fut élevé en leur présence, et une nuée le déroba à leurs yeux. Et comme ils avaient leurs regards fixés vers le ciel pendant qu'il s'éloignait, voici que deux hommes parurent auprès d'eux, vêtus de blanc, et dirent : " Hommes de Galilée, pourquoi vous arrêtez-vous à regarder au ciel ? Ce Jésus qui, du milieu de vous, a été enlevé au ciel, en viendra de la même manière que vous l'avez vu monter. " »

4. *Matthieu,* **26,** 64 : « Dès ce jour vous verrez le Fils de l'homme siéger à la droite du Tout-Puissant et venir sur les nuées du ciel. » *Ibid.,* **24,** 30 : « Alors appparaîtra dans le ciel le signe du Fils de l'homme, et toutes les tribus de la terre se frapperont la poitrine, et ils verront le Fils de l'homme venant sur les nuées du ciel avec une grande puissance et une grande majesté. »

5. *Le Toldos Jeschu,* ouvrage juif sans doute composé au IIe siècle, et publié en 1681 par J. Wagenseil dans son *Tela ignea satanae,* attribue au Christ une lévitation de caractère magique. Dans ce récit, Jésus apparaît comme un magicien qui doit sa puissance à la possession du nom secret de Iahvé, dérobé dans le temple. Grâce à ce charme, il opère divers prodiges et notamment s'élève dans les nuages en présence de la reine et des sages de Jérusalem. Mais l'un des sages, du nom de Judas, et qui possède lui aussi la clé du Tétragramme, s'élève à

aux élus emprunter un véhicule de nuées pour rejoindre le ciel [1] ; passe encore pour la Vierge ; mais le Christ ? Le même Titien qui aura établi la Vierge des Frari sur une nuée bien fournie, fait s'élever le Christ d'Urbino à bonne distance du sol, sans le secours d'aucun appui. Il serait facile de multiplier les témoignages figurés, souvent contradictoires, qui révèlent l'existence, au XVIe siècle, d'un problème de représentation dont témoigne encore le fait que le Corrège n'ayant pas cru devoir suivre à la lettre le texte de l'Evangile et ayant dispensé le Christ du support que lui accorde l'Apocalypse, la *Vision de saint Jean* aura longtemps été tenue pour une Ascension : comme si l'essence divine du Fils de l'homme s'était mal accommodée d'un pareil support, lors même que les nuées paraissent constituer le revers dont s'ourle une gloire dorée, comme c'est le cas pour la coupole de Parme, l'*Assomption* des Frari et quantité de compositions célestes ou sur double registre.

L'emploi du nuage ou de nuées dans la figuration d'une Ascension, d'une Assomption, voire d'une assemblée céleste, d'une Gloire ou d'un « Paradis », impliquait un choix implicite quant à la nature et aux fins de la représentation [2]. Au XVIIe siècle, lorsqu'un Piero Testa projettera de peindre dans l'abside de Saint-Martin-aux-Monts, à Rome, une « Gloire du paradis », il prétendra rompre avec les principes alors en honneur et « la représenter sans nuages », disant que c'était une très grave erreur que d'entourer le Trône de Lumière et la Demeure des élus avec des nuées. Car « de tels lieux sont havres de

son tour avec Jésus sur les nuées, et le précipite sur le sol. Cf. Gustave Brunet, *Les Evangiles apocryphes*, Paris, 1863, p. 390-391.

1. « Au signal donné, à la voix de l'archange, au son de la trompette divine, le Seigneur lui-même descendra du ciel, et ceux qui sont morts dans le Christ ressusciteront d'abord. Puis nous, qui vivons, qui sommes restés, nous serons emportés avec eux sur les nuées à la rencontre du Seigneur dans les airs. » *Thessaloniciens*, **1**, 4, 16-17.

2. Meyer Schapiro a mis en évidence l'existence d'un conflit du même ordre dans la littérature et l'art du Moyen Age, voire chez les pères de l'Eglise. Dès le VIe siècle, Grégoire le Grand distinguait entre l'ascension du Christ et celles qui l'ont précédée : alors qu'Enoch (*ante legem*) avait eu besoin du secours des anges et Elie (*sub lege*) de celui d'un chariot, le Christ, qui dispose de toutes choses, s'est élevé de sa propre force (« *nimirum super omnia sua virtute ferebatur* »), *Homiliae in Evangelia*, lib. II, hom. 29, Migne, *Pat. lat.*, LXXVI, cols 1216-17. Cf. Meyer Schapiro, « The Image of the disappearing Christ. The Ascension in English Art around the Year 1000 », *Gazette des Beaux-Arts*, vol. 23 (1943), p. 135-152.

paix et de sérénité éternelle, et les nuages n'y apportent que turbulence et obscurité[1] ». Mais que dire là où le peintre, non content d'utiliser les nuées au titre d'accessoires de ce qu'il faut bien appeler une *mise en scène,* donne le nuage pour attribut, sinon pour vêtement à telle des figures de son théâtre ?

L'apparition dans la nuée

L'étonnante image de l'*Apocalypse* de Dürer (1498) où l'on voit l'Evangéliste dévorer le livre que lui tend un ange dont les pieds sont comme des colonnes, mais dont le corps est dissimulé tout ensemble par une nuée et par les rayons qui émanent de son visage, cette image suit en fait à la lettre la leçon de l'Evangile[2]. Et les textes abondent dans l'Ecriture, qui justifient l'utilisation du nuage à des fins à la fois spectaculaires et figuratives. N'est-ce pas sous la forme d'une colonne de nuée que Iahvé dirigea son peuple au sortir d'Egypte, suivant la représentation qu'en a donnée Raphaël aux Loges du Vatican, — d'une colonne (pour mieux dire) où les nuées alternaient avec le feu, soit que Iahvé ait voulu éclairer la nuit ou en épaissir les ténèbres (*Exode*, XIII, 21-22 ; XIV, 19-20) ? Encore cette alternance ne suffit-elle pas à rendre compte des fonctions hiérophaniques de la nuée et du rapport que celle-ci entretenait avec le feu que parfois elle abritait : loin qu'on puisse y reconnaître la manifestation immédiate du Dieu d'Israël, la nuée apparaît d'abord comme un *écran* que celui-ci étendait sur son peuple pendant le jour, comme un ombrage (*Psaumes*, CV, 38 ; *Sagesse,* X, 17-18), et qui, lorsqu'elle couvrait la Tente du rendez-vous qu'emplissait sa Gloire, en interdisait l'entrée aux fils d'Israël (*Exode*, XL, 34-38). Il est écrit que Iahvé descendait dans cette nuée pour s'y entretenir avec Moïse. Mais ce n'est pas à dire que celui-ci, s'il lui parlait « comme parle un homme à son prochain » (*ibid.*, XXXIII, 9-10 ; XXXIV, 5), ait été admis à contempler sa face[3] : la Gloire de Iahvé est un

1. Giovanni Battista Passeri, *Vite de'Pittori, Scultori, et Architetti,* Rome, 1772, cit. par Francis Haskell, *Patrons and Painters, a study in the relations between italian art and society in the age of baroque.* New York, 1963, p. 112.

2. « Puis je vis un autre ange puissant qui descendait du ciel, enveloppé d'un nuage, et l'arc-en-ciel au-dessus de la tête ; son visage était comme le soleil et ses pieds comme des colonnes de feu. » *Apocalypse,* **10, 1.**

3. Lorsque Moïse demande à Iahvé de lui « faire voir sa Gloire »,

feu dévorant qui ne peut apparaître qu'*à l'intérieur de la nuée*[1]. Nul ne peut vivre qui ait vu la face de Iahvé, laquelle doit demeurer cachée, comme son nom même : les hommes de Pharaon l'auront appris à leurs dépens ; et Moïse lui-même n'en aura aperçu que le *revers*. Présente dans la nuée qui en autorise la manifestation à proportion qu'elle la dissimule, la Gloire de Iahvé ne se donne à voir qu'en se dérobant, de même que son nom, lorsque le peuple ne le connaîtra plus que sous les espèces d'un tétragramme improférable, ne pourra plus être

il s'attire cette réponse : « Moi, je ferai passer tout ce que j'ai de bon devant toi et je prononcerai le nom de Iahvé devant toi (...). Tu ne peux voir ma face, car l'homme ne peut me voir et vivre !... Voici un endroit à côté de moi ! Tu te tiendras debout sur le rocher ! Et il arrivera, quand passera ma Gloire, que je te mettrai dans le trou du rocher et je te couvrirai de ma paume jusqu'à ce que je sois passé ! Puis je retirerai ma paume et tu verras mon dos, mais ma Face ne sera pas vue ! » (*Exode,* XXXIII, 18-21.)

1. « Alors Moïse monta sur la montagne et la nuée couvrit la montagne. La Gloire de Iahvé se posa sur le mont Sinaï et la nuée le couvrit durant six jours. Au septième jour, Il appela Moïse du milieu de la nuée. Or l'aspect de la Gloire de Iahvé était comme un feu dévorant au sommet de la montagne, aux yeux des fils d'Israël. » (*Ibid.,* XXIV, 15-18.) Cf. *ibid.,* XVI, 10 : « Il advint donc, comme Aron parlait à toute la communauté des fils d'Israël, qu'ils se tournèrent vers le désert et voici que la Gloire de Iahvé apparut dans la nuée ! » La légende hébraïque insiste sur le rôle imparti à la nuée dans la Révélation. Mais elle fait aussi place au nuage qui se tenait constamment à la disposition de Moïse pour le porter jusqu'à Dieu et le ramener ensuite parmi les hommes. Quand Iahvé enjoignit à Moïse de le rejoindre sur le Sinaï, un nuage apparut et se coucha devant Moïse. Mais celui-ci ne savait pas s'il lui fallait monter dessus ou simplement s'accrocher à lui. Alors la bouche du nuage s'ouvrit et Moïse entra en lui, et parcourut le ciel comme un homme marche sur la terre. Mais lorsqu'il apercevra le gardien du trône divin, l'ange Sandalfon, il sera si effrayé qu'il manquera de dégringoler de son véhicule (cf. Louis Ginzberg, *The Legends of the Jews,* trad. angl., Philadelphie, 3e éd., 1947, t. III, p. 85, 109, 111). Le don des Tables a fait l'objet de très nombreuses représentations, dès les débuts de l'art chrétien. La Bible de Gebhardt (ou Bible d'Admont, Salzbourg, XIIe siècle) en propose une version particulièrement intéressante, en deux volets. Dans le volet de gauche (fol. 68 v), Moïse a les pieds sur la montagne et les genoux pris dans une nuée d'où émerge la partie supérieure de son corps, tandis qu'il tient les Tables où Dieu est en train d'écrire. Dans le volet droit (fol. 69 r), Moïse s'apprête à redescendre vers ses compagnons et reçoit la bénédiction divine. La nuée a disparu, mais le quart de cercle où s'inscrit la figure de Dieu est agrémenté d'une sorte de corolle dentelée qui en apparaît comme une transformation (Vienne, Nationalbibl. Ser. Nov. 2701. Cf. André Grabar et Karl Nordenfalk, *La Peinture romane,* Genève, 1958, p. 167).

prononcé par les prêtres qu'à voix basse, et de façon indistincte, pendant la récitation des prières [1].

2.2.2. LE SIGNE ET LA REPRÉSENTATION

Iconologie et iconologique

« Je ne veux pas vous laisser ignorer, frères, que nos pères ont tous été sous la nuée, qu'ils ont tous traversé la mer, et qu'ils ont tous été baptisés en Moïse dans la nuée et dans la mer... Or ces choses ont été des figures de ce qui nous concerne [2]. » Ces lignes de la première *Epître aux Corinthiens* ne manifestent pas seulement l'importance de la nuée où s'annonce la Gloire divine dans l'iconographie mentale du christianisme ; elles apportent aussi une manière de justification préalable aux efforts des humanistes, bientôt suivis par les artistes et les clercs, au premier rang desquels les jésuites, pour constituer une science descriptive des images allégoriques, « devises », « emblèmes », et autres illustrations symboliques qui captivaient les imaginations depuis la découverte, en 1419, des *Hieroglyphica* d'Horapollon. Or le nuage qui révèle en voilant, qui donne à voir en dissimulant, apparaît là encore comme l'un des termes clés, voire comme l'index d'une discipline liée à l'écriture dans son projet le plus fondamental. Ne visait-elle pas, cette discipline, à découvrir un équivalent moderne des hiéroglyphes, lesquels étaient alors tenus — comme on le voit encore chez le père Kircher — pour une forme d'écriture purement figurative, et dont les signes appelaient une interprétation métaphorique [3] ? *Ces choses ont été des figures de ce qui nous concerne :* pour les humanistes, il en était à cet égard des inscriptions égyptiennes comme des récits de la Bible, des oracles des Prophètes, des paraboles du Christ, des fables des Anciens, et en général de toutes les figures dont le traducteur français de la célèbre *Iconologie*

1. Dans le même sens, et dans un contexte chrétien, on notera le sort fait, dans le grand décor plafonnant, et en association avec gloires et nuées, à des thèmes tels que le *Triomphe du nom de Jésus* (cf. la fresque du Baciccia au Gesù) ou la *Gloire du nom de Dieu* (cf. la fresque de Goya à la cathédrale de Saragosse).

2. *I Corinthiens*, **10**, 1-6.

3. Cf. Ludwig Volkmann, *Bilderschriften der Renaissance, Hieroglyphik und Emblematik in ihren Beziehungen und Fortwirkungen*, Leipzig, 1923.

de Cesare Ripa devait écrire que leurs inventeurs les ont « couvertes d'espais nuages, afin que les Ignorans et les Doctes les peussent comprendre d'une différente manière, et qu'ils ne pénétrassent esgalement dans les secrets de la nature [1] ».

Le imagini fatte per significare una diversa cosa da quella, che si vede con l'occhio [2], les images faites pour signifier une chose différente de celle qui est donnée à voir, et qui appartiennent aux peintres, c'est-à-dire à ceux qui savent représenter, par le moyen des couleurs ou de tout autre médium, une chose qui diffère de cet analogon mais qui *ressemble* à la chose signifiée [3], ces images qui font (pour reprendre la terminologie de Paolo Giovo [4]) le corps signifiant de la figure doivent éveiller en l'esprit le désir de découvrir le signifié, le concept ou l'idée qui en est l'âme. Mais cette « âme », il n'est pas donné à tous de l'apercevoir, dissimulée qu'elle est par les voiles et les nuées de la métaphore ou de l'allégorie, voire par ceux, autrement subtils, dont s'auréole telle représentation articulée, selon les termes mêmes du Préambule de Ripa, sur le mode d'une définition [5]. Les connotations philosophiques, tout ensemble néoplatoniciennes et aristotéliciennes, de cette théorie [6] indiquent qu'il en est des recueils emblématiques comme du trop célèbre décret du concile de Trente sur l'emploi légitime des images, lequel prend place, historiquement, entre le premier exemple du genre, les *Emblk emata* d'Alciat (Lyon, 1530), et l'*Iconologie* de Ripa (1re éd., Rome, 1593), qui en propose la théorie systé-

1. Jean Baudoin, *Iconologie, ou explication nouvelle de plusieurs images, emblèmes et autres figures hiéroglyphiques... tirée des recherches et des figures de Cesare Ripa*, Paris, 1644.
2. Cesare Ripa, *Iconologia, overo Descrittione dell'imagini universali cavate d'all'antichita et da altri luoghi,... opera non meno utile che necessaria à poeti, pittori et scultori per rappresentare le vitti, virtù affetti et passioni humane*, Rome, 1593, *Proemio*.
3. « *Diro solo di quella, che appartiene a' Dipintori, overo a quelli, che per mezzo di colori, o d'altra cosa visibile possono rappresentare qualche cosa differente da essa, & ha conformità con l'altra* », *ibid.*
4. Paolo Giovo, *Dialogo dell'imprese militari et amorose*, Rome, 1555.
5. « *Con questo poi si forma l'arte dell'altre Imagini, le quali appartengono al nostro discorso, per la conformità, che hanno con le definitioni* », *ibid.*
6. Pour une analyse de l'arrière-plan philosophique de la littérature emblématique (mais qui, curieusement, ne prend pas en compte le texte de Ripa), cf. Robert Klein, « La théorie de l'expression figurée dans les traités italiens sur les *Imprese*, 1555-1612 », in *La Forme et l'Intelligible*, Paris, 1969, p. 125-149.

matique : loin de constituer le point de départ d'un âge que certains n'hésitent pas à qualifier d'emblématique [1], cette littérature marque, à bien des égards, l'aboutissement de plus d'un siècle de spéculation humaniste. On observera seulement que si elle connaît aujourd'hui une vogue considérable parmi les érudits, bien peu se soucient d'en dégager les implications non seulement iconographiques mais *iconologiques,* au sens littéral du terme, et de mettre au jour les principes tout à la fois sémantiques et syntaxiques auxquels obéissent les véritables énoncés figuratifs dont on trouve la description et l'explication dans nombre de ces recueils. Or c'est à ce niveau, et à ce niveau seulement, qu'on aura chance de repérer une évolution qui semble avoir été d'ordre essentiellement *théorique :* loin d'être contemporaine de la parution des premiers recueils, lesquels ne firent qu'entériner le triomphe d'une veine allégorique à laquelle Raphaël avait déjà payé tribut, elle n'interviendrait qu'à la fin du XVIe siècle, lorsque Ripa travaillera à définir en des termes encore ambigus les arcanes d'une langue des images que le XVIIIe siècle n'hésitera pas à tenir pour *universelle* [2].

Image et définition : l'image de la Beauté

Un exemple emprunté à l'*Iconologie* de Ripa suffira pour faire entrevoir ce qui paraît s'être noué, sur le plan théorique, au détour de l'âge classique. S'agissant de dépeindre la « Beauté » *(se dovendo dipingere la Bellezza),* de la dépeindre, c'est-à-dire, au sens strict, de la décrire et représenter par le moyen d'une image articulée à la façon d'une proposition, et qui soit mesure de la chose signifiée *(la cosa significata nell'imagine)* comme la définition est mesure de la chose définie (*comme la definitione è misura del definito)*, le peintre ne saurait suivre l'exemple de ces « Modernes » qui prétendent montrer la qualité essentielle par le détour de ses effets contingents. La Beauté n'est pas un prédicat, mais une proportion : mais ce n'est pas à dire qu'une image belle et bien proportionnée l'exprime adéquatement. Il n'y aurait là que tautologie (*un dichiarare idem per idem*), quand ce ne serait vouloir représenter une chose inconnue par une autre qui le serait tout autant, et prétendre par exemple à

1. M. Praz, *op. cit.*
2. Cf., par ex., Charles-Etienne Gaucher, « Discours préliminaire » à l'*Iconologie par figures* d'Hubert-François Gravelot et Charles-Antoine Cochin, Paris, 1791.

faire voir distinctement le soleil par le moyen d'une chandelle. Pareille figure n'aurait avec la chose signifiée qu'un lien accidentel : la « ressemblance » (qui implique donc différence) lui ferait défaut, qui est l'âme de l'image *(Non haverebbe la similitudine, che è l'anima).*

Fig. 1. *La Beauté.* Figure extraite de *l'Iconologie* de Ripa.

Comment procédera donc le peintre qui veut signifier, par les moyens de son art, une chose différente de celle qu'il donne à voir ? Il travaillera à former une figure dont les parties correspondent terme à terme à celles de la chose signifiée, tout en étant disposées dans un ordre conforme à celui des éléments de la représentation [1], de telle façon qu'elles constituent un ensemble si bien cohérent *(che tutte queste parti facciamo insieme un'armonia talmente concorde)* qu'on ne sache ce qu'il faut le plus admirer, de l'exacte proportion qui existe entre les deux choses, ou du bon jugement de celui qui a su si bien ordonner les parties que le spectateur n'a à connaître que d'une seule chose, mais parfaite et délectable. Il représentera la Beauté sous

1. « *Nel numero dell'altre cose da anvertire sono tutte le parti essentiali della cosa istessa ; e di queste serà necessario guardar minutamente le dispositioni, e le qualità.* » Ripa, *Proemio.*

les espèces d'une femme nue, tenant en sa main gauche un lys et dans la droite une sphère et un compas, et dont la tête se perd dans les nuages, tandis que le reste de son corps demeurera peu visible, présenté qu'il est au sein d'une *gloire* éblouissante. C'est, traduira Jean Baudoin, qu'« il n'est pas moins difficile de la peindre que de la regarder, sans estre ébloüy des rayons qui l'environnent. Et bien qu'elle n'écoute pas volontiers les louanges que lui donne la Renommée, qui n'en peut parler assez dignement, l'une et l'autre néanmoins ont la teste enveloppée d'un nuage [1] ». On retrouve ici, de façon significative, le couple gloire/nuée. Mais il vaut à cet égard de noter en quels termes Cesare Ripa lui-même justifie le recours à une pareille signalétique : « La Beauté se doit peindre avec la tête perdue dans les nuées ; car il n'y a pas de chose de laquelle on puisse plus difficilement parler dans une langue mortelle, et qui se puisse moins facilement connaître par l'intelligence humaine, la Beauté n'étant rien d'autre, parmi les choses créées, qu'une splendeur qui dérive de la lumière de la face de Dieu, comme la définissent les platoniciens, la beauté première étant une chose qui lui est associée, mais dont l'Idée s'est ensuite communiquée, par un effet de sa bonté, à ses créatures, et apparaît comme la cause que l'on découvre dans celles qui l'ont reçue en partage : et de même que ceux qui regardent leur visage dans un miroir l'oublient aussitôt, comme le dit saint Jacques dans son Epître canonique, de même quand nous regardons la beauté dans les choses mortelles nous ne pouvons guère nous élever jusqu'à voir cette pure et simple clarté où toutes les clartés ont leur origine [2]. »

L'élément de la représentation

De la Beauté, on ne saurait voir la face, non plus que celle de Dieu, dont elle participe, mais seulement l'entrevoir à travers une nuée, comme on peut encore en reconnaître le reflet dans les êtres sensibles. L'image qu'en propose Ripa ne se réduit donc pas à une allégorie (si l'on met à part les attributs dont elle est dotée, et qui en désignent non pas la qualité essentielle mais les traits accessoires) : elle est construite à la semblance d'une définition, dont elle apparaît comme le *substitut ;*

1. Jean Baudouin, *op. cit.*, p. 29.
2. Ripa, *op. cit.*, p. 41-42.

une définition qui suit les articulations naturelles de l'idée, que le bon dialecticien doit savoir analyser en ses éléments sans rompre aucune partie [1]. Il semble donc (mais on verra que l'apparence est pour une part trompeuse) qu'on s'approche ici de l'élément que Michel Foucault a défini comme étant celui de la représentation, au sens logique, discursif du terme : le rapport entre signifiant et signifié s'établirait sur le mode du *donné pour,* de la substitution, de la réciprocité, et d'une organisation strictement binaire où le signe apparaît comme une représentation doublée et redoublée sur elle-même : ainsi que l'énoncera *la Logique de Port-Royal,* « le signe enferme deux idées, l'une de la chose qui représente, l'autre de la chose représentée ; et sa nature consiste à exciter la première par la seconde (...) Quand on ne regarde un certain objet que comme en représentant un autre, l'idée qu'on en a est une idée de signe, et ce premier objet s'appelle signe [2] ». Voilà pour la théorie du signe à laquelle souscrit l'âge classique ; mais voilà également qui suffit à démontrer qu'on ne saurait décider dans l'absolu des relations qu'entretient l'image avec le langage : ces relations ont leur histoire, et chaque époque paraît en décider à sa manière, qui lui donne peut-être, pour partie, sa cohérence, son unité. On empruntera encore à Foucault cette formule, sous l'éclairage de laquelle l'entreprise d'un Ripa prend son exact relief : à partir de l'âge classique, « le signe c'est la *représentativité* de la représentation en tant qu'elle est *représentable* [3] ». Il n'y a de signe de la Beauté que dans la mesure où celle-ci se donne comme une représentation, susceptible à ce titre d'être à son tour représentée par un énoncé — image ou définition — qui puisse lui être substitué, qui lui soit absolument transparent : et il n'est pas jusqu'au signe de l'opacité, jusqu'au *nuage* où se dénonce la limite de la représentation, du *représentable,* qui ne soit exactement accordé au signifié qu'il dénote. Par-delà les nuées s'ouvre le règne de ce qui ne peut faire l'objet d'une représentation parce qu'il ne peut recevoir de nom, l'espace infini, ou indéfini, dont le silence inquiétera les esprits classiques aussi longtemps qu'ils n'auront pas découvert un langage qui permît de l'interroger, de l'analyser, de le faire *parler.*

1. Platon, *Phèdre,* 265e.
2. Cité par Michel Foucault, *Les Mots et les Choses,* p. 78.
3. *Ibid.,* p. 79.

Le signe et la similitude

S'agissant de Dieu ou de la Beauté, seule leur face est dérobée à la vue : au moins peut-on les nommer et, par la connaissance du nom, accéder à celle de la chose signifiée. Et si la tâche fondamentale du « discours » classique est en effet d'attribuer un *nom* aux choses, et en ce nom de nommer leur être [1], on conçoit que la langue, la science des images (mais c'est tout un dès lors qu'une science n'est rien autre chose qu'une langue bien faite), l'iconologie ne dédaigne pas le secours des noms. Il est, écrit Ripa, des images communes, triviales, que chacun reconnaît au premier regard, et d'autres qui doivent au contraire demeurer énigmatiques ; mais la curiosité qu'éveille une image conçue selon les règles, le désir que le « corps » de la figure doit faire naître en l'esprit de découvrir la signification qui en est l'« âme », ce désir ne peut que s'accroître de la présence visible du nom de la chose signifiée *(Questa curiosità viene ancora accresciuta dal vedere i nomi) :* n'est-il pas de la nature du signe, comme le voudra encore la *Logique de Port-Royal,* d'exciter l'idée de la chose qui représente par celle de la chose représentée ? Du fait même du primat reconnu au signifié, de la transparence parfaite du signe à l'idée et de l'idée au signe, et du privilège qu'a la représentation, dans sa discursivité, de se représenter elle-même, sémiologie et herméneutique se superposent et se confondent : c'est une seule et même chose que d'analyser les signes et d'en découvrir le sens, puisque aussi bien le signifiant ne vaut comme tel que pour autant qu'il est exactement accordé au signifié [2]. Connaître une chose, c'est d'abord pouvoir la nommer (*per che*, comme l'écrit Ripa, *senza la cognitione del nome non si puo penetrare alle cognitione della cosa significata)* : la possession du nom, sinon sa présence visible autorise tout ensemble la lecture de l'image et son interprétation, soit — au sens que l'âge classique a donné à ce mot — la connaissance de la chose signifiée. Mais l'image, si elle apparaît ainsi comme un mode de connaissance, et qui donne accès à la chose qu'elle représente, ce n'est pas tant par la ressemblance que les parties visibles dont elle est constituée entretiennent avec les êtres et les objets du monde

1. Michel Foucault, *op. cit.,* p. 136.
2. *Ibid.,* p. 80.

extérieur — encore que l'«imitation » continue de faire le ressort objectif de la figuration — que par celle qui existe entre la figure et la chose signifiée, similitude fondée sur l'ordre et la mesure et qui fait de l'image ainsi conçue une façon de définition *(per che questa sorte d'Imagini si riduce facilmente alla similitudine della definitione).*

L'image doit être mesure du signifié comme la définition l'est de la chose définie. Mais ce langage ne doit pas abuser : la *mesure* importe moins ici que la comparaison, l'analogie qui définit l'espace poétique de l'image. La théorie de la métaphore, de l'expression comme voile et vêtement, de la figure qui montre en dissimulant, cette théorie emprunte en fait plus à la double tradition néoplatonicienne et aristotélicienne qu'elle n'innove sur le plan philosophique. Si même la comparaison procède selon l'ordre de la pensée, en suivant les articulations de l'idée, elle n'échappe pas pour autant à l'élément de la ressemblance (la *similitude*) dont Foucault — comme on l'a déjà rappelé — a montré quel rôle bâtisseur elle a joué dans le savoir occidental jusqu'à la fin du XVIe siècle, organisant les figures du savoir et conduisant l'exégèse, la connaissance des choses de la nature et jusqu'à l'art de la représentation : une similitude fondée sur la contiguïté, la sympathie, l'analogie, le rapport du même au même, et qui conférait aux signes la valeur de métaphores [1]. Ripa critique le *dichiarare idem per idem,* la métaphore qui se ramène à une tautologie ; mais il ne renonce pas pour autant aux prestiges des figures de la similitude, ceux-là que dénoncera Descartes, après Bacon, au nom de l'ordre et de la mesure [2]. Là où la logique classique établira le signe dans la dépendance d'une organisation binaire, fondée sur la réciprocité du représentant et du représenté, les deux sortes de ressemblances où Ripa voit le nerf et la force de l'image bien formée *(e sono queste due sorti di similitudine il nervo, e la forze della imagine ben formata)* impliquent encore, comme le voulait la Rhétorique, une relation à trois termes : la première consiste en la proportion égale où deux choses distinctes entre elles sont par rapport à une troisième (*nell' egual proportione, che hanno due cose distinte fra se stesse ad una sola diversa da ambedue :* à la ressemblance de la force on peindra la colonne qui soutient la bâtisse comme le fait, dans l'homme, la force qui lui permet

1. Michel Foucault, *op. cit.*, p. 32-59.
2. *Ibid.*, p. 65 s.

de résister à l'adversité). La seconde joue quand deux choses distinctes se rejoignent dans une seule, différente d'elles *(quando due cose distinte convengono in una sola differente da esse) :* pour dénoter la grandeur d'âme, on prendra le lion, cette façon de procéder qui doit déjà moins à l'analogie, mais associe encore deux idées dans un signe unique, étant de l'avis de Ripa moins louable, encore que plus usitée.

Si ambigus, voire contradictoires qu'en soient les termes, le texte de Ripa n'en obéit pas moins, cependant, à une intention parfaitement explicite : il vise à la constitution d'une langue (une science) universelle des images ; et ce projet ne pouvait manquer d'entrer confusément en résonance avec celui d'une Grammaire générale, tel que devait le développer l'âge classique. Mais l'*Iconologie* de Ripa, au moins dans son propos théorique *et encyclopédique*, est un ouvrage à bien des égards exceptionnel [1]. Et rien n'autorise à penser que l'art du temps ait emprunté à la littérature emblématique autre chose que des motifs, des thèmes, des programmes iconographiques, ni que la théorie de l'expression figurée à laquelle elle obéit permette de rendre compte des développements contemporains de la peinture. Apparue dans le second tiers du XVIe siècle, cette littérature occupe, du point de vue historique, une position paradoxale. Là, en effet, où l'art du Quattrocento, à en croire l'interprétation traditionnelle, aurait défini les conditions et les règles d'une représentation « objective », affranchie des normes du symbolisme médiéval, il semble que la vogue que connurent, dès le siècle suivant, les travaux des emblématistes et autres « iconologues », témoigne au contraire de la résurgence d'un goût de l'allégorie, d'une passion de la métaphore dont les érudits se plaisent à retrouver l'écho dans les arts figuratifs. Comme s'il avait appartenu au peintre — tout de même qu'au poète : *ut pictura poesis* — d'assumer le rôle allégorique et de parler le langage de la ressemblance, de la similitude, dans un âge qui ne voulait plus connaître, sur le plan du savoir, que des identités et des différences sur lesquelles opère la *mathesis,* la science de l'ordre et de la mesure. Et pourtant l'allégorie telle que la conçoit Ripa n'en est pas moins solidaire, dans son articulation visible,

1. On en trouvera une preuve supplémentaire dans le fait que les « images » y sont présentées dans l'ordre alphabétique des notions, alors qu'à en croire Michel Foucault « l'usage de l'alphabet comme ordre encyclopédique arbitraire, mais efficace, n'apparaîtra que dans la seconde moitié du XVIIe siècle » (*op. cit.*, p. 53).

de l'ordre pictural instauré au Quattrocento et auquel obéira encore (comme en témoigne, au XVIIe siècle, la querelle d'Abraham Bosse avec l'Académie sur le statut de la perspective) la représentation classique (cf. 3.3.4.).

Intarsia I

C'est ce que confirme, indirectement, l'attaque en règle menée par l'un des créateurs de la science moderne contre la poésie allégorique, et nommément celle du Tasse. L'allégorie, écrit Galilée dans ses *Considerazioni al Tasso,* contraint le lecteur à interpréter chaque élément comme une allusion abstruse à quelque chose d'autre. Elle oblige la narration naturelle, « originellement bien visible et faite pour être vue de face », à s'adapter à « un sens visé obliquement et seulement impliqué [1] », à la façon de ces peintures qui ne donnent rien à voir à l'œil non prévenu qu'un chaos de lignes et de couleurs, ou un paysage informe, mais où se laissent découvrir, moyennant l'adoption du point de vue approprié, des portraits, des figures, voire des scènes entières qui y sont comme dissimulées, impliquées. L'anamorphose est solidaire, dans son principe, de la construction perspective, dont elle apparaît comme une façon de développement aberrant [2]. Mais l'analogie avec la peinture ne s'arrête pas là : le récit du Tasse, écrit encore Galilée, ressemble plus à un travail de marqueterie qu'à une peinture à l'huile ; les contours en sont durs, appuyés, les figures sèches, sans relief ni rondeur, les éléments en trop grand nombre et simplement juxtaposés, comme si le poète avait cherché à remplir systématiquement tous les vides. Outre qu'elle témoigne, comme l'a bien vu Panofsky [3], du goût de Galilée pour un style plus « pictural », moins graphique, cette critique vient à son heure : elle manifeste le lien qui existe entre les procédés de l'allégorie et une pratique artisanale qui aura été associée, dans son principe, à l'institution du code perspectif et confirme du même coup l'ambiguïté du projet iconologique. Car si la théorie du signe que développe Ripa dans son *Proemio* s'accorde à certains égards avec celle à laquelle se ralliera l'âge classique, elle n'en

1. Galileo Galilei, *Opere,* Edizione Nazionale, éd. Favaro, Florence, 1890-1909, t. IX, p. 63.
2. Cf. Jurgis Baltrušaitis, *Anamorphoses ou Perspectives curieuses,* Paris, 1955.
3. Cf. Erwin Panofsky, *Galileo as a Critic of the Arts,* La Haye, 1954.

est pas moins solidaire, par le découpage et l'articulati commande des différents éléments de l'image, d'un syst ratif établi de longue date.

Le nuage de la représentation

S'agissant du *nuage,* et des fonctions qu'il assume sous l'espèce figurative, l'*Iconologie* de Ripa conduit à lui assigner, à côté des valences spectaculaires qu'il peut avoir dans la représentation de transports ou d'apparitions miraculeuses, d'autres valences plus proprement discursives. Cet élément s'inscrit ainsi à la jonction de deux règnes apparemment distincts. Un lien d'implication (ou de succession) peut-il être établi entre les deux modes, spectaculaire et discursif, de la représentation ? Doit-on y reconnaître au contraire deux figures étrangères l'une à l'autre, et que la langue associe abusivement sous un vocable unique ? La question a une portée théorique, puisqu'elle a trait à l'essence générale de la représentation, entendue comme l'élément où la pensée du signe trouve son lieu privilégié. Mais elle a également un intérêt historique, dans la mesure où l'on voudrait que l'ère de la représentation discursive — et fondée sur la substitution — ait succédé à un âge dans lequel la représentation se serait donnée au contraire comme répétition, théâtre de la vie, miroir du monde [1]. Mais le problème serait alors de situer l'art du Quattrocento dans son propre contexte épistémologique : à une époque qui paraît vouée aux jeux de miroirs de la similitude, l'art, bien loin — comme parle Foucault — d'*imiter* l'espace [2], n'aurait-il pas travaillé déjà à contre-courant des figures du savoir et tâché à définir les conditions objectives d'une représentation au sens tout à la fois spectaculaire et discursif du terme, à construire par les moyens de la peinture le théâtre où la tragédie classique fera jouer les ressorts de la *mimesis,* à ouvrir par les voies de la répétition le champ des substitutions, à en produire la *scène,* — la représentation au sens classique du terme ressortissant alors, au moins sur le plan esthétique, à un ensemble singulièrement plus large, s'inscrivant sur un fond autrement étendu ?

A cet égard encore, le nuage peut servir d'inducteur théorique. Car la définition classique du signe n'apparaît que comme une figure parmi d'autres possibles dans le champ représentatif lui-même, lequel n'a pas nécessairement la pureté, la transparence

1 et 2. Michel Foucault, *op. cit.,* p. 32.

que lui prête *la Logique de Port-Royal.* Au regard de l'idée qu'il produit (son *interprétant*), un signe, ou *representamen*, selon la définition désormais classique de Peirce, se donne en lieu et place de quelque chose (son objet). Mais « l'objet de la représentation ne peut être qu'une représentation dont la première représentation est l'interprétant... La signification *(meaning)* d'une représentation ne peut être qu'une représentation. En fait, elle n'est pas autre chose que la représentation elle-même, conçue comme débarrassée d'un vêtement inadéquat. Mais ce vêtement ne peut jamais être complètement retiré ; il peut seulement être changé pour un plus diaphane [1] ». Ces propositions, en même temps qu'elles font écho, jusque dans la lettre, au propos de Ripa, confèrent aux fonctions tout ensemble spectaculaires et discursives que le nuage assume dans l'ordre représentatif un retentissement imprévu. Le *nuage* (et il faut ici rappeler l'importance qu'un Wölfflin attachait au motif du voile dans l'imagerie baroque [2]) ne donne à voir qu'en dissimulant : à tous égards, il apparaît comme l'un des signes électifs de la représentation, dont il manifeste à la fois les limites et la façon de régression infinie sur laquelle elle se fonde.

1. « *The object of representation can be nothing but a representation of which the first representation is the interpretant. But an endless series of representation, each representing the one behind it, may be conceived to have an absolute object at its limit. The meaning of a representation can be nothing but a representation. In fact, it is nothing but the representation itself conceived as stripped of irrelevant clothing. But this clothing never can be completely stripped off ; it is only changed for something more diaphanous. So there is an infinite regression here. Finally, the interpretant is nothing but another representation to which the torch of truth is handed along ; and as a representation, it has its interpretant again. Lo, another infinite series.* » Charles Sanders Peirce, *Collected Papers,* Cambridge (Mass.), 1965, vol. I, p. 171.

2. Heinrich Wölfflin, *Renaissance et Baroque,* trad. française, Paris, 1967, p. 74-75.

2.3. LE THÉATRE DE LA PEINTURE

2.3.1. L'OBJET DE LA REPRÉSENTATION

L'art et le spectacle

Si la représentation, au sens discursif du terme, se laisse ramener, dans le contexte de l'épistémologie classique, à un jeu de substitutions fondé sur la réciprocité du signifiant et du signifié, de la chose qui représente (comme il est dit dans *la Logique de Port-Royal*) et de la chose représentée, les rapports ambigus que l'art aura noués avec le spectacle, longtemps avant le XVIIe siècle, ne sont-ils pas l'indice d'une parenté secrète entre les deux modes de la représentation ? Qu'en est-il en effet de la peinture, dès lors que celle-ci *se donne pour* une représentation, et pour l'équivalent ou le substitut d'un spectacle auquel elle emprunte peut-être partie de ses moyens, mais qui ne sera pas sans prétendre à son tour à imiter la vie, voire à peindre les passions ? Et qu'en est-il de la représentation elle-même, si le discursif et le spectaculaire, loin qu'ils s'excluent, peuvent se lier et se conjuguer sur la scène du théâtre aussi bien que sur le plan de la toile ?

Il faut ici répéter que l'imagerie autant que le théâtre auront compté, au XVIIe siècle, parmi les armes les plus efficaces de la propagande religieuse, et au premier chef celle des jésuites, lesquels surent associer à la fonction de fabricants d'*imprese* — ces images auxquelles s'attachait une devise ou un *motto* — celle d'*impresarios,* d'organisateurs de spectacles en tous genres, représentations théâtrales, opéras, ballets, parades, pompes de différentes espèces [1]. Mais les artistes eux-mêmes, de Brunelleschi jusqu'à Rubens et de Léonard à David, n'auront pas dédaigné de

1. Praz, *op. cit.,* p. 169-176.

jouer les metteurs en scène, les décorateurs, les artificiers, voire — pourquoi pas ? — les faiseurs de rimes ou de saynètes. La communication est ainsi attestée au niveau des fonctions et des hommes eux-mêmes, entre les divers secteurs de la représentation, au rang desquels il faudrait encore compter la poésie, s'il est vrai, comme le pensera d'Alembert, que « les représentations supposées sur la toile sont peut-être la vraie pierre de touche pour juger de la beauté des images poétiques [1] ». Est-ce à dire que l'emprunt, l'échange des motifs et des procédés, voire le report, la transposition des représentations d'une série à l'autre, aient constitué la règle en un temps qui paraît avoir été particulièrement sensible et attentif aux prestiges du spectacle et de l'imagerie, poétique ou picturale, et que l'on soit réduit, s'agissant d'une image donnée, à tâcher d'en repérer les sources ?

Le dédoublement de la représentation

Les moyens qui permettaient d'introduire dans une œuvre de peinture et jusque sur la scène du théâtre une distinction, tout ensemble discursive et spectaculaire, entre un registre terrestre, où jouaient les lois de la pesanteur, et un registre céleste où l'attraction paraissait s'exercer au rebours des normes de ce monde-ci, *dal sotto in sù,* ces moyens ne se laissent pas séparer de ceux, à la fois signalétiques et dramatiques, par lesquels s'opérait la caractérisation des figures : telle figure — celle d'un Christ, d'une Vierge, d'un héros, mais aussi bien celle, allégorique, d'une Vertu — se laissant reconnaître, déchiffrer, expliquer sur le vu de traits différentiels (costume, attributs, conformité à un type conventionnel, etc.) en même temps que par son insertion dans un jeu scénique ou dans un réseau de relations dramatiques (tel « appareil » ou élément de décor, l'engagement des personnages dans telle action caractéristique, etc.). Mais le partage de la composition en deux registres superposés, l'un terrestre et l'autre céleste, n'est pas non plus tout à fait sans rapports avec le dédoublement qui fait le ressort de toute représentation. Il se peut en effet — comme on l'a vu par l'exemple de l'*Alonso Rodriguez* ou de *la Portioncule* de Zurbaran — que soient présentés simultanément sur la toile deux scènes ou deux éléments scéniques complémentaires mais dont la coexistence dans l'unité

1. D'Alembert, *Eloge de Despréaux,* note 12 ; cit. par Littré à l'article « Représentation », 5°.

d'une même vision fait problème. Là, au contraire, où les acteurs ne participent pas de la grâce accordée au saint ou au bienheureux (dont les compagnons étaient souvent réduits, comme il est de règle dans la plupart des récits de lévitation, à observer leurs transports ou ravissements par le trou d'une serrure), le spectateur est admis, mais comme en surnombre, dans le cercle d'une vision exclusive. Ainsi qu'il arrive au théâtre quand, à l'intérieur de la représentation, s'instaure une représentation seconde à laquelle une partie des acteurs sont conviés à assister — théâtre dans le théâtre dont le modèle demeure la comédie donnée par Hamlet à ses proches —, il peut paraître que par l'effet de cet emboîtement d'une scène dans une autre [1], la représentation travaille à se détruire, au moins à se dénoncer elle-même comme représentation : ce qui est donné à voir au public n'est plus une représentation, mais la représentation d'une représentation, et qui devrait se suffire à elle-même si la représentation, dans son essence, se réduisait à la production d'un spectacle.

Or tel est le paradoxe de la représentation qu'elle ne soit jamais mieux assurée, en tant que telle, que là où elle se donne ouvertement pour une représentation, voire pour *la représentation d'une représentation.* C'est là ce qu'on oublie trop souvent quand on considère nombre des productions de la peinture, depuis Giotto jusqu'à David (et au-delà). Et c'est pourtant à quoi il conviendrait d'être particulièrement attentif, s'agissant d'élucider les rapports entre l'art et la réalité aussi bien que les relations qui peuvent se nouer, à l'occasion, entre la série picturale et les formes diverses du spectacle. Il est sûr que nombre des discussions sur le « réalisme » prétendu de l'art de la Renaissance, voire du Moyen Age finissant, sont hors de propos dès lors que les représentations de la peinture ne se réfèrent pas seulement à l'ordre naturel des apparences sensibles mais encore, et souvent en premier lieu, à l'ordre institué du spectacle que la culture se donne à elle-même, sous des espèces multiples. Il est aujourd'hui établi que durant tout le Moyen Age le développement de la figuration plastique aura été de pair avec celui d'une paraliturgie destinée à illustrer, sur le mode

1. Le procédé n'était pas seulement littéraire : la scène élizabéthaine — comme d'ailleurs la scène unitaire à l'italienne — était organisée de façon à permettre une duplication des lieux et l'emboîtement d'un lieu théâtral dans un autre (par exemple pour la représentation des scènes d'intérieur).

dramatique, les épisodes de la légende chrétienne, chacun des deux systèmes de présentation, chacune des deux *séries* réagissant à son tour sur l'autre et lui empruntant partie de ses prestiges [1]. Mais ni la Renaissance, ni l'âge classique (ou « baroque ») ne mettront un terme à ce face à face de la peinture et du théâtre, du spectacle et de la figuration. Pierre Francastel a montré comment la Renaissance aura modifié les termes et les conditions d'un dialogue dont les interlocuteurs étaient souvent interchangeables, en renouvelant le répertoire des thèmes et des accessoires du spectacle aussi bien que ceux de la figuration, et en substituant aux formes médiévales de la représentation des formes modernes qui firent, au théâtre et dans la peinture, l'objet d'une élaboration parallèle. Et quant au théâtre « baroque » dont les *machines* ne sont pas sans rapport avec celles de la peinture, George Kernodle a pu prétendre à démontrer le lien qui existe entre les développements de la perspective et la succession des styles plastiques d'une part, et la construction, d'autre part, de la scène italienne, sur des normes d'abord linéaires mais qui évoluèrent ultérieurement dans le sens d'un illusionnisme toujours plus pictural, l'architecture de scène le cédant progressivement au décor peint [2].

Si l'on s'en tient aux éléments signalétiques mis en œuvre par le Corrège ou par Zurbaran, il est sûr que, dans les « machines » du premier autant que dans les compositions à étages du second, le *nuage* n'est pas utilisé à des fins seulement illusionnistes et que son statut, dans le réseau figuratif, demeure ambigu. Le /nuage/ n'est pas nécessairement figuré à la ressemblance d'un nuage « réel » — ou pour mieux dire : « naturel ». Son volume, sa consistance, sa solidité même annoncent que d'autres fonctions lui sont assignées que descriptives. Il fournit, comme on l'a vu, le matériau, sinon le moyen d'une construction en même temps qu'il assure le passage du registre terrestre au registre céleste et autorise des effets figuratifs et plastiques dont on ne saurait rendre compte par référence à l'ordre de la réalité naturelle, ni même à celui d'une vision surnaturelle. L'illusion, si illusion il y a, joue sur un autre plan : celui d'une représentation — au sens spectaculaire

1. Cf. Pierre Francastel, *La Figure et le Lieu,* Paris, 1967, chap. 2, « Les éléments figuratifs et la réalité ».

2. Georges R. Kernodle, *From Art to Theater, Form and Convention in the Renaissance,* Chicago, 1944.

du terme — donnée par les moyens de la peinture, d'une peinture ordonnée, encore une fois, à la représentation d'une représentation.

2.3.2. LA SUBSTITUTION

Valeur de représentation et valeur d'exposition

La valeur de représentation d'un ouvrage de peinture s'efface souvent du fait que cet ouvrage a été soustrait à son contexte d'origine pour être présenté dans des conditions telles que lui sont imparties des fonctions nouvelles. L'œuvre d'art n'est pas nécessairement destinée à être contemplée. Sans invoquer l'exemple d'arts entiers — la peinture égyptienne, ou étrusque — qui ont été faits pour être dérobés aux regards, Walter Benjamin a montré que l'assignation aux images d'une valeur rituelle implique que leur présence importe davantage que leur visibilité, quand elle n'y contredit pas : seul le prêtre a accès à la *cella* où la statue du dieu est conservée ; et nombre de Vierges, peintes ou sculptées, devaient rester voilées, quantité de reliques et de trésors chrétiens demeuraient inaccessibles, sauf en de rares occasions où il était donné aux fidèles de les entrevoir, tandis que dans les conditions normales de circulation, une bonne part du décor de l'édifice sacré était à peu près invisible[1]. L'œuvre s'émancipant de ses fonctions rituelles et acquérant son autonomie matérielle, les occasions deviennent plus nombreuses de l'exposer. Un panneau, une toile sont plus aisés à transporter qu'une mosaïque, une fresque ou un vitrail. Présentés au musée, leur valeur d'exposition l'emporte sur toute autre détermination, sans que l'abord de l'œuvre en soit pour autant facilité. Longtemps avant Malraux, et de façon autrement aiguë et critique, Walter Benjamin aura mesuré l'étendue de la métamorphose dont le musée est le lieu : loin qu'au musée une œuvre n'ait plus d'autre fonction que d'être une œuvre d'art, la prépondérance absolue de sa valeur d'exposition — et, faut-il ajouter, la réunion en un même lieu, la réduction à un même ordre, de productions ressortissant à des champs culturels distincts, sinon hétérogènes — assigne à l'objet des fonctions inédites, parmi lesquelles la

1. Walter Benjamin, « L'œuvre d'art au temps de ses techniques de reproduction », trad. française, in *Œuvres choisies*, Paris, 1959, p. 206.

fonction proprement artistique apparaît à la limite comme accessoire. Reléguée au statut d'objet de collection, sinon à celui de valeur d'échange, l'œuvre fournit matière à un savoir essentiellement nominal et érudit, sans véritable portée théorique ou critique, ordonné qu'il est avant tout aux impératifs de la propriété et de la spéculation.

Cette métamorphose, loin qu'elle soit l'effet de l'institution du musée, manifeste au contraire une mutation dans l'ordre culturel dont le musée n'est lui-même qu'une conséquence. L'œuvre exposée sur une cimaise est soustraite à l'espace de la représentation sous ses espèces concrètes, et sans que le mot espace ait ici rien de métaphorique. L'exemple que Walter Benjamin emprunte à Herman Grimm de *la Vierge de saint Sixte,* de Raphaël, l'illustre assez bien, l'énigme que propose ce tableau se résolvant dès lors qu'un examen attentif conduit à en reconnaître le statut paradoxal. On sait comment se présente ce tableau, aujourd'hui au musée de Dresde, et dont la tradition veut qu'il ait été peint pour le maître-autel de l'église des Chartreux, à Plaisance, où il se trouvait encore au XVIIIe siècle, quand l'Electeur de Saxe en fit l'acquisition. Deux rideaux verts, suspendus à une tringle nettement visible, s'entrouvrent pour laisser apparaître la Vierge portant l'enfant, et qui s'avance sur un tapis de nuées. Agenouillés à ses pieds, saint Sixte et sainte Cécile, l'un regardant la Vierge, l'index pointé en direction du spectateur, l'autre les yeux baissés vers le registre inférieur de la composition où gît — le mot, on va le voir, n'est pas déplacé — le nœud de l'énigme : une manière de linteau de bois sur lequel est déposée une mitre, et où s'accoudent deux angelots. « Chose véritablement rarissime et singulière [1] », dira Vasari de ce tableau où chacun s'est accordé à reconnaître un « chef-d'œuvre », mais dont la présence dans une province éloignée et le fait encore, exceptionnel dans la production de Raphaël, qu'il ait été peint sur toile et non sur bois, ne sont pas sans avoir intrigué les critiques, parmi lesquels il s'en est trouvé pour penser que l'œuvre avait pu servir d'étendard processionnel [2]. Reprenant l'enquête d'un point de vue fonctionnel, Grimm s'interrogea sur la signification du linteau de bois peint qui marque tout ensemble la limite inférieure de la composition et celle de la

1. Vasari, « Vie de Raphaël », *Vite,* t. IV, p. 365.
2. Karl-Friedrich Ruhmor, *Italienische Forschungen,* Berlin, 1827-1831, t. III.

nuée où sont établis la Vierge et les saints. Il émit alors l'hypothèse que le tableau avait été commandé à Raphaël à l'occasion de la mise en bière solennelle du pape Jules II, et qu'il avait été conçu pour être placé au fond de la chapelle funéraire, la Vierge paraissant sortir d'une manière de niche, fermée par des rideaux, pour s'avancer en direction du cercueil que le saint désigne du doigt et vers lequel la sainte dirige ses regards, tandis que s'y appuient les angelots précités. Le rituel romain interdisant d'honorer sur un maître-autel des images qui auraient été exposées au cours de funérailles, le tableau aurait ensuite été envoyé au loin, pour éviter que la transaction à laquelle il avait donné lieu ne s'ébruitât [1].

Dira-t-on, avec Walter Benjamin, que *la Vierge de saint Sixte* avait avant tout une valeur d'*exposition ?* Si l'on accepte l'explication de Grimm — laquelle a le mérite de rendre compte de quelques-uns des traits les plus singuliers de l'œuvre —, force est de reconnaître que la fonction impartie à l'origine à la toile de Raphaël s'accorde assez mal avec la valeur cultuelle que cette même toile devait prendre par la suite, une fois placée au-dessus du maître-autel de la chartreuse de Plaisance, aussi bien qu'avec celle qui lui vient aujourd'hui d'être présentée au musée. L'œuvre n'était pas destinée à être vénérée ; mais elle ne l'était pas davantage à être exposée de façon permanente, et dans le contexte d'une collection prestigieuse, où sa valeur de *représentation* s'estompe, la scène prenant figure — pour emprunter les termes d'Eugène Müntz — de drame intime et mystique, sans relation avec l'univers concret, et qui se déroulerait sans aucun apparat (comme en témoigne la pauvre tringle de fer où sont fixés les rideaux), dans une région toute de lumière et de poésie, où ni la notion du temps ni celle de l'espace n'auraient cours [2]. Wölfflin paraît avoir eu une intuition plus juste de la signification spectaculaire de l'œuvre, qui demandait que le tableau fût fixé assez haut, de façon à produire tout son effet et à donner à comprendre que la Vierge descend des cieux et n'apparaît aux fidèles que dans une vision passagère [3]. Mais l'enquête de Grimm a révélé que l'image n'est pas tellement la représentation d'une vision, elle-même redoublée (la Vierge apparaissant

1. Herman Grimm, « Das Rätsel der Sixtinischen Madonna », *Zeitschrift für bildende Kunst*, 1922, p. 41-49.
2. Eugène Müntz, *Raphaël*, Paris, 1901, p. 303.
3. Wölfflin, *L'Art classique*, p. 158-160.

aux deux saints en même temps qu'au spectateur), que le substitut d'un tableau vivant qui devait trouver sa place dans le cadre d'une pompe solennelle, parfaitement datée et localisée, et dans le contexte d'un appareil matériel auquel ressortissaient la tringle, les rideaux et le linteau de bois figurés sur la toile [1].

La représentation possible

Le paradoxe de *la Vierge de saint Sixte,* sa singularité (qui déjà frappait Vasari) ont partie liée avec l'essence de la représentation. Un spectacle, s'il peut être *répété,* est chose éphémère, et accessible à un public limité ; une œuvre de peinture, quelque fragile qu'elle soit, peut prétendre à une permanence relative et à être contemplée par des foules toujours accrues. Or nous avons affaire ici — le cas n'a rien d'exceptionnel — à une toile conçue pour s'intégrer à un spectacle qui devait, celui-là, et pour cause, n'avoir lieu qu'une fois. Réduit à lui-même, le tableau a gardé dans son ordonnance, comme l'a bien observé Wölfflin, quelque chose d'une représentation spectaculaire et, comme telle, passagère : rideaux qui se relèvent, comme au théâtre, pour laisser paraître les acteurs ; descente d'un personnage divin sur la scène, matérialisée ici par une simple planche ; nuées, enfin, dont la fonction, au registre de l'image, redouble celle qui leur était impartie dans l'espace du spectacle et dont l'importance, dans le contexte représentatif, se mesure à la valeur très particulière qui leur est assignée : le nuage, où se donne à voir le spectacle qu'il dissimule, apparaît clairement ici comme l'un des signes électifs de la représentation, et qui participe de son essence.
Les fonctions représentatives du nuage, et la manière de complicité — pour parler bref — qui se fait jour entre spectacle et figuration, permettent de comprendre le traitement paradoxal dont les nuées font l'objet dans nombre des peintures évoquées jusqu'ici. Car les nuages dont s'accompagnent visions et transports miraculeux, chez Raphaël comme chez le Corrège ou chez Zurbaran, ces nuées ne sont pas tout immatérielles : si elles

1. Référé au tombeau de Jules II, dont le vœu était d'être enterré dans la chapelle Sixtine de Saint-Pierre, le tableau de Raphaël apparaît comme le substitut provisoire d'un monument dont les héritiers du pape devaient finalement passer commande à Michel-Ange. Intéressant exemple, comme le note Grimm, d'une rivalité (*Wettstreit*) entre les deux artistes : le motif de la Vierge à l'enfant se retrouve dans les premiers projets de Michel-Ange (cf. Erwin Panofsky, « The first two projects of Michelangelo's Tomb of Julius II », *Art Bulletin,* 1937, p. 561-579).

s'estompent en lointains vaporeux et dorés (« Les cieux s'entrouvrent ; à travers des myriades de chérubins, nous entrevoyons l'infini [1] »), elles offrent également une assise solide aux personnages qui y sont établis, jusqu'à fournir l'armature d'une composition étagée dont la peinture des XVIe et XVIIe siècles offre de multiples exemples, depuis la *Dispute du Saint-Sacrement* (plus justement nommée : le *Triomphe de l'Eglise)* du même Raphaël jusqu'au *Paradis* du Tintoret et à l'*Apothéose de saint Thomas d'Aquin,* déjà citée, de Zurbaran : « Triomphes » hiérarchiquement organisés, le registre terrestre qui groupe les puissants et les dignitaires de l'heure étant surmonté d'un ou plusieurs registres aériens où se répartit autour du Christ, voire de Dieu lui-même, toute une population céleste. Que le signe qui est désigné ici comme /nuage/ ne puisse être référé à une réalité naturelle, mais qu'il doive être reconnu comme l'élément d'un montage à la fois symbolique et illusionniste, la *Dispute* de Raphaël le montre assez : pères et docteurs de l'Eglise sont assis sur un demi-cercle de nuages formant banquette et qui flotte à quelque distance du sol, entourant la nuée — d'apparence déjà plus subtile — qui porte le Christ, la Vierge et saint Jean. Une pareille composition ne renvoie pas à une chose vue, apparition miraculeuse ou spectacle effectif. Symbolisme et illusion jouent ici sur un autre plan : celui d'une représentation, d'une mise en scène *possibles* [2].

1. Muntz, *op. cit.* Quant à la possibilité pour un peintre du début du XVIe siècle de donner à « entrevoir l'infini », cf. ci-dessous, 4.2.4.

2. Sur les développements, aux XVIe, XVIIe et XVIIIe siècles, de la machinerie scénique et des mécanismes, souvent extrêmement complexes (cf. les mises en scène de Sabbatini à Parme), destinés à animer les nuées par le moyen d'armatures composées d'éléments mobiles et pourvues de sièges pour les figurants, cf. les actes du colloque, *le Lieu théâtral à la Renaissance*, Paris, 1964 (Colloque du C.N.R.S.).

2.4. REPRÉSENTATION / RÉPÉTITION SUBSTITUTION

> « Un signifiant est d'entrée de jeu la possibilité de sa propre répétition, de sa propre image ou ressemblance. »
> JACQUES DERRIDA,
> *De la grammatologie*, p. 138-139.

2.4.1. DÉCORS

La Vierge de saint Sixte, substitut d'un tableau vivant ; la *Dispute,* construite sur le mode d'une représentation conventionnelle : ces affirmations demanderaient à être étayées. On se bornera à rappeler ici quelques faits qui autorisent un rapprochement entre la « série » picturale et la « série » théâtrale, en même temps qu'ils éclairent la fortune singulière de l'élément « nuage » dans le contexte de la représentation spectaculaire. Les ordonnateurs des paraliturgies médiévales — ces représentations dramatiques de la légende chrétienne qui se déroulaient dans l'église ou sur son parvis, et dont la tradition s'est maintenue jusqu'au Quattrocento, dans le temps même où les artistes instauraient un ordre figuratif nouveau [1] — disposaient souvent une « gloire » ou un trône céleste au-dessus du portail devant lequel se déroulait le spectacle. Longtemps avant que ne soient apparus les premiers théâtres de rue, les monuments de la cité, et d'abord la façade de l'église ou les portes de la ville, auront servi de toile de fond sinon de cadre pour de telles représentations : et c'était alors pratique courante que d'utiliser la partie supérieure des constructions pour y loger des personnages célestes et en faire descendre à point nommé l'ange annonciateur [2]. *Le Triomphe de Venise* de Véronèse apparaît à cet

1. Francastel, *op. cit.*, p. 72. — 2. Kernodle, *op. cit.*, p. 70-72.

égard comme l'aboutissement profane et somptueux d'une formule dont l'art du Quattrocento fournit de nombreuses illustrations — l'une des plus caractéristiques étant sans doute la *Mort de la Vierge,* mosaïque souvent attribuée à Mantegna et qui orne la voûte de la chapelle dei Mascoli, à Saint-Marc de Venise : la Vierge est étendue parmi les Apôtres sous un arc de triomphe à travers lequel se découvre une rue en perspective et dont le Christ, assis dans une mandorle sur un siège de nuages, occupe le tympan [1].

On retrouve des montages de ce type dans le spectacle profane des XVIe et XVIIe siècles, et en particulier dans les « tableaux vivants » qui constituaient l'élément essentiel des parades de rue données en l'honneur d'un souverain ou d'un visiteur important : ces « entrées » ressortissaient à une structure de redoublement caractéristique, le cortège officiel auquel le spectacle était offert étant lui-même *en représentation* et tenant sa partie, sous le regard du public, dans un jeu d'ensemble (encore que l'élément processionnel ait longtemps été tenu pour secondaire dans l'aire principale de diffusion de ce genre de spectacles de rue : France du Nord, Pays-Bas, Angleterre). Les édicules érigés à cette occasion, et qui abritaient dans des niches souvent fermées de rideaux des groupes d'acteurs ou des allégories peintes, ces édicules présentaient généralement une ordonnance à plusieurs registres, tandis que des éléments à la fois symboliques et emblématiques, comme l'arbre ou la colonne, supportaient souvent un étage supérieur entouré de nuées. L'*Apothéose de saint Thomas d'Aquin* de Zurbaran répond en tous points à ce programme : on y voit, se faisant face de part et d'autre d'une colonne, Charles Quint en manteau d'hermine et portant la tiare et l'archevêque Deza, fondateur du collège de Saint-Thomas, à Séville, agenouillés avec leur suite sous une nuée où se perd le fût ; nuée dont saint Thomas, en robe de dominicain, occupe le centre, entouré par les Pères de l'Eglise et, à l'étage supérieur, par le Christ, la Vierge, saint Paul et saint Dominique [2]. Si les décors de rue, les tableaux vivants et les entrées n'ont

1. Renato Cipriani, *Tutta la pittura del Mantegna,* Milan, 1956, pl. 165. Le rapprochement s'impose avec un panneau de Mantegna sur le même thème, conservé au Prado et tronqué dans sa partie supérieure, mais qui appelle comme son complément naturel un Christ dans une mandorle que Roberto Longhi a retrouvé dans une collection privée de Ferrare (*ibid.,* pl. 77-79).

2. Soria, *op. cit.,* catal. n° 41, pl. 27.

été introduits qu'assez tardivement dans la péninsule ibérique, les artistes n'en étaient pas moins familiarisés de longue date avec le principe des compositions à étages qu'illustraient les retables de pierre et de bois et les façades de scène du théâtre espagnol. Mais l'*Apothéose,* quant à elle, doit être rapprochée des décors provisoires conçus par les décorateurs du temps et dont l'un des plus remarquables fut dressé à Lisbonne, en 1619, pour l'entrée de Philippe II [1]. Cette façade à trois étages réunissait des motifs construits, peints ou sculptés, empruntés au répertoire traditionnel. La structure en était décorée et mise en valeur par des éléments architectoniques, architraves, corniches et colonnes — dont certaines se terminaient « en manière de nuées ». Au centre de l'arc principal se dressait un pilastre qui s'élevait jusqu'au troisième étage et se perdait dans une nuée supportant une Gloire céleste. Celle-ci abritait une croix qui se détachait sur un fond de tissu bleu semé de nuages d'or et d'argent et était surmontée d'autres nuées où se tenaient des figurants qui semblaient la soutenir. De là descendait sur la scène un messager porté par un nuage. Dans les diverses niches de la façade étaient disposés des accessoires symboliques (trônes, rochers, etc.), tandis que d'autres objets (monstres, chariots, bateaux) étaient successivement apportés sur la scène.

2.4.2. LA NUVOLA

Engins

Francastel a démontré l'existence, dans le répertoire figuratif du Quattrocento, d'un ensemble de « signes » qui répondent terme à terme au matériel mis en œuvre par les ordonnateurs des paraliturgies et des parades populaires. Et de fait, là même où le nuage est utilisé à des fins descriptives et illusionnistes, il est également figuré, dans nombre de fresques ou de panneaux, sous les apparences d'un accessoire de mise en scène. S'il est vrai que l'imagerie pieuse du Quattrocento aura moins visé à illustrer les textes sacrés qu'à fixer des spectacles familiers [2], c'est peut-être dans l'œuvre de Mantegna que les emprunts sont les mieux avérés, pour autant qu'on puisse parler d'*emprunt* — au sens que le mot prend dans un discours ordonné à la recherche des sources — là où la référence à la série théâtrale

1. On en trouvera la description détaillée dans Kernodle, *op. cit.,* p. 102.
2. Francastel, *op. cit.,* p. 82.

est manifeste, voire délibérément soulignée, l'élément figuratif n'ayant alors d'autre valeur signalétique et symbolique que celle qui lui est assignée dans le contexte de la représentation spectaculaire. Il ne suffit donc pas de dire que l'œuvre figurative *signifie* dans la proportion où elle emprunte ses signes à un niveau de réalité institutionnel et à des ordres de signification déjà constitués (encore que la remarque soit importante dans la mesure où elle éclaire le côté « bricoleur » — pour parler comme Lévi-Strauss — de la production artistique). L'emprunt a lui-même, en tant précisément qu'*emprunt,* une fonction *signifiante :* il constitue le signe dans sa valeur de représentation et l'image, à son tour, comme représentation d'une représentation.

Dans le volet droit du triptyque des Offices, Mantegna a figuré l'*Ascension du Christ* (planche III) sous des espèces sans équivoque : celles d'une « volerie », au sens très précis que ce terme avait dans le théâtre du Moyen Age. Sur un fond de ciel nuageux, traité de façon illusionniste, le Christ s'élève, porté par une machine enrobée de nuées de théâtre et de têtes de chérubins. S'il est sans intérêt de multiplier les exemples, on remarquera combien les peintres — au moins à ce stade — se sont montrés respectueux de l'aspect matériel de l'accessoire de théâtre. Les rochers qui abritent les dragons d'Uccello sont rochers de carton, les nuées de Mantegna, celles aussi bien de Signorelli, dans ses compositions à étages du musée de Cortone, ont l'aspect du bois ou de la toile peinte, voire du coton qui recouvrait les membres des machines. Mantegna ne cherche aucunement à dissimuler l'emprunt qu'il fait du nuage au spectacle contemporain : bien mieux, la présence simultanée, dans l'*Ascension* des Offices, et sous des espèces telles qu'aucune confusion n'est permise entre les deux modalités du signe, de nuages atmosphériques et de nuées de théâtre signale explicitement l'opposition (elle-même signifiante) entre les deux valeurs d'emploi d'un élément où l'on doit peut-être reconnaître deux signes distincts selon qu'il se réfère à un phénomène naturel ou à un objet culturel ressortissant à un ordre de signification différent de celui de la peinture. Et quant au panneau central de ce même triptyque, l'*Adoration des mages,* il offre, comme l'a démontré Francastel [1], une image remarquable d'un engin couramment utilisé dans les spectacles de rue du Quattrocento :

1. Pierre Francastel, « Imagination plastique, vision théâtrale et signification humaine », in *La Réalité figurative,* p. 211-238.

la *nuvola,* dont Cecca était tenu pour l'inventeur — Vasari conservait dans son recueil de dessins plusieurs modèles de sa main [1] —, était une sorte de portemanteau devant lequel se tenait un figurant, et qui supportait divers accessoires symboliques. Avec une précision d'ethnographe, Mantegna a pris soin de représenter la tige de fer verticale qui porte à son sommet une étoile et un quatuor d'anges dans une nuée de coton, comme s'il avait entendu souligner par là l'ambiguïté du statut de l'image de peinture : l'illusion jouant ici à la jointure du réel et de l'imaginaire et par référence à une représentation spectaculaire plutôt qu'à une réalité naturelle ou à une notion d'ordre intellectuel.

Spectacles

Il importe assez peu que Cecca ait été ou non l'inventeur de ces engins, qui pouvaient affecter la forme d'un lys ou d'un arbre, aussi bien que celle d'un nuage, et dont il était fait grand étalage devant le baptistère de Florence lors de la fête de la Saint-Jean, mais dont l'usage s'était à peu près perdu à l'époque où écrivait Vasari, les spectacles de rue s'étant entre-temps considérablement transformés, comme l'observe celui-ci, dans leur nature autant que dans leurs moyens. L'auteur des *Vite* tenait à donner de ces engins une description aussi précise que possible, dans l'espoir que le souvenir ne s'en perdrait pas. Mais il en fait autant s'agissant de machines autrement considérables, dont l'invention était également attribuée à Cecca, et d'où celui-ci aurait tiré l'idée des *nuvole.* Pour la fête de l'Ascension, donnée en l'église du Carmine, Cecca avait en effet conçu une montagne de bois où demeuraient les Apôtres, tandis que le Christ était enlevé dans les airs sur une *nuvola* peuplée d'angelots et porté jusqu'en un « ciel » fixé à la voûte, en même temps que deux anges descendaient sur le théâtre où se « récitait [2] » la fête *(dove se recitava la festa).* « Le tout était couvert d'une abondance de coton arrangé de telle façon qu'il figurait une nuée pleine de chérubins, de séraphins et d'autres anges, de couleurs différentes et fort bien disposés [3]. » On ne

1. Vasari, « Vie de Cecca », *Vite,* t. III, p. 199-201.
2. *Recitare* a le sens de *jouer* une pièce. Mais, par une ambiguïté sans doute calculée, Vasari l'emploie ici pour signifier la narration qui redoublait la représentation, récit repris année après année à date fixe.
3. Vasari, « Vie de Cecca », *op. cit.,* p. 198.

saurait imaginer une meilleure description de l'*Ascension* de Mantegna, laquelle renvoie de toute évidence à un spectacle de ce genre.

Cette machine, de dimensions considérables, Cecca en était dit l'inventeur pour l'avoir portée à une perfection jusque-là inconnue. Mais déjà Brunelleschi en avait conçu de semblables, dont on lui attribuait également la paternité (encore, note Vasari, que certains aient prétendu qu'il ne s'agissait pas là d'une nouveauté). Le « Paradis » qu'il avait construit à San Felice in Piazza pour servir à la *représentation* de la fête de l'Annonciation, dans le lieu et sur le mode où l'on avait coutume de la célébrer depuis une époque lointaine *(anticamente),* ce paradis dont Vasari, dans sa « Vie de Brunelleschi », donne une description étonnante [1], associait à une machine conçue comme une calotte céleste un dispositif complexe qui autorisait tout un jeu de voleries, transports, descentes et ascensions. L'architecte avait disposé entre deux des poutres qui supportaient le toit de l'édifice une demi-sphère en forme de plat à barbe renversé (c'est Vasari qui parle ainsi), dont les parties étaient assujetties par le moyen d'une étoile de fer elle-même suspendue à un anneau autour duquel elle pouvait tourner. Cette demi-sphère était de dimensions telles qu'elle pouvait accueillir, outre un triple rang de guirlandes lumineuses, une douzaine d'enfants, équipés d'ailes et de chevelures dorées, figurant des anges, et qui paraissaient danser quand un mouvement de rotation était imprimé à la machine. Vue du sol, cette manière de coupole, dont les consoles étaient garnies de coton à l'imitation de nuées *(che parevano nuvole),* ressemblait à un « ciel » : un ciel dont les portes s'ouvraient et se refermaient à volonté, dans un grand bruit de tonnerre, et auquel était encore fixé un appareil constitué de huit branches dont chacune supportait un enfant et que manœuvrait un treuil. Ce « bouquet d'anges » entourait une mandorle de cuivre, vide à l'intérieur et décorée de petites lanternes qui apparaissaient et disparaissaient par le moyen d'un ressort. Quand le bouquet était parvenu à la hauteur convenable, la mandorle se déplaçait à l'horizontale pour venir sur l'estrade *(palco)* où l'on « récitait » la fête, et où était aménagée une structure à quatre étages, faite pour loger des figurants *(a uso di residenza),* où elle venait s'insérer. Un enfant en descendait alors, qui s'avançait sur le théâtre, saluait

1. Id., « Vie de Brunelleschi », *Vite*, t. II, p. 375-378.

la Vierge, lui transmettait le message dont il était porteur, et remontait ensuite dans la mandorle, tandis que s'élevaient les voix des anges et que le « ciel » prenait réellement figure de paradis *(che quello pareva propriamente un paradiso).* D'autant, ajoute Vasari, qu'à côté de la demi-sphère, se tenait encore Dieu le Père, entouré d'anges et accommodé de la même façon.

2.4.3. LA FONCTION REPRÉSENTATIVE DU SIGNE

L'accessoire d'une mise en scène

Cette description témoigne de l'existence, au Quattrocento, d'une forme de spectacle à « machines » que Brunelleschi et Cecca après lui n'auront peut-être fait que perfectionner et *systématiser,* associant à un « paradis », à une *coupole céleste* (où l'image de Dieu, il faut le noter, ne trouvait pas sa place), un jeu d'appareils destiné à permettre des effets de transports. Les éléments d'un pareil spectacle formaient un tout dont on ne saurait détacher tel accessoire ou engin pour le considérer isolément. Mais la remarque vaut pour la peinture comme pour le théâtre : la mandorle où prend place le Christ de Mantegna s'enlève elle-même sur le fond d'un *ciel* ; et le temps viendra où le Corrège, dans les coupoles de Parme, réunira dans l'unité d'une même structure les éléments jusque-là disjoints du système. C'est assez dire que le nuage, dans le contexte de la représentation, n'a pas seulement une valeur symbolique ou discursive : loin de servir seulement à désigner le ciel, les nuées de toile ou de coton permettaient encore de dissimuler les ressorts d'une machinerie qui aura été mise au point longtemps avant que n'apparaissent les premiers décors de théâtre au sens strict. Et si l'on trouve mention de ces nuées dans la plupart des inventaires du matériel des confréries, dans les pays du Nord aussi bien qu'à Florence ou à Sienne [1], c'est qu'elles n'étaient pas tellement le moyen d'une hiérophanie que l'accessoire indispensable d'une mise en scène qui pouvait revêtir des formes très différentes, et dont l'Italie du Quattrocento n'aura pas eu l'exclusivité (encore qu'elle ait désigné d'un même mot, de façon combien significative, et l'accessoire et la machine elle-même).

1. Cf. le *Livre de conduite du régisseur et le compte des dépenses pour le mystère de la Passion joué à Mons en 1501,* publié par Gustave Cohen, Strasbourg, 1925, p. 473 : « Autre pièce de toille ainsi que nuées. »

Fig. 2. Dürer, l'*Ascension du Christ.*

La représentation d'une ascension ou d'une descente du Christ ou de tout autre personnage, celle-là d'une Gloire ou d'un Paradis, posait au théâtre comme en peinture de multiples problèmes. Les ordonnateurs des Mystères à la française n'y auront pas répondu de la même façon que ceux de la *sacra rappresentazione* à l'italienne : et cependant, dans un cas comme dans l'autre, les nuées auront satisfait à une même fonction, selon des modalités dont l'écho se retrouve dans la peinture du temps. Dans le *Mystère des Actes des Apôtres* — qui constitue selon Gustave Cohen l'apogée du genre, où les traits spécifiques du drame religieux prennent leur plein relief [1] —, les Apôtres disséminés en divers lieux (les *loci deputati,* caractéristiques de l'espace fragmenté de la représentation médiévale) étaient transportés jusqu'à la mansion où gisait la Vierge, dont le corps était ensuite enlevé sur une nuée [2]. Et le manuscrit de la *Résurrection* décrit d'amusante façon l'ascension de Jésus et des âmes délivrées des limbes. Celles-ci grimpent au ciel par une voie dérobée, tandis qu'un appareil saisit le Christ à la taille, de sorte que « luy doit on veoir les jambes par dessoulz l'engin..., les cordes qui tireront l'instrument ou Jhesus sera [devant] être mussées (cachées) de toile en matière de nue [3] ». Or c'est sous ces espèces au moins surprenantes, et fort éloignées en tout cas de la mandorle florentine, que l'ascension du Christ est régulièrement représentée dans l'art des pays du Nord, depuis le cycle de la Passion de Martin Schongauer (au musée de Colmar) jusqu'à la petite *Passion* sur bois d'Albert Dürer, et de telle tapisserie flamande conservée à La Chaise-Dieu jusqu'à un petit panneau de Juan de Flandres récemment entré au musée du Prado [4] : du Christ, on n'aperçoit que les pieds qui viennent de quitter un monticule où leur empreinte est bien visible et autour duquel sont répartis les Apôtres, le reste de son corps étant masqué par une nuée bientôt interrompue par le cadre de la composition.

Emile Mâle croyait pouvoir rattacher ce type iconographique d'apparence incongrue, et qui apparaît au XIVe siècle dans quantité d'ivoires et d'enluminures, au jeu de scène dont fait état le manuscrit de la Résurrection, allant jusqu'à écrire que « c'est presque toujours le théâtre qu'il faut accuser de ce réalisme un peu terre à terre qui nous choque parfois dans

1. Gustave Cohen, *Histoire de la mise en scène dans le théâtre religieux français au Moyen Age*, 2e éd., Paris, 1926.

2. *Ibid.*, p. 153 : « Icy doit descendre une nuée ronde en forme de couronne ou doivent estres plusieurs anges faincts tenant espées nues. »

3. B.N., ms. fr. 972, cit. par G. Cohen, *op. cit.*, p. 153-154 ; attribué à un certain Jean Michel, il s'agit sans doute d'un livre de scène ayant appartenu à une confrérie.

4. Francisco Javier Sanchez Canton, *Las adquisiciones del museo del Prado en los años 1952 y 1953*, Madrid, 1954, pl. II. Ce mode de représentation n'est cependant pas l'apanage des pays du nord (cf. la *Pala di San Marco* d'Angelico, etc.).

l'iconographie du XVe siècle[1] ». Dans un essai aux allures érudites, mais où la *question du nuage* est posée dans toute son étendue, théologique et théorique, sémiotique et/ou illusionniste, Meyer Schapiro a démontré que cette représentation, qualifiée à tort de « gothique », ne pouvait être regardée comme la simple traduction plastique d'une mise en scène, dès lors qu'on l'observe, dès le Xe siècle, dans un bon nombre de manuscrits anglais, et qu'elle se laisse rattacher en l'occurrence à toute une tradition vernaculaire qui, de la description des lieux saints rédigée dans l'île d'Iona, au VIIe siècle, par l'abbé Adamnanus sur le rapport du moine Arculfe, jusqu'aux *Blickling Homilies*, texte anglo-saxon du Xe siècle, aura constamment mis l'accent sur l'aspect subjectif, phénoménal, de la vision du Christ disparaissant dans le ciel[2]. La description de l'église bâtie sur le site du mont des Oliviers, cette rotonde *à ciel ouvert* établie autour du lieu où la trace des pieds du Christ demeurait imprimée dans le sol, insiste sur le fait que les pèlerins étaient admis à occuper la place qui avait été celle des Apôtres et à diriger comme ceux-ci leurs regards vers le ciel[3] ; le ciel où le Christ s'était élevé et où il avait disparu dans un nuage dont l'homélie sur l'Ascension (datée 971) refusait d'admettre qu'il lui ait servi de support ou de véhicule : c'est de son propre mouvement, par son seul pouvoir, que le Seigneur, maître de toutes choses, s'est élevé pour disparaître dans le nuage dont il s'était préalablement entouré[1] ; le texte manifestant ainsi l'existence d'une question

1. Cf. Emile Mâle, *L'Art religieux de la fin du Moyen Age en France, étude sur l'iconographie du Moyen Age,* Paris, 1908, p. 53.

2. Meyer Schapiro, « The Image of the disappearing Christ. The Ascension in English Art around the Year 1000 », *loc. cit.*

3. « Sur le mont des Oliviers, le point le plus élevé est celui d'où notre Seigneur s'est élevé jusqu'au ciel ; là se dresse une grande église ronde, avec trois portiques concentriques couverts. La salle intérieure de l'église ronde étant dépourvue de toit, est à ciel ouvert, mais dans sa partie orientale, il y a un autel protégé par un toit étroit. Il n'y a pas de salle au-dessus de l'espace central, si bien que du point où le Seigneur a laissé ses saintes empreintes quand il fut transporté au ciel sur un nuage, la voie est toujours ouverte et ceux qui prient en cet endroit peuvent regarder vers le haut et voir le ciel directement. » Adamnanus, *De Locis Sanctis,* lib. I. Pour le texte original, ici traduit d'après Schapiro (art. cit., p. 141), cf. P. Geyer, *Itinera Hierosolymitana, saeculi IIII-XIII* (Corpus Scriptorum Ecclesiasticorum Latinorum, vol. 38), Vienne, 1898, p. 246-251.

1. « Le nuage n'a pas fait ici son apparition, parce que notre Seigneur avait besoin de son aide pour l'ascension ; et pas davantage le nuage ne l'a-t-il emporté, mais il a pris le nuage devant lui, puisqu'il tient toutes les créatures dans sa main, et que par son pouvoir divin et sa sagesse

théologique portant sur le processus de l'Ascension et donc — indirectement — sur sa visualisation, question dont on a noté l'écho dans la peinture des XVe et XVIe siècles (cf. II.2.1). Meyer Schapiro insiste à juste titre sur la relation à l'observateur terrestre, figurativement marquée dans l'image, et sur la représentation du phénomène de la disparition du Christ telle que les Apôtres en furent les témoins oculaires, qui fait selon lui l'originalité de l'invention anglaise et la distingue des solutions traditionnelles qui présentent le Christ dans une mandorle, ou faisant l'escalade du ciel [1]. L'idée n'en a pas été empruntée au théâtre : elle n'en était pas moins fondée, dès le principe, sur une structure représentative, sur une notion de la visualisation des scènes de l'Ecriture, de la répétition des moments du drame sacré, d'un *dramatic reenactment,* comme l'écrit excellemment Meyer Schapiro, auquel l'imagerie emprunte sa norme, et qui devait trouver son aboutissement le plus spectaculaire dans le théâtre religieux de la fin du Moyen Age.

Réalité spectaculaire et réalité figurative : la peinture comme représentation

L'utilisation du nuage à des fins représentatives doit ainsi s'entendre au sens non seulement symbolique ou discursif, mais spectaculaire. Cet élément intervient, sur le plan figuratif, comme l'un des termes, parmi d'autres, d'un vocabulaire qui se réfère pour partie à un ordre de signification distinct de celui de la peinture : son apparence, sa valeur d'emploi dans le contexte

éternelle, il ordonne et dispose toutes choses conformément à sa volonté. Et dans le nuage il a disparu à leur vue et est monté au ciel, comme un signe que de là, et d'une manière analogue, il reviendra sur terre, au jour du Jugement, dans un nuage, escorté par des légions d'anges. » Traduit d'après la traduction citée par Schapiro, *ibid.*, p. 136 ; cf. *The Blickling Homilies of the Tenth Century,* éd. par R. Morris, Londres, 1880, p. 120-121.

1. La solution anglaise subira à la Renaissance la même transformation que la solution traditionnelle de la mandorle : alors que celle-ci revêtira, chez Mantegna, les dehors d'une machine de théâtre, c'est toute la scène qui prendra une structure dramatique unitaire dans la solution, arbitrairement présentée comme « gothique », où le corps du Christ est dissimulé en partie par une nuée ; Meyer Schapiro observe avec beaucoup d'acuité que si la figure du Christ échappe alors à l'espace commun (dont l'horizon est défini par le regard des Apôtres), c'est dans la mesure où elle sort du champ pictural et où elle est coupée, interrompue par le cadre de l'image (art. cit., p. 151).

pictural sont fonction de celles qui lui sont affectées dans le texte de la représentation à laquelle l'image renvoie, fût-ce sur le mode imaginaire. Mais ce n'est pas à dire que, même dans le cas où la source théâtrale serait attestée, l'image serve seulement à *fixer* un spectacle fugitif. Ce serait accorder là au référent de la peinture — comme le veut le préjugé réaliste — un primat qui conduirait à ignorer le ressort véritable de ce qui apparaît comme la transposition, dans l'ordre pictural, d'éléments empruntés au spectacle. La communication entre les deux séries n'est d'ailleurs pas à sens unique : contrairement à l'opinion d'Emile Mâle qui voyait dans le théâtre sacré de la fin du Moyen Age la source d'un grand nombre de schèmes iconographiques, on peut penser, avec George Kernodle, qu'en l'absence d'une tradition continue l'art du Moyen Age aura légué au théâtre de la Renaissance nombre des conventions de la scène antique, et que l'élaboration des formes théâtrales modernes aura été de pair avec celle d'un nouvel ordre figuratif, les mêmes individus étant souvent engagés simultanément dans l'une et l'autre entreprise. Mais les divers modes d'expression, s'ils interfèrent sans cesse, n'en constituent pas moins autant d'*ordres* distincts, et qui ne communiquent pas entre eux à la façon des vases communicants. Le peintre peut bien recourir à des éléments de signification, voire à des principes de montage qui ont été élaborés en dehors du règne de la peinture. Dès lors que l'objet est soustrait à l'ordre du spectacle pour être introduit, sous l'espèce picturale, dans un système de signification *sui generis,* il passe d'un plan de réalité à un autre : du plan de la réalité spectaculaire, où il est défini en termes opératoires, à celui de la réalité figurative où il satisfait à des fonctions d'une nature différente [1]. La fortune du *nuage* dans la peinture des XVIe et XVIIe siècles témoigne d'une extension des fonctions, de la valeur proprement plastique assignée à cet élément, dont la recherche des « sources » ne saurait rendre compte. En sorte que la question pourrait à présent être formulée comme suit : qu'en est-il de la peinture quand celle-ci se donne pour une représentation, et pour l'équivalent ou le substitut d'un spectacle auquel elle emprunte éventuellement partie de son vocabulaire, sans rien dissimuler de cette dette, mais la faisant au contraire apparaître comme telle, et jusqu'à tirer de cette *production* des effets signifiants spécifiques ?

1. Francastel, *La Figure et le Lieu,* p. 99.

Répétition, substitution

On commence peut-être d'entrevoir le lien qui peut exister, sur le plan figuratif, entre les deux modes, discursif et spectaculaire, de la représentation. L'espace logique de la représentation est ainsi constitué que, du signifié au signifiant, les positions sont strictement réversibles. Et, de fait, la fonction représentative du signe s'affirme sans équivoque dès lors que le signifié de la peinture apparaît sous les espèces signifiantes qui sont les siennes dans le contexte du spectacle, et comme la représentation d'une représentation : le signe pictural reproduit (représente) un signe de nature spectaculaire (et le *nuage* peint un *nuage* de théâtre), à la façon dont l'image reproduit (représente) un spectacle lui-même ordonné sur le mode de la re-présentation, de la *répétition* d'une scène primitive. Mais la représentation peut, aussi bien, jouer sur la *substitution.* Dans le régime figuratif institué lors de la Renaissance, la représentativité du signe iconique, comme celle de la représentation elle-même, est commandée par une structure caractéristique où s'articulent les différents sens qui entrent dans la définition du mot représentation : (re)production, évocation, substitution, etc. Cette structure se dénonce clairement dans nombre d'œuvres au statut indécis. C'est ainsi qu'on peut voir au musée de Reims une importante série de toiles peintes du XVe siècle, où sont brossés à grands traits les Mystères de l'Ancien Testament, de la Passion, de l'Ascension, de la Résurrection, et de la Vengeance du Christ [1]. Ces compositions étaient-elles utilisées comme toiles de fond lors de la représentation des Mystères ? Servaient-elles à pallier le manque de tapisseries pour décorer l'édifice sacré, lors de certaines fêtes ou cérémonies ? S'agissait-il seulement de bannières processionnelles, faites pour être exhibées (produites) dans les rues à dates fixes ? Quelle que soit l'hypothèse retenue, la question signale la possibilité d'une substitution d'un ordre de représentation à un autre, voire (dans le cas où l'on aurait affaire à un décor) d'un redoublement de la représentation elle-même, les scènes peintes l'étant sur le mode

1. *Toiles peintes et Tapisseries de la ville de Reims, ou la mise en scène du théâtre des Confrères de la Passion,* étude et explications historiques par Louis Paris, Paris, 1849. Pour cet érudit, ces images n'étaient rien autre chose que la *mise en scène* des drames dont les acteurs patentés par Charles VI avaient composé leur répertoire et qui avaient été représentés à Reims de 1450 à 1496 (*op. cit.,* p. LXI-LXVI).

spectaculaire, et l'ascension du Christ, pour prendre ce seul exemple, obéissant au principe que reprendra Dürer dans sa petite *Passion* de 1511, ouvrage dont le caractère « populaire » a été maintes fois souligné [1] : celui même sur lequel était fondée la représentation décrite dans le manuscrit de la *Résurrection.*

Le système et les emprunts

Tout se passe comme si, à une époque où, après avoir atteint à son apogée, le drame liturgique allait céder le pas à des formes nouvelles de spectacle, la peinture en avait recueilli l'héritage en même temps qu'elle renvoyait l'image de cortèges et de parades de rue d'un type « moderne ». Ce n'est pas ici le lieu de montrer comment les deux systèmes ont pu coexister dans le cadre plus général de l'ordre figuratif du Quattrocento, comme l'illustre assez bien le partage de l'œuvre d'un Mantegna entre les deux versants du drame chrétien (le triptyque des Offices) et du triomphe à l'antique (les panneaux de Hampton Court). Il reste que la recherche des sources ne saurait suffire pour rendre compte des prétendus emprunts et archaïsmes et moins encore de la fortune que certains d'entre eux connurent dans la peinture de ce temps. Le nuage qui n'aura joué qu'un rôle accessoire dans l'art du XVe siècle envahira, au XVIe et surtout au XVIIe siècle, coupoles, voûtes et plafonds, assumant des fonctions illusionnistes et picturales toujours plus étendues. Avant que de rechercher les éventuelles motivations idéologiques d'une semblable évolution, il importe d'en mesurer précisément les implications, la portée dans l'ordre systématique, conformément à la formule de Saussure selon laquelle « est interne tout ce qui change le système à un degré quelconque [2] ». (Et, de même, au théâtre, le goût des effets aériens, des transports et

1. Karl Adolf Knappe. *Dürer, gravures, œuvre complète,* trad. française, Paris, 1964, p. XXXIII. Quant à l'ancienneté de ce schème de représentation et à ses origines spectaculaires ou figuratives, outre les données apportées par Meyer Schapiro, on notera que l'Ascension est représentée à peu près sur le même mode (il y manque le monticule) dans une œuvre ressortissant à la même aire de diffusion culturelle et datée de 1181, le célèbre retable de Nicolas de Verdun, conservé à l'abbaye de Klosterneuburg. Mais le panneau de l'Ascension semble avoir été refait, ou rapporté, à une époque postérieure (cf. Louis Réau, « L'iconographie du retable typologique de Nicolas de Verdun à Klosterneuburg », in *L'Art mosan,* éd. par Pierre Francastel, Paris, 1953, p. 812).

2. F. de Saussure, *Cours de linguistique générale,* Paris, 1949, p. 43.

des paradis, ne disparaîtra pas avec l'avènement de la scène cubique et unitaire à l'italienne.) Le problème de l'aménagement des parties supérieures de la scène continuera d'occuper l'imagination des décorateurs et des metteurs en scène, et les voleries du théâtre et de l'opéra baroque feront écho aux descentes et ascensions du drame médiéval. Mais c'est s'abuser que de qualifier ces effets de survivances [1] et, remontant dans le passé, d'en rechercher les sources à l'intérieur de la série théâtrale : les « emprunts » autant que les « archaïsmes » ont valeur de moyens stylistiques, dont on ne saurait juger que par rapport au système où ils trouvent à la fois leur principe et leur justification [2].

Telle est l'insuffisance de la recherche des sources qu'elle interdit de voir dans le procès de production artistique — et qu'il s'agisse de la série théâtrale aussi bien que de la série picturale — autre chose qu'une suite plus ou moins fortuite et aléatoire d'emprunts et de survivances, voire d'innovations, mais toujours ponctuelles et dont la finalité échappe, suite qui laisse tout ignorer des véritables ressorts de la communication entre les différentes séries. Les relations, les échanges entre la peinture et le spectacle ne se seront pas limités au vocabulaire et l'élaboration d'une syntaxe de la représentation aura été l'affaire des peintres autant et plus peut-être que celle des hommes de théâtre ; et c'est par rapport à cette syntaxe, on va le voir, que la fortune du nuage dans l'art et le spectacle modernes se laisse le mieux expliquer, en même temps qu'elle manifeste les structures profondes d'un ordre où, paradoxalement, ce "signe" n'avait peut-être pas sa place.

1. Cf. Raymond Lebègue, « Quelques survivances de la mise en scène médiévale », in *Mélanges d'histoire du Moyen Age et de la Renaissance offerts à Gustave Cohen,* Paris, 1950, p. 219-228.

2. C'est ainsi que le *Theatrum sacrum* de l'Autriche baroque, qui peut paraître prolonger la tradition des représentations paraliturgiques, empruntait en fait partie de ses procédés au répertoire du spectacle profane contemporain. Cf. in Alpheus Hyatt Mayor, *Tempi e aspetti della scenografia,* Turin, 1954, p. 52, la description d'un *Theatrum sacrum* donné à Vienne en 1670, probablement par l'Italien Ludovico Burnacini : « On avait imaginé le Saint Sépulcre à la lueur de la nuit, on voyait tout près les deux gardes endormis... Une lumière s'allumait au ciel et on assistait alors à l'apparition resplendissante de celui qui figurait le Père éternel. Un nuage s'ouvrait, où surgissait la Croix, soutenue par deux figurants représentant des anges. Le Père éternel disparaissait dans sa Gloire et le nuage où était la Croix se refermait. »

3

L'ESPACE SYNTAXIQUE

« *Nihil est in* lingua *quod non prius fuit in* oratione. » ÉMILE BENVENISTE, *Problèmes de linguistique générale*, p. 131.

3.1. UN PROBLÈME DE LECTURE

Les problèmes techniques autant que théoriques posés par la figuration, sur l'écran plastique à deux dimensions, d'une apparition ou d'une ascension miraculeuses, d'un transport aérien, voire d'une assemblée céleste, de tels problèmes n'ont rien de secondaire ni d'accessoire au regard de l'entreprise où se résumerait, suivant une tradition fortement établie, l'apport de la Renaissance au développement de l'art et de la civilisation occidentale : l'institution du système de représentation de l'espace connu sous le nom de perspective linéaire. On va voir qu'ils en constituent l'accompagnement, sinon le contre-sujet obligé, ce contrepoint s'inscrivant à son tour dans un champ autrement plus vaste et qui le détermine dans son principe, sinon dans sa structure même : celui-là de la *représentation,* au sens le plus général du terme, la théorie ayant en définitive à connaître moins du problème de la représentation de l'espace que de celui de l'espace de la représentation, de l'espace pictural saisi dans son rapport à une représentation qui aura d'abord été conçue — et cela dès le XIVe siècle — sous l'espèce spectaculaire.

Dans l'introduction à ses *Essais d'iconologie,* Panofsky a su formuler la question de l'apparition en des termes qui en manifestent la pertinence théorique : étant donné une image — la *Vision des Rois Mages,* volet droit d'un triptyque de Roger van der Weyden conservé au musée de Berlin [1] — où se laissent identifier trois personnages agenouillés dans un paysage de collines et qui dirigent leurs regards vers le ciel où se tient en suspension un petit enfant nu, comment savons (ou décidons) -nous que celui-ci doit être tenu pour une « apparition » ? Ici, pas de nuée ou de machine, pour servir de support ou de véhicule à la figure divine, ainsi qu'on l'observe

1. Reprod. in E. Panofsky, *Early Netherlandish Painting,* t. II, p. 197-199.

dans quantité d'œuvres — surtout italiennes — de l'époque, mais un halo doré qui isole cette figure du ciel nuageux sur le fond duquel elle s'enlève, lequel halo — comme le note justement Panofsky — ne diffère en rien de celui qui, dans les *Nativités,* entoure l'enfant donné alors pour effectivement présent. Et quant à l'attitude prêtée par le peintre à ce même enfant, elle est celle d'un bébé assis sur un coussin plutôt qu'en suspens dans les airs. D'où la conclusion de Panofsky : « La seule raison valable qui nous permette de considérer que l'enfant de ce tableau soit censé être *(is meant to be)* une apparition, c'est le fait qu'il est représenté en l'air sans support apparent [1]. »

Conclusion qui n'a rien de décisif, ainsi que Panofsky y insiste aussitôt, mais qui revient à déplacer la question : avant de nous prononcer sur la nature même de l'apparition, sur quels indices nous fondons-nous pour déclarer que l'enfant occupe une position contraire à toutes les lois naturelles ? C'est, bien entendu, que la composition est agencée suivant les normes d'une représentation fondée sur la mise en perspective de l'espace figuratif et l'assujettissement des personnages et des objets dont cet espace est peuplé à une légalité analogue à celle qui a cours dans l'univers physique. Dans telle miniature médiévale, au contraire, le fait que l'image — l'« hiéroglyphe » — d'une ville se détache sur un fond abstrait au-dessus d'un groupe de figures établies sur un sol conventionnel n'implique aucune infraction aux lois de la pesanteur, mais dénote seulement le lieu où se situe la scène : si nous tenons ce signe pour une façon d'idéogramme, c'est par référence plus ou moins spontanée au code de la figuration médiévale, dont le savoir de notre époque a gardé la clef [2]. L'image de Roger van der Weyden ressortit à un ordre figuratif différent, celui-là qui commença de s'instituer au début du XVe siècle et qui devait trouver dans la « fenêtre » d'Alberti sa définition tout à la fois la plus systématique et la plus étroite, la plus contraignante : l'assimilation de la surface picturale à une fenêtre ouverte dans

1. Id., *Studies in Iconology,* New York, 1939, introduction ; trad. française, *Essais d'iconologie,* Paris, 1967, p. 24.

2. Cf. Panofsky, *ibid.,* l'interprétation d'une miniature ottonienne représentant la *Résurrection du jeune homme de Naïm* (*op. cit.,* fig. 2). Dans cette miniature, le miracle se produit sur le « sol » où évoluent les figures et n'emporte aucune communication entre ciel et terre. Mais l'historien déclare n'en connaître que par le détour d'un savoir strictement iconographique, et qui n'emprunte rien à l'analyse des fonctions figuratives.

le mur et à travers laquelle est donnée à voir (*per-spicere,* pour reprendre l'étymologie, d'ailleurs anachronique, de Dürer [1]) une portion d'espace plus ou moins étendue, implique que des lois analogues à celles qui gouvernent l'espace empirique aient cours dans l'espace figuratif et que toute dérogation à cette légalité prenne *figure* de miracle ou d'événement surnaturel, le « réalisme » du système étant ainsi confirmé, sinon renforcé par la contradiction qui lui est portée au niveau symbolique [2].

On pourrait discuter de la connotation foncièrement « réaliste », voire « naturaliste », que Panofsky assigne *a priori* au code perspectif de la Renaissance et montrer, dans le même sens, que l'apparition dont les Mages sont honorés dans le panneau qui nous occupe est moins celle de l'enfant Jésus lui-même que l'apparition de son image, la figuration obéissant à un processus de redoublement caractéristique du système de la représentation. Car l'enfant qui s'inscrit dans le ciel n'est rien qu'une variante de celui qui prend place dans la *Nativité* représentée sur le panneau central du même triptyque, mais qui, d'être détaché de son contexte et d'abord de son support ordinaire (la crèche, la litière de paille où il repose), prend valeur d'icône — au même titre d'ailleurs que la Vierge à l'enfant entrônée sur un autel *(haec est ara coeli)* que la Sibylle de Tibur présente à l'empereur Auguste dans le volet gauche [3]. Dans ces conditions, l'absence de support, nuée ou machine, loin qu'elle dénote (absence porte sens) une apparition, signale que nous avons ici affaire à une vision (prémonitoire) qui est figurée, représentée, par simple commutation de signes et non par le détour de moyens de nature spectaculaire, imités des accessoires du théâtre. Il n'en demeure pas moins que la question posée par Panofsky garde sa pertinence dès lors qu'on la situe sur son véritable terrain : celui de la production et de la compréhension figuratives, et des mécanismes en vertu desquels une interprétation sémantique s'attache à un complexe de signes iconiques.

1. Cf. Panofsky, « Die Persperktive als 'Symbolische Form' », *Aufsätze zu Grundfragen der Kunstwissenschaft,* Berlin, 1964, p. 127, n. 3.
2. Id., *Early Neth. Paint.,* t. 1, p. 140-141.
3. Cf. *ibid.,* p. 276-278, l'interprétation du triptyque de Roger van der Weyden où Panofsky voit l'illustration terme à terme d'un passage de la Légende Dorée.

3.2. L'ÉCRITURE DE LA REPRÉSENTATION

3.2.1. REMARQUE

Pour prévenir ici toute confusion, il importe de préciser que pour des raisons de principe autant que de méthode, il paraît impossible de séparer l'étude des règles qui président, dans le contexte d'un ordre figuratif donné, à l'élaboration et au déchiffrement des images, de celle de leur mise en œuvre au sens littéral du terme, de leur actualisation dans des œuvres concrètes. Un partage analogue à celui auquel procèdent les linguistes entre langue et parole, ou encore — pour user des concepts fondamentaux de la grammaire générative, dont ce texte contrefait pour l'heure le discours — entre le système tacite des aptitudes qui définissent la *compétence* linguistique d'un sujet et leur mise en application (ou *performance*) dans des actes de parole effectifs, un tel partage serait sans portée opératoire dans le champ de la sémiologie de l'art, discipline à laquelle il appartiendra sans doute moins de construire des modèles hypothétiques des différents systèmes d'expression plastique que de produire, dans les termes qui seront les siens, la question même *du* système [1]. Si la créativité du langage articulé, liée qu'elle est au pouvoir récursif des règles qui en constituent le système, se traduit dans l'usage courant par une prolifération illimitée de formes, le code de la langue tel qu'il est assimilé par les sujets parlants *déterminant* l'interprétation sémantique d'un ensemble indéfini de phrases réelles, exprimées ou entendues [2], le problème

1. Cf. Jean-Louis Schefer, « Lecture et système du tableau », in *Scénographie d'un tableau classique*, Paris, Ed. du Seuil, 1969.

2. Cf. Noam Chomsky, « De quelques constantes de la théorie linguistique », *Diogène*, 51 (juil.-sept. 1965), p. 14 et *Cartesian Linguistics*, New York, 1966, trad. française, *La Linguistique cartésienne*, Ed. du Seuil, 1969.

de la « créativité » ne saurait se poser dans les mêmes termes s'agissant de peinture (encore que l'indépendance — au moins relative — de l'expression par rapport à l'activité réflexe, mise en avant par Chomsky à propos du langage articulé, soit de règle ici comme là).

D'une part, sous la forme que lui assigne la société occidentale, l'art est fort éloigné d'être le bien de tous et la sélection qu'il implique comme sa condition fait que ses productions sont, par principe, en nombre fini. A cet égard, il offre plus d'analogies peut-être avec l'écriture qu'avec le langage : car si la langue, liée qu'elle est dans son existence même à la *masse parlante,* est à chaque instant l'affaire de tout le monde, si elle est de toutes les institutions sociales celle qui offre le moins de prise aux initiatives individuelles [1], l'écriture, au sens courant du terme, est au contraire longtemps restée, comme l'art lui-même, l'apanage d'un petit groupe de spécialistes ou de groupes sociaux privilégiés [2] et ses développements, son institution même ont souvent répondu à un projet délibéré. La propriété privée n'existe pas dans le langage [3] ; et c'est bien pourquoi, comme l'écrit Saussure, celui-ci ne saurait connaître de révolutions. Mais il n'en va évidemment pas de même pour l'art, dont la collectivisation est loin d'être achevée, et à un moindre degré pour l'écriture, qui paraît toujours offrir matière à « réformes ». D'autre part, et pour autant que la distinction soit fondée dans le champ linguistique et qu'elle ne s'inscrive pas elle-même dans la dépendance de la structure représentative (puisqu'il s'agit toujours pour le linguiste, en définitive, d'arriver à une *représentation* de la langue), on ne saurait feindre, s'agissant des produits de l'art, que la « langue » (la compétence) précède en quelque façon la « parole » (la performance), ni que la production artistique, dans la variété relative de ses formes et de ses figures, se ramène à l'utilisation d'un code fini qui la déterminerait *a priori.* Si quelque chose existe comme un système pictural, ce système n'a pas de réalité, même théorique, en dehors des produits où il trouve à s'instituer sous des espèces rigoureuses. Pour reprendre, en la corrigeant, la métaphore de Saussure, le « trésor » où puisent les artistes est moins celui d'une langue dont ils auraient reçu le dépôt par la pratique, que celui des « chefs-d'œuvre », des œuvres

1. Saussure, *Cours,* p. 107-108.

2. Jacques Gernet, « La Chine, aspects et fonctions psychologiques de l'écriture », in *L'Ecriture et la Psychologie des peuples,* Paris, 1963, p. 29.

3. Jakobson, *Essais,* p. 33.

capitales de par leur achèvement et leur autorité : « langue » étant pris ici dans son opposition à « goût » (le sens/l'organe) plutôt qu'à « parole », on gagnera à énoncer la question du système au niveau des très rares réalisations qui ont pris valeur et force de modèles, là où se fait jour (comme on va le vérifier sur un exemple particulièrement prestigieux) non seulement une qualité d'invention ou un souci de style, mais une *volonté de langue* sans équivalent dans les œuvres de série (celles-là qui ressortissent à l'ordre du *goût)*, et qui confère à telle recherche ou innovation de détail le relief inaugural qu'elle ne saurait prendre là où cette volonté fait défaut, dans les ouvrages du second rayon et les produits faits au moule.

Il reste que la figure « gustative » (le « goût » en tant qu'il s'oppose à la *langue*), inscrite dans le lexique au même titre que la métaphore linguistique, n'est pas moins trompeuse que celle-ci. L'une et l'autre ont le mérite d'appeler l'attention sur le système qui porte l'historicité de l'art. Mais ce qui se joue à travers la question du système se laisse mieux penser, en définitive, en termes de théorie que d'expression (la parole), de sens (le goût) ou d'organe (la langue). Plus proches en cela des révolutions que connaît la pensée scientifique que de la lente évolution des structures linguistiques, les grandes révolutions artistiques sont moins la conséquence de l'apport de nouvelles formes, de nouvelles méthodes, et moins encore de nouveaux codes, que d'une coupure théorique où s'engendre une nouvelle définition du système et de ses articulations internes (mais le fait que de telles coupures interviennent à point nommé ne doit pas faire illusion : l'art n'est en aucun cas le produit d'un seul homme et les noms que la Renaissance aura reconnus comme ceux de ses héros — ceci valant aussi bien pour le nom de Brunelleschi que pour celui de Giotto, pour le nom de Masaccio autant que pour celui d'Uccello — sont l'effet, non la cause, de l'entreprise historique désignée comme « Renaissance »).

3.2.2. FIGURATION ET REPRÉSENTATION

Sur le plan théorique, la question posée par Panofsky de la figuration d'une apparition, ou — pour mieux dire — du mécanisme de lecture en fonction duquel tel panneau de Roger van der Weyden se laisse décrire, en première approximation, dans les termes d'une proposition (« l'image de l'enfant Jésus apparaît aux Rois Mages »), cette question a valeur d'exemple. On a vu que l'association d'une interprétation sémantique à un complexe de signes iconiques s'opérait par la médiation d'une syntaxe qui, pour être figurative, n'en fournissait pas moins matière à une description structurale, conduite selon les voies du langage articulé et sur le double mode inductif et comparatif. Si l'on admet, par fiction de méthode, que la reconnaissance, l'identification des éléments iconiques (personnages, objets, etc.) relève, dans le contexte représentatif, de l'activité réflexe, la lecture des images *au titre de* propositions figuratives, articulées en vue d'un sens (ainsi que le connote éventuellement le *titre* qui leur est affecté) met en revanche en jeu des mécanismes sémiotiques différenciés selon que l'on a affaire à une miniature ottonienne ou à un retable flamand du XVe siècle. La règle qui préside à la formation de l'image et à son interprétation, cette règle n'a rien de « naturel » ni non plus d'universel ; elle ne vaut comme telle qu'à l'intérieur d'un ordre, d'un système qui ne se laisse en aucun cas réduire à une formule simple, que ce soit celle du prétendu réalisme perspectif ou d'un symbolisme médiéval mal défini. Et de fait, il n'est pas indifférent que Panofsky ait choisi de traiter de la question de l'apparition à partir d'une image empruntée au corpus de la peinture flamande ancienne, dont la tradition s'est très tôt ordonnée, encore que par des voies peut-être moins théoriques qu'empiriques, à la construction d'un espace perspectif, et où les représentations contredisant à la légalité naturelle sont l'exception : celle-là qui confirme la règle ? Une règle qui paraît avoir été observée, en définitive, avec beaucoup plus d'esprit de système dans la Flandre du XVe siècle que là où l'on en situe d'ordinaire le *locus* historique, dans la Florence du Quattrocento [1]. Mais avant que d'en venir à considérer comment le problème a pu se poser à l'époque où une connexion explicite s'est établie entre l'art de la peinture, l'optique scientifique et la pratique des « perspectivistes », il vaut d'observer les solutions qui lui ont été apportées dans un ensemble décoratif traditionnellement reconnu comme l'un des monuments — au sens nietzschéen — du nouveau style, sinon (l'effet de résonance toponymique ne pouvant ici être négligé) comme l'une de ses assises.

1. Cf Panofsky, *op. cit.*, Introduction.

Le récit d'Assise

Quoi qu'il en soit de la participation effective de Giotto à son exécution, et des différences de style autant que de technique qui conduisent les spécialistes à y reconnaître au moins trois « mains » différentes [1], l'analyse formelle fait apparaître que le cycle de la *Vie de saint François,* à l'église supérieure d'Assise, répond à un plan d'ensemble, ainsi qu'en témoignent aussi bien l'unité du décor dont il s'accompagne que la symétrie observée, d'un mur à l'autre de la nef, dans l'éclairage des scènes, la disposition des architectures peintes, etc. [2]. Mais tel est le mouvement, l'élan de la narration [3] que le sentiment d'une évolution, sinon d'une progression, s'impose à l'observateur le moins prévenu. Or la carte des étapes successives du travail des fresquistes, dressée par L. Tintori et M. Meiss sur la base d'un examen minutieux des raccords qui se laissent déceler dans l'*intonaco* des fresques et de la délinéation des zones ou morceaux peints au cours d'une même « journée », cette carte apporte une confirmation éclatante aux conclusions de l'analyse stylistique : contrairement à l'ordre, conforme à l'usage du temps, suivi dans l'exécution des scènes de l'Ancien et du Nouveau Testament qui surmontent le cycle giottesque — le travail ayant été mené de pair, d'ouest en est, sur les deux murs de la basilique à la fois —, l'histoire de saint François a été peinte (à l'exception de la première scène, l'*Entrée du saint à Assise*) suivant l'ordre du récit ; et les variations stylistiques qu'on y décèle interviennent en des points qu'on voudrait nommés (assignables à un artiste nommément désigné), dans le cadre d'une séquence narrative homogène.

1. Leonetto Tintori et Millard Meiss, *The Painting of the Life of St. Francis in Assisi, with notes on the Arena Chapel,* New York, 1962. Dans un travail plus ancien, M. Meiss concluait au rejet de l'attribution traditionnelle du cycle d'Assise à Giotto (M. Meiss, *Giotto in Assisi,* New York, 1960). Sur le problème du « nom » de Giotto, cf. mon article « Giotto », in *Encyclopaedia universalis,* vol. VII, Paris, 1968, p. 742-744.

2. Cf. les observations présentées par Tintori et Meiss (*op cit.,* p. 43-58) et en particulier le diagramme (p. 195) de la distribution de la lumière : celle-ci venant de la droite dans les scènes qui s'inscrivent dans les trois premières travées de la nef, et de la gauche dans la travée la plus proche du chœur.

3. « *The impetus of the narrative* », comme l'écrit M. Meiss (*op. cit.,* p. 43).

On ne saurait attacher trop d'importance au fait que ce monument de l'art nouveau (Giotto, écrira Cennino Cennini, a changé l'art de peindre du grec au latin [1]) se présente sous les dehors d'un *récit* systématiquement conduit par les moyens qui sont ceux de la peinture. Visant le cycle d'Assise comme un tout [2], on quitte le registre de la peinture entendue comme système de signes pour entrer dans celui de la peinture conçue comme l'*instrument* d'une narration. Contredisant au principe énoncé par Peirce et suivant lequel on ne saurait construire de propositions à partir de signes iconiques [3], une langue, ou pour mieux dire une écriture figurative s'institue à travers un « discours » qui lie dans une progression réglée une suite d'images dont chacune a son unité et se suffit à soi-même, mais qui s'engrènent suivant le fil d'une « histoire », d'une narration continuée. Encore la succession des fresques obéit-elle, dans sa linéarité, à une nécessité extérieure à l'ordre de la peinture : celle-là du récit hagiographique qui inspirait les *tituli* dont chaque scène s'accompagnait à l'origine [4] et qui fournit, en même temps qu'un certain nombre d'éléments de description, la référence indispensable sur le fond de laquelle la communication s'opère et les images deviennent lisibles au titre d'unités d'un discours qu'elles ont moins pour fonction d'illustrer que d'actualiser sous l'espèce picturale.

Telle de ces images paraît pouvoir être déchiffrée au premier regard : ainsi du *Sermon aux oiseaux* et, à un moindre degré, du *Saint François recevant les stigmates.* D'autres sont plus énigmatiques et mettent en jeu des mécanismes de lecture autrement complexes. La *Mort du chevalier de Celano,* outre que le thème n'en saurait être « expliqué » (*dichiarato,* comme le diront les iconologues) qu'à la lumière de la légende ou du *titulus* de l'image (« Le saint obtient le salut de l'âme d'un chevalier de Celano qui l'avait dévotement convié à déjeuner ; lequel, après la confession, et se dirigeant vers sa maison, tandis que les autres se mettaient à table, rendit soudain l'esprit

1. « *Il quale Giotto rimuto l'arte del dipignere di greco in latino, e ridusse al moderno.* » Cennino Cennini, *Il Libro dell'arte,* éd. Milanesi, Florence, 1859, p. 4.

2. « *The cycle as a whole* », Tintori et Meiss, *op. cit.*, p. 2.

3. Cf. Roman Jakobson, « A la recherche de l'essence du langage », *Diogène,* 51 (juil.-sept. 1965), p. 37.

4. Et dont la reconstitution a été proposée par le P. Bonaventura Marinangeli. Cf. *L'Opera completa di Giotto,* Classici dell'Arte, Milan, 1966, p. 91 s.

et s'endormit dans le Seigneur »), s'ordonne suivant une composition en partie double : à gauche, le saint et l'un de ses compagnons, attablés dans un édicule ouvert ; à droite, le chevalier étendu parmi un groupe de femmes éplorées ; la césure et tout à la fois la suture entre les deux moments du récit étant marquée par un personnage vêtu de rouge, placé de façon significative à la jonction des deux « lieux » et dont la main droite levée signale qu'il écoute le saint tout en lui montrant de la gauche le corps du moribond gisant sur le sol. Le même schéma en partie double se retrouvant encore dans le *Saint François rêvant d'un palais rempli d'armes* ou le *Songe du pape Innocent III* qui juxtaposent, à l'intérieur d'une même image, la représentation d'un personnage endormi et celle du rêve qui lui vient durant son sommeil.

Mais il importe moins d'indiquer le « sujet » de ces images (lequel ne fait guère problème au regard de la légende) et de les situer dans la chaîne d'un récit conduit selon les voies du langage, que d'appeler l'attention sur certains éléments et procédés de figuration caractéristiques, cette approche ressortissant évidemment à l'ordre du déchiffrement partie par partie plutôt qu'à celui d'une interprétation totalisante [1]. Le cycle d'Assise se ramène, du point de vue sémiotique, à un ensemble de signaux picturaux, répartis sur une surface donnée. Mais la grammaire, la syntaxe qui permettent d'associer à ces signaux une interprétation sémantique ne doivent pas être entendues en un sens seulement décoratif. Le cycle traduit en images un récit dont l'énoncé emporte la position d'un certain nombre de relations logiques que la peinture, considérée en tant qu'art *visuel,* n'a par principe aucun moyen de dénoter : rapports entre le rêve et la réalité, entre deux moments distincts et cependant simultanés d'une histoire et aussi bien, comme on va le voir, entre le présent et le passé, sinon entre le registre physique et le registre métaphysique. Au même titre que le rêve, où Freud voyait une manière de régression de l'ordre linguistique à l'ordre perceptif, la peinture est appelée à figurer nombre de relations conceptuelles par des procédés formels dont la mise au jour conduit à étendre considérablement le domaine de la « figurabilité » (*Darstellbarkeit*, pour en

1. Cf., s'agissant du rêve, l'opposition ménagée par Freud entre une analyse « en masse » et une analyse « en détail » (en français dans le texte), qui vise le rêve comme un composé, un conglomérat (Sigmund Freud, *L'Interprétation des rêves,* trad. française, Paris, 1967, p. 67 ; *Gesam. Werke,* t. II-III, p. 108).

emprunter le concept à la *Traumdeutung*) : l'analogie qu'on est tenté de marquer entre l'art et le rêve étant moins fondée au niveau du sens et des fonctions (la production artistique ne se résout pas en la satisfaction substitutive de désirs enfouis) qu'à celui du *travail,* un travail qui s'effectue à la jointure du dit et du perçu et dont les produits doivent répondre à une condition impérative : que les pensées y soient rendues à l'aide de traces essentiellement visuelles [1].

Le drame giottesque et ses acteurs

Si, revenant au propos premier de ce travail, on considère les moyens par lesquels sont figurés dans le cycle de la vie de saint François (défini pour la commodité comme « giottesque ») des apparitions ou visions oniriques ou miraculeuses, voire un transport aérien (l'*Extase de saint François*), ceux-ci paraissent se ramener à quelques principes simples dont les uns (a) peuvent être grossièrement désignés comme formels et les autres (b) comme expressifs : (a) partition de la surface en deux zones distinctes, soit dans le sens vertical, pour ce qui est des songes déjà mentionnés, soit dans le sens horizontal pour ce qui est des apparitions miraculeuses (l'*Apparition du char de feu,* la *Vision des trônes célestes*), l'opposition ciel/terre étant encore renforcée, dans ces deux derniers exemples, par la divergence des lignes de fuite d'un registre à l'autre [2] ; (b) liaison assurée entre les deux zones ou registres par le réseau des attitudes, des gestes, des regards des acteurs, sinon (cf. la *Mort du chevalier de Celano*) par une figure qui assume à la charnière des deux moments ou des deux plans du récit, une fonction de coordination, de *conjonction.* Si saint François sur son char de feu apparaît sans intermédiaire à ses disciples, dont les mains et les regards se portent vers le ciel, un frère se penche cependant sur quelques compagnons endormis pour leur signaler le prodige. Et de même un ange montre à frère Leone le trône réservé au saint dans le ciel, tandis que le Christ désigne du doigt le palais rempli d'armes, allusion à la future milice franciscaine (ainsi dans le retable de Roger van der Weyden la Sibylle fait-elle entrevoir la Vierge entrônée à l'empereur Auguste).

1. Freud, *ibid.*, p. 432 ; *G.W.*, p. 511.
2. Cf. John White, *The Birth and Rebirth of Pictorial Space,* Londres, 2e éd., 1967, p. 33.

Mais dans le *Songe d'Innocent III,* la simple juxtaposition dans les limites d'une même image de deux éléments de représentation distincts (l'édicule où sommeille le pontife, l'église soutenue par le saint) suffit à figurer une relation que les peintres des XVIe et XVIIe siècles marqueront par une nuée qui leur permettra d'inscrire dans un cadre spatial unitaire des figures ressortissant à des registres différents et complémentaires (le rêve et la réalité, le ciel et la terre, etc.).

Dira-t-on que la juxtaposition de plages représentatives distinctes, sans véritable souci de cohérence illusionniste, correspondait encore aux formes médiévales de figuration ? Mais le schème du *Songe* se retrouvera au Quattrocento, ce trait désigné comme archaïque prenant figure de moyen stylistique au regard du code perspectif [1]. Sans doute, le cycle d'Assise ne rompt-il pas totalement avec les modes scripturaires de liaison entre les éléments narratifs qui caractérisent la figuration médiévale. Mais ce n'est pas à dire qu'il n'institue, simultanément, des règles d'intégration inédites et dont la nature essentiellement dramatique, *représentative* au sens spectaculaire du terme, doit être soulignée. Le cycle se présente comme une frise : mais les épisodes que le maître d'œuvre a choisi d'illustrer se donnent comme autant de *scènes* distinctes, correspondant à des moments choisis du récit, séparées les unes des autres par de feintes colonnes, et dont chacune a sa cohérence. Non que le peintre (Giotto ou un autre) ait pour autant défini d'emblée les principes de la scène unitaire moderne : là même où la composition paraît s'orienter vers une organisation géométrique de l'espace (cette orientation étant particulièrement nette dans les scènes d'intérieur : l'*Approbation de la règle*, l'*Apparition au chapitre d'Arles* [2]), l'unité de la représentation n'en demeure pas moins de caractère avant tout dramatique, les relations entre les acteurs — telles que les traduisent leurs positions respectives, leurs attitudes, leur mimique, voire la direction, l'entrecroisement de leurs regards [3] —

1. Benozzo Gozzoli en a donné, à l'église San Fortunato de Montefalco (1453-1459), une représentation directement inspirée de celle de Giotto, mais où l'intégration dans l'unité d'une même *scène* de l'espace réel et de celui du rêve est réalisée par les moyens de la géométrie.

2. White, *op. cit.*, p. 37.

3. Emilio Cecchi (*Giotto,* trad. française, Paris, 1937, p. 103 s.) a bien montré comment l'espace giottesque est d'abord une architecture de gestes et de regards, la « triangulation psychologique » ayant précédé la construction géométrique de l'espace.

suffisant à ériger au titre de lieu scénique un cadre spatial relativement indéfini.

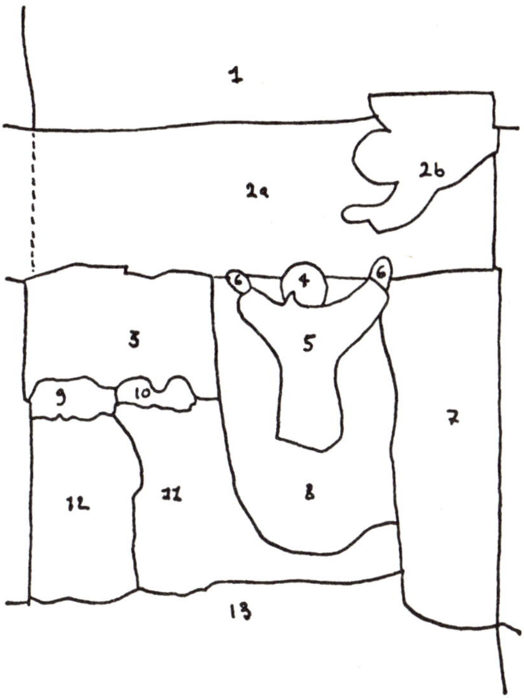

Fig. 3. Giotto, *Extase de saint François.* Analyse de la structure de l'*intonaco.* Les numéros correspondent à l'aire couverte par le peintre en une même journée.

L'analyse de la structure topographique de l'*intonaco* confirme les enseignements qu'on peut tirer d'une étude syntaxique aussi rapide et superficielle. Car la partition de la surface à couvrir en fonction d'impératifs techniques — tel celui qui imposait aux exécutants de travailler sur des échafaudages à plusieurs étages, dressés contre le mur — n'aura pas été sans interférer avec un découpage moins figuratif que sémantique. Les fresques d'Assise ont été exécutées scène après scène, et de haut en bas, la succession des niveaux étant particulièrement apparente sur le mur sud, peint en dernier lieu : le peintre couvrant d'abord (généralement en deux temps) la surface correspondant à l'encadrement supérieur et au ciel, puis la partie centrale de la composition, la plus complexe, la mieux remplie de figures, pour terminer par le sol. En lui-même, un tel découpage n'annonce aucune construction spatiale, au-delà de la division de la surface peinte en bandes horizontales superposables que connaissait déjà le Moyen Age [1]. Et s'il paraît particulièrement adapté à la structure de compositions à étages ou registres superposés, comme le sont l'*Apparition du char de feu* ou la *Vision des trônes,* il n'acquiert de valeur formelle que par la façon dont il joue par rapport aux figures du drame et aux éléments qui sont à proprement parler ceux de la représentation. Dans l'*Extase de saint François* (planche IV B) — laquelle mérite ici une considération particulière puisqu'elle représente le saint emporté sur une nuée — on observera qu'une journée entière a été consacrée à l'exécution de la tête du saint, qui occupe à peu près le centre de l'image ; une autre à celle de ses mains levées vers le ciel dans un geste d'action de grâces, et qui ont été dessinées avec un soin particulier (à la différence de celle du Christ, émergeant du cercle divin) ; une autre, encore, à l'exécution des visages des spectateurs, traités comme une unité indépendante, à part des corps, tandis que leurs pieds ont été peints en même temps que le sol sur lequel ils s'inscrivent. Les autres morceaux du cycle prêteraient à des observations analogues, la mise en relief des parties expressives et des éléments d'une symbolique gestuelle qu'autorise l'analyse technique des fresques s'accordant parfaitement avec les observations qui précèdent et, tout à la fois, avec les qualités dont Alberti, un siècle et demi plus tard, devait créditer le peintre de *la Navicella* (en des termes qui anticipent sur l'enseignement des académies, attachées à la peinture des caractères et des passions) : le drame giottesque se joue entre des acteurs dont chacun signale, par l'expression qui se marque sur son visage, par sa mimique et son attitude, par toute une pantomime réglée, l'indice psychologique dont il est affecté, compte tenu de la partie qui lui revient dans l'économie de la représentation [2].

1. Cf. ci-dessous 4.2.2.
2. « *Lodasi la nave dipinta ad Roma in quale el nostro toscano dipintore Giotto pose undici discepoli, tutti commossi da paura vedendo uno de suoi compagni passeggiare sopra l'acqua, ché ivi expresse ciascuna con suo viso et gesto porgere suo certo inditio d'animo turbato, tale che in ciascuno ermo suoi diversi movimenti et stati.* » L.-B. Alberti, *Della Pittura,* liv. II, p. 95.

La représentation giottesque est mise en scène ; et c'est en termes de spectacle, sinon de direction d'acteurs, bien plutôt que d'organisation perspective de l'espace, qu'il convient de juger du prétendu réalisme de cet art aussi bien que d'un « expressionnisme » qui doit plus aux prestiges du théâtre qu'à ceux de la peinture. L'orientation vers la « réalité présente » où Hegel voyait la caractéristique de l'art de Giotto doit être entendue en un sens d'abord théâtral : le peintre d'Assise veut que le geste de l'homme définisse l'espace de la représentation, un espace où la dimension de la transcendance ne trouve plus à se faire jour que sous les espèces de petites machines reléguées à la périphérie de la composition (et quant au char de feu et aux trônes célestes, ce ne sont là, au même titre que l'enfant du triptyque de Roger van der Weyden, que des images, des icônes, et qui s'inscrivent comme telles dans le contexte d'une représentation dont les relations dramatiques fournissent pour l'essentiel le support). En sorte qu'il est vrai de dire qu'avec Giotto s'affirme le rôle de la figure humaine comme instrument de la pensée figurative [1], mais à la condition de bien apercevoir que cette pensée — et avec elle les figures dont elle use — est elle-même, en l'occurrence, au service de la représentation : les figures que l'art de Giotto met en jeu ne sauraient être dissociées de l'action où elles sont engagées — figures d'un spectacle qui aura été celui de la peinture avant d'être celui du théâtre.

Volonté d'écriture

Le cycle d'Assise introduit la gestualité dans l'art pictural d'Occident, en l'affectant d'un coefficient de corporéité, de *relief,* où l'on a souvent voulu voir le trait le plus novateur de l'art de Giotto (cf. les « valeurs tactiles » de Berenson, l'intérêt, mis en évidence par John White, pour les objets, les volumes géométriques, au détriment des intervalles entre les corps, etc.) : le geste paraît échapper à la surface où s'insèrent les symboles et ouvrir un espace neuf, lié aux mouvements et au jeu des acteurs, lesquels ont moins pour fonction de signifier une histoire que de l'instaurer par les moyens de la pantomime. L'évolution qu'on observe dans la structure de l'*intonaco,* à mesure de l'avancement du cycle, confirme le rôle décisif assigné à la figure humaine et aux effets qui s'attachent à sa représentation, sous

1. Cf. Pierre Francastel, *La Figure et le Lieu,* p. 17.

des espèces souvent qualifiées de « sculpturales [1] » : alors que dans la première partie du cycle, les pieds des personnages ont été peints en même temps que le sol et indépendamment des figures, ils le furent sur le mur sud [2] en même temps que les corps qu'ils supportent, et dont le nombre va croissant, comme pour satisfaire au principe qu'énoncera Alberti : l'*istoria* sera d'autant plus attrayante que les corps qui entrent dans sa composition seront en plus grand nombre et plus variés [3].

Dans le contexte de la civilisation occidentale, dominée par le modèle du signe et de la pensée verbale, le rêve n'est pas seul à jouer d'une écriture (*Bilderschrift,* comme l'écrit Freud) et de tours figuratifs qui, pour ne rien emprunter aux normes linguistiques de l'expression, n'en sont pas moins propres, comme on le sait depuis la *Traumdeutung,* à traduire des relations que la pensée plastique n'a, comme telle, aucun moyen de représenter [4]. Pour se limiter à une figure parmi d'autres, Panofsky a montré comment l'opposition de la gauche et de la droite joue, dans la peinture flamande ancienne, au titre de couple signifiant, propre à exprimer l'opposition de l'avant et de l'après, du passé et du futur, de l'ancienne et de la nouvelle loi, etc. Or dans le cycle d'Assise, une scène au moins pose un problème de lecture et l'on ne saurait rendre compte de l'adéquation de l'image à l'épisode du récit auquel elle renvoie autrement que par le détour d'une syntaxe parfaitement étrangère aux catégories de la langue, une syntaxe *représentative* et qui emporte définition d'un espace où cette même opposition de la gauche et de la droite paraît jouer un rôle déterminant. Cette scène porte pour titre l'*Apparition de saint François au chapitre d'Arles* (ou comme le signifie le *titulus* : « Tandis que le bienheureux Antonio prêchait devant le chapitre d'Arles sur le thème de la Croix, le bienheureux François, bien qu'il fût corporellement absent, apparut aux frères qu'il bénit de ses mains levées. ») Or rien dans l'image telle qu'elle est donnée à voir ne permet de déclarer (*dichiarare*) qu'il s'agit là d'une *apparition* : le saint se présente dans

1. Hans Jantzen, « Giotto und der gotische Stil », in *Die Aufsätze,* Berlin, 1951, p. 35-40.

2. Répétons que la notion d'art « giottesque » a ici un sens délibérément très flou. Les fresques où la délinéation des figures en souligne l'implantation sont aussi celles où la critique refuse, le plus généralement, de reconnaître la « main » de Giotto.

3. Cf. ci-dessous, 3.3.3.

4. Freud, *op. cit.,* p. 269-270 ; *G.W.,* p. 317.

l'embrasure de la porte de la salle capitulaire, traitée en façon de cube scénique unitaire, les bras en effet levés dans un geste de bénédiction, et sans aucunement déroger aux lois de la pesanteur. Le seul trait par lequel cette image se distingue de celle qui la précède (et qui représente saint François prêchant devant le pape, dans un cadre architectural comparable [1]) est que le saint, au lieu d'entrer par la gauche, le fait ici par la droite. Or l'ensemble du cycle d'Assise est soumis à une orientation de gauche à droite qui ne résulte pas seulement du mouvement de la narration : cette orientation est en effet liée, comme peut l'être celle d'un texte hiéroglyphique, à celle des figures représentant des êtres animés, et d'abord à celle de la figure centrale du récit, celle de saint François. C'est en allant de la gauche vers la droite que le saint fait son entrée dans Assise, qu'il offre son manteau à un pauvre chevalier, qu'il voit en songe le palais rempli d'armes, qu'il chasse les démons d'Arezzo, qu'il enseigne aux oiseaux, etc. Toute infraction à cette direction dominante prend, dans ce contexte, une valeur, un *sens* spécifique. Le saint se retourne-t-il vers la gauche, que ce soit pour se dépouiller de ses vêtements (et il faut noter alors le geste de l'homme qui retient son père d'intervenir, et par lequel est interrompu le mouvement qui portait celui-ci *vers la droite*, conjonction supprimée dont le manque s'inscrit au centre vide de la scène, et dont la suspension, la rétention constitue le ressort secret de la narration, point aveugle où se fonde l'articulation figurative du cycle), pour soutenir (dans le *Songe du pape Innocent III*) l'église branlante qu'il va s'employer à restaurer, ou encore pour démasquer les magiciens du sultan (lesquels se retirent vers la gauche, tandis que le saint, déjà, regarde vers la droite et la suite du récit), ce tour, pour ce qu'il contredit à l'orientation générale du cycle, est évidemment fait pour signifier la rupture avec le passé : la marche de l'histoire s'effectue de gauche à droite. Dans ce contexte, l'entrée du saint *par la droite* dans la salle du chapitre d'Arles prend figure d'infraction

1. A suivre le texte de la légende de saint Bonaventure, l'*Apparition* (chap. IV, 10) aurait dû prendre place entre la *Vision du char de feu* et celle des Trônes (*White, op. cit.*, p. 55, n. 42). Ce déplacement, et la juxtaposition elle-même signifiante qu'il autorise de scènes obéissant à un principe d'organisation identique (distribution en deux registres dans le cas des Visions, insertion des personnages dans un espace strictement unifié et délimité pour ce qui est du *Sermon* et de l'*Apparition*), semblent devoir être portés au compte de la syntaxe figurative dont on travaille à produire ici quelques-unes des règles.

non pas aux lois de la perspective ou de l'univers physique mais aux règles d'une narration conduite selon les voies connexes de la peinture et de la dramaturgie ; et c'est en fonction de ces règles, qui correspondent à un niveau figuratif supérieur à celui des images considérées une à une, que la figure du saint doit être *lue* comme *(is meant to be)* une apparition.

La distribution — on l'a dit, systématique — des éclairages aussi bien que des couleurs (qui ont gardé, comme l'a montré l'analyse technique, une fraîcheur remarquable) prêterait sans doute à des observations similaires et révélerait l'étendue et la complexité des procédés figuratifs mis en œuvre dans le cycle d'Assise : elle imposerait d'étendre considérablement, s'agissant d'un art aussi ouvertement « représentatif », le champ de la *figurabilité,* de la *représentabilité,* marquant du même coup la limite aussi bien du prétendu « réalisme » de Giotto que celle d'un « expressionnisme » qui n'apparaît pas ici comme une fin en soi mais comme l'un des moyens, parmi d'autres, de l'organisation dramatique [1]. A cet égard, on doit noter que les différences stylistiques qui peuvent être observées à l'intérieur du cycle ressortissent moins au registre de la syntaxe narrative qu'à celui du « goût ». Le récit figuratif obéit, quant à lui, à des principes très stricts, lesquels en règlent le développement à travers le cycle entier et n'admettent de dérogations que signifiantes (et l'analyse stylistique, corroborée sur ce point encore par l'étude technique, révèle que la première scène, l'*Entrée du saint à Assise,* où l'orientation du texte pictural de gauche à droite est *d'entrée de jeu* clairement établie, aura été exécutée en dernier lieu, une fois le cycle achevé, et comme pour en souligner l'unité de conception [2]). Que des différences de style se fassent jour à un niveau inférieur à celui du récit, lequel apparaît au contraire comme celui où s'affirme le plus nettement le souci de fonder la figuration, au sens le plus large du terme, sur un corps de règles à la fois cohérent et ouvert, voilà qui n'est pas sans implications théoriques : l'assimilation de la peinture — comme on l'a dit de l'inconscient [3] — à un « langage » vaut d'abord à l'étage du « discours » et de ses

1. Cf. les excellentes pages qu'André Chastel a consacrées à Giotto dans son *Art italien,* Paris, 1956, t. I, p. 145-150.

2. Cesare Gnudi, *Giotto,* Milan, 1958, p. 66.

3. Emile Benveniste, « Remarques sur la fonction du langage dans la découverte freudienne », in *Problèmes de linguistique générale,* Paris, 1966, p. 75-87.

figures, de ses procédés stylistiques, plutôt qu'à celui du « code » ; et c'est à ce même niveau, où toutes différences individuelles s'annulent pour laisser place à l'unité *du* style, que s'affirme une *volonté d'écriture figurative,* irréductible à l'institution d'un code fini, et qui est particulièrement évidente dans le cas du cycle de la vie de saint François.

Le geste et la parole

Considéré dans son ensemble autant que dans telle de ses parties, le cycle d'Assise révèle que le procès de visualisation dont il est le théâtre ne se ramène pas, fût-ce par le détour d'une transformation, d'une *mise en scène,* à la mise en rapport d'un texte et d'une image : réduite à ses propres composantes, l'image — comme l'écrit Francastel [1] — présente aux yeux un texte qui parle par lui-même. Mais qu'elles *parlent,* ces images, à l'œil, et que leur texte soit justiciable d'une approche linguistique, indique assez qu'elles demeurent dans la dépendance de la *phonè,* de la pensée verbalisée, ou pour mieux dire d'une représentation tout entière ordonnée à la production d'un sens fait, comme le prononce la langue, pour être *entendu,* et cela quoi qu'il en soit des procédés scripturaires mis en œuvre. Car il importait sans doute assez peu aux commanditaires de l'ouvrage que les foules qui devaient connaître de ces images fussent à même d'en pénétrer les ressorts. Il suffit de lire Boccace pour mesurer à quel point l'art de Giotto aura paru *vivant,* comparé à celui de son maître Cimabue : l'« évidence figurative [2] » dont on fait état pour caractériser les œuvres qui lui sont assignées est liée au fait que ces images s'imposent dès l'abord à l'œil, de telle façon que les mécanismes qui jouent ici paraissent empruntés, comme le voulait Vasari, à la « Nature » elle-même. Or ces mécanismes, pour liés qu'ils soient dans leur principe à une gestualité étrangère en tant que telle au circuit de la communication linguistique, s'inscrivent d'entrée de jeu dans un système représentatif qui les fait servir à des fins qui demeurent, pour l'essentiel, celles du Verbe.

Le « réalisme » giottesque est celui d'une représentation à laquelle toute figuration est subordonnée (comme le dénote le sens que le mot a pris dans le langage du spectacle). Aux

1. Francastel, *La Figure et le Lieu,* p. 189.
2. Eugenio Battisti, *Giotto,* Genève, 1960, p. 14.

figures que cette représentation met en jeu, la parole fait défaut : le verbe s'inscrit dans le texte pictural comme un manque, que le *titulus* dont chaque image s'accompagne ne fait que souligner. Mais, du même coup, la gestualité qui fait le ressort le mieux visible de la figuration est asservie à la production d'un sens tout ensemble joué *et* récité (ou : qui peut tout aussi bien être *joué* que *récité,* comme le veut la langue italienne, par l'équivoque qu'elle attache au mot *recitare*). Dans ce contexte, le geste assume des fonctions sémiotiques très différentes de celles qui peuvent lui être conférées par telle culture étrangère aux schémas de la civilisation occidentale et qui n'accorderait pas à la parole le primat que lui assigne la tradition hellénique. Prise dans son acception la plus radicale, la pratique gestuelle, et d'abord le geste d'indication, de désignation (dont on a vu quelle partie lui revient dans le récit giottesque), ouvre un espace relationnel où se défont les entités et les dichotomies qui sont au principe de la communication linguistique (sujet/objet, mot/idée, signifiant/signifié, et encore : image/concept, figuré/signifié)[1] ; espace d'un théâtre dont Antonin Artaud attendait qu'il s'égalât à la vie, « non pas à la vie individuelle, à cet aspect individuel de la vie où triomphent les caractères, mais à une sorte de vie libérée qui balaye l'individualité humaine et où l'homme n'est plus qu'un reflet[2] ». Or on est loin, à Assise, d'un tel théâtre : la représentation giottesque se développe à partir du geste de l'homme et de ses effets (mais le théâtre, comme l'écrivait encore Artaud, est-il fait « pour nous décrire l'homme et ce qu'il fait[3] ? ») Fidèle au moins en cela à l'enseignement du saint qui décida de vivre « selon la forme du Saint Evangile » et dont l'ardeur à modeler son existence terrestre sur celle du Christ trouva sa récompense dans la stigmatisation dont il fut le premier à être honoré, mais respectueux surtout de la volonté des premiers franciscains qui entendaient contempler l'homme-dieu dans l'homme de Dieu[4], elle ordonne le drame métaphysique à la mesure de l'homme qui

1. Julia Kristeva, « Le geste, pratique ou communication ? », *Langages,* 10 (juin 1968), p. 52-53, repris in Σεμειωτιχη, *op. cit.*, p. 95-96.
2. Antonin Artaud, *Le Théâtre et son Double, Œuvres complètes,* t. IV, Paris, 1964, p. 139.
3. Id., texte inédit, cité par Jacques Derrida, « Le théâtre de la cruauté et la clôture de la représentation », in *L'Ecriture et la Différence*, Paris, Ed. du Seuil, 1967, p. 342.
4. Yvan Gobry, *Saint François et l'Esprit franciscain*, Seuil, 1967, p. 59.

est l'instrument de la représentation : la représentation sacrée *répète* la « vie » du saint comme celle-ci a répété, en son temps, celle du Fils de l'Homme en qui le Verbe s'est incarné.

Les images de la *Vie de saint François* n'actualisent pas les *scènes primitives* dont la légende franciscaine propose une première *représentation* ; mais elles ne transmettent pas davantage le souvenir de spectacles réels [1]. Elles n'en répondent pas moins, de toute évidence, à un programme préconçu ; et l'image est, avec la parole qui la double et redouble, au triple titre du programme auquel elle obéit, du *titulus* dont elle s'accompagne et du commentaire auquel elle prête, dans un rapport caractéristique d'une structure générale où chaque instance est liée par représentation à toutes les autres [2], les *tituli* étant eux-mêmes autant de textes représentatifs, subordonnés à une représentation [3]. Du même coup, la gestualité, sous ses espèces iconiques, apparaît comme un simple moyen au service de la représentation qui en commande et qui en règle l'exercice. Le geste giottesque n'est pas celui d'un théâtre comme peut l'être celui d'Extrême-Orient, où les individualités se renoncent dans l'épiphanie du sacré, mais le geste qui s'attache à tel *caractère* parmi ceux que la représentation met en jeu et qui jouent, qui récitent, qui *répètent* le rôle qui leur revient dans son théâtre. Et il n'est pas jusqu'aux gestes d'indication, de désignation, qui ne s'inscrivent dans le contexte d'un spectacle où ils assument des fonctions strictement signalétiques — un spectacle réglé par la parole et pris tout entier dans le circuit d'une communication qui travaille sans relâche à oblitérer dans le texte pictural l'instance du signifiant.

Le nuage de saint François

On en trouvera une preuve supplémentaire dans une fresque du même cycle d'Assise, souvent négligée par la critique, mais qui importe beaucoup pour ce travail [4]. Cette fresque, à laquelle

1. Cf. l'analyse que Francastel donne de la *Crèche de Grecchio,* où Giotto aurait peint « une situation qui ne correspond ni à la *scène primitive,* ni non plus exactement à la scène annuelle de la commémoration du fait miraculeux » (*op. cit.,* p. 189-190, je souligne).

2. Derrida, art. cit., p. 346.

3. Cf. ci-dessous, le titulus de l'*Extase de saint François.*

4. Emilio Cecchi a omis délibérément de la reproduire dans son *Giotto,* arguant de son mauvais état de conservation, mais aussi de la « pauvreté d'inspiration » dont elle témoignerait.

on a déjà fait allusion, donne à voir « comment (c'est le *titulus* qui l'énonce ainsi) le bienheureux François, un jour qu'il priait avec ferveur, fut aperçu par ses compagnons alors que son corps était soulevé de terre, les mains levées ; et une nuée éclatante resplendissait autour de lui [1] ». On conçoit que cette image puisse dérouter : contredisant au projet figuratif qui s'affirme à travers le cycle entier, la dimension de la transcendance ne resurgit-elle pas ici, sous des dehors presque indiscrets ?

En fait la comparaison des moyens figuratifs mis en œuvre dans deux images aussi différentes que peuvent l'être l'*Extase* et l'*Apparition au chapitre d'Arles* fait clairement apparaître que ces deux images ressortissent à un même mode d'écriture. Dans la première de ces fresques, la figure du saint fait irruption dans le cercle des frères sans que soit signalé le transport miraculeux qu'implique l'apparition. Il suffit alors au peintre de faire entrer le saint par la droite, à l'encontre de la règle qui prévaut dans l'ensemble du cycle, pour marquer le caractère exceptionnel de cette intrusion. Point ne lui est besoin, en l'occurrence, de recourir à d'autres signes que ceux d'une pantomime où la disposition et l'expression des personnages révèlent qu'une partie seulement d'entre eux auront été les témoins du prodige, un prodige qui n'impliquait, sur le plan figuratif, aucune infraction aux lois de l'univers physique. Dans l'*Extase,* au contraire, le peintre a moins prêté attention aux manifestations extérieures de la vision et de ses effets sur les spectateurs qu'il ne s'est attaché à traduire en image le phénomène même du ravissement. Mais cette traduction ne s'en fonde pas moins encore sur l'unité de la représentation telle que le cycle d'Assise l'institue, par les moyens du théâtre plus que par ceux de la géométrie. Le Moyen Age a connu des représentations où le nuage intervenait à titre de *déterminatif,* les figures qui en étaient affectées étant désignées soit comme célestes, soit comme occupant une position intermédiaire entre le ciel et la terre ; mais les tympans sculptés où l'on voit le Christ ressuscité émerger à demi d'une frange de nuages ondulés ne sont pas pour autant composés suivant les mesures d'une mise en scène unitaire. C'est dans l'*Extase de saint François,* à l'église supérieure d'Assise, que l'unité (au sens scénique du terme) de la représentation, étendue à l'ensemble du cycle, aura fourni pour la

1. « *Come il beato Francesco, pregando un giorno fervidamente, fu scorto dai frati levarsi da terra con tutto il corpo, con le mani protese ; e una fulgidissima nuvoletta risplendette intorno a lui.* »

première fois le ressort *systématique* de la figuration d'un ravissement [1].

Dans l'*Apparition au chapitre d'Arles,* la représentation du prodige se joue à l'intérieur d'un réseau parfaitement clos de coordonnées à la fois spatiales et dramatiques, où la figure du saint vient s'insérer comme un supplément qui n'est pas directement dénoté comme tel. Le ravissement est au contraire signifié visuellement par une opération figurative qui vise à dissocier saint François du cercle de ses compagnons en même temps que du sol qui fait l'assise de la représentation. Or la pantomime, si elle suffisait à définir l'ensemble sur lequel devait porter l'opération, n'offrait par elle-même aucun moyen de la représenter : force aura donc été au peintre de recourir à un *signe,* certes emprunté au répertoire traditionnel, mais qui, d'être utilisé dans le contexte du cycle d'Assise, prend une valeur inédite et se voit assigner des fonctions syntaxiques qui allaient connaître, dans les siècles suivants, des développements considérables. Le nuage introduit dans le tissu des relations dramatiques et scéniques une rupture : il soustrait le saint à l'espace commun et fait apparaître la transcendance comme le contre-sujet d'une représentation conçue en termes strictement « humains ». Mais cette rupture n'est *lisible* que dans la proportion où, aux intervalles qui séparent les protagonistes de la pantomime (intervalles auxquels l'écriture giottesque confère en fait une valeur décisive), se substitue ici une discontinuité qui veut que les mesures ordinaires de la gestualité soient au moins localement suspendues.

On voit combien est ambigu, dans cette perspective (mais le mot prend alors une résonance imprévue), l'emploi que le peintre d'Assise fait du graphe /nuage/ dans l'*Extase de saint François.* En même temps qu'il manifeste la cohérence d'un système d'écriture figurative fondé sur des moyens essentiellement dramatiques et sur des mécanismes sémiotiques dont les uns jouent dans les limites d'une même scène et les autres à l'étage de la séquence narrative, du cycle considéré comme un « tout »,

1. Selon Mgr A. Fargues (*Les Phénomènes mystiques distingués de leurs contrefaçons humaines et diaboliques,* Paris, 1923, t. II, p. 272), saint François est le premier mystique dont l'élévation ait été officiellement constatée. Or le fait n'est mentionné ni dans la première ni dans la deuxième *Vie* de Thomas de Celano, lequel a pu interroger les compagnons du saint et accorde une attention particulière à ses états mystiques. C'est dans la *Vita* de saint Bonaventure, dont la composition se place entre celle des deux *Vies* de Celano qu'il est fait état d'une élévation nocturne (*Vita,* CXLIII ; cf. Olivier Leroy, *La Lévitation,* p. 7 et 224).

cet emploi marque la limite d'une représentation qui reste dans la dépendance de la problématique du signe et du partage que celle-ci impose entre le plan du signifié et celui du signifiant. L'introduction dans le tissu dramatique d'un signe parfaitement conventionnel et arbitraire a pour conséquence de révéler l'aplatissement auquel la scène représentative est exposée — et qui appelle, comme sa contrepartie, la quête du « relief », l'exaltation des « valeurs tactiles », l'insistance sur les effets volumétriques qu'autorise la géométrie — et la réduction de la gestualité aux dimensions de la surface où elle trouve à s'inscrire. Une rupture peut s'introduire dans l'une des images du cycle sans que celle-ci ne se défasse, ni qu'elle perde sa cohérence : c'est bien que la pantomime n'assure jamais qu'une façon de liaison expressive entre des éléments figuratifs qui sont seulement juxtaposés (la porte de la ville, le groupe des frères, le saint dans sa nuée, le monticule, etc.). En aucun cas, la gestualité, sous ses espèces picturales, n'ouvre de son propre mouvement l'espace en profondeur d'une scène qui ne serait plus soumise à la tyrannie de la parole : quels que soient ses prestiges, irréductibles à ceux du langage articulé, le théâtre de la peinture dont le cycle de saint François aura établi les *assises* est d'emblée étroitement subordonné, sinon asservi, à une structure représentative à laquelle il apporte le renfort de ses signes. Structure de redoublement, fondée sur la répétition, et où prennent place aussi bien l'entreprise giottesque (laquelle visait à instaurer, par des moyens dramatiques, une écriture figurative nouvelle, que la tradition devait bientôt réduire aux dimensions d'un *goût* : le goût « giottesque ») que le travail du Quattrocento pour construire, par les moyens de la perspective à point de fuite unique, le cadre scénique d'un spectacle dont « Giotto » aura été le premier à vouloir qu'il fût unitaire, mais qui ne pouvait l'être qu'au prix d'une duplication indéfinie, celle-là même qui est au principe de la pensée du signe et du système de la représentation.

3.3. LA SURFACE ET LES SIGNES

3.3.1. L'ESPACE SCRIPTURAIRE

Constantes

Traiter de la représentation en termes d' « écriture » revient à poser la question du système qui sous-tend le procès figuratif et des constantes à partir desquelles celui-ci se laisse décrire et analyser. Mais la référence à l'écriture n'implique pas que cette question doive logiquement se résoudre en la mise au jour d'un répertoire fini d'éléments et en l'inventaire exhaustif de leurs possibilités combinatoires. Là même où l'écriture sous ses espèces phonétiques, syllabique ou alphabétique, apparaît comme le simple redoublement d'une parole dont elle dérive et de laquelle elle offre une manière d'analyse plus ou moins poussée, elle ne se laisse pas ramener à une série finie de procédés de notation. Avant même de connaître de la *lettre* d'un texte écrit, la lecture s'oriente sur un ensemble de marques qui manifestent l'appartenance de ce texte à l'espace où il s'inscrit et que cette inscription constitue, produit au titre d'espace scripturaire. Parmi ces marques, il en est — la succession, l'espacement des lettres et la séparation des mots qui en résulte [1], la ponctuation même — qui sont dans la dépendance, directe ou indirecte, du système de la notation phonétique et qui ressortissent comme telles à l'ordre du signe ; d'autres correspondent à l'ordre de l'inscription proprement dit, lequel n'est pas seulement linéaire : la disposition des mots sur la page, l'ordonnance des lignes et éventuellement des paragraphes, les marges, etc., — pour ne rien dire de traits

1. Séparation qui n'est aucunement de règle dans l'écriture phonétique : les scribes grecs l'ignoraient, et leur pratique définissait un espace scripturaire très différent de celui du latin (cf. James Février, *Histoire de l'écriture*, Paris, 1959, p. 31).

qui peuvent être qualifiés d'extérieurs, comme c'est le cas pour la qualité de la graphie, la nature du support, son format, son grain, etc., et pour cela encore qui demande à être lu « entre les lignes ».

Il reste que l'écriture phonétique, dans la mesure où elle forme système, a sa raison en dehors d'elle : pour fugitive que soit la parole qu'elle immobilise, c'est cette parole qui fournit le texte qu'elle a pour fonction de fixer ; et si elle se laisse déchiffrer, c'est par référence à l'ordre linguistique, à une langue (ou à un type de langue) dont il se peut qu'elle livre l'accès. L'histoire de cette écriture, pour jalonnée qu'elle soit par une suite de progrès (dans le sens de la simplification), est aussi celle d'une déchéance : de moyen d'expression autonome, l'écriture est tombée au rang de simple substitut de la parole [1], le modèle phonétique n'ayant en définitive d'autre privilège que celui de l'efficacité, et d'une transparence proche de l'effacement. L'écriture picturale, au contraire, fût-ce sous l'espèce représentative, ne vise pas nécessairement à la simplicité, et moins encore à l'effacement. Et quant à l'efficacité, les effets auxquels elle prétend ne sont pas ceux du langage : comment le seraient-ils, alors que cette écriture, au même titre que celle du rêve, ne dispose en toute rigueur que de moyens *visuels* pour rendre les concepts et les relations que la langue sait exprimer par des mots, des désinences, des flexions, etc. ? Là même où les figures paraissent ordonnées à un texte, à un récit, et où le « sujet » de l'image se laisse développer et expliquer selon les voies du discours, cette image, ces figures ne sont ni le double ni l'ornement d'une parole préalable. Le récit pictural a ses lois, il obéit à ses principes propres ; mais en dehors de toute perspective narrative, la grammaire qui régit l'organisation des éléments figuratifs sur une surface à deux dimensions n'emprunte pas davantage aux mécanismes du langage par le moyen duquel l'interprète tâche à rendre compte de l'image de peinture, à la décrire, à l'analyser. Et l'on ne voit pas, encore une fois, qu'une approche systématique du fait pictural implique comme sa condition ou sa fin nécessaire la production d'un code. L'interprète est ici dans une situation voisine de celle de l'analyste auquel il appartient de découvrir la grammaire du rêve à mesure qu'il progresse dans son déchiffrement, et sans pouvoir espérer exhiber à aucun moment le système à partir

1. James Février, *op. cit.*, p. 11.

duquel le rêve se laisserait ensuite lire et traduire sans reste[1]. Mais là où l'analyste connaît d'une « écriture » qui ressortit à l'ordre anhistorique de l'inconscient, on ne saurait feindre d'ignorer la diversité, l'hétérogénéité des mécanismes syntaxiques en vertu desquels une interprétation sémantique aura été associée, historiquement parlant, à des complexes de signes iconiques. L'écriture picturale, à la différence de celle du rêve, a une histoire : le problème, pour la théorie, est de ne pas céder à la tyrannie d'un humanisme qui ne voudrait connaître des produits et des époques de l'art — comme de tout autre fait humain — que dans leur singularité, leur individualité, et qui tiendrait pour illégitime, voire inadmissible, la recherche des invariants, des constantes historiques et/ou transhistoriques à partir desquelles le fait plastique se laisserait définir dans sa généralité, sa structure fondamentale, et dont la production théorique apparaît comme la condition d'une histoire de l'art rigoureuse, sinon scientifique.

Perspectives

La question du *lieu* de l'expérience picturale, ou pour mieux dire de l'écriture picturale dans sa relation à son support, et des signes qu'elle met en jeu dans leur rapport à l'espace qu'ils instituent de par leur arrangement, leur succession, leur disposition, cette question ressortit de toute évidence à une problématique généralisée : l'écriture picturale *produit,* positivement ou négativement, son support — soit qu'elle appelle la toile, le panneau, le mur à fonctionner au titre de composante médiate ou immédiate de l'image, comme c'est le cas dans les arts prétendus « de la surface » ; soit qu'elle les nie dans leur substantialité, dans leur matérialité même, en substituant à la perception d'un plan celle d'un espace illusionniste à trois dimensions : on dira alors que la peinture « troue » le mur, qu'une coupole « ouvre » sur le ciel, etc. Dans les deux cas — dont chacun prête à des variations qui peuvent différer radicalement dans leur principe autant que par leurs effets — le traitement de l'espace pictural répond, par-delà toute visée décorative ou illusionniste, à des fonctions proprement syntaxiques : soit — encore — que le support accueille des figures et des

1. Cf. J. Derrida, « Freud et la scène de l'écriture », in *L'Ecriture et la Différence, op. cit.*, p. 293-340.

signes apparemment hétérogènes, mais dont la réunion sur une même surface obéit, jusque dans ses modalités stylistiques, à des impératifs de nature sémiotique, ou que l'espace feint, suggéré ou construit par les moyens de la peinture et/ou d'une géométrie, apparaisse comme le réceptacle des êtres et des objets qui le peuplent et dont la disposition, l'espacement, les relations sont apparemment réglés par une légalité elle-même illusionniste, conçue à l'imitation de la légalité naturelle.

Formulée en ces termes, la question semble devoir exclure toute recherche comparative portant sur les *disjecta membra* de systèmes dont la théorie ne ferait que postuler l'existence, sans jamais les produire explicitement. A l'inverse, s'agissant de systèmes non finis, non clos, et peut-être non systématiques, mais qui paraissent néanmoins obéir à un certain nombre de constantes, les unes particulières et qui garantiraient l'identité d'un système historique donné à travers la diversité de ses manifestations, les autres générales, constitutives du fait pictural en tant que tel, et dont la mise au jour assurerait au projet d'une histoire scientifique de la peinture le fondement qui lui fait défaut, la théorie, au moins dans un stade préliminaire, doit s'assigner pour tâche de travailler à éliminer le particularisme des concepts qui constitue l'écueil principal d'une histoire de l'art purement descriptive et conçue sur le modèle d'une philologie. Ce particularisme peut se traduire de bien des façons, revêtir des formes diverses, quand ne l'oblitère pas telle généralisation abusive, qui intervient le plus souvent à l'étage du « style » (comme on le voit par l'extension très lâche des concepts de « baroque » ou de « maniérisme » dans le discours de l'histoire de l'art). Mais sur un plan plus strictement formel, la confusion n'est pas moins grande. Pour nous en tenir à un seul exemple, il est vrai topique à ce point du développement, il aura fallu à Panofsky un travail considérable (et dont les résultats sont loin d'être acquis) pour démontrer que la notion classique de perspective linéaire à point de fuite unique ne suffit pas à rendre compte des avatars historiques d'une *forme symbolique* (*Symbolische Form,* dans le langage de Cassirer) qui répond à une définition beaucoup plus générale : étant admise « la possibilité de figurer *(Darzustellen)* plusieurs objets, en même temps que la portion d'espace où ils se trouvent, de telle façon que la représentation *(Vorstellung)* du support matériel de l'image soit remplacée par celle d'un plan transparent à travers lequel nous croyons apercevoir ces mêmes objets disposés en succession apparente dans un espace imaginaire qui n'est pas limité, mais délimité par les bords du tableau [1] », la perspective apparaît comme « l'une des formes symboliques à travers lesquelles un contenu spirituel se lie à un signe sensible concret *(an eines konkretes sinnliches Zeichen)* jusqu'à s'identifier à lui. Dans ce sens, il devient essentiel, s'agissant des différentes époques et provinces de l'art, de décider non seulement si elles ont connu la perspective, mais encore quelle sorte de perspective elles ont connue [2] ».

On ne saurait formuler plus clairement la relation qui unit la théorie à ses applications concrètes, ni mieux mettre en lumière la fonction taxinomique du concept : la définition de la perspective au titre de forme symbolique conduit à distinguer entre les époques et les provinces de l'art qui l'ont ignorée et celles qui l'ont pratiquée sous l'une ou l'autre de ses espèces. Encore une telle distinction est-elle moins fondée théoriquement qu'historiquement, marquée qu'elle est, dans son énoncé, au sceau d'un préjugé culturel qui veut que des systèmes picturaux aussi étrangers qu'on voudra à l'espace idéologique de la Renaissance occidentale des XVe et XVIe siècles reçoivent d'entrée de jeu une caractérisation négative, fondée sur l'absence de tout lien avec un ordre perspectif, quel qu'il soit, au lieu que les systèmes où ce lien est attesté s'ordonneraient suivant les voies d'une progression qui irait des premières esquisses d'une profondeur illusionniste, à l'époque hellénistique, jusqu'à la méthode de construction géométrique de l'espace représentatif, mise au

1. Erwin Panofsky, « Die Perspektive als " symbolische Form ", *Aufsätze zu Grundfragen der Kunstwissenschaft,* Berlin, 1964, p. 127, n. 5. Que le régime perspectif implique le refoulement, au sens analytique du terme, du *support,* c'est ce que le texte de Panofsky signifie avec une rigueur étonnante dans la terminologie, en jouant à l'instar du texte freudien, du clivage conceptuel que la langue allemande ménage entre *Darstellung* (présentation, représentation au sens d'une figuration, visuelle et/ou dramatique : soit, ici, la représentation des objets et de la portion d'espace qu'ils occupent) et *Vorstellung,* (re)-présentation sur le mode d'un pro-cès symbolique, soit — en termes freudiens — la reproduction fantasmatique d'une perception première sur laquelle porte le refoulement ; signe perdu que l'analyse travaille à rétablir en position de signifiant dans un enchaînement littéral (Lacan). C'est à partir du « manque à sa place » de ce « signe » que se constitue l'ordre perspectif dont le « code » perspectif assure la régulation. On reviendra ailleurs sur ce point décisif pour toute théorie de la représentation. Rappelons que ce texte fondamental de Panofsky (et dont on attend encore une traduction française) a été publié pour la première fois dans les *Vorträge der Bibliothek Warburg,* 1924-25.

2. *Ibid.*, p. 108.

point par les contemporains de Brunelleschi et d'Alberti. Les constantes dont la théorie aurait à connaître, ces constantes seraient d'ordre essentiellement historique, et liées à la lente conquête, à la naissance et à la re-naissance, après l'intervalle médiéval, d'un espace projectif à trois dimensions qui aurait trouvé sa définition la plus achevée dans l'œuvre d'un Paolo Uccello ou d'un Jan van Eyck. Une vision pareillement téléologique se justifierait sans doute mieux si, plutôt que de subordonner les développements de l'art occidental au progrès des techniques de réduction planimétrique et aux accomplissements des perspectivistes des XVIe et XVIIe siècles (accomplissements souvent paradoxaux, sinon aberrants, comme en témoignent quantité d'anamorphoses et autres « perspectives curieuses » — on y reviendra), elle trouvait à s'articuler dialectiquement à partir d'une problématique beaucoup plus générale : celle-là de la figure et du fond, de l'espace scripturaire où les signes s'ordonnent. La peinture hellénistique aurait alors en commun avec celle de la Renaissance de substituer à la visée du plan pictural, dans sa réalité matérielle, celle d'une profondeur feinte où s'abolirait toute référence à la surface sur laquelle s'enlèvent les figures, référence qui apparaît au contraire décisive dans l'art byzantin et l'art médiéval (au moins jusqu'au point où le vitrail aura commencé de supplanter le mur : le vitrail, c'est-à-dire, à la lettre, une première « fenêtre » de peinture, qui n'était à vrai dire pas conçue pour laisser la vue se porter au-delà, mais pour jouer, pour disposer de la lumière qui la traversait).

3.3.2. SYNTAXES

Antiquité du procédé

Qu'ils aient emporté ou non l'institution d'un ordre perspectif et la négation du support matériel des signes iconiques, les différents systèmes d'écriture picturale qui furent en honneur, à une époque ou une autre, dans l'Occident chrétien, ont fait place, sous des espèces diverses et dans une mesure plus ou moins étendue, à des unités figuratives que l'analyse, procédant selon les voies du langage articulé, épingle du mot *nuage*. L'imposition d'un nom ne suffit certes pas à garantir l'identité des unités dénotées ; on y a déjà insisté : pour identiques qu'elles soient du point de vue de l'analyse du texte pictural en ses constituants iconiques, les unités dénotées *nuages* constituent, au regard de leur texture formelle aussi bien que des fonctions qu'elles assument dans les divers contextes et aux différents niveaux considérés, autant d'objets distincts. Et cependant, par-delà les délimitations qu'introduit une périodisation conçue en termes strictement stylistiques, par-delà la différenciation des niveaux qu'impose l'analyse, l'occurrence de ces unités répond, au moins dans le registre des signifiés, à une donnée commune : le *nuage* intervient dans le texte figuratif là où il est question non seulement des rapports entre la terre et le ciel, mais entre l'ici-bas et l'au-delà, entre un monde qui obéit à ses lois propres et l'espace divin dont nulle science ne saurait connaître. On a vu à quelles fonctions syntaxiques le *nuage* satisfait dans l'écriture giottesque, et comment le peintre d'Assise aura eu recours à ce signe pour soustraire le saint à l'espace commun et l'introduire dans celui de la contemplation, du ravissement mystique. Mais de semblables emplois du *nuage* sont attestés à une époque très reculée : étudiant les mosaïques de la nef de Sainte-Marie-Majeure à Rome — lesquelles datent du règne de Sixte III (432-440) —, André Grabar a vu l'intérêt qui s'attache à l'utilisation qui en est faite dans certains panneaux illustrant les épisodes les plus saillants des histoires d'Abraham et Jacob et de Moïse et Josué. C'est dans la *Vision d'Abraham* et la *Lapidation de Moïse, Caleb et Nun* que l'on noterait pour la première fois l'occurrence de la nuée divine accompagnant une théophanie et celle du nuage qui dérobe un personnage à la vue et aux coups de ses adversaires. Si Grabar croit devoir observer que « cette façon [...] de faire comprendre le caractère providentiel de l'histoire est antique quant à la forme mais n'a connu le succès que dans l'iconographie chrétienne », il n'y voit pas moins une « retouche » apportée par les mosaïstes romains aux modes hellénistiques de représentation d'une épopée [1]. Retouche peut-être, mais qui témoigne de la prise en compte d'une discontinuité radicale et — tout à la fois — de la possibilité d'une communication entre le monde humain et l'ordre divin, et de la nécessité qui en découle pour le peintre d'élaborer des mécanismes figuratifs qui puissent servir à représenter l'intervention de personnages célestes dans les affaires humaines.

Le *nuage* n'apparaîtrait-il dans l'écriture giottesque qu'à titre

1. André Grabar, *Le Haut Moyen Age*, Genève, 1957, p. 35. Les mosaïques en question sont reproduites aux pages 34, 37 et 38. Cf. Carlo Cecchelli, *I mosaici della basilica di S. Maria Maggiore*, Turin, 1956.

d'archaïsme, de survivance[1] ? S'agissant de l'*Extase* d'Assise et de la *Lapidation* de Rome, les signifiés sont parfaitement superposables : dans les deux cas, la nuée est l'instrument d'une soustraction ; dans les deux cas, elle introduit dans le champ pictural une différenciation, quelque chose comme une faille, une rupture qui manifeste figurativement la précarité de l'ordre humain, constamment exposé à la déchirure du miracle. Mais ce signifié ne suffit pas à rendre compte des fonctions d'un élément qui assume dans l'un et l'autre contexte une valeur sensiblement différente. A Sainte-Marie-Majeure comme à l'église supérieure d'Assise, l'imagerie prend le mur pour support. Mais là où, à Rome, on a d'abord affaire à un décor qui, loin de nier la paroi, l'enrichit au contraire de son éclat, à une suite d'illustrations dont l'ordonnance générale obéit à des principes ornementaux, et qui n'ont d'autre unité que celle que leur confère le compartimentage où elles s'inscrivent, le récit d'Assise emporte, jusque dans son cadre d'architecture en trompe l'œil, la définition d'un espace autonome et unifié, où il trouve à déployer ses figures. Chaque *scène* a son unité. Mais cette unité s'accroît de la cohérence de l'ensemble, telle qu'elle se manifeste d'emblée par l'intensité de la couleur, l'échelle des figures, l'élan de la narration et — plus secrètement — par la rigueur et l'homogénéité des principes *dramatiques*. Pour les mosaïstes de la Rome du ve siècle, la nuée n'est rien qu'un signe de ponctuation (une façon de parenthèse) qui emprunte son sens de la position qu'il occupe dans une séquence linéaire. Avec le peintre d'Assise, elle accède au rang d'un outil proprement syntaxique dont la valeur est liée aux structures spatiales du champ où elle s'inscrit, et par le moyen duquel les mesures humaines du drame sont localement suspendues.

Sans quitter le terrain romain (qui constitue un champ de référence privilégié du fait qu'il est le seul où la continuité de l'art chrétien soit attestée depuis la fin de l'Antiquité jusqu'à l'époque moderne), on peut voir le *nuage* fonctionner dans des conditions très différentes. Tel est le cas des nuages dont étaient semées les mosaïques qui ornent les absides et les arcs des basiliques romaines antérieures à l'an mil. A l'église des Saints-

1. Le décor du registre supérieur de la basilique d'Assise, dont l'attribution à Giotto est discutée, comporte au revers de la façade une *ascension* dans laquelle le Christ est emporté sur une nuée vers un « paradis » figuré par une série de cercles concentriques, ainsi qu'une *Pentecôte* où la colombe descend dans une couronne de nuages.

Cosme-et-Damien (VIe siècle, planche IVA), comme à Sainte-Praxède (IXe siècle), le Christ est isolé d'un fond bleu sur lequel il s'enlève par une manière d'écran, de grille discontinue, composée de petits strato-cumulus bleus et rouges, nettement délinéés et régulièrement alignés. On retrouve ces mêmes nuages sur l'arc des Saints-Nérée-et-Achille (VIIIe siècle), où le Christ triomphant est flanqué de deux groupes de fidèles en prière. A Sainte-Agnès-hors-les-murs (VIIe siècle) et à Sainte-Praxède, ils entourent la main du Créateur qui apparaît au sommet de la voûte à l'intérieur d'une suite d'anneaux concentriques, conformément à un schéma symbolique traditionnel qu'on retrouvera encore au XIIe siècle dans l'abside de Saint-Clément ou à Sainte-Marie-du-Trastevere. Dira-t-on que les mosaïstes romains ne se sont pas souciés d'établir leurs figures dans un lieu imaginaire et qu'ils se sont contentés d'organiser les surfaces qui leur étaient données à couvrir, d'y définir des zones qualitativement différenciées où inscrire les effigies sacrées (comme s'ils avaient entendu affirmer, par le refus de tout illusionnisme, la valeur spirituelle de l'image en tant que telle — surface peinte ou décorée — alors que se déchaînait à Byzance la fureur iconoclaste) ? Il est sûr que l'ordonnance de ces icônes obéit à des règles avant tout conceptuelles et décoratives : le *nuage* n'y est point utilisé pour sa valeur pittoresque mais à titre de marque, de déterminatif conventionnel.

Panofsky a bien dit comment, dans le premier art chrétien et plus encore dans l'art byzantin (qui n'a jamais réussi à se couper tout à fait de la tradition antique), le lieu où s'inscrivent les figures, loin qu'il se réduise à une surface opaque, négative, apparaît plutôt comme un film lumineux qui dénote — mais ne « reproduit » pas — un environnement spatial [1]. Les nuages qui isolent la figure du Christ d'un fond uniformément bleu introduisent une modulation dans la profondeur colorée : la figure s'établit *devant* eux, en deçà de l'écran transparent au-delà duquel la couleur (la lumière) règne sans partage. Le nuage — ou la nuée de lumière qui remplit les mêmes fonctions [2] — *marque*

1. Panofsky, *Early Neth. Paint.*, Introduction, t. I, p. 12.

2. « Cloud of light » (nuage de lumière), comme la désigne André Grabar, lequel insiste sur la valeur temporelle autant que spatiale de la nuée : l'apparition est présentée comme exceptionnelle et momentanée (André Grabar, *Christian Iconography. A Study of its Origins*, Princeton, 1968, p. 116). On observera que la représentation du Christ procédant sur un tapis de nuages ne se sera imposée qu'à partir du VIe siècle. A l'abside de Sainte-Pudenzienne (IVe siècle, refaite au XVIe), le Christ

comme théophanie l'icône divine qu'il isole du reste de l'image, et du « ciel » sur lequel elle s'enlève autant que du « sol » où sont établis les témoins dont la médiation paraît indispensable à la manifestation du sacré. Déjà, à Sainte-Marie-Majeure, l'un des trois visiteurs célestes que reçoit Abraham est entouré d'un ovale lumineux, tandis que quelques nuées les séparent, dans le sens horizontal, du patriarche qui les accueille ; dans la *Rencontre d'Abraham et de Melchisédech,* au-dessus du groupe de cavaliers à la rencontre desquels s'avance le prêtre, une figure — celle du Dieu de l'Ancien Testament [1] ? — émerge à mi-corps d'un rang de nuages, le clivage entre les deux registres étant souligné par l'opposition du fond or, qui correspond au niveau humain du récit, et du fond bleu où s'inscrit la figure divine, laquelle est ici en position de témoin. Mais ces représentations procèdent en fait d'un tour très élémentaire, et qui remonte aux premiers siècles de l'ère chrétienne : à Doura-Europos, la main de Dieu associée à un petit nuage intervient dans la représentation du sacrifice d'Abraham, comme elle le fera encore, quelques siècles plus tard, à Saint-Vital de Ravenne [2]. Le même tour se retrouvera régulièrement, sous des espèces non moins élémentaires, à travers tout le Moyen Age, chez Giotto, et bien au-delà : mais il prendra alors la valeur d'un archaïsme délibéré et sans conséquence au niveau du système, dont il fera au contraire ressortir les coordonnées, au lieu que les fonctions assignées au /nuage/, considéré comme outil syntaxique, connaîtront un retentissement toujours plus considérable.

Masolino

Un petit panneau de Masolino conservé au musée de Naples offre un bon point de repère, à la fois historique et systématique. Par la référence qu'il implique à un édifice dont le décor marque un jalon important dans le développement de l'iconographie

trône sur terre parmi les Apôtres, tandis que la Croix et les symboles des Evangélistes s'inscrivent dans un ciel peuplé de petits nuages.

1. Sur l'absence de caractérisation différentielle, à l'époque paléochrétienne, des deux premières personnes de la Trinité, cf. Grabar, *op. cit.,* p. 118 s.

2. Doura-Europos, synagogue, panneau supérieur de l'écran de la Tora (M. de Damas) ; cf. Grabar, *op. cit.*, p. 20. Ravenne, Saint-Vital (mosaïques du chœur), *Sacrifice d'Abel et de Melchisédech, Sacrifice d'Abraham, Moïse recevant les Tables de la loi.*

chrétienne et même, comme on l'a vu, dans celle de la problématique du /nuage/, le titre de ce panneau manifeste la continuité de la tradition culturelle où il s'inscrit : la *Fondation de Sainte-Marie-Majeure* (planche V) illustre la légende selon laquelle la Vierge serait apparue au pape Libère pour lui ordonner de fonder une église sur l'Esquilin, en un lieu que l'on trouverait couvert de neige. La partie inférieure de la composition montre, entre deux rangs d'édifices disposés en perspective accélérée, à la façon d'un décor de théâtre, le pape traçant sur le sol le plan, lui-même figuré en fort raccourci, de la future basilique. Faisant écho à la fuite très prononcée des lignes architecturales, une suite de nuages régulièrement distribués, et qui vont en diminuant vers l'horizon, sépare de cette scène le registre supérieur où le Christ et la Vierge sont représentés dans un médaillon, en buste et à une échelle plus grande que les autres personnages. Mis en perspective, mais traités de manière assez peu « réaliste », les nuages participent à la fois des deux registres, l'un descriptif et illusionniste, l'autre frappé d'une effigie sacrée [1] : ils n'assurent pas tellement une transition entre les deux étages de la composition qu'ils ne partagent celle-ci en deux zones distinctes et dont chacune obéit à des principes figuratifs différents. Le Christ et la Vierge, dans leur médaillon, se présentent moins comme une apparition (aucun des personnages de la scène principale ne dirige ses regards vers eux) que comme un sceau, une estampille qui confirme le caractère miraculeux de l'événement. Le Christ qui montre la scène du doigt est ici en position de témoin : la composition est donc analogue, dans son principe, à celle de la *Rencontre d'Abraham et de Melchisédech,* évoquée plus haut, à ceci près qu'elle satisfait de façon presque outrancière, dans son registre inférieur, aux principes du régime perspectif, pour les ignorer, non moins ouvertement, dans le registre supérieur. Cette opposition dénote, par son excès même, le miracle qui aura été à l'origine de la fondation de la basilique. Mais elle ne prend figure d'opposition que par l'introduction, à la jointure des deux registres, d'un élément-charnière qui en assure l'articulation. Qu'on supprime par la pensée l'amas de nuées qui partage le panneau en deux zones à peu près égales : l'image perd une bonne part de sa *profondeur,* au sens propre comme au sens figuré. Car ces nuées, d'une part, dessinent, dans

1. Cette double appartenance est soulignée par le hiatus entre les petits nuages qui s'échelonnent vers l'horizon, et la solide barre de nuées qui sert d'assise au médaillon.

leur fuite réglée, unc manière de « toit », de couverture qui renforce l'effet perspectif recherché dans le registre inférieur, et, d'autre part, elles font que le message littéral, dénoté par le titre dont l'image s'accompagne, peut servir de support à un sens second, connoté, de nature théorique. L'opposition modulée par le nuage signifie bien autre chose que ce qu'elle dénote : elle emporte une série de questions sur le statut du « code » perspectif et les exclusions qu'il commande, la contradiction — peut-être — qui fait son ressort.

3.3.3. L'HISTOIRE ET LA GÉOMÉTRIE

L'office du peintre

Le régime perspectif se prête-t-il à la représentation de phénomènes qui déchirent les mesures ordinaires de l'ordre humain ? Ou encore : les interventions divines, l'ouverture de ce monde-ci sur l'au-delà et, plus généralement, les échanges mystiques — voire seulement physiques — entre la terre et le ciel fournissent-ils matière à représentation alors que la figuration paraît s'assujettir à un principe d'organisation du champ pictural qui impliquerait comme son corollaire que l'espace illusionniste construit par les moyens de la géométrie soit régi par des règles analogues aux lois qui ont cours dans l'univers empirique : soumission des corps et des objets à la pesanteur, limitations imposées par celle-ci à leurs déplacements, etc. ? De telles représentations ont-elles même leur place dans ce système, sauf pour les manifestations surnaturelles ou les événements miraculeux à se laisser réduire aux normes communes de la perception, de la vision ? Le *Della Pittura* d'Alberti, ce livre — comme l'écrit son auteur — qui n'est pas une histoire mais un *art* — une théorie — de la peinture, le premier du genre [1], énonce que le peintre ne doit s'attacher à *feindre* que cela qui se voit : des choses que l'on ne peut voir, il n'en est aucune qui soit de son ressort, (*Delle chose quali non possiamo vedere, niungo nega nulla apartenersene al pictore. Solo studia il pictore fingiere quello si vede,* I, p. 55). Son office consiste à « circonscrire *(descrivere)* avec des lignes et à teindre *(tigniere)* avec des couleurs, sur le mur ou sur

1. « *Poi che noi non come Plinio recitiamo storie ma di nuovo fabrichiamo una arte di pittura della quale in questa hetà, quale io veggo, nulla si truova scritto.* » Alberti, *Della Pittura,* liv. II, p. 78.

le panneau qui lui est offert, les surfaces apparentes d'un corps quelconque, sous une certaine distance et dans une position donnée du point centrique, de telle façon qu'elles paraîtront être en relief et très semblables aux corps réels [1] ».

Il importe de souligner d'entrée de jeu que la peinture, ainsi entendue, n'a de sens que par rapport à l'*istoria,* laquelle est la grande affaire du peintre (*summa opera del pittore,* III, p. 111). L'*istoria,* c'est-à-dire la composition des corps qui lui sont ordonnés par la grandeur et la fonction, à quoi se résume le génie du peintre [2]. Celui-ci ne saurait apporter trop de soin à la mise en place de chaque chose, chacune en son lieu (*a suo luoghi,* II, p. 91). Dans l'*istoria,* ce qui frappe et plaît d'emblée, c'est l'abondance et la variété des personnages, des animaux, des objets, des édifices, des paysages mêmes dont elle est peuplée [3]. Mais l'on n'en doit pas moins blâmer les peintres qui ne savent pas ménager de *vides* dans leurs compositions et qui les remplissent de figures en si grand nombre, et dans une telle confusion, que l'*istoria,* livrée qu'elle est au tumulte, n'a plus la dignité d'une action [4]. La remarque a son importance, dans la mesure où elle implique que l'on ne saurait définir l'économie de l'espace pictural en termes seulement géométriques : l'espace a une qualité dramatique, qui veut que le cadre scénique n'apparaisse pas comme le simple réceptacle des corps mais qu'il naisse, aussi bien, de leur composition, de leur disposition, de leurs relations, de leur *jeu* (de l'intervalle qui les sépare et qui joue en tant qu'articulation sans signification

1. « *Dico l'oficio del pittore essere cosi : descrivere con linea et tigniere con colori, in qual sia datoli tavola o parete, simile vedute superficie di qualunque corpo che quelle, ad una cierta distanzia et ad una cierta positione di cientro, paiano rilevata et molto simili avere i corpi.* » Id., *ibid.,* liv. III, p. 103. Définition qui s'accorde avec celle de Piero : « *La pictura non e se non dimostrationi de superficie e de corpi degradati o accresciuti nel termine.* » Piero della Francesca, *De Prospectiva Pigendi,* éd. Fasola, Florence, 1942, liv. III, p. 128.

2. « *Seguita la compositione de corpi nella quale ogni lode et ingegnio del pittore consiste... Conviensi che i corpi insieme si confacciano in istoria con grandezza et con adoperarsi... Adunque tutti i corpi per grandezza et suo officio s'aconfaranno a quello che ivi nella storia si facci.* » Alberti, liv. II, p. 91.

3. « *Quello che prima da voluptà nelle storia viene della copia et varietà delle cose.* » Id., liv. II, p. 91.

4. « *Biasimo io quelli pittori quali, dove vogliono parere copiosi nulla lassando vacuo, ivi non compositione ma dissoluta confusione disseminano; pertanto non pare la storia facci qualche cosa degnia ma sia in tumulto aviluppata.* » Id., liv. II, p. 92.

intrinsèque, condition négative de la permutation des figures, de leur surgissement même, mais qui acquiert, dans le contexte d'une représentation illusionniste unitaire, une valeur positive). La peinture est affaire de *vides* autant que de pleins (et la théorie doit être à même de rendre compte des uns et des autres, et trouver à les définir, dans leur statut respectif, sur un pied d'égalité [1]) ; mais elle est aussi affaire de pondération. Chaque figure joue en son lieu *(a suo luoghi),* auquel elle doit être proportionnée [2], et il convient que ce lieu soit en rapport avec sa nature autant qu'avec sa situation. La diversité des gestes et des attitudes, la variété des mouvements du corps sont l'un des agréments majeurs de l'*istoria.* Mais si les mouvements visibles — les seuls dont le peintre ait à connaître [3] — se définissent par rapport à un lieu et se ramènent à un déplacement (dont il existe sept espèces = a. vers le haut, b. vers le bas, c. à droite, d. à gauche, e. en s'éloignant, f. en s'approchant, g. en tournant en rond), il en est qui passent toute raison [4], c'est-à-dire qui transgressent la règle qui veut que toute figure satisfasse par l'équilibre de ses parties, et toute position acrobatique étant exclue [5], à des impératifs analogues à ceux de la pesanteur dans l'univers empirique. Une nuance donne, cependant, par contraste, plus de relief encore à la légalité dont le système porte la marque : on doit dans chaque mouvement rechercher la grâce et la beauté. Or les mouvements de tous les

1. On connaît le mot de Braque : « Je ne peins pas les choses, mais l'espace entre les choses. »

2. C'est une erreur, écrit Alberti, que d'inscrire un personnage dans un édifice si petit qu'il peut à peine y tenir assis (« *Et sarebbe vitio se..., quello che spesse volte veggo, ivi fusse huomo alcuno nello hedeficio quasi come in uno scrignio inchiuso, dove apena sedendo vi si assetti.* » *Ibid.*, liv. II, p. 91).

3. Conformément au principe énoncé d'entrée de jeu, le peintre ne peut exprimer les affections de l'âme autrement que par ce qu'en révèlent à la vue les mouvements du corps qui se ramènent à un déplacement (« *Ma noi dipintori i quali volliamo coi movimenti della membra mostrare i movimenti dell'animo, solo riferiamo di quel movimento si fa mutando el luogo.* » *Ibid.*, liv. II, p. 95). Sur la conception du mouvement qu'implique cette réserve, cf. ci-dessous, 4.2.4.

4. « *Ma perché talora in questi movimenti si truova chi passa ogni ragione, mi piace qui de posari et de movimenti raccontare alcune cose quali ò raccolte dalla natura onde bene intenderemo con che moderatione si debbano usare.* » *Ibid.*, liv. II, p. 95-96.

5. Si le peintre veut représenter une figure se tenant en équilibre sur un pied, il faudra que celui-ci soit à l'aplomb de la tête, « *quasi come base d'una colonna.* » (liv. II, p. 96.)

plus agréables et les plus vivants sont les mouvements de bas en haut, *vers l'air,* c'est-à-dire ceux qui contredisent à la pesanteur et manifestent la liberté des corps [1]. Et de même encore pour les cheveux, *simile alle fiamme,* et pour les vêtements, que leur poids entraîne cependant naturellement vers le sol, *vers le bas* : il sera bon que le vent les soulève et les agite, le vent qui souffle *à travers les nuages* (*che soffi fra le nuvole* [2]).

Perspective et répétition

L'impression d'apesanteur (et l'on songe ici à la *Vénus* et aux figures du *Printemps* de Botticelli, autant qu'à la Salomé de Lippi, etc.) peut avoir, en peinture, son charme. Elle n'existe, *en tant qu'effet,* qu'à proportion de son fondement illusionniste et du rapport sensible, « visible », entre le corps et l'espace où il se meut. C'est assez dire que la composition des corps, en quoi consiste l'*istoria,* présuppose la construction géométrique de l'espace. La perspective linéaire est un moyen au service de l'*istoria,* un moyen dont celle-ci ne saurait faire l'économie, qu'elle ne saurait prétendre à supplanter. Si fort que soit l'accent qu'Alberti fait porter sur l'*istoria, summa opere dell' pittore,* on ne trouve pas trace, dans le *Della Pittura,* de la « perspective humaniste » que devait définir à Padoue, au début du XVIe siècle, le *De Sculptura* de Pomponius Gauricus. Le *Della Pittura* procède suivant les termes de l'optique (médiévale) : Alberti enseigne à construire un sol en échiquier, un volume en perspective, avant de traiter du raccourci et de la composition des

1. « *Adunque il pittore volendo exprimere nelle cose vita farà ogni sua parte in moti. Ma in ciascuno modo terrà venustà et gratia; sono gratissimi i movimenti et ben vivaci quelli e quali si muovano in alto verso l'aëre.* » *Ibid.*, liv. II, p. 90.

2. « *Ma dove cosi vogliamo ad i panni suoi movimenti, sendo i panni di natura gravi et continuo cadendo a terra per questo starà bene in la pittura porvi la faccia del vento zeffiro o austro che soffi fra le nuvole onde i panni ventoleggiono.* » *Ibid.*, liv. II, p. 98. Sur le fait que le vent, en lui-même invisible, ne devrait être représenté que par le détour des choses qu'il emporte, cf. 4.1.2. Curieusement, Alberti s'en tiendra sur ce point à une position tout allégorique et littéraire : « Il sera bon de placer dans la peinture la figure (*faccia*) du vent zéphir ou austral, qui souffle à travers les nuages (*che soffi fra le nuvole*). » *Ibid.*, liv. II, p. 98. Sur la chevelure dénouée, flottante comme marque de fabrique et trait distinctif de la *maniera antica* au Quattrocento, cf. Erwin Panofsky, « Albrecht Dürer and Classical Antiquity », in *Meaning in the Visual Arts,* Garden City, 1955, p. 243-244, n. 23, trad. française, *L'Œuvre d'art et ses Significations,* Paris, 1969, p. 209, n. 23.

surfaces et des corps. Chez Gauricus, au contraire, la perspective n'enseigne plus à peindre la scène, mais, d'emblée, à composer une histoire. Au même titre que la *vraisemblance* aristotélicienne, dont Robert Klein la rapproche à bon droit, elle apparaît moins comme un principe d'illusion que comme une règle d'unité, d'évidence (de lisibilité) : la clarté de l'*istoria* ne dépend pas seulement des intervalles entre les figures, mais de la quantité des figures qui les déterminent, de leur disposition [1]. Prétendre, comme le fait Gauricus, que le nombre des figures ressortit à la perspective [2], n'est-ce pas substituer à la perspective illusionniste une perspective dramatique et, réaffirmant, par-delà le Quattrocento, la priorité du drame sur la scène où il s'inscrit, refuser de poser la question de la représentation par rapport au lieu, à la scène où elle prend place et qui la définit dans sa structure fondamentale, pour la réduire à un problème d'expression, sinon de direction d'acteurs (les « interprètes » du drame et ses « figurants ») ?

La distinction qu'introduit le *Della Pittura* entre géométrie et histoire a une tout autre portée. La règle à suivre dans la construction d'un sol en échiquier et des parois verticales correspondantes, cette règle a rapport à la composition [3] : elle est le préalable indispensable à l'*istoria*. Préalable « pratique » (la construction perspective fournit la mesure du raccourci des figures) mais surtout préalable *théorique* : dans le texte d'Alberti, la condamnation de la méthode artisanale qui permettait de déterminer l'échelonnement des lignes transversales du pavement par diminution mécanique des intervalles vient immédiatement à la suite de la définition du plan figuratif comme fenêtre ouverte, à travers laquelle le peintre est censé voir ce qu'il va peindre [4].

1. Cf. Robert Klein, « Pomponius Gauricus on Perspective », *Art Bull.*, vol. XLIII (1961), p. 211-230 ; trad. française in *La Forme et l'Intelligible*, Paris, 1969, p. 237-277.

2. « *Constat enim tota hec in universum perspectiva dispositione, ut intelligamus... Quot necessariae sint ad illam rem significandum personae, ne aut numero confundatur, aut raritate deficiat intellectio.* » Pomponius Gauricus, *De Sculptura*, éd. Brockhaus, Leipzig, 1886, cit. par Klein, *op. cit.*, p. 244.

3. « *Questo ragione di dividere il pavimento s'appartiene ad quella parte quale al suo luogho chiamereno compositione.* » Alberti, *Della Pittura*, liv. I, p. 74.

4. « *Principio dove io debbo dipigniere. Scrivo uno quadrangolo di retti angoli quanto grande io voglio, el quale reputo essere una finestra aperta per donde io miro quello che quivi sarà dipinto.* » *Ibid.*, p. 70.

Mais cette définition présuppose elle-même celle de la peinture comme représentation, sur une surface donnée, de l'*intersegatione* de la pyramide visuelle sous une distance déterminée de l'œil et dans une position calculée du point centrique [1]. Le peintre doit donner à ses figures l'apparence de la réalité qu'il prétend imiter : encore faut-il qu'il soit équipé pour cette tâche. C'est à quoi aura visé la méthode de construction perspective dont l'architecte Filipo Brunelleschi est traditionnellement présenté comme l'inventeur. Or cette méthode n'a, dans son principe, rien d'empirique, ni même d'expérimental — sauf à concevoir l'expérimentation comme une interrogation systématique : la coupure qu'elle aura introduit dans le développement de l'art (et dont les contemporains ont eu la conscience la plus nette), cette coupure est de nature essentiellement théorique [2]. Comme le fera Galilée pour la science de son temps, Brunelleschi a doté les peintres du Quattrocento d'un « langage » qui devait leur permettre d'interroger la nature, le monde extérieur, et d'en interpréter les réponses [3]. Ce langage, ou, si l'on veut, ce « modèle » (au sens épistémologique du terme) où l'office du peintre tel que le définit Alberti trouve sa condition, n'est autre que celui de la *perspectiva artificialis* (la perspective des peintres, par opposition à la *perspectiva naturalis* de l'optique médiévale) telle que l'instituèrent, au début du siècle, les fameuses machines optiques de Brunelleschi où le principe du nouveau système, par la coïncidence qu'il impose du point de fuite avec le point de vue, aura trouvé sa première illustration théorique : dans la première des deux expériences que relate la *Vita* de Brunelleschi attribuée au mathématicien Manetti, l'observateur était censé placer son œil au revers d'un panneau où étaient figurés en perspective le Baptistère de Florence et la place qui l'entoure, en un point correspondant au point de fuite de la construction, et regarder à travers un trou pratiqué à cet endroit le reflet

1. « *Adunque chi mira una pictura vede certa intersegatione d'una pirramide. Sarà adunque pictura non altro che intersegatione della pirramide visiva secondo data distantia, posto il centro e constituiti i lumi in una certa superficie con linee et colori artificiose rappresentata.* » *Ibid.*, p. 65.

2. Le voyage que Dürer fera à Bologne, en 1506, pour s'initier à l'art de la perspective secrète (*Kunst in heimlicher Perspectiva*) témoigne, selon Panofsky, du désir où était ce peintre de connaître le fondement théorique de procédés qu'il avait d'ores et déjà parfaitement maîtrisés sur le plan technique (cf. Erwin Panofsky, *The Life and Works of Albrecht Dürer*, Princeton, 3e éd., 1948, t. 1 ; p. 248).

3. Cf. Alexandre Koyré, *Etudes galiléennes*, Paris, 1966, p. 13.

de cette image dans un miroir disposé parallèlement au plan du panneau, à distance convenable, obtenant ainsi une vue analogue à celle qu'il aurait pu avoir de la place depuis la porte de la cathédrale, soit le lieu même où Brunelleschi s'était placé, au moins idéalement, pour établir son épure [1].

Le *Della Pittura* passe sous silence la décision, le véritable coup de force intellectuel qui fait le fond de la révolution théorique à laquelle est attaché le nom de Brunelleschi (la coïncidence affirmée, sur le mode spéculaire, entre point de fuite et point de vue). Mais la définition qu'il donne de l'*office du peintre* n'a de sens qu'au regard de cette révolution. Le peintre a pour fonction de délinéer et de color(i)er les surfaces, les superficies qu'il construit à l'imitation de celles des corps vus à une distance et sous un point de vue déterminés : c'est assez dire que la conception autant que l'exécution de l'*istoria* sont dans la dépendance directe du système représentatif dont Brunelleschi a produit la théorie. Et le miroir, s'il est pour le peintre un si bon guide, s'il l'aide à juger des qualités et des défauts d'une peinture [2], c'est dans la mesure où il introduit entre l'œil et l'image peinte (comme déjà le faisait la machine de Brunelleschi) la distance d'un redoublement, d'une répétition. Mais le redoublement qui est au principe de la représentation n'est pas seulement spéculaire : il prend, chez Alberti, figure et valeur de redoublement scénique : par une façon de *repetitio rerum,* le peintre commence par construire la scène où l'histoire, ensuite, viendra s'inscrire et où chaque chose trouvera sa place [3].

1. Cf. Alessandro Parronchi, « Le due tavole prospettiche del Brunelleschi », *Paragone*, 107 (nov. 1958), p. 3-32, et 109 (janv. 1959), p. 3-31 ; repris in *Studi su la « dolce » prospettiva,* Milan, 1964, p. 226-295.

2. « *Et saratti ad conoscere buono giudicie lo specchio né se come le cose ben dipinte molto abbino nello specchio gratio ; cosa maravigliosa come ogni vitio della pittura si manifesti diforme nello specchio.* » Alberti, *Della Pitt.*, liv. III, p. 100.

3. L'office du peintre, tel que le conçoit Alberti, n'est pas sans rapport, d'un point de vue structural, avec celui que Georges Dumézil attribue aux prêtres des Hymnes védiques, lesquels avaient pour fonction d'ouvrir au roi les *perspectives* (je souligne) d'une souveraineté assurée, et aux *fetiales* romains dont la charge consistait à ouvrir mystiquement, par leurs opérations rituelles, l'espace où l'armée devait ensuite s'avancer, protégée par les dieux. Dans les deux cas on a affaire à une *repetitio rerum* qui définit *a priori* le champ de l'histoire, qui en *étaye* — suivant le beau mot des Hymnes — la scène (cf. Georges Dumézil, « Ius Fetiale », in *Idées romaines*, Paris, 1969, p. 63-78).

3.3.4. INTARSIA II

> « *La prospettiva è di tale natura ch'ella fa parere il piano rilievo e'l rilievo piano.* » LÉONARD DE VINCI, A., 38b (RICHTER, n° 41, t. I, p. 126).

Le paradigme de l'écriture

On comprend alors l'importance reconnue à la géométrie dans la formation du peintre aussi bien que la place (la première) assignée au dessin — assimilé à la délinéation — parmi les parties de la peinture. Celui qui ne sera pas versé dans la géométrie n'entendra rien aux éléments de la peinture, pas plus qu'il n'en comprendra les règles. Le peintre ne veut connaître que des choses visibles, c'est-à-dire de celles qui occupent un lieu[2]. S'il fait référence à l'optique scientifique, c'est pour lui emprunter les concepts nécessaires à ses démonstrations : peu lui importent le mécanisme de la vision, le rôle et la nature de l'œil, etc.[1]. Le « je parle en tant que peintre » *(Parlo come pittore)* doit être pris *à la lettre* : pour le peintre, dont les raisons ne sont pas celles du mathématicien, le champ du visible équivaut à ce qui peut s'inscrire (être projeté) sur un plan et se laisse ramener à un jeu, à une construction réglée de surfaces saisies sous des angles divers, dont chacune est définie, dé-signée par son contour, et qui s'articulent les unes aux autres en fonction du point de vue adopté pour composer des figures et des scènes, à la façon dont les lettres s'ordonnent pour former des mots et des phrases[3]. Le travail de peinture

1. « *La circunscrittione, cioè il modo del disegnare* », Alberti, *op. cit.*, liv. II, p. 87.
2. « *Principio, vedendo qual cosa, diciamo queste essere cosa quale occupa uno luogo.* » *Ibid.*, p. 81.
3. Au XVIIe siècle encore, le débat d'Abraham Bosse (inspiré par le mathématicien Desargues) avec l'Académie tournera autour de l'affirmation de Bosse selon laquelle le but de la perspective est de représenter les choses « non telles que l'œil les voit ou croit les voir, mais telles que les lois de la perspective les imposent à notre raison » (cf. *La Méthode universelle de mettre en perspective les objets donnés réellement ou en devis,* Paris, 1636).

est travail d'inscription, et son apprentissage n'est pas sans rapport avec celui de l'écriture : « Je veux que les jeunes gens qui débutent aujourd'hui dans la peinture observent ce qu'on voit faire aux maîtres en matière d'écriture. Ceux-ci commencent par enseigner séparément la forme des lettres, que les Anciens appelaient éléments ; puis ils enseignent les syllabes, et enfin à composer les mots. Que les nôtres suivent cette règle pour apprendre à peindre. Et d'abord qu'ils apprennent à bien dessiner les contours des surfaces et qu'ils s'y exercent comme si c'étaient là les premiers éléments de la peinture [1]. »

Point/signe/surface

L'introduction du paradigme de l'écriture phonétique est ici décisive : elle établit la représentation (le visible étant assimilé au représentable) dans la dépendance directe du langage, le même langage qui donne aux choses leurs noms et dans lequel se « récitent » les *histoires ;* le langage, encore, tel que la tradition occidentale le lie *en général* à la voix, à l'ouïe, à la parole, et par rapport auquel l'écriture n'a qu'une fonction dérivée, — dérivée parce que *représentative* [2]. Et il en est, *en fait,* du modèle perspectif comme du modèle phonétique : *modèle,* comme y insiste Jacques Derrida, plutôt que *structure* ; car « il ne s'agit pas d'un système construit et fonctionnant parfaitement, mais d'un idéal dirigeant explicitement un fonctionnement qui *en fait* n'est jamais de part en part phonétique [3] », pas plus qu'il n'est jamais de part en part « perspectif ». Il faudrait ici montrer comment le paradigme de l'écriture phonétique, loin qu'il ait seulement une valeur pédagogique, commande en fait toute la culture picturale de la Renaissance, et cela jusque dans les développements symboliques que l'âge classique inscrira sous les rubriques de l'Emblématique ou de l'Iconologie. La référence au modèle hiéroglyphique — référence qui est déjà au travail

1. « *Voglio che i giovanni quali ora nuovi si danno a dipigniere, cosi facciano quanto veggo di chi inpara a scrivere. Questi in prima sepato insegniano tutte le forme delle lettere, quali li antiqui chiamano helementi, poi insegniano le silabe, poi apresso insegniano componere tutte le dizzioni. Con questa ragione ancora seguitino i nostri a dipigniere. Inprima inparino ben disegniore li orli delle superficie et qui si exercitino quasi come ne primi helementi della pittura.* » Alberti, *op. cit.*, liv. III, p. 106.

2. « Langage et écriture sont deux systèmes de signes distincts ; l'unique raison d'être du second est de représenter le premier. » Saussure, cité par Jacques Derrida, *De la grammatologie*, p. 46.

3. *Ibid.*

dans le texte d'Alberti, mais sans qu'elle implique, bien au contraire, aucune rupture avec le modèle phonétique [1] — ne correspond pas, en fait comme en théorie, à un remaniement, et moins encore à un bouleversement des structures fondamentales de la représentation ; elle connote seulement un niveau d'articulation supplémentaire, celui-là où la peinture opère quand elle prétend signifier, selon la formule de Ripa, une chose différente de celle qu'elle donne à *voir*. Mais l'Iconologie, dans sa référence même au modèle hiéroglyphique, ne rompt pas davantage avec la notion strictement représentative du signe scriptural qu'impose le modèle phonétique : il appartient au peintre de former une figure dont les parties correspondent terme à terme à celles de la chose signifiée, et qui soient disposées dans un ordre conforme à celui des éléments de la représentation (cf. 2.2.2.). Dans leur articulation visible, l'allégorie, la métaphore figuratives demeurent solidaires de la syntaxe picturale dont Alberti aura produit les éléments.

Il est révélateur, à cet égard, que le *Della Pittura* traite des contours des surfaces — ces mêmes contours auxquels les débutants devront s'exercer « comme si c'étaient là les premiers éléments de la peinture » — sous la rubrique du *signe*. « J'appelle ici signe toute chose qui tient à la surface de telle façon que l'œil puisse la voir » (*Segnio qui appello qualunque cosa stia alla superficie per modo che l'occhio possa vederla*, liv. I, p. 55). On définira le point un signe qui ne se laisse pas diviser en parties ; la ligne, un signe qui peut être partagé dans sa longueur mais qui est trop fin pour l'être selon sa largeur [2]. Mais la surface (ou *superficie*) ? Elle est cette partie la plus superficielle d'un corps qui ne se connaît pas par sa profondeur,

1. Cf. par exemple le *De Architectura Libri Decem*, liv. VIII, chap. 4 : « Les Egyptiens ont employé les symboles de la manière suivante : ils gravaient un Œil, par lequel ils entendaient Dieu ; un Vautour pour Nature ; une Abeille pour Roi ; Un Cercle pour Temps ; un Bœuf pour Paix ; et ainsi de suite. Et la raison pour exprimer la signification par de tels symboles était que les mots n'étant compris que par les peuples qui parlent le langage en question, les inscriptions en caractères communs devaient bientôt se perdre, comme il est en fait arrivé à nos caractères étrusques. » D'après la traduction de Giacomo Leoni, éd. Rykwert, Londres, 1955, p. 169.

2. « *Il punto essere segnio quale non si possa dividere in parte* (...). *I punti, se innordine costàti l'uno al altro crescono una linea et apresso di noi sarà linea segnio la cui longitudine si puo dividere ma di larghezza tanto sarà sottile che non si potrà fendere.* » Alberti, *Della Pitt.*, liv. I, p. 55-56.

mais par sa seule longueur et sa seule largeur, et qui est déterminée par la juxtaposition de plusieurs lignes disposées comme les fils d'une toile (*Più linee, quasi come nella tela più fili accostati, fanno superficie et è superficie certa parte estrema del corpo quale si conosce non per sua alcuna profondità ma solo per sua longitudina et latitudina et per sue ancora qualità, ibid.*, p. 56). Proposition de grande conséquence, puisqu'elle implique qu'il n'y a, pour le peintre, de surfaces que *projectives :* le tracé, la composition des surfaces sur le plan visent à donner l'illusion de corps réels vus à une certaine distance et d'un certain point de vue (définition, il faut le noter, qui rejoint celle que Peirce donne du signe, ou *representamen* : « Le signe, ou *representamen,* est ce qui remplace quelque chose pour quelqu'un dans un certain aspect ou position »). Plusieurs surfaces assemblées composent un corps. Mais la composition des corps, à son tour, suppose que soient ménagés entre ceux-ci des intervalles, des vides. Qu'en sera-t-il de ceux-ci au regard de la problématique du signe et de la surface visible du tableau où ils s'inscrivent ? Cette question, le peintre peut choisir de l'ignorer et feindre qu'il regarde à travers *(per-spicere)* l'écran sur lequel il travaille, lui déniant toute réalité, toute valeur propre. L'intervalle ne ferait problème que si le contour n'était rien qu'une limite entre le plein et le vide, et qui n'appartiendrait ni à la figure ni au fond [1]. Or Alberti déclare expressément que le contour est le bord, la limite extrême de la surface qu'il clôture, et à laquelle il appartient [2]. La ligne qui les enserre fournit la raison des surfaces qu'elle dé-signe [3] et qui empruntent d'elle, pour partie, leur nom [4], comme elle fournit celle des couleurs et de la composition elle-même. Mais si l'*istoria* est ainsi *tissée de lignes,* encore faudra-t-il, comme on l'a dit plus haut, que celles-ci ne soient pas trop appuyées, faute de quoi l'image paraîtra se morceler en une constellation de fragments juxtaposés (cf. 1.4.1.).

1. Comme semble le penser Giulio-Carlo Argan, « The Architecture of Brunelleschi and the Origins of Perspective Theory in the XVth Century », *Journal of the Warburg and Courtauld Institute*, vol. IX (1946), p. 102.
2. « *Quello ultimo orlo quale chiuda la superficie* », Alberti, *op. cit.*, liv. I, p. 56.
3. « *Et dove la circonscriptione non altro sia che certa ragione di segniare l'orlo delle superficie.* » *Ibid.*, liv. II, p. 85.
4. « *Adunque l'orlo e dorso danno suoi nomi alle superficie.* » *Ibid.*, liv. I, p .57.

S'il fallait au peintre construire son tableau pièce après pièce — comme semble l'y inviter le paradigme de l'écriture —, il lui en coûterait une peine infinie. Il est heureusement des voies de traverse : tel l'*intersecteur,* ce voile transparent qu'Alberti conseillait au peintre d'interposer entre lui et le spectacle qu'il voulait peindre, pour y reporter directement le contour des objets [1]. Le temps viendra où Vasari pourra écrire qu'il n'est pas bon pour le peintre de trop s'attarder aux choses de la perspective : celui qui s'y appliquera avec excès y perdra son « naturel » et, par trop de minutie, tombera dans une manière « captive », sèche et « pleine de profils » *(una cattiva maniera ... secca e piena di profili).* Tel Paolo Uccello, lequel — à en croire Vasari — aurait pu être un peintre d'une originalité comparable à celle de Giotto si seulement il avait prêté autant d'attention au tracé des figures qu'à cet art, le plus difficile de tous, qui lui faisait mettre tout en perspective dans ses compositions, depuis le sol jusqu'aux tuiles des toits, *per via del intersecare le linee* [2]. Uccello, auquel son ami Donatello, qui le voyait passer son temps à dessiner sous les angles les plus variés le *mazzocchio,* des polyèdres en pointes de diamant et quantités d'autres « bizarreries », aurait souvent reproché de lâcher la proie pour l'ombre et de s'occuper à des choses qui n'étaient d'aucune utilité pour le peintre, et qui ne pouvaient servir qu'aux *faiseurs de marqueterie* [3] (je souligne).

1. « *Non credo io dal pittore si richiegga infinita faticha ma bene s'aspetti pittura quale modo paie rilevata et simigliata a chi ella si ritrae : qual cosa non intendo sanza aiuto del velo alcuno mai possa.* » Alberti, *op. cit.*, liv. II, p. 84.

2. Vasari, « Vie de Paolo Uccello », *Vite,* éd. Milanesi, t. II, p. 203-217.

3. « *Onde Donatello scultore, suo amicissimo, gli disse molte volte, mostrandoli Paulo mazzocchi a punte a quadri tirati in prospettiva per diverse vedute, e palle a settentadue facce a punte di diamanti, e in ogni faccia bruciloli avvolti sur per e bastoni, e altre bizzarrie, in che spendeva e consumava il tempo ; Eh ! Paulo, questa tua prospettiva ti fa lasciare il certo per l'incerto : queste sono cose che non servono se non a questi che fanno le tarsie.* » *Ibid.*, p. 205-206. On ne discutera pas ici l'interprétation de l'art d'Uccello qu'impose le texte de Vasari (cf. sur ce point ma préface au volume consacré à ce peintre dans la série des « Classiques de l'art » Paris, 1972), n'en retenant que le rapprochement qu'il opère entre les recherches du peintre et la pratique de la marqueterie. L'ironie du sort (et/ou le talent de Vasari) aurait voulu qu'une remarque désobligeante du même Donatello ait été à l'origine de la retraite du peintre et de son retour aux études de perspective qui devaient l'occuper jusqu'à sa mort *(ibid.*, p. 216-217).

Un espace sans profondeur

L'office du peintre n'est cependant pas sans rapport avec le travail d'*intarsia* (auquel Alberti lui-même se sera adonné sur le plan monumental [1]). On sait la dette des marqueteurs envers les théoriciens de la perspective, et à l'égard de Piero della Francesca aussi bien, déjà, que de Brunelleschi [2]. Mais leur pratique ne faisait que porter à son terme le paradoxe de la perspective, révélant du même coup ce qu'il en est de la peinture, dans sa relation à l'espace, dès lors qu'elle s'inscrit dans la dépendance de la pensée du signe et participe de ses limitations, et des exclusions qu'elle commande. Le signe opère en surface et dans la linéarité ; il fonctionne d'abord en extension : sa valeur lui vient des relations qu'il entretient avec les autres signes auxquels il peut ou non être associé, avec lesquels il entre en composition ou en opposition [3]. Le peintre ne connaît que des choses qui occupent un lieu : en termes de peinture (dans les termes d'un art de la peinture assujetti à la pensée du signe), il ne connaît que des figures (superficies) qui s'enlèvent sur un fond (plan). Pour délinéer leur aire d'inscription, il se guide sur le contour que circonscrit, que signifie la ligne [4]. L'illusion de profondeur a pour condition un découpage, une articulation correcte du plan de projection. C'est dire qu'en toute rigueur la construction perspective implique, dans un premier

1. Cf. Adolfo Venturi, « Intarsi marmorei di Leon Battista Alberti », *L'Arte*, LXXII (1901), p. 34-36.

2. Sur la vogue de la marqueterie à Florence, dès la première moitié du XVᵉ siècle, et le rôle d'initiateur joué à cet égard par Brunelleschi, cf. André Chastel, « Marqueterie et perspective au quinzième siècle », *La Revue des arts*, sept. 1953, p. 141-154. Quant à Piero, dont s'inspireront plusieurs générations de marqueteurs, son influence battra en brèche le « donatellisme » et sa tendance à l'expressionnisme (cf. id., *Le Grand Atelier d'Italie*, 1460-1500, Paris, 1965, p. 91).

3. « Ce qui fonde un système de signes, ce n'est pas le rapport d'un signifiant et d'un signifié (ce rapport peut fonder un symbole, mais non forcément un signe), c'est le rapport des signifiants entre eux : la *profondeur* d'un signe n'ajoute rien à sa détermination ; c'est son extension qui compte, le rôle qu'il joue par rapport à d'autres signes, le mode dont il leur ressemble ou en diffère : tout signe tient son être de ses entours, non de ses racines. » Roland Barthes, *Système de la mode*, Seuil, 1967, p. 37.

4. « *Principio, vedendo qual cosa, diciamo questo essere cosa quale occupa uno luogo. Qui il pictore, descrivendo questo spatio, dirà questo suo guidare uno orlo con linea essere circonscritione.* » Alberti, *op. cit.*, liv. II, p. 81.

temps, l'élimination de la profondeur — sous l'espèce, au premier chef, de la couleur — et la réduction de la représentation aux dimensions graphiques de la géométrie euclidienne. Simultanément, dans la mesure où la construction doit s'étendre aux limites du plan et l'articuler dans sa totalité, le découpage dont elle procède ne répond plus à des impératifs techniques (comme c'était le cas du découpage de l'*intonaco,* dans les fresques d'Assise) : il emporte d'emblée une articulation descriptive qui confère aux intervalles une valeur positive égale à celle des figures. On l'a vu par l'exemple de Giotto : le théâtre de la peinture (où la « scène » classique aura trouvé à s'instituer) est le lieu d'un oubli, d'une dénégation : oubli, dénégation d'une dimension — celle du corps et de la gestualité, celle de la couleur — où le théâtre s'affirme d'abord comme pratique et comme jeu, sans s'astreindre à la récitation d'une parole [1]. De l'espace, il ne propose d'un substitut, une épure sans volume que le peintre tâchera ensuite à animer par les moyens de l'« histoire » ou du récit. Tout ce qu'Alberti dit du mouvement (et des mouvements des corps comme expression, traduction visible des mouvements de l'âme), ce qu'il dit de la couleur, de la lumière et de l'ombre qui confèrent aux figures le *relief* [2], ressortit à une rhétorique qui vise à compenser la réduction, l'aplatissement et la linéarité qui sont au principe de la représentation signifiante, de la représentation qui procède du signe et de ses opérations.

Le mythe de Narcisse

Tel est le paradoxe de la perspective, qu'elle prétend captiver l'œil et l'introduire à une profondeur illusoire par des moyens qui n'empruntent rien qu'à la surface et à la géométrie descriptive. Paradoxe en son fond spéculaire, comme le démontre encore l'expérience de Brunelleschi, laquelle manifeste l'équivalence du spectacle réel et de son *representamen* iconique au regard de leur reflet dans le miroir. Alberti avait coutume de dire que l'inventeur de la peinture, *fiori d'ogni arte,* ne fut autre que Narcisse, dont l'histoire vient ici à propos : « Qu'est-ce que peindre sinon embrasser à l'aide de l'art la surface *(cette surface-là)*

1. Cf. Julia Kristeva, « Le Sens et la Mode », *op. cit.*, p. 66-67.
2. « *Il lume et l'ombra fanno parere le cose rilevate.* » Alberti, *op. cit.*, liv. II, p. 99.

de la source[1] ? » La formule dénonce, en le nommant, le narcissisme formel sur lequel se fonde la représentation et prend en compte l'aplatissement (dont le caractère originaire est connoté par le mot *source*) qui en est le corollaire. Peindre, c'est étreindre, embrasser *sans reste* une surface, celle sur laquelle le peintre travaille (cette surface-*là*) ou celle, aussi bien, du miroir qui lui sert de guide : la distinction est de peu d'importance dès lors que les deux surfaces forment système et sont prises dans une même structure de renvoi. La référence à Quintilien, qui fait suite à cette « définition » dans le texte d'Alberti, n'a pas seulement une résonance érudite : Alberti, encore une fois, n'écrit pas une histoire, mais un *art* de la peinture ; son propos est d'ordre théorique. Rappeler que les premiers peintres avaient coutume de délinéer les ombres produites sur le mur par la lumière du soleil, cet art s'étant ensuite accru, enrichi[2], revient à inscrire le privilège formel reconnu au dessin dans la dépendance de la structure représentative (spéculaire). La saisie de la surface s'opère par le moyen de la ligne, la couleur ne jouant par rapport au dessin (qui en fournit la raison, qui en trace la limite) que comme un *supplément*. Mais cette structure commande encore d'autres exclusions, à partir desquelles la contradiction qui fait son ressort se découvrira plus clairement et qui, portant sur le « ciel » et les « nuages », et plus généralement sur l'élément aérien, sont en rapport direct avec la question que ce texte travaille à produire.

3.3.5. LE MIROIR AUX NUAGES

L'image utilisée par Brunelleschi dans la première des expériences que relate la « Vie » de Manetti (rédigée postérieurement au *Della Pittura* d'Alberti, dont elle porte manifestement l'empreinte) présentait une particularité notable. Sur un petit panneau *(tavoletta)* d'environ une demi-brasse carrée, Brunelleschi avait

1. « *Che già, ove sia la pictura fiore d'ogni arte, ivi tutta la storia di Narcisso viene a proposito. Che dirai tu essere dipigniere, altra cosa che simile abracciare con arte quella ivi superficie del fonte ?* » *Ibid.*, p. 78-79.

2. « *Diceva Quintiliano che pittori antichi soleano circonscrivere l'ombra al sole et cosi indi poi si truovo quest'arte cresciuta.* » *Ibid.* ; cf. Quintilien, *Institutio Oratoria, X*, 2 (trad. H. E. Butler, Cambridge Mass.), 1953, t. IV, p. 76-79), où la délinéation est explicitement assimilée à *l'imitation ;* cf. également Pline, *Hist. nat.*, XXXV, XV.

fait une peinture à l'imitation *(assimilitudine)* du baptistère Saint-Jean, dont il avait figuré ce que l'œil pouvait en saisir en se plaçant en un point déterminé (l'embrasure de la porte principale de la cathédrale) ; apportant, souligne le texte, un tel soin à cette peinture, et tant d'exactitude dans le rendu de la mosaïque de marbres noirs et blancs qu'aucun miniaturiste n'aurait pu mieux faire.

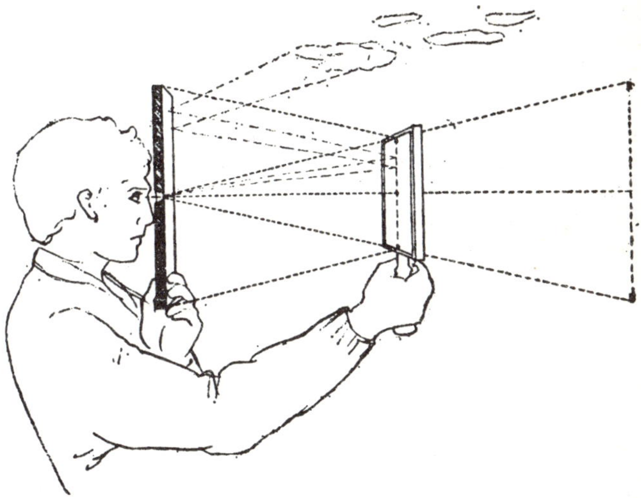

Fig. 4. Reconstitution de la première expérience de Brunelleschi.

Et Vasari de fournir ici quelques précisions d'importance : car s'il ne fait pas mention du miroir dans lequel la peinture se reflétait, ni du trou par lequel on devait la considérer, il insiste sur le fait que la perspective avait été établie conformément à la méthode de l'*intersegatione,* à partir d'un plan au sol et d'une vue en élévation *(che fu il levarla con la pianta e profilo et per via del intersegatione),* les compartiments de marbre étant traités en raccourci avec une grâce singulière *(che diminuivano con una grazia singolare)* [1]. Procédé de la plus grande ingéniosité, de l'avis de Vasari, fort utile pour l'art du *disegno (cosa veramente ingegnisissima, ed utile al arte del disegno),* et dont un Masaccio saura faire son profit. Mais, ajoute encore

1. Vasari, « Vie de Filippo Brunelleschi », *Vite,* éd. Milanesi, II, p. 332.

Vasari, Brunelleschi ne manqua pas de montrer ses constructions aux spécialistes de l'*intarsia* (définie comme l'art de combiner des bois de couleur) ; et il les stimula tant et si bien que ce fut là le point de départ des choses excellentes qui se firent par la suite à Florence en ce domaine [1].

Au regard de ce texte, la définition de la perspective, au sens moderne du mot, et la technique nouvelle de la marqueterie apparaissent comme logiquement contemporaines et comme strictement complémentaires, cette complémentarité, cette contemporanéité signalant à leur tour une articulation historique décisive [2]. L'autorité de la perspective brunelleschienne aura été liée à la structure parfaitement cohérente qu'elle conférait à l'espace pictural, dans la proportion où elle ramenait à un jeu d'éléments identifiables et substituables les formes qui y sont distribuées aussi bien que les intervalles qui les séparent. Réciproquement, la juxtaposition d'un certain nombre de figures de géométrie plane suffisait à imposer l'illusion d'une troisième dimension. Comme l'écrit André Chastel, « on découvrait ou redécouvrait — après les Anciens qui en avaient si volontiers tiré parti dans leurs "grecques" par exemple — que par un amusant [mais à s'« amuser » ainsi, ne risque-t-on pas de laisser échapper la signification *théorique* d'un tel paradoxe ? H.D.] effet d'illusion qui est l'origine même du trompe-l'œil, un jeu de surfaces articulées commande la profondeur. En somme, la fonction unifiante de la perspective exprime bien une pensée mathématique cohérente, mais le procédé d'analyse et de construction qui en résulte est la technique de la marqueterie [3] ».

1. « *Nè resto ancora di mostrare a quelli che lavorano le tarsie, che è un arte di commettere legni di colori ; e tanto gli stimolo, che fu cagione di buono uso e molte cose utili che si fece di quel magisterio, ed allora e poi di molte cose eccellenti che hanno recato e forma utile a Firenza per molti anni.* » *Ibid.*, p. 333.

2. Chastel, art. cit., p. 142. On trouve confirmation de l'Antiquité des perspectives en marqueterie et du rôle joué en la matière par Brunelleschi et Uccello dans la *Vie de Benedetto da Majano,* où le même Vasari rapporte que ce sculpteur avait commencé par travailler le bois et qu'il excellait dans « l'art de combiner des bois teints de diverses couleurs pour en faire surgir des perspectives, des rinceaux et autres objets de fantaisie, qui avait été introduit au temps de Filipo Brunelleschi et de Paolo Uccello » *(Vite*, III, p. 333).

3. Chastel, art. cit., p. 145. Il est intéressant d'observer que la critique est divisée, s'agissant d'identifier le personnage répondant au nom de Manetti, et qui figure aux côtés de Giotto, Donatello, Brunelleschi et Uccello, parmi les « inventeurs » de la Renaissance, sur un petit panneau

Et cependant le travail d'analyse, de construction, que commande la perspective, ce travail n'est pas *sans reste*. Alentour du baptistère, Brunelleschi avait figuré la partie de la place correspondant à l'angle de vue adopté, depuis la loggia dei Pescatori jusqu'au Canto alla Paglia. Jusque-là, rien que de parfaitement justifiable, dans les termes mêmes du *Della Pittura.* Il n'en va plus de même lorsque des édifices (et du sol où ils sont implantés) on passe au ciel sur lequel ils se détachent. On crédite souvent les peintres de la Renaissance de l'élimination des fonds d'or caractéristiques de la peinture médiévale, de l'abaissement de la ligne d'horizon et de l'ouverture de la composition perspective sur le ciel. Or ce ciel, Brunelleschi n'a pas prétendu le *figurer,* mais seulement le montrer *(dimostrare)* ; et il aura eu recours, à cette fin, à un subterfuge qui introduit dans le circuit représentatif une référence directe à la réalité extérieure, en même temps qu'un redoublement supplémentaire de la structure spéculaire sur laquelle l'expérience était fondée. L'observateur qui plaçait son œil au revers du panneau et visait, à travers le trou pratiqué au point de fuite de la composition, le reflet de l'image peinte dans un miroir placé à la distance appropriée, cet observateur n'apercevait, en fait de « ciel », que le reflet d'un reflet. Dans la mesure, en effet, où Brunelleschi avait à tenir compte, à faire état du lieu où s'imprimaient *(stampassono)* les murailles figurées en perspective, il avait recouvert la partie correspondante du panneau d'une surface d'argent bruni où se reflétaient l'air et les cieux réels, et de même les nuages qui s'y laissaient voir, poussés par le vent, quand celui-ci soufflait [1].

conservé au Louvre et souvent attribué à Uccello lui-même. Pour Vasari, et son éditeur Milanesi, il s'agit d'Antonio di Tuccio Manetti (né en 1423), le mathématicien et biographe de Brunelleschi, l'ami aussi d'Uccello, avec lequel, affirme Vasari, il aimait à s'entretenir d'Euclide (" *suo amico con quale conferiva essai e ragionava delle cose di Euclide* ". *Vie de Paolo Uccello,* p. 214). Pour Boeck, il s'agit au contraire d'Antonio di Ciaccheri, dit Manetti (né en 1405), spécialiste de l'*intarsia* et cité parmi les « maîtres de la perspective » dans les *Memorie storiche di Benedetto Dei,* publiés par Semper dans les *Quellenschriften für Kunstgeschichte,* IX (1875), p. 263. Il est en tout cas très significatif qu'on puisse envisager de substituer, parmi les « inventeurs de la Renaissance », un marqueteur à un mathématicien. (Cf. John Pope-Hennessy, *The Complete Work of Paolo Uccello,* Londres, 1950, p. 155.)

1. « *Et per quanto s'aveva a dismostrare di cielo, cioè le muraglie del dipinto stampassono nell' aria, messo d'ariento brunito, accio che l'aria e cieli naturali vi si specchiassono drento ; e cosi e nugoli, che si*

Ce texte et l'expérience, tout à la fois d'optique et de scénographie qu'il relate, témoignent de la limitation impartie dès le principe au système perspectif, sous l'espèce théorique (car c'est bien de théorie qu'il s'agit, en l'occurrence, et non de « peinture »). La perspective n'a à *connaître* que des seules choses qu'elle peut ramener à son ordre, les choses qui occupent un lieu et dont le contour peut être défini par des lignes. Or le ciel n'occupe pas de lieu, il n'a pas de mesures ; et quant aux nuages, on n'en saurait fixer les contours, ni analyser les formes en termes de surfaces : le nuage ressortit à la classe des *corps sans surface,* telle que la définira Léonard de Vinci, des corps qui n'ont ni forme ni extrémités précises, et dont les limites s'interpénètrent [1]. Le procédé auquel Brunelleschi aura eu recours pour « montrer » le ciel, cette façon de miroir qu'il avait introduit dans le champ pictural comme une pièce de marqueterie et où se laissaient prendre le ciel et les nuages, ce miroir aura donc été beaucoup plus qu'un subterfuge [2]. Il

veggono in quello ariento essere menati dal vento, quand'e'trae. » Cit. par A. Parronchi, art. cit. La « Vita di Filipo ser Brunelleschi », par Manetti, est reproduite in Piero Sanpaolesi, *Brunelleschi,* Milan, 1962, p. 137-146.

1. « Il n'est que deux sortes de corps visibles, l'une n'a ni forme ni extrémités précises ou définies ; celles-ci, bien que présentes, sont imperceptibles et par conséquent leur couleur est difficile à déterminer. Le second genre de corps visibles est celui où la surface définit et caractérise la forme.

A la première catégorie, sans surface, se rattachent les corps soit ténus, soit liquides, qui volontiers se confondent et se mêlent avec d'autres corps ténus, comme la vase et l'eau, le brouillard ou la fumée avec l'air, ou l'élément de l'air avec le feu, et autres choses similaires, dont les extrémités se confondent avec les corps avoisinants, ce pourquoi — leurs limites se brouillant et devenant imperceptibles — ils se trouvent privés de surface attendu que ces limites s'interpénètrent. En conséquence, ces corps sont dits sans surface. » Léonard de Vinci, C.A., 132 r.b., cf. *Les Carnets de Léonard de Vinci,* éd. par Edward Mac Curdy, trad. française, Paris, 1942, t. II, p. 301.

2. Il faut ici rappeler (cf. 1.5.) que la tradition aristotélicienne assimile régulièrement le nuage à un miroir. L'optique médiévale se fondait sur cette assimilation pour rendre compte de la formation de l'arc-en-ciel. Les *Quaestiones perspectivae* attribuées à Biaggio Pelicani expliquent l'apparition « miraculeuse » dans le ciel de Milan d'anges porteurs d'épées et de trompettes, par la réflexion dans les nuages de l'ange doré qui couronnait le campanile de l'église Saint-Gothard. Alessandro Parronchi (« Le Fonti di Paolo Uccello », *op. cit.,* p. 491-493) en tire argument pour considérer la figure *renversée* qui apparaît dans un nuage au-dessus de l'officiant, dans le *Sacrifice de Noé* d'Uccello, non comme celle de Dieu (comme le voulait Vasari), mais comme le reflet dans le nuage de Noé lui-même.

a valeur d'emblème (au double sens de figure symbolique et de corps étranger, d'élément inséré, emboîté : ἔμβλημα /ἐμβολή/ συμβολή) épistémologique, dans la mesure où il révèle les limitations du code perspectif dont l'expérience fournit la théorie complète. Il fait apparaître la perspective comme une structure d'exclusion, dont la cohérence se fonde sur une série de refus, et qui doit cependant faire place, comme au fond sur lequel elle s'imprime, à cela même qu'elle exclut de son ordre. Mais il a également une portée formelle, sinon stylistique, dans la mesure où il paraît emporter une notion limitative, strictement graphique, de l'espace pictural et des figures qui y trouvent place.

4

PUISSANCES DU CONTINU

« L'infini est le genre dont le continu est une espèce. »
JULES VUILLEMIN,
La philosophie de l'algèbre.

4.1. LE « STYLE » ET LA THÉORIE

4.1.1. UNE STRUCTURE D'EXCLUSION

L'impensé du système

Si Brunelleschi, d'entrée de jeu, a su en donner la *théorie*[1], l'institution perspective ne se sera cependant pas définie tout d'un coup, à point nommé, et sa fortune, au moins au départ, n'aura pas été liée à un acte d'autorité. La perspective linéaire à point de fuite unique a une histoire et il en est de la peinture, à cet égard, comme du langage : *nihil est lingua quod non prius fuit in oratione* — il n'y a rien dans la langue qui n'ait d'abord été dans la parole (Benveniste). La distinction langue/parole n'étant pas pertinente dans le champ pictural (avec ce que cela implique quant à la définition d'un prétendu « code » qui ne code, en définitive, rien que lui-même et dont la fonction, comme on va voir, est moins productive que démonstrative), on retiendra cependant de la formule la dépendance où elle inscrit le « code » par rapport au *dit,* en même temps qu'à la *phonè,* faisant apparaître en négatif le non-dit (l'impensé) qui fait son envers, le dehors scripturaire sur lequel il s'enlève, le fond inarticulé qui le cerne et lui donne son contour, sa cohérence de figure. En d'autres termes, le « code » apparaît comme une structure d'exclusion dont l'équilibre et la nécessité sont fonction de cela même qu'il désigne comme extérieur à son ordre, l'imprononçable (le non-figurable) qui ne cesse cependant, en tant que tel, de « travailler » le système.

C'est une question de savoir si la peinture grecque et/ou

1. Et la théorie *complète,* comme on le montrera ailleurs (cf. *La Fissure,* en préparation).

romaine a connu des représentations de nuages ou de formations nébuleuses — une question qui n'est évidemment pas sans rapport avec celle, toujours épineuse, de la « perspective » antique [1]. Le poète Ausonius, dont l'activité se situe dans la seconde moitié du IVe siècle, comparait son poème *Cupido cruciatus,* dans la préface où il en décrit la genèse, à une nuée peinte sur un mur *(nebulam pictam in pariete).* Avait-il en vue, comme en juge Panofsky dans le commentaire qu'il a donné de ce texte [2], une peinture illusionniste ouvrant sur un ciel en trompe l'œil, du genre de celles qui abondent dans la peinture romaine tardive ? Mais les fonds sur lesquels s'inscrivent les perspectives architecturales de la peinture pompéienne sont d'un bleu transparent, comme le sont les cieux sans nuages des paysages mythologiques du Vatican, où l'on veut cependant voir l'un des premiers exemples de traitement « pittoresque » de l'espace. Et pourtant Ausonius se réfère explicitement au nuage comme à un objet que la peinture est parfaitement à même de figurer, de représenter par les moyens qui sont les siens : chacun a pu en voir, et s'en souvient [3]. Dans l'état actuel des connaissances, cette assertion n'est corroborée par aucun vestige archéologique. Bien au contraire, les masses indécises dont s'ourle le bord supérieur des reliefs qui ornent les deux gobelets d'or trouvés à Vaphio (Laconie), et où il croyait reconnaître des nuées, constituaient aux yeux d'Alois Riegl un argument supplémentaire pour nier l'origine méditerranéenne de ces pièces fameuses, aujourd'hui tenues pour un travail minoen de la fin du XVIe ou du début du XVe siècle av. J.-C. : à l'en croire, les cieux nuageux ne devaient jamais se retrouver dans l'art antique, et il aurait

1. Que l'Antiquité ait connu une forme de « perspective », un passage célèbre de Vitruve, bien analysé par Panofsky (« Die Perspektive als symbolische Form », note 18, p. 137-139), suffit à l'attester. La question *théorique* porte (a) sur les principes et sur les moyens respectifs de la perspective antique et de la perspective renaissante et (b) sur le statut du code perspectif, sur sa position et ses fonctions dans l'économie de la représentation.

2. E. Panofsky, « Nebulae in pariete; notes on Erasmus Eulogy on Dürer », *Journal of the Warburg and Courtauld Institutes,* vol. XIV (1951), p. 34-41.

3. « *Et unquam vidisti nebulam pictam in pariete? Vidisti utique et meministi.* » *Decimi Magni a Ausonii Burdigalensis Opuscula,* éd. Peiper, Leipzig, 1886, cit. par Panofsky, art. cit., p. 222. Dans une lettre à Aurelius Symmachus, le même Ausonius parle des feuilles dorées et des nuages peints qui ne plaisent qu'aussi longtemps qu'on les voit (« *Hoc velut aerius bratteae fucus aut picta nebula non longius, quamdum videtur, oblectat* », *ibid.*).

fallu attendre le Moyen Age finissant pour voir la peinture les prendre en considération [1]. Exclu du champ pictural, le nuage ne l'était pas pour autant, comme déjà l'a observé Ruskin [2], du texte littéraire ; pour ne rien dire des *Nuées* d'Aristophane, le nuage intervient dans l'*Enéide,* sous des espèces multiples, au titre de véhicule, d'abri, de signe menaçant, de masque, etc. : mais ce n'est qu'avec Poussin, grand lecteur de Virgile, que l'on verra Vénus, dans toute sa splendeur, descendre à travers les nuées (*At Venus aetherios inter dea candida nimbos, En.*, VIII, v. 608) pour remettre à Enée les armes forgées par Vulcain [3].

Comment la question s'est-elle posée au Quattrocento, alors qu'allait s'approfondissant un travail théorique auquel devait correspondre une véritable révolution dans l'art pictural ? L'expérience de Brunelleschi a le mérite de faire apparaître en toute clarté les termes du problème. Le nuage ne peut être figuré par les moyens de la géométrie ; ce corps « sans surface » ne se laisse pas « décrire » ni ramener aux coordonnées d'un jeu d'assemblage qui ne retiendrait des objets que le profil nettement délinéé sous lequel les appréhende un observateur placé en un point donné (c'est-à-dire dont la vision est définie comme ponctuelle). Il trouve cependant sa place dans la représentation : l'image spéculaire l'accueille, moyennant un redoublement supplémentaire et sous les espèces du reflet d'un reflet. Et de même, lorsque Mantegna voudra représenter une Ascension, il commencera par la réduire à une machine de théâtre, assortie des déploiements de coton dont s'accompagnaient les voleries du spectacle : le redoublement, la répétition qui est au principe du signe et de la représentation permettant au peintre de traiter de pareils sujets sans déroger au principe d'Alberti qui voulait que la peinture n'ait à connaître que des choses visibles (mais d'autres nuages se *profilent,* dans les cieux de Mantegna, comme plus tard dans ceux de Bellini, que des nuages de théâtre, et qui ne sont pas d'apparence plus « réaliste » que ceux-ci : « Dès que le signe apparaît, c'est-à-dire depuis toujours, il n'y a aucune

1. Aloïs Riegl, « Zur Kunsthistorischen Stellung der Becher von Vafio », *Gesammelte Aufsätze,* Vienne, 1929, p. 77-79 ; cf. Friedrich Matz, *La Crète et la Grèce primitive,* trad. française, Paris, 1962, p. 121-125.
2. John Ruskin, *Modern Painters,* t. III, Londres, 1855, IVe partie, chap. 16, « On Modern Landscape ».
3. Cf. les deux versions de *Vénus armant Enée* dues à Poussin (musées de Toronto et de Rouen) ; *Catalogue de l'exposition Nicolas Poussin* Paris, 1960, n° 44 et 59.

chance de rencontrer quelque part la pureté de la réalité [1]. ») La plaque d'argent bruni insérée par Brunelleschi dans son panneau peint à la place du ciel avait une autre valeur que parodique ou même critique [2] : pour parfaitement ajustée qu'elle fût aux autres éléments du découpage perspectif, cette pièce s'introduisait dans le réseau de l'*intarsia* comme un élément étranger qui manifestait la clôture du « code » et, tout ensemble, l'impossibilité pour la représentation de s'inscrire dans les limites du champ ainsi défini.

Le régime perspectif exclut, dans son principe théorique, la représentation de formations nébuleuses. Mais la création picturale ne se réduit pas à la mise en œuvre d'un code ; et il est facile de montrer qu'en fait un très petit nombre seulement des productions de la Renaissance satisfont aux exigences d'une construction perspective « correcte [3] » : déjà Vasari se réjouissait, avec une naïveté feinte, d'observer qu'Uccello lui-même, dans l'*Ivresse de Noé,* avait commis ce qu'il faisait mine de considérer comme une « erreur » des plus graves au regard de la doctrine, la composition obéissant à deux points de fuite au lieu d'un [4]. Mais c'est peut-être que le « code » perspectif (comme encore celui de la couleur, qui lui est subordonné) occupait dans le système représentatif de la Renaissance une position paradoxale, et qu'il y assumait des fonctions très différentes de celles qui sont assignées à un code symbolique, au sens courant du terme. Le prétendu « code » perspectif fournit les éléments d'une construction géométrique de l'espace, et leurs règles de combinaison ; mais tout se passe comme si la peinture, depuis la révolution inaugurée par Brunelleschi jusqu'à la rupture introduite par Cézanne, avait vécu, au moins pour partie, de la transgression toujours répétée de la loi qu'elle s'était donnée. Le « code » fonctionne dans le système moins comme une matrice à laquelle devraient être rapportées les productions qui en dérivent que comme un dispositif tout ensemble directeur et régulateur (Léonard définira la perspective « le frein et le gouvernail de la peinture », *briglia e timone della pittura* [5]) : un dispositif

1. Jacques Derrida, *De la grammatologie,* p. 139.
2. G.-C. Argan (art. cit., p. 105) y voit une allusion satirique aux fonds d'or de la peinture médiévale.
3. Cf. Pierre Francastel, *Peinture et Société,* Lyon, 1951, 1re partie.
4. « *Onde mi sono maravigliato assai, che un tanto accurato e diligente facesse un errore cosi notabile.* » Vasari, « Vie d'Uccello », p. 210.
5. B.N., Ms 2038, 132 r. Cf. *Les Carnets de Léonard de Vinci,* t. II, p. 190 ; Jean-Paul Richter, *The Literary Works of L. da V.,* 2e éd.,

théorique, qui a valeur de modèle (au sens épistémologique du terme), et qui est avec la pratique *réelle* de la peinture dans un rapport analogue à celui qui lie les modèles théoriques élaborés par la science à la réalité dont celle-ci entend connaître. *Modèle,* a-t-on dit, plutôt que *structure,* et qui règle un fonctionnement qui n'est jamais de part en part « perspectif » (cf. 3.3.4.). Que ce modèle n'ait jamais cessé d'avoir une valeur normative, c'est ce que révèlent, en fin de compte, les avatars historiques du système : si les peintres du Quattrocento ont pu paraître prendre les plus grandes licences à l'égard des principes établis par Brunelleschi et codifiés ensuite par Alberti et Piero, le régime perspectif devait s'imposer avec une rigueur toujours croissante, au titre de code paradigmatique, dès lors que le système hérité de la Renaissance commença d'être menacé dans ses fondements, dans son *ordre* (celui que défendaient les académies). Mais s'il en est ainsi, si un même idéal spatial a pu se maintenir (fonctionner) pendant près de quatre siècles, alors que la représentation connaissait des fluctuations stylistiques considérables (celles-là dont Wölfflin a prétendu faire la théorie, et à la charnière desquelles paraît s'inscrire l'œuvre du Corrège), c'est bien là la preuve qu'il n'était pas lié *a priori* à un style donné, et d'abord à la linéarité. Le régime perspectif excluait le nuage dans la mesure où il ne paraissait devoir se prêter qu'à une interprétation graphique. Mais qu'en sera-t-il lorsque la hiérarchie des fonctions qui conférait au style sa physionomie, sa configuration propre, sera mise en cause — et d'abord quand la ligne se verra contestée dans ses privilèges ?

Londres, 1939, t. I, p. 127. Pour Léonard comme pour Alberti, le peintre, avant de s'exercer à composer l'histoire, devait avoir appris à fond la perspective (*Carnets,* II, p. 217). Il faut noter ici que Cennino Cennini regardait déjà l'étude de la nature comme le gouvernail en même temps que comme la porte triomphale (*timone e porta trionfale*) d'un *disegno* (*Traité,* chap. XXVIII) qu'il établissait dans la dépendance d'une puissance — définie comme puissance du voir — qui aurait eu à son tour pour gouvernail et pour guide (a) la lumière du soleil, (b) la lumière de l'œil du peintre, et (c) la main de celui-ci : sans la rencontre de la pratique picturale avec les données de base de l'optique théorique, rien ne pouvait être fait, selon lui, dont on pût rendre raison (*E'l timone e la guida di questo potere vedere, si è la luce del sole, la luce dell' occhio tuo, e la man tua : chè senza queste tre cose nulla non si puo fare con ragione. Ibid.,* chap. VIII, éd. Milanesi, p. 6).

« *Nebulae in pariete* »

Si l'on accepte la lecture qu'en donne Panofsky, l'éloge de Dürer qu'Erasme a choisi d'insérer dans son *Dialogus de recta Latini Graecique sermonis pronuntiatione* (publié en 1528, soit l'année même de la mort du peintre) confirme la pertinence de la question, du double point de vue historique et systématique. Dürer, déclare le porte-parole d'Erasme, est l'Apelle des temps modernes : il l'emporte même sur les Anciens dans la mesure — et c'est là le point important — où il sait tout exprimer sans le secours des couleurs, et par le seul moyen de la ligne : les ombres, les lumières, l'éclat, le relief. Des choses situées en un lieu déterminé, il réussit à donner à voir plus que le profil unique sous lequel elles s'offrent à l'œil astreint aux règles de construction de la pyramide visuelle. Il observe exactement les proportions, l'harmonie. Mais surtout, il peint *ce qui ne peut être peint :* le feu, les rayons lumineux, les orages, la foudre, voire, comme le disent certains, *les nuées sur le mur* (*nebulas in pariete)* — et encore : tous les sentiments et affections, enfin l'âme humaine tout entière telle que le corps la manifeste par son apparence, à la limite la voix elle-même *(ac pene vocem ipsam).* Le tout, encore une fois, par le moyen des lignes les plus heureuses, de lignes noires auxquelles nulle couleur ne saurait être ajoutée sans que l'œuvre n'en souffre *(Durerus quanquam et alias admirandus, in monochromatis, hoc est, nigris lineis, quid non exprimit ? Umbras, lumen, splendorem, eminentias, depressiones : ad haec, ex situ rei unius, non unam speciem sese oculis intuitium offerentem. Observat exacte symmetrias et harmonias. Quin ille pingit et quae pingere non possunt, ignem, radios, tonitrua, fulgetra, fulgura, vel nebulas, ut aiunt, in pariete, sensus, affectus omnes denique totum hominis animum in habitu corporis relucentem, ac pene vocem ipsam. Haec felicissimis lineis iisque nigris sic ponit ob oculos, ut si colorem illinas, iniuriam facias operi. An non hoc mirabilius, absque colorum lenocinio praestare, quod Apelles praestitit colorum praesidio* [1] *?)*

Texte lui aussi décisif : si, pour l'essentiel, les éléments en sont empruntés à Pline (et à Ausonius, comme l'a démontré Panofsky, pour ce qui est des *nebulas in pariete*), son articula-

1. Erasme, *Dialogus de recta Latini Graecique sermonis pronuntiatione*, cit. par Panofsky (d'après l'édition de Leyde, 1643), art. cit., p. 35-36.

tion, sa progression, autant que les adjonctions qui sont le fait d'Erasme, répondent à un propos théorique dont la rigueur et l'acuité ont de quoi surprendre. Rapportée qu'elle est à la question tout à la fois de la linéarité et de la figurabilité, la problématique du nuage y trouve son lieu et sa caractérisation la plus juste, à la jointure du visible et de l'invisible, du représentable et du non-représentable.

Quae pingere non possunt : cela qui ne peut être peint (et ici, comment ne pas évoquer Goethe, Goethe qui voudra, cinquante ans avant Monet et Van Gogh, que la peinture ne se prête pas à représenter les arbres en fleurs, parce que ceux-ci *ne font pas image* [1] ?) : le feu, les rayons lumineux, l'orage, la foudre, les nuées ; mais aussi les sentiments, les affections, sinon la voix elle-même ; et encore (suivant l'interprétation de Panofsky), le revers de l'objet qu'exclut la réduction planimétrique. Significative, dans le contexte d'un dialogue consacré à la *prononciation,* la référence à la voix (d'autant que l'éloge s'ouvre sur l'assertion que les enfants devraient apprendre à peindre et à dessiner en même temps qu'à écrire, pour acquérir plus d'habileté dans le tracé des lettres, de même que ceux qui savent chanter auront une meilleure élocution [2] ; variation sur le paradigme albertien de l'écriture : la peinture — le dessin — est à l'écriture ce que la musique — le chant — est à la parole) : l'écriture, noir sur blanc, de la ligne, ne double pas la *phonè,* elle l'appelle comme le manque de ce qui est montré, le supplément de la représentation, sa preuve, toujours exigible (« Parle, et je te baptise »), à la façon dont le profil visible de l'objet, dans l'effacement calculé de son contour, promet les profils qu'il exclut et révèle ce qu'il dissimule [3]. La peinture n'a à connaître que du visible (du représentable). Mais le champ de la représentation ne coïncide pas avec celui du dénoté : la profondeur refoulée déchire le plan représentatif sous les espèces, éclatantes, du feu et de la lumière, fracassantes, de l'orage et de

1. Goethe, *Conversations avec Eckermann,* trad. française, Paris, 1949, p. 75.

2. « *Ut autem qui musici periti sunt, rectius pronuntiant etiam non cantantes : ita qui ducendis in omnem formam lineis digitos habet exercitatos mollius ac felicius pinget literas.* » Erasme. *Dialog.,* cit. par Panofsky, art. cit., p. 35.

3. La formule est empruntée à Pline : « *Ambire enim se ipsam debet extremitas et sic desinere, ut promittat alia et post se, ostendatque etiam quae occultat.* » (Pline, *Hist. Nat.,* XXXV, LXVII.)

la foudre, aériennes, impalpables, des nuées dont la fixation sur le plan *(in pariete)* emporte d'emblée une connotation onirique (car le nuage — comme l'écrit ailleurs Erasme [1] — est chose trop immatérielle pour pouvoir être exprimée par des couleurs — un nuage peint est semblable à un rêve, c'est-à-dire *à rien*).

Dans ce texte, dont la structure démonstrative n'a pas échappé à Panofsky, Erasme désigne très précisément la limite d'un mode de représentation dans lequel les principes de la perspective à point de fuite unique sont interprétés en termes strictement graphiques, à l'exclusion de toute détermination colorée. Ce faisant, il s'inscrit à l'avance en faux contre l'affirmation de Wölfflin selon laquelle un style, tout en étant lié à une certaine idée de la « beauté » et possédant des vertus spécifiques, n'en constituerait pas moins « un langage, capable de tout exprimer [2] ». Ce n'est pas tellement qu'avec la peinture on ait affaire à *un langage restreint,* au sens où l'entend Hjelmslev, c'est-à-dire à un langage qui, à la différence du langage « philologique », ne peut servir à exprimer n'importe quelle signification possible, et ne se prête qu'à des usages spécifiques [3] : dans les termes mêmes d'Erasme, et compte tenu du principe selon lequel la peinture n'a à connaître que des choses visibles, l'idée qu'un peintre puisse *tout* peindre, et cela même *qui ne peut être peint,* exclut toute caractérisation du style au titre de code dont les œuvres seraient le produit. Elle implique que le système de la représentation ne se laisse pas réduire à telle interprétation

1. Se référant, dans ses *Adagia,* au poème d'Ausonius déjà cité, Erasme conclut, à l'inverse du poète latin, qu'on ne saurait peindre un nuage : « *Nam nebula res inania quam ut coloribus exprimi queat.* » (Cit. par Panofsky, art. cit., p. 39, n. 4.)

2. Wölfflin, *Principes,* p. 13. On observera que le texte de Wölfflin procède très exactement du champ de culture que ce travail vise à cerner, et que ponctuent les noms de Pline, Erasme et Léonard : « L'art de la Renaissance... a été capable de représenter tout ce qu'il a *voulu,* et l'on se fera une juste idée de sa puissance si l'on se rappelle qu'en fin de compte il a pu trouver une expression linéaire pour les objets les moins plastiques, les buissons, les chevelures, l'eau et les nuages, la fumée, les flammes. Est-il bien sûr qu'on ait raison d'affirmer que ces choses sont plus malaisées à appréhender par des lignes que des corps aux formes déterminées ? De même qu'on peut entendre dans le son des cloches toutes les paroles possibles, on peut rendre compte de diverses manières de ce que l'on voit, et personne n'a le droit de dire qu'une expression est plus vraie qu'une autre. » *Ibid.,* p. 33.

3. Si la peinture était un langage, au sens strict, n'importe quel texte dans n'importe quel langage devrait pouvoir être traduit dans ses termes, et vice versa. Cf. Louis Hjelmslev, « La structure fondamentale du langage », in *Prolégomènes,* p. 179.

particulière — linéaire ou picturale — et pas davantage à l'un quelconque des codes — si productif soit-il — qui entrent dans sa définition. Le « style » — et celui-là même qui, par le privilège qu'il accorde au dessin, paraît le mieux accordé aux exigences du code perspectif — n'est rien qu'un moment formel, correspondant à un niveau d'analyse spécifique, et qui ne contient pas en lui-même sa propre détermination. Occupé à faire l'éloge de son portraitiste, Erasme n'en a pas moins aperçu le conflit théorique dont l'art de Dürer porte la marque. Mais Dürer n'aura pas été le seul à vouloir peindre cela qui ne peut l'être : le feu, la tempête, l'éclat et la lumière, les nuages. Deux ans avant sa mort, le Corrège entreprenait de décorer la coupole de la cathédrale de Parme, où l'Assomption de la Vierge s'opère dans un grand concours de nuées ; et vingt ans plus tard, Pontormo prétendra à imiter non plus avec les lignes, mais *avec les couleurs* (*co' colori*), toutes les choses naturelles (*tutte le cose che a fatto la natura),* les feux *(fuochi),* l'éclat *(splendori),* les nuages *(nugoli),* etc., et à le faire sur le plan *(e farla a piano)* où le peintre s'exténue à animer ses figures, à leur donner l'apparence de la vie[1]. Nul mieux que Pontormo n'a su traduire l'inquiétude qui vient au peintre de la disproportion entre les effets et les moyens de la peinture, entre l'intensité de l'illusion et la précarité, la minceur du matériau. Mais cette inquiétude n'est pas seulement l'indice, historique, d'un prochain glissement du style. Elle a des racines autrement profondes et lointaines : elle se nourrit du paradoxe qui fait le ressort du système, et qui n'aura pas attendu l'époque désignée comme « maniériste », ni même celle de Dürer, pour se manifester.

4.1.2. DU LINÉAIRE AU PICTURAL

La lunette de Mantegna

On a dit plus haut comment l'œuvre de Mantegna — dont on sait l'importance pour la formation de Dürer — témoigne d'une précision quasi ethnographique dans le rendu de certaines machines du spectacle contemporain, et comment ce peintre aura su tourner, par ce redoublement, quelques-uns des interdits

1. Pontormo, *Lettre à Benedetto Varchi.* (Cf. 1.5.).

liés à l'institution du code perspectif, et représenter l'Ascension du Christ sur un nuage de théâtre ou la nuée de coton qui couronnait la *nuvola* sur laquelle les acteurs prenaient place, tandis qu'il peuplait le ciel de ses compositions de strato-cumulus fortement dessinés. Mais sa production offre encore, comme on l'a vu, d'autres traits qui sont en rapport direct avec l'objet de ce travail. Ce sont d'abord, dans le *Saint Sébastien* de Vienne ou *la Vertu triomphant des vices* du Louvre, ces nuages où s'esquissent des silhouettes en ronde bosse, « aberration » significative dans le contexte où elle intervient, et qui démontre que la bizarrerie dont Piero di Cosimo se verra taxé par Vasari pour avoir voulu lire dans les formations nébuleuses des figures et des constructions étranges, que cette bizarrerie prétendue n'avait rien d'exceptionnel à l'époque, ni par conséquent de pathologique [1]. C'est ensuite la surprenante « inquiétude spatiale [2] » qui « anime » les productions de ce peintre, et qui trouve à s'exprimer par des moyens essentiellement graphiques, comme le révèlent les fragments de la prédelle du retable de San Zeno (1457-1459). Dans la *Crucifixion* du Louvre, la fuite des lignes du sol, *traitée en perspective curviligne,* s'interrompt brusquement : un chemin, où s'engagent cavaliers et soldats, descend en contrebas vers un vallon dont la vue est dérobée par la dalle de pierre, conçue comme une scène de théâtre, où sont plantées les croix, et qui occupe le premier plan ; dans le lointain, le même chemin monte vers une ville située sur le sommet d'une éminence. C'est, semble-t-il, en un autre point de ce chemin, plus près de la ville, que prend place la *Nuit au jardin des oliviers* (Londres, National Gall.). Là encore, l'espace, défini par un réseau complexe d'arabesques, s'incurve et « fuit » en contrebas, tandis que des nuages boursouflés « parcourent » le ciel. Cette description (nécessairement métaphorique, comme l'est toute description qui, à propos d'une image fixe, introduit une référence au mouvement) vaudrait pour la plupart des paysages de Mantegna (et la roche, le *rocher* n'est alors pas sans remplir, dans la linéarité de ses plis et replis, des fonctions tout ensemble plastiques et thématiques, sinon fantasmatiques, d'une étendue comparable à celles assignées au *nuage* dans les productions du Corrège). Il semble que Mantegna ait voulu s'affranchir *par le trait* de la rectilinéarité des coordonnées spatiales, en même temps qu'il travaillait à

1. Cf. ci-dessus, 1.4.2. et 1.5.
2. L'expression est de Giuseppe Fiocco, *Mantegna,* trad. française, Paris, 1938, p. 121.

ouvrir ses compositions sur le ciel. Le Corrège de la Camera di San Paolo se souviendra du dais de feuillage à claire-voie sous lequel s'abrite la *Vierge de la victoire* (Paris, Louvre). Et de même, à la chapelle Ovetari, aux Eremitani de Padoue, aussi bien que dans la Chambre des Epoux, au palais de Mantoue, les lignes de fuite convergent en des points situés *en dessous* du cadre de l'image, dont l'agencement obéit ainsi à un principe illusionniste qui devait connaître une fortune considérable, le sol de la scène représentée sur le mur étant établi à une hauteur supérieure à celle de l'œil du spectateur. Procédé dont la *Crucifixion* offre une variante, et que Mantegna portera à la limite dans la lunette du plafond de la Chambre des Epoux, à Mantoue (planche I B). Là s'ouvre, sinon la première perspective *dal sotto in sù* de l'histoire de la peinture italienne, au moins la première perspective construite strictement à la verticale et suivant un axe rigoureusement perpendiculaire au plan du sol sur lequel est établi le spectateur[1] : la lunette, entièrement figurée en trompe l'œil, ne donne pas directement sur le « ciel » : il y faut l'intermédiaire d'une balustrade feinte sur laquelle s'appuient demoiselles et servantes, tandis qu'y volètent des *putti* et qu'un paon allonge démesurément son cou vers la nue — une nue bleutée, hantée par une brume indécise, où l'œil s'égare.

Chimères : l'anamorphose et la nuée

Ces effets de perspective accélérée ou renversée, liés à la position qu'occupe le spectateur par rapport à la surface peinte,

1. En fait, il n'aura pas fallu attendre Mantegna, et les fresques de Padoue ou de Mantoue, pour voir le modèle perspectif prêter à des variations qui paraissent contredire à la lettre de la doctrine exposée par Alberti dans le *Della pittura* et qui laissait au peintre toute liberté pour établir le point centrique, pourvu que ce fût *dans les limites qu'il avait assignées à sa composition.* Alessandro Parronchi a montré comment deux œuvres de peu postérieures aux expériences de Brunelleschi, le *tondo* avec l'*Ascension de saint Jean* de Donatello, à la sacristie vieille de San Lorenzo, et la *Trinité* de Masaccio, à Santa Maria Novella (cf. 4.2.3.), étaient déjà construites suivant une perspective *dal sotto in sù,* parfaitement justifiable dans les termes de la théorie (cf. Parronchi, « Le due tavole... », *op. cit.,* p. 281-287). Avec cette réserve, s'agissant de la *Trinité,* qu'elle n'était qu'une partie d'un ensemble plus vaste, traité en trompe l'œil, et où l'effet perspectif était destiné à renforcer l'illusion (cf. U. Schlegel, « Observations on Masaccio's Trinity Fresco in Santa Maria Novella », *Art Bulletin,* XLV (1963), p. 19-33.)

ne sont pas tellement éloignés, dans leur principe, d'autres jeux où le code se donne explicitement pour ce qu'il est : un artifice, l'instrument d'une illusion. Dans la pratique « normale », « scientifique », « rationnelle », la perspective fonctionne comme une technique d'appropriation et de mise en ordre du réel, dont on a pu prétendre qu'elle correspondait à l'établissement d'une relation « adulte » avec le monde [1]. Mais la même technique, les mêmes principes peuvent être utilisés à *contresens*, à des fins hallucinatoires ou déconcertantes (la *delusion*, ou déception, opposée à l'illusion). L'histoire de la perspective ne s'identifie pas avec celle du « réalisme » artistique : elle est aussi celle d'un songe, dont Jurgis Baltrušaitis a su pénétrer les arcanes [2]. Connue dès le XVIe siècle (le mot n'apparaîtra qu'au XVIIe), et répandue entre autres dans les milieux proches de Dürer (un élève de celui-ci, le graveur Ehrard Schön, en a laissé des exemples fameux), l'anamorphose retourne l'ordre perspectif contre lui-même. Cette « *bella e secreta parte di perspettiva* » (Daniel Barbaro, 1559) — l'art de la perspective secrète, *die Kunst in geheimer Perspektive* auquel Dürer aurait été initié à Bologne [3] ? — qui démontre « la force de la perspective dans ses tromperies » (P. Accolti, *Prospectiva Pratica,* 1625), se fonde sur la déformation systématique, par des moyens mécaniques ou géométriques, de figures régulièrement construites. On obtient ainsi soit une image dans laquelle se laissent reconnaître, moyennant l'adoption du point de vue approprié, un certain nombre d'objets ou de portraits cryptés, soit un « chaos de lignes » qui ne se recomposent que lorsque l'image est considérée obliquement, à travers un trou percé dans l'écran qui la dissimule (le jour viendra où l'anamorphose s'adjoindra la catoptrique et jouera de la réflexion spéculaire comme d'un

1. Maurice Merleau-Ponty, *Signes,* Paris, 1960, p. 63. Cf. *La Fissure,* en préparation.

2. Jurgis Baltrušaitis, *Anamorphoses et Perspectives curieuses.* Paris, 1955.

3. C'est dans le sens d'un désir d'être initié à des pratiques alors tenues secrètes que Baltrušaitis interprète la lettre déjà citée (cf. ci-dessus, 3.3.3.) de Dürer à Pirkheimer. On se souvient que Panofsky y voit seulement la preuve de l'intérêt porté par Dürer aux fondements *théoriques* de la perspective. Les deux interprétations ne sont pas exclusives l'une de l'autre dès lors qu'une initiation aux mystères de l'anamorphose impliquait la mise en évidence de la coïncidence spéculaire du point de vue et du point de fuite, dont le traité d'Alberti ne fait pas mention, mais qui n'en est pas moins, comme le prouve l'expérience de Brunelleschi, au principe de la perspective de la Renaissance.

moyen supplémentaire). On reconnaît là les éléments de l'expérience de Brunelleschi, et jusqu'au *trou,* au point de vue strictement défini et ponctuel auquel l'œil est astreint, et dont le décentrement entraîne, avec la rupture de la continuité des contours, une façon de désarroi, d'affolement du système de la linéarité : « Au lieu d'une réduction à leurs limites visibles, c'est une projection des formes hors d'elles-mêmes et leur dislocation de manière qu'elles se redressent lorsqu'elles sont vues d'un point de vue déterminé [1]. »

L'anamorphose n'est peut-être qu'une curiosité, une « chimère ». Elle n'en révèle pas moins, par l'effet d'une variation d'écriture, les limites que le code impartit à la construction perspective, les interdits qui en commandent le fonctionnement « normal ». Plutôt qu'à l'anéantissement du système, elle travaille à son dérèglement systématique, et cela — il faut y insister — par les moyens mêmes du code, défini comme *régulateur.* Or il est remarquable que le même Mantegna, dans l'œuvre duquel se fait jour une inquiétude spatiale nouvelle, ait également conçu la première coupole céleste en trompe l'œil. L'inscription au centre de cette coupole d'une nuée évanescente signale que les jeux où se plairont les perspectivistes auront été liés dès l'origine à l'assomption des nuages au ciel des coupoles et des décors peints, et que certains emplois de cet élément ne seront sans doute pas sans rapport avec l'anamorphose. C'est d'ailleurs ce que suggère Galilée, lorsque dans les *Considerazioni* déjà évoquées, il reproche à la poésie allégorique, qu'il assimile un peu plus loin à un travail d'*intarsia* (cf. 2.2.2.), d'assujettir la narration naturelle à un sens oblique, sous-entendu, et de l'obscurcir d'une manière extravagante par des inventions parfaitement inutiles, allant jusqu'à la comparer à l'une de « ces peintures qui, considérées de biais et d'un point de vue déterminé, nous montrent une figure humaine, mais sont construites suivant une règle de perspective telle que, vues de face, ainsi qu'on le fait naturellement et communément des autres peintures, elles ne nous donnent rien à voir qu'un mélange confus et sans ordre de lignes et de couleurs où l'on peut, avec beaucoup d'application, former l'image de fleuves et de routes sinueuses, de plages désertes, *de nuages ou d'étranges chimères* [2] » (je souligne).

1. Baltrušaitis, *op. cit.*, p. 5.
2. « *Una di quelle pitture, le quali, perché* (*benché*) *riguardate in scorcio*

Léonard I

Fleuves, chemins tortueux (et comment ne pas songer ici à Mantegna ?), nuages, chimères où l'œil se prend à rêver, comme le peintre devant les taches d'un mur : c'est à quoi se réduit l'image anamorphique si l'œil ne la redresse, en la visant sous l'angle approprié (comme encore l'allégorie, si l'esprit n'en reconnaît pas le sens caché, impliqué). Comme si le décentrement, dont la possibilité est inscrite dès l'abord dans le « code », ne pouvait jouer qu'entre des limites très étroites au-delà desquelles l'image paraîtra se défaire, alors qu'elle n'aura été, en fait, que *transformée :* ainsi sait-on réduire aujourd'hui la parole, par des moyens électroniques, à un magma sonore susceptible d'être transmis dans les meilleures conditions d'économie, pour ensuite la recomposer, la restituer dans son articulation signifiante. Léonard de Vinci, qui pourrait en avoir été l'inventeur [1], a bien vu comment l'anamorphose — dans son langage : la « perspective composée » — résumait en elle tous les problèmes de la perspective, en même temps qu'elle en subvertissait la fonction de *connaissance.* La perspective est l'instrument d'une mise en ordre de la réalité perçue qui afflue vers l'œil sous les espèces des images des corps dont l'air est empli et pour lesquelles l'œil est à la fois « cible et aimant [2] ». En référant la peinture à la perception (et non plus à la seule géométrie), Léonard a su produire tout ensemble l'implicite du système d'Alberti, et sa critique. Les images des objets étant toutes infuses dans la totalité de l'air et toutes en chacune de ses parties, rien ne pouvait être vu, selon lui, que par une petite

da un luogo determinato, mostrino una figura umana, sono con tal regola di prospettiva delineate, che, vedute in faccie e come naturalmente e communemente si guardano le altre pitture, altro non rappresentano che una confusa e inordinata mescolanza di linee e di colori, dalle quale anco si potriano malamente raccapezzare imagini di fiumi o sentier tortuosi, ignude spiagge, nugoli, o stranissime chimere. » Galilée, *Consid. al Tasso, Opere* t. IX, p. 129, cité par Panofsky, *Gal. as a critic,* p. 13-14, n. 4.

1. Comme le suggère Lomazzo au liv. VI, chap. 19 (« Manière de faire la perspective inverse qui paraisse vraie étant vue par un seul trou ») de son *Traité de la peinture* (Milan 1584) ; cf. Baltrušaitis, *op. cit.,* p. 18-21.

2. « *Subito che l'aria fia alluminata s'empirerà d'infinite spetie, le quali son causate da vari corpi e colori, che infra essa sono collocati, delle quali spetie l'ochio si fa bersaglio e calamita.* » A. 27r., cf. Richter, n° 58, t. I p. 135.

fissure à travers laquelle passait l'atmosphère et où les rayons lumineux trouvaient à s'isoler, à se concentrer, à s'ordonner, à se composer [1]. Rien de plus trompeur, à cet égard, que la métaphore spéculaire : car aucun objet n'est défini en soi dans le miroir, mais par l'œil seulement qui l'y voit, et lui donne sa figure [2]. La perspective *démontre* en termes géométriques cette opération, tout à la fois sélective et organisatrice. Mais là où la perspective simple, « naturelle », joue sur un plan d'intersection perpendiculaire à l'axe de la pyramide visuelle, et laisse au spectateur une relative liberté de déplacement, la perspective composée, qui combine la perspective naturelle et la perspective artificielle (ou encore *accidentelle),* travaille sur des plans obliques, où la diminution naturelle se combine au raccourci géométrique, et contraint l'observateur à regarder l'image par un petit trou : de plusieurs personnes qui regarderont simultanément un tableau ainsi construit, une seule sera en position de reconnaître l'office de la perspective, au lieu que les autres n'en auront qu'une perception confuse [3], l'anamorphose apportant une façon de démonstration par l'absurde des apories où engage la réduction de la perspective à ses seules composantes linéaires. Mais cette démonstration, à son tour, n'est pas sans conséquences *picturales.*

Toute perspective a rapport au plan où elle s'inscrit. Mais la perspective linéaire implique une réduction supplémentaire, celle de la faculté visuelle à un point, — d'où s'engendre la série de ses éléments : point / ligne / surface, lesquels, pour servir à une construction rationnelle, n'ont cependant aucune valeur de réalité. La perspective géométrique fait en effet abstraction de l'élément même de la vision, l'atmosphère qui véhicule les images, les couleurs, etc. ; elle réduit les corps aux surfaces que définit le contour sous lequel elles se laissent représenter à partir d'un point de vue déterminé, sans égard au fait que « point », « ligne », « surface » n'ont d'existence que nominale. La surface est *limite :* elle n'est pas une partie des corps, mais leur frontière

1. « L'air est plein d'une infinité d'images des choses, distribuées à travers, lui, toutes en toutes, toutes en une et toutes en chacune. » (*C.A.*, 138r. ; *Carnets,* II, p. 301.) « Démontre comment rien ne peut être vu que par une petite fissure à travers laquelle passe l'atmosphère chargée des images d'objets qui s'entrecroisent, entre les côtés épais et opaques desdites fissures. » (*C.A.* 345r. ; *Carnets,* I, p. 218.) Cf. *La Fissure,* en préparation.

2. *Carnets,* I, p. 240.

3. *Ibid.,* II, p. 309-310 ; Richter, n° 107-108, t. I, p. 159-160.

commune, le point de contact (*contingenzia*) de leurs extrémités [1]. Référée à l'élément où opère la vision, la surface a un nom, mais pas de substance : « La surface est le nom donné aux frontières qui séparent le corps de l'air ou, plutôt, l'air des corps, autrement dit ce qui est inclus entre le corps et l'air qui l'environne ; et si l'air est en contact avec le corps, il ne reste point de place pour un autre corps ; dès lors il est permis de conclure que la surface n'a point de corps et n'a donc pas besoin de place (...). La surface a une existence mais point de lieu. Par conséquent, elle égale néant et tout le néant du monde est égal à sa plus petite partie, si tant est qu'il puisse en avoir une. Voilà pourquoi nous pouvons conclure que surface, ligne et point sont équivalents et que chacun d'eux est égal aux deux autres réunis [2]. » La peinture, si elle prétend à une existence qui ne soit pas seulement nominale (à être autre chose qu'un « néant »), devra donc recourir à d'autres moyens que ceux de la perspective linéaire : à la perspective de la couleur qui a trait à la décoloration qu'entraîne l'éloignement, et à la perspective de la diminution (qui tient compte de l'effacement des contours, de l'imprécision des formes vues à distance), elle-même liée à la perspective aérienne qui est fonction de la densité de l'air et de l'interposition entre l'œil et l'objet de brumes ou brouillards plus ou moins épais [3]. La perspective linéaire a valeur essentiellement démonstrative : elle explicite la fonction des lignes visuelles et sert à définir et à caractériser les formes sans égard aux effets qu'entraîne la distance [4]. Ce

1. *C.A.* 182r. ; *Carnets,* I, p. 542.

2. *C.A.* 68v. ; *Carnets,* I, p. 336. Cf. *Br. M.*, 131b (Richter, n° 45, I, p. 126) : « *La superficie è termine del corpo. E'l termine d'un corpo non è parte d'esso corpo, e'l termine d'un corpo è principio d'un altro quello è niente che non è parte d'alcuna cosa. Quella è niente che niente occupa.* »

3. Sur les trois sortes de perspectives usitées en peinture, cf. *Carnets,* II, p. 200, 310, 312. On notera qu'Alberti lui-même déclarait tenir pour nul tout peintre qui ne comprendrait pas quelle puissance l'ombre et la lumière exercent sur les surfaces, et dont les figures n'auraient d'autres qualités que celle de leur contour (*Della Pitt.*, liv. III, p. 99) ; le *Della Pittura* fait place à la perspective atmosphérique, qu'il caractérise en termes tout pittoresques ; chargés de lumière et de couleur, les rayons traversent l'air humide et gras (*l'aere quale humido di certa grassezza*) et s'affaiblissent (*indeboliscono*) en fonction de la distance. D'où la règle : « *Quanto maggiore sarà la distantia tanto la veduta superficie parrà più fusca.* » (*Ibid.*, liv. I, p. 60-61.)

4. « La véritable connaissance de la forme d'un objet se perd peu à peu, à mesure que la distance réduit sa dimension. » *Carnets,* II, p. 302.

faisant, elle contredit à l'ordre perspectif, auquel la peinture prétend s'égaler [1] : car l'image de la substance d'un corps, comme le confirme et démontre l'expérience, se projette plus loin de sa source que sa couleur, et celle-ci à son tour plus loin que sa forme [2].

On voit ici comment l'attention prêtée aux conditions « réelles » de la perception, et non plus aux seules données de l'optique géométrique, a pour conséquence la subversion de la hiérarchie des composantes de la peinture telle que l'impose l'interprétation linéaire de la construction perspective. La forme, que définit le contour, a moins de pouvoir que la couleur, laquelle le cède elle-même à la substance, ou pour mieux dire à l'image de la substance *(la similitudine corporea)* — par quoi Léonard entend la masse visible des corps, hors de toute détermination de forme et de couleur [3]. L'expérience, au sens que le mot peut avoir dans le texte de Léonard [4], prouve que l'œil ne connaît les limites d'aucun objet et qu'il lui est impossible de vérifier en quelle partie du champ un objet se termine exactement lorsqu'il se détache sur le lointain. Cela tenant, à l'en croire, au fait que la faculté visuelle ne réside pas en un point, comme le soutenaient les peintres qui ont traité de la perspective, mais tout entière dans toute la pupille où s'intègrent les images des objets [5], et, simultanément, au fait que les limites des corps sont constituées

1. « La peinture a partie liée avec les dix fonctions (*ofiti*) de l'œil, à savoir : ombre, lumière, substance et couleurs, figure et position, éloignement, proximité, mouvement et repos ; ces fonctions seront la trame de mon petit ouvrage, lequel doit rappeler au peintre suivant quelles règles et quelles méthodes il doit imiter (*imitare*) toutes ces choses qui sont les œuvres de la nature et l'ornement du monde. » *B.N.* 2038, 22 b ; Richter, n° 23, II, p. 120.

2. « *Ogni forma corporea, i quanto allo ofitio dell'ochio, si divide in 3 parti cioè corpo, figura e colore : la similitudine corporea s'astende più lontana dalla sua origine che non fa il colore o la figura, di poi il colore s'astende più che la figura.* » *B.N.* 2038, 12v. ; Richter, n° 224, I, p. 210-211. Cf. *Carnets,* II, p. 197.

3. « Sur un homme vu de près, tu distingues le caractère de la substance, de la forme et même de la couleur ; mais s'il s'éloigne un peu de toi, il te sera impossible de le reconnaître parce que le caractère de sa silhouette s'est effacé. S'éloigne-t-il davantage, tu seras incapable de discerner sa couleur, il te fera l'effet d'un corps sombre, et à une distance plus grande encore, d'un très petit corps, rond et obscur. » *B.N.* 2038, 12v. ; *Carnets,* II, p. 197.

4. Cf. *Léonard de Vinci et l'expérience scientifique au XVI*^e^ *siècle,* Paris, 1953 (Colloque international du C.N.R.S.).

5. *Carnets,* I, p. 212 et 227.

par la ligne de la surface, ligne d'une épaisseur invisible [1]. *Adunque tu pittore non circumdare li tua corpi di linie* (Richter, n° 49, I, p. 129) : « Donc ô peintre ne cerne pas tes corps d'un trait » — en énonçant ce précepte, Léonard ne prétend pas opposer une esthétique à une autre, pas plus qu'il n'entend faire l'éloge du « flou » en peinture. Son propos est essentiellement théorique et ne vise aucunement à la destruction, ni même à la mise en cause de l'ordre perspectif, mais plutôt à son élargissement, et pour prendre le mot à la lettre : à son *approfondissement*. Il le conduit à assigner au système de la linéarité, fondé sur le strict découpage des surfaces, une valeur d'abord démonstrative, et à porter une attention accrue aux déterminations que le système excluait (comme on le voit par l'expérience de Brunelleschi) ou auxquelles il ne reconnaissait qu'une position subordonnée. Nés de la distance (ou d'une trop grande proximité), de l'obscurité, de la brume, le *sfumato,* le *mezzo confuso* font que les contours des objets ne se distinguent guère de l'atmosphère [2], laquelle apparaît alors comme l'élément fondamental de la représentation. Léonard aura peut-être inventé l'anamorphose (pour la refuser) : mais il aura été autrement intéressé par la représentation des phénomènes atmosphériques qui perturbent le plus violemment l'ordre de la linéarité : le vent, la tempête, l'ouragan, le déluge même (et il est instructif de voir quel rôle est assigné au nuage dans ces *représentations).*

« Pour figurer le vent, outre le fléchissement des branches et le rebroussement de leurs feuilles à son approche, tu représenteras les nuages de fine poussière mêlés à l'air troublé » *(li ranugolamenti della sotil polvere mista col la interbida aria).* (*Comment peindre le vent, E*, 6 v. ; *Carnets, II,* p. 234 ; Richter, n° 470, I, p. 298.)

« On verra l'air sombre et nébuleux combattu par les vents contraires qui tourbillonnent en pluie incessante mêlée de grêle. » (*D'un déluge, et sa description en peinture ; Windsor,* 12665 v. ; *Carnets,* II, p. 240.)

« Les crêtes des vagues marines commencent à descendre à leur base et battent, en s'y frottant, les concavités de sa surface ;

1. Paris, Inst. de Fr. Ms G., 37a ; *Carnets,* II, p. 237 ; Richter, n° 49, I, p. 129.

2. « Ce clair-obscur (*il mezzo confuso*) qui se produit en raison de la distance, ou la nuit, ou quand la brume s'interpose entre l'œil et l'objet, fait que les contours de l'objet ne se distinguent guère de l'atmosphère. » *C.A.*, 316v. ; *Carnets,* II, p. 305.

et l'eau soumise à cette friction, quand elle retombe en menues particules, se change en un épais brouillard et se mêle au cours des vents, telle une fumée onduleuse ou un nuage sinueux, puis enfin élevée en l'air, s'y mue en nuage. » (*Description du déluge,* Windsor, 12665 r. ; *Carnets, II,* p. 243.)

« Si tu veux figurer convenablement la tempête, considère et inscris exactement ses effets, quand le vent balaye la surface de la terre et de la mer, en emportant avec lui tout ce qui ne résiste pas à l'universelle marée. Et pour bien figurer l'ouragan, tu feras d'abord les nuages, dispersés et rompus, entraînés par la course des vents, accompagnés des tempêtes de sable que soufflent les rives marines, et de branches et feuilles arrachées par l'irrésistible rafale, éparses dans l'air avec beaucoup d'autres choses légères (...). Tu montreras les nuages sous la poussée des vents impétueux, lancés contre les hautes cimes des montagnes, où en se tordant ils formeront des tourbillons comme la vague qui bat les rochers. L'air même sera effrayant, à cause des sinistres ténèbres faites de poussière, de brumes et de nuages épais. » (*Comment représenter la tempête,* B.N. 2038, 21 r. ; *Carnets,* II, p. 204-205 ; Richter, n° 606, I, p. 351.)

« Mais peut-être me blâmeras-tu d'avoir représenté les divers parcours du vent dans l'air, puisque le vent par lui-même n'est pas visible ; à cela je réponds que l'on voit dans l'air, non le mouvement du vent mais celui des choses qu'il emporte et qui seules y sont visibles [1]. »

Symbole, icône, index

> *« L'aria spaventosa per le oscure tenebre fatte in nell'aria dalla polvere, nebbia e nuvoli folti. »*

L'intérêt de ces textes est double. D'une part, ils révèlent que les limites assignées par Alberti à la représentation du mouvement sont, historiquement parlant, sur le point de céder : là où le *Della Pittura* signalait au peintre que parmi les « changements de lieu », les seuls dont il ait à connaître (*solo riferiamo di*

1. *« E ti parra forse potermi riprendere dell' avere io figurato le vie fatte per l'aria dal moto del vento, chè'l vento per se non si vede infra l'aria. A questa parte si risponde che non il moto del vento, ma il moto delle cose da lui portate è sol quel che per l'aria si vede. » Diluvio e sua dimostratione in pictura,* Windsor, 12665 ; Richter, n° 608, I, p. 354.

quel movimento si fa mutando el luogo, II, p. 95), il en est qui passent toute raison (*in questi movimenti si truova chi passa ogni ragione*), pour lui conseiller d'en user avec modération, la peinture exigeant des mouvements doux et gracieux *(et conviensi alla pittura averè movimenti soave et grati),* les écrits de Léonard introduisent une conception autrement dynamique de la représentation. Mais ce n'est pas par hasard si cette conception appelle, en guise d'illustration, l'image de perturbations, voire celle d'un déluge (où toute *histoire* — soit dit en passant — trouverait sa fin). L'espace perspectif n'est pas nié, mais seulement mis à l'épreuve, *perturbé :* comme il le sera encore par l'expérience du vol auquel Léonard a consacré les développements que l'on sait («Le grand oiseau prendra son vol à la stupéfaction de la terre et remplira toutes les annales de sa grande renommée. »). D'autre part, dans la mesure où ils se donnent explicitement pour le programme d'une représentation (comment représenter le vent, le déluge, etc.), ces mêmes textes introduisent dans le champ représentatif un clivage décisif : là où le discours classique entendra réduire la représentation à un rapport binaire de substitution et de réciprocité entre le signifiant et le signifié [1], Léonard, par le projet qu'il forme de montrer (*dimostrare :* soit le mot qui s'applique à la représentation du ciel, dans la « Vie de Brunelleschi », par Manetti) par leurs *signes* visibles des phénomènes ou événements en eux-mêmes invisibles, impose l'idée d'une relation, certes encore triadique, mais qui n'a cependant plus rien d'allégorique, qui n'emprunte plus rien à la similitude. Dans les termes de Peirce, on dira que le nuage intervient dans le texte de Léonard au titre de symbole (de mot) qui se réfère à une icône elle-même visée comme un index : l'objet dont le mot est le *representamen* et le graphe pictural l'*interprétant,* cet objet fonctionne à son tour comme un *representamen* et qui appelle un interprétant. Si l'icône se définit par sa qualité représentative immédiate, intrinsèque, le mot « vent » n'admet pas d'interprétant iconique ; l'objet auquel il est associé ne se donne à voir, ne peut être représenté que par le détour d'un index qui implique une connexion physique entre le signe et la chose signifiée : le mouvement des nuages sera l'index du vent (on verra qu'il en est aussi la cause) [2]. C'est dire que les fonctions imparties

1. Cf. ci-dessus, 2.2.2.

2. Pour Peirce, un signe, ou *representamen,* est un terme qui s'établit par rapport à un autre (son *objet*) dans une relation telle qu'il détermine

au *nuage* sont, dans ce contexte, de nature essentiellement sémiotique : le *nuage* est signe, au triple sens de symbole (mot), d'icône et d'index [1]. Mais c'est déjà à ce titre qu'il apparaissait dans le texte d'Alberti (le vent n'a droit de cité dans la peinture que pour autant qu'il souffle à travers les nuages : *che soffi fra le nuvole)* et dans celui que Manetti a consacré à l'expérience de Brunelleschi (la plaque d'argent bruni reflétait non le vent mais les nuages qui passaient dans l'air quand il soufflait, *e nugoli che si vegono in quello arieto essere menati dal vento, quand' e' trae*).

Cette relation triadique conditionne tout discours sur l'art, et s'inscrit à ce titre au principe de ce travail. Le graphe marqué comme /nuage/ fonctionne au titre de signe dans plusieurs registres à la fois. Sur le plan descriptif, le signe iconique acquiert la valeur d'un index : de même que le peintre ne saurait représenter les mouvements de l'âme autrement que par leurs manifestations corporelles, il figurera le vent, la tempête, etc., par leurs effets visibles. Sur le plan de l'expression, le signe prend valeur de symbole (« l'air même sera effrayant, à cause des sinistres ténèbres faites de poussière, de brumes et de nuages épais »). Mais il fonctionne encore comme index en un autre sens du mot et dans une autre dimension : celle du style, de son évolution, de ses révolutions. Léonard n'a pas fait place au /nuage/ dans ses peintures, et rien ne permet de penser qu'il ait prévu de lui consacrer des développements autonomes dans le traité qu'il projetait d'écrire. La mise en valeur des textes où référence est faite à cet élément dans les éditions anciennes du *Traité de la peinture* compilé au XVIe siècle par Francesco Melzi, leur regroupement sous un titre spécifique dans la partie consacrée au « paysage » signalent l'apparition d'intérêts (en même temps

un troisième (son *interprétant*) à assumer par rapport au second une même relation triadique, et ainsi à l'infini. Si un *representamen* ne fonctionne comme tel qu'à partir du moment où il détermine en fait un interprétant, cependant sa qualité représentative ne dépend pas de la détermination effective d'un interprétant, ni même du fait qu'il ait effectivement un objet (cf. Peirce, *Elements of Logic,* II, chap. 3, *Coll. Papers,* vol. II, p. 156-157).

1. C'est dans cette triple acception qu'il intervient encore dans le programme destiné à la « représentation d'une bataille » : « Et si tu représentes les chevaux galopant hors de la mêlée, fais de petits nuages de poussière, à une foulée de cheval l'un de l'autre. Le nuage le plus éloigné du cheval sera le moins visible car il devra être haut, étalé et ténu, et le plus proche sera plus évident, plus petit et plus compact. » *Carnets,* II, p. 223-224.

que d'un « genre ») nouveaux : et comment ne pas songer aux paysages plus ou moins fantastiques, aux cieux chargés de nuages « menaçants », dont la peinture de ce siècle offrira de si nombreux exemples, à commencer par l'énigmatique *Tempête* de Giorgione ? Mais il faut aller plus loin, pénétrer plus avant dans la texture objective du style. Associé à la figuration du mouvement (le mouvement, dira Braque, qui « dérange » les lignes), le /nuage/, dans son occurrence répétée et la prolifération où il tend à disparaître en tant qu'unité indépendante, est le symptôme d'un problème que l'analyse stylistique formule dans les termes qui sont les siens. Dans les coupoles de Parme, on l'a dit en commençant, le procédé de la nuée s'étend aux dimensions du champ concédé au décor et paraît ouvrir les voies d'un style fondé non plus sur la délinéation des figures et la construction perspective, mais sur la dissolution de la forme et les effets de lumière. Mais cette caractérisation, pas plus qu'elle ne fait justice à l'aspect proprement théorique de la question de la linéarité, ne permet de mesurer la portée historique des entreprises du Corrège : car le signe — comme l'ont déjà fait entrevoir les analyses qui précèdent — sert ici à d'autres fins que stylistiques, il prête (et emprunte) à d'autres figures.

4.2. LE CIEL ET LA TERRE

4.2.1. AISTHESIS

Greco

S'il est une œuvre qui paraît satisfaire, dans son apparence même, à la définition d'un style fondé non plus sur la délinéation et le trompe-l'œil mais sur une technique spécifiquement picturale dans le mouvement de laquelle se déferaient les coordonnées géométriques de la figuration, c'est bien celle du Greco. Au niveau de la facture, les figures si caractéristiques dont cette œuvre est peuplée apparaissent comme des « corps sans surface », c'est-à-dire — au sens vincien — comme des figures sans frontière définie, toujours prêtes à faire retour au fond d'où elles émergent. Mais ce fond, à son tour, est moins un lieu où chaque chose trouverait sa place qu'un site indéfini, instable, où la légalité naturelle ne réussit pas à s'imposer. Max Dvořák a montré, dans un texte classique, comment l'ouvrage peut-être le plus célèbre du Greco, *l'Enterrement du comte d'Orgaz,* encore qu'il reprenne un schème de composition traditionnel, n'en obéit pas moins à des principes qui contredisent directement ceux auxquels s'étaient ralliés les peintres du Quattrocento [1]. Le tableau se divise en deux parties : à l'étage inférieur, le peintre a représenté le miracle qui se produisit au cours de la cérémonie funèbre (l'apparition de saint Etienne et saint Augustin, qui descendirent du ciel pour procéder eux-mêmes à l'ensevelissement de la dépouille du comte) ; à l'étage supérieur, inscrit dans un demi-cercle, la réception au ciel, par le Christ et la Vierge, de l'âme du défunt. La nouveauté de l'ouvrage, comme l'a bien vu Dvořák, réside dans l'interprétation du schème à

1. Max Dvořák, « Über Greco und den Manierismus », in *Kunstgeschichte als Geistesgeschichte,* Vienne, 1928, p. 261-276.

registres superposés, qui voit sa signification complètement transformée par le cadrage adopté par le peintre, lequel ne laisse rien apercevoir du sol où sont établies les figures du registre inférieur. Ces figures sont elles-mêmes si bien tassées, serrées les unes contre les autres, que toute allusion au lieu scénique est abolie au bénéfice d'une ouverture sur le « ciel », sur la partie supérieure de la composition où, dans un tourbillon ascensionnel encore souligné par la rotondité du cadre, les figures se mêlent aux nuées : comme si le peintre avait entendu éliminer du champ figuratif toute référence à l'assise terrestre de la représentation pour donner à celle-ci le caractère d'une vision intérieure, soustraite en tant que telle aux conditions objectives de la certitude sensible.

L'œuvre du Greco ne représente pas, historiquement parlant, un point de départ : déjà le *Jugement dernier* de Michel-Ange offrait l'image d'« un espace sans réalité, sans existence, rempli dans sa partie supérieure de corps humains qui... vus à distance, flottent comme des traînées de nuages [1] ». L'aspect en effet quasi nébuleux de nombre de compositions de l'époque est frappant : et Dvořàk rapproche à juste titre de *l'Enterrement du comte d'Orgaz* du Greco l'*Ascension du Christ* de Tintoret, dans laquelle les Apôtres, dont le cercle constituait traditionnellement le pivot de la composition, sont comme repoussés à l'arrière-plan, aspirés par le fond dont on n'entrevoit que quelques lambeaux, tandis que le Christ s'élève dans un grand concours de nuées — l'ascension n'étant pas traitée ici sur le mode d'un phénomène physique objectif, mais sur celui d'une vision mystique, subjective, celle-là du seul saint Jean dont la figure est reléguée dans l'angle inférieur de la composition (comme elle l'est, à Parme, sur le rebord de la coupole de Saint-Jean-l'Evangéliste). On est loin, semble-t-il, du lieu scénique stable, clairement ordonné, systématiquement organisé, que le Quattrocento avait prétendu assigner pour théâtre à l'histoire humaine. Mais cette évolution — cette transformation — ne se laisse pas décrire en termes seulement stylistiques. En choisissant le Greco pour figure exemplaire de l'époque désignée — selon lui de la façon la plus malheureuse [2] — comme « maniériste », Marx Dvořàk a entendu montrer comment le renoncement aux règles de la vraisemblance

1. Walter Friedländer, *Mannerism and anti-Mannerism in Italian Painting*, trad. angl., New York, 1965, p. 17.
2. Dvořàk, art. cit., p. 270.

physique autant que dramatique et l'abandon des cadres objectifs de la représentation sont inséparables, dans leur principe, du mouvement général de la culture du temps et en particulier de la crise mystique qui aura suivi la Réforme. « Ce que je vois — écrivait sainte Thérèse — est un blanc et un rouge comme on n'en trouve nulle part dans la nature, d'un éclat, d'un rayonnement supérieur à tout ce que l'homme peut voir, des images comme aucun n'en a peintes [1] » : ce sont ces images que le Greco aurait cependant prétendu peindre, n'hésitant pas, selon Dvořàk, à sacrifier à l'expression du ravissement intérieur toute préoccupation d'objectivité ou de vraisemblance.

Le système comme champ de production

Ce qui importe ici, c'est cependant moins la signification « documentaire » qui peut s'attacher à l'œuvre du Greco (documentaire au sens que Panofsky, après Karl Mannheim, a donné à ce mot : soit la signification que revêt l'œuvre d'art en tant qu'elle donne accès à l'« esprit de l'époque », à la « vision du monde » que l'artiste partageait avec les hommes de son temps ou de sa classe, ou du groupe social pour lequel il travaillait) que le fait que cette signification se laisse restituer sur le vu de traits discrets, d'aspects partiels de l'œuvre [2]. C'est ainsi qu'une comparaison rapide entre les procédés auxquels le Greco et Zurbaran ont eu recours pour représenter des visions miraculeuses permettrait d'opposer à la mystique purement contemplative dont relèvent les images du Greco une conception autrement active de l'effusion mystique. Là où le Greco tend à réduire au minimum la part concédée au sol, à l'assise terrestre de ses compositions, ou à l'affranchir de toute contrainte naturelle, l'opposition ménagée par Zurbaran entre le registre terrestre, traité comme un volume architectural clos, et le registre céleste, conçu sous l'espèce d'une nuée ouverte, indéfinie, le fait aussi que les personnages en extase ne soient pas représentés en état d'apesanteur mais demeurent rivés au sol, ont une valeur d'enseignement évidente au regard de la politique des ordres religieux dont le peintre était le fournisseur : l'église œuvre dans le monde sous l'inspiration divine, et la contemplation n'est pas le tout

1. Cité par Dvořàk, art. cit., p. 273.
2. Cf. Karl Mannheim, « Beiträge zur Theorie der Weltanschauungs-Interpretation », *Jahrbuch für Kunstgeschichte*, vol. I (XV), 1921-1922; trad. angl. in *Essays on the Sociology of knowledge*, N. Y., 1952, p. 33-83.

de la pratique religieuse. Mais la solution adoptée par Zurbaran a une portée supplémentaire : dans la mesure où elle associe à l'intérieur d'une même composition deux registres qui répondent à des principes stylistiques différents, un registre traité sur le mode linéaire et un registre « vaporeux », elle redouble l'opposition à la fois physique et métaphysique du ciel et de la terre et confère à l'opposition du « linéaire » et du « pictural » une résonance autre que stylistique. Elle inscrit dans un champ simultané deux figures stylistiques apparemment contradictoires, dont elle révèle du même coup la commune appartenance à une structure plus générale, au regard de laquelle cette opposition prend valeur signifiante.

Cette structure ne se laisse pas saisir ni même déceler au premier coup d'œil : elle n'est pas davantage accessible à une description menée selon les voies de l'histoire des styles. Là où celle-ci ne connaît, en effet, que des figures successives de l'art, dont elle prétend rendre compte sur le mode philologique, en terme d'évolution, de filiations, de retours et de rémanences, la visée du système qui les sous-tend commande une autre approche de la matière historique, un découpage différent de la réalité picturale. A la périodisation qui correspond au niveau des figures manifestes, visibles, elle substitue un autre type de coupures, de discontinuités : des figures en apparence irréductibles, non superposables, se trouvent communiquer à un niveau plus profond, celui des contraintes structurales et des principes régulateurs, des articulations théoriques et des options pratiques, des modèles formels et des appartenances culturelles et idéologiques les plus générales, dont le réseau, les constellations plus ou moins stables et organisées, définissent ce que ce texte a déjà désigné comme l'*aisthesis* d'une époque de l'art, le système porteur de son historicité. C'est ainsi que le système pictural issu de la Renaissance aura déterminé un champ de production *possible,* tout en emportant du même coup un certain nombre d'interdits, de refus, une limitation structurale essentielle. En ramenant la question de l'espace de la représentation à celle de la représentation de l'espace, les théoriciens du Quattrocento auront donné du système une définition restrictive, mais parfaitement cohérente, et qui inscrivait la représentation symbolique dans la dépendance directe de la représentation théâtrale. Dans *spectaculaire,* il y a *spéculaire :* le code perspectif, par l'assimilation qu'il opère de la répétition spectaculaire au redoublement spéculaire, institue une structure de renvoi caractéristique du système de la représentation issu de la Renaissance (dont le concept implique, à son tour, un redoublement, une mise en perspective) et de la notion du signe qui lui est associée. Mais le système ne se laisse pas pour autant réduire au code où il trouve à la fois — suivant le mot de Léonard — son frein et son gouvernail : le frein pouvait se relâcher, le gouvernail s'affoler, sans que le fonctionnement du système fût altéré dans son principe le plus général.

Apocalypses

C'est bien là ce qui se produisit dans la première moitié du XVIᵉ siècle, quand le graphe pictural marqué /nuage/, jusque-là réduit à des fonctions iconiques et signalétiques marginales, en vint à envahir progressivement le champ plastique, au point de servir, dans les coupoles de Parme, à la « désignation » de l'espace. Pareille intrusion revêt, dans le contexte d'un système qui excluait *théoriquement* la figuration de formations nébuleuses, des allures diverses, sinon contradictoires, et de conséquence variable. Tantôt le /nuage/ fournit l'assise, conventionnelle, de compositions à étages (cf. la *Dispute* de Raphaël) plus ou moins directement inspirées d'un spectacle réel ou destinées à s'y substituer (cf., du même, la *Vierge de saint Sixte*), mais qui ne mettent aucunement en cause le système représentatif dont la perspective linéaire assure la régulation ; tantôt, à l'opposé, il paraît (mais ce n'est peut-être là qu'un leurre ?) servir à la production d'un espace pictural qui n'emprunterait rien de la géométrie (cf. le *Paradis* du Tintoret) ou à l'ouverture — feinte — d'un volume construit sur un ciel en trompe l'œil (cf. les coupoles « célestes » de Mantegna et Corrège, etc.) ; tantôt, enfin, il introduit plus subtilement la contradiction au cœur même de la représentation, en dénotant la déchirure de l'espace humain et l'insertion plus ou moins brutale de la dimension de la transcendance dans le système des coordonnées géométriques de la figuration. Sous l'une ou l'autre espèce, il connote la clôture du système dont il révèle la limite en fonctionnant sur sa marge, à la charnière du figurable et du non figurable.

Mais cette clôture, et la limitation qu'elle emporte, les interdits qui en découlent, leur transgression même, n'auront pas eu des implications seulement formelles : le grand bouleversement social du XVIᵉ siècle a vu — comme en témoigne, dans le champ de la pensée politique, le texte de Machiavel — la fin du rêve florentin, celui d'une histoire ordonnée aux mesures de la cité qui en avait été, pour un temps, le théâtre ; et ce n'est pas le hasard qui aura voulu que la façon d'inquiétude qui s'est emparée, avec Mantegna, du système de la représentation, se soit d'abord répandue dans la Rome des papes et dans les régions au contact de l'Empire (Mantoue, Parme, etc.), avant de s'imposer avec le Greco sur la terre d'élection des grands mystiques. Mais cette inquiétude n'impliquait aucunement l'abandon du système institué au Quattrocento : *l'Enterrement du comte d'Orgaz* obéit encore, en la personne du jeune garçon placé comme en avant-scène, et qui regarde dans la direction du spectateur auquel il montre du doigt le miracle, à l'un des principes énoncés par Alberti, et qui voulait que la représentation fît place à un personnage établi en marge de l'histoire, en position de *témoin*[1]. La coupole de Saint-Jean-l'Evangéliste du Corrège ne déroge pas davantage à ce principe : elle en redouble, bien au contraire, l'effet de façon très subtile, puisque le même Evangéliste dont le spectateur est admis à partager la vision est ici représenté *deux fois,* sous l'espèce d'abord d'une figure à peu près invisible, établie sur l'appui de la coupole (comme si le peintre avait entendu maintenir — fût-ce en la dissimulant — l'assise terrestre d'une représentation apparemment libre de tout support architectonique), sous celle, en second lieu, d'une autre figure qui occupe l'une des lunettes du transept et regarde vers la coupole ; créant ainsi à l'intérieur du volume architectural une triangulation dramatique qui définit l'image non comme une Ascension, mais comme la vision de saint Jean dans l'île de Patmos, tout en inscrivant le décor en trompe l'œil de la coupole dans la dépendance directe de l'organisme constructif dont il est censé nier la clôture.

L'art du Corrège fournit un exutoire à l'inquiétude qui se fait jour dans le système de la représentation ; un exutoire sentimental, à forte connotation païenne : il n'y avait pas loin, rappelons-le, dans l'imagination du temps, de la figure d'un Ganymède enlevé dans les airs par Jupiter à celle d'un saint Jean ravi au ciel (cf. 1.3.1.). On n'a pas affaire, avec la coupole de Saint-Jean-l'Evangéliste, à une vision d'apocalypse, au sens catastrophique du terme ; et l'on serait presque tenté de voir

1. *« Et piacemi sia nella storia chi admonisca et insegni ad noi quello che ivi si facci : o chiami con la mano a vedere o, con viso cruccioso e chon li occhi turbati, minacci che niuno verso loro vada ; o dimostri qualche pericolo o cosa ivi maravigliosa o te inviti ad piagniere con loro insieme o a ridere. »* Alberti, *op. cit.*, liv. II, p. 94.

dans cette interprétation *rassurante* de la Révélation une réponse à une autre *Apocalypse* qui, celle-là, méritait bien son nom : celle publiée par Dürer sous forme de livre — le premier publié à son compte par un artiste — en 1498, soit l'année même où, à Florence, s'achevait dans les flammes d'un bûcher l'aventure de Savonarole, le prophète du *Dies Irae* et de la fin des temps. La signification de l'entreprise de Dürer n'était que trop claire au regard de la crise qui divisait la chrétienté et de la lutte menée contre Rome par Luther [1] ; encore cette façon de pamphlet ironique aura-t-elle dû l'essentiel de sa force, de son pouvoir de persuasion, à un paradoxe formel dont Dürer a su tirer un parti systématique. La Révélation, si elle ne fut reconnue comme canonique qu'au XIVe siècle, avait fourni de longue date matière à commentaires et illustrations [2]. Mais ce n'est qu'avec Dürer que, pour la première fois dans l'histoire de l'art chrétien, la fracture de l'ordre cosmique qu'elle implique n'aura pas fait seulement l'objet d'une *représentation symbolique* et/ou figurative, et que l'irruption du ciel sur la terre se sera traduite, au registre du système, par une déchirure dans l'ordre même de la figuration, de la représentation. Avec Dürer, écrit Max Dvořák, les images de l'*Apocalypse* apparaissent comme des fantasmes, les fantasmes d'un peuple sans images (*den irrealen Phantasien und Meditationen eines bildlosen Volkes,* art. cit., p. 195) ; Dürer a choisi dans ce texte, entre tous « infigurable » *(im Höchsten unbildlich)* les moments « représentables » *(Momente, die sinnlich darstellbar waren),* tant et si bien qu'on devrait ici parler d'une « résolution » de fantasmes mentaux par les voies de l'expression sensible (*einer Auflösung der gedanklichen Phantasie in bildliche Ausdrückmittel zu sprechen*). Ces formules ont le mérite, immense, de poser le problème en termes — ceux-là mêmes de Freud — de figurabilité *(Darstellbarkeit)* : comment représenter cela qui ne peut l'être, puisque aussi bien, dans la Révélation, toute représentation trouve nécessairement sa fin ?

Développant les analyses de Dvořák, Panofsky a montré comment l'*Apocalypse* de Dürer tirait parti de ses effets du contraste

1. Cf. Max Dvořák, « Dürers Apokalypse », *op. cit.*, p. 193-202. Comme l'a bien vu Wölfflin (*Die Kunst Albrecht Dürers,* 6e éd., Munich, 1943), l'écho de cette crise se retrouve dans l'œuvre même de Dürer, partagée entre les deux versants de l'Apocalypse, où se défont les mesures de l'espace humain, et de la *Vie de la Vierge* qui s'ordonne aux dimensions de l'expérience quotidienne.
2. Cf. M.R. James, *The Apocalypse in Art,* Londres, 1931.

entre le rendu naturaliste des figures et un mode de présentation résolument antinaturaliste. C'est ce que confirme l'ambiguïté des fonctions imparties aux éléments figuratifs : telles les nuées, qui interviennent à maintes reprises dans le texte de l'Evangéliste, et qui fournissent dans la *Vision des sept chandeliers* une assise solide aux candélabres disposés en perspective, tout en se déployant pour former des colonnes de fumée verticales, sans poids, et soustraites aux lois de la construction géométrique. La profondeur de l'espace est tout ensemble affirmée et niée [1] ; mais il faut bien voir qu'affirmation et négation sont ici indissolublement liées. Figurativement parlant, *l'Apocalypse* de Dürer est tout ensemble la première et la dernière des Apocalypses : la première parce que l'Apocalypse entraîne chez lui la destruction d'un ordre qu'incarne pour la première fois, au registre du système, le code perspectif ; la dernière (et ceci sans exclure des tentatives comme celle d'Odilon Redon), parce que l'ordre ainsi matérialisé dans le registre même du signifiant ne pouvait faire place, sans se défaire, à la Révélation. Les mêmes moyens illusionnistes qui servent à construire un espace à trois dimensions sont utilisés pour en briser la clôture et imposer l'image d'une vision qui contredit à la notion même de représentation. En bref, pour reprendre les termes de Panofsky, tout progrès dans la vraisemblance et l'animation renforce plus qu'il ne l'affaiblit l'effet hallucinatoire. La « vision » ne doit d'apparaître comme telle qu'à l'ordre même auquel elle contredit, mais qui s'ouvre cependant à elle et l'accueille, au prix d'une fracture semble-t-il irréparable ; fracture au regard de laquelle la *Vision de saint Jean* du Corrège revêt une signification équivoque : et si le Corrège, loin de prétendre à ouvrir l'édifice chrétien sur l'au-delà, s'était au contraire appliqué à colmater la brèche, à en adoucir les angles, à rétablir par des moyens de fortune l'équilibre du système ?

4.2.2. SÉMIOLOGIE ET SOCIOLOGIE

Productivité/créativité

L'exemple de *l'Enterrement du comte d'Orgaz* du Greco ou de *l'Apocalypse* de Dürer semble démontrer qu'il est des œuvres qu'on ne saurait analyser ni même décrire hors de toute référence

1. Panofsky, *The Life and Works of A.D.*, p. 56-58.

au contexte historique dans lequel elles s'inscrivent. La sociologie de l'art a affaire aux produits concrets : elle prétend à les replacer dans un contexte d'ensemble, à les rattacher à des couches sociales déterminées, à y repérer le jeu de points de vue, de croyances, d'intérêts souvent contradictoires, voire à expliquer telle transformation stylistique en la rapportant à un changement d'attitude des groupes intéressés [1]. A l'inverse, par-delà les effets de signification superficiels et le miroitement toujours séduisant des correspondances et des parallélismes, la sémiologie de l'art travaillerait à mettre au jour les habitudes et les principes généraux auxquels obéit la figuration à une époque donnée. Mais l'opposition (qui fait écho à celle, en linguistique, de la parole et de la langue, de la diachronie et de la synchronie) est spécieuse : ce qui *se produit* dans *l'Apocalypse* de Dürer ou *l'Enterrement* du Greco ne prend sa pleine résonance que si on le rapporte au travail signifiant d'où procèdent les images de l'art et, plus profondément, à la question de la figurabilité, au système qui en commande historiquement l'énoncé, aux contraintes et aux possibilités qui en dérivent sur le plan formel. Le système qui établit le code perspectif comme « frein et gouvernail » de la représentation picturale, en l'associant à une structure spec(tac)ulaire, définit par là même un espace scripturaire organisé, et qui prête à variations et transformations réglées, lesquelles apparaissent à leur tour, au regard des répercussions, des remaniements qu'elles entraînent au niveau du système, comme des événements *internes*. Or un tel système est, en son fond, de nature sociale. Si même la pratique collective à laquelle ils sont liés comme à leur condition d'existence n'a pas l'extension de celle qui est au principe de la langue, au sens saussurien [2], le système ici désigné comme *aisthesis* d'une époque, aussi bien que les « styles » qui trouvent à inscrire leurs figures dans son champ, mènent, pour reprendre le mot de Saussure, « une " vie sémiologique " » [3]. Ils échappent, encore qu'à des degrés et dans une mesure variable, aux prises des individus, et obéissent dans leur devenir, leur évolution historique, à une logique *sui generis* dont le caractère plus ou moins contraignant est fonction de l'ampleur du processus de socialisation dont ils sont tout

1. Cf. Karl Mannheim, « Towards the sociology of the mind », in *Essays on the Sociology of Culture,* trad. angl., Londres, 1956, p. 33.
2. Cf. ci-dessus, 3.2.1.
3. Saussure, *Cours...,* p. 111.

ensemble l'agent et le produit. C'est dire qu'une sémiologie de l'art aurait, d'entrée de jeu, des implications sociologiques tandis que la sociologie de l'art, en retour, ne saurait faire l'économie du préalable sémiologique. Ainsi que Tynianov et Jakobson l'écrivaient dès 1928, « considérer la corrélation des systèmes sans tenir compte des lois immanentes à chaque système est une démarche funeste du point de vue méthodologique [1] », — la remarque valant aussi bien pour ce qui est des diverses séries culturelles, visées dans leurs relations réciproques, que pour les différents niveaux structurels suivant lesquels la réalité sociale se laisse appréhender.

Assigner aux « styles », et, mieux encore, au système dont ils relèvent, un statut, sinon une existence « sémiologique », ne revient cependant pas à les assimiler à un langage, et moins encore à un code, à un ensemble fini de règles qui permettraient d'engendrer, comme la grammaire générative s'emploie à le faire pour les phrases d'une langue donnée, un nombre infini d'œuvres ou d'images. Quoi qu'il en soit du langage à cet égard, la capacité créatrice de la pratique sémiotique qui a nom « art » ne se mesure pas à l'ensemble des œuvres que cette pratique peut effectivement produire. La « peinture » ne produit pas que des « œuvres ». Elle fournit ses usagers, considérés dans la diversité de leurs appartenances sociales et culturelles, d'un certain nombre de figures qui jouent leur rôle dans l'élaboration de l'image qu'ils entretiennent d'eux-mêmes et du monde où ils vivent, de la position qu'ils y occupent. Figures spatiales au premier chef, la peinture — au moins la peinture représentative — ayant pour fonction la mieux visible de conférer à une certaine notion de l'espace et des relations — géométriques, dramatiques, etc. — qui le définissent, valeur d'*institution*. Ces figures — et d'autres encore, quantitatives ou qualitatives, graphiques ou colorées, descriptives ou métaphoriques, figures ou *non-figures* [2] — qui sous-tendent *théoriquement* le procès pictural sont le produit d'une pratique signifiante dont les œuvres qui en sont l'enjeu marquent et jalonnent les trajets. Elles procèdent

1. Juri Tynianov et Roman Jakobson, « Les problèmes des études littéraires et linguistiques », *Novyj Lef,* nº 12 (1928), trad. française, in *Théorie de la littérature,* éd. par T. Todorov, p. 138-140.

2. La peinture représentative, qui vise à institutionnaliser un espace en trompe l'œil, subordonne, dans cette « perspective », la couleur au dessin. L'art non figuratif travaille au contraire à libérer la couleur, à la produire *comme non-figure.*

d'une créativité « en réseau », dont les parcours s'entrecroisent, les œuvres ne se succédant pas linéairement, à la façon des perles d'un collier, mais dessinant dans le champ où elles s'ordonnent des configurations variables, complémentaires sinon opposées, et qui empruntent leur sens de leurs différences autant que de leurs appartenances communes. Dans leur finitude respective, les œuvres sont l'indice d'une productivité générale dont les ressorts les plus fondamentaux ne se laissent entrevoir qu'à la jointure des produits singuliers, saisis dans leur jeu, leur fonctionnement réciproque. C'est à l'intérieur de ce champ, beaucoup plus que sur sa périphérie, que la question des rapports entre la pratique signifiante qui, dans notre société, a nom « art » ou « peinture », et telle autre pratique, voire le contexte historique général où elle intervient, a chance d'être traitée de façon rigoureuse et systématique.

Figures médiévales

L'articulation figurative du « ciel » et de la « terre » fournit une bonne illustration de la relation entre les destinées internes du « système », au sens où ce texte l'entend, et les transformations qui se font jour, historiquement parlant, dans la production picturale. Considérées dans leur détail, ces transformations renvoient à des déterminations objectives, sociales ou culturelles. Mais ce n'est pas à dire que le système évolue par accumulation de variations, de déterminations qui lui soient contingentes. Les aménagements (dont on a vu quelques exemples), les emprunts (ceux que la peinture, entre autres, fait au spectacle), les transgressions même (ou ce qui est présenté comme tel), n'ont pas d'autre portée que celle-là que leur confère le système qui les autorise, qui les appelle, qui les suscite. Or c'est là qu'achoppe toute sociologie « réductrice » de la production signifiante (et l'on verra qu'il faut aller plus loin encore, et chercher dans le système les ressorts, au moins les mécanismes régulateurs de l'évolution). Le principe saussurien qui veut que soit interne « tout ce qui change le système à un degré quelconque », ce principe n'a rien d'antihistorique : il introduit, bien au contraire, à l'analyse historique la plus profonde dès lors qu'il contredit explicitement à l'opposition, depuis longtemps dépassée par les linguistes eux-mêmes, de la synchronie, où régnerait la raison relative du système, et de la diachronie, définie comme la dimension contingente des actes d'expression :

le système a une histoire, et cette histoire, loin qu'elle emprunte rien au hasard, est elle-même systématique, interprétable en termes de système.

Du point de vue figuratif, et quoi qu'il en soit des difficultés de lecture que peut présenter telle ou telle image, le Moyen Age aura conçu les rapports entre la terre et le ciel sous les espèces les moins problématiques : soit qu'il ait alors suffi d'un déterminatif — ligne de sol, rocher, nuage, mandorle, etc. — pour qualifier les sites et marquer les personnages ou objets comme terrestres ou comme célestes, ou encore pour signaler l'irruption du divin dans le champ humain ; soit qu'un artifice de composition ait permis de réserver dans le champ iconique des compartiments « célestes ». On ne compte pas, dans la peinture médiévale, les mains, les anges, les Christ, Vierge ou Dieu le Père en personne, qui émergent d'un cercle ou d'une couronne de nuages plus ou moins fournis pour remettre à Moïse les Tables de la Loi, dicter à un Evangéliste le texte de sa relation, ou visiter sous la forme d'un songe quelque pape ou saint Joseph endormi. Le psautier d'Utrecht (c. 820) fournit le meilleur exemple de qualification des sites et des acteurs par un trait rapide, évoquant le contour d'un sol ou le profil d'un nuage [1] ; et quant au cloisonnement de la surface par ramification du cadre, le Sacramentaire de Limoges (c. 1100) en propose, avec la représentation de l'*Ascension,* une illustration qui a valeur de modèle : assis dans une mandorle flanquée de deux anges, le Christ occupe la partie supérieure de l'image qu'une façon de linteau isole de la partie inférieure où se trouvent les Apôtres et la Vierge, dont les pieds nus prennent appui sur une étroite bande quadrillée [2]. Autre procédé qu'on retrouve à travers tout le Moyen Age, mais qui connaîtra au XIVe siècle un développement systématique, le motif architectural dont la partie, sinon l'étage supérieur, peut être appelé à fonctionner au titre de « ciel » ou de « paradis » : édicule dont un ange ou un Evangéliste occupe le tympan (schéma que reprendront quantité de retables), arcatures dont l'intrados s'orne, comme on le voit dans le psautier de Saint Louis, d'un liséré de nuages qui désigne comme « ciel » toute la superstructure architecturale qui fait l'ornement des

1. Cf. E.T. De Wald, *The Illustrations of the Utrecht Psalter,* Princeton, 1933, en part. les pl. II, V, VII, X, XI, XVIII, XXII, XXIX, etc.
2. Cf. Jean Porcher, *Le Sacramentaire de Saint-Etienne de Limoges,* Paris, s.d. (1953), pl. XI.

miniatures parisiennes de l'époque[1] : il suffira alors de faire grimper quelques anges dans les combles par le moyen d'une échelle pour atteindre à une représentation parfaitement lisible de la circulation entre la terre et le ciel (planche VI B).

La duplication du ciel et du fond

Ce n'est pourtant pas que ces figures — dans le cas des figures architecturales, on a affaire à de véritables *tropes* — soient seulement formelles. Le plan strictement scripturaire et sans implications spatiales apparentes où s'inscrivent les personnages de l'*Apocalypse* de Bamberg ou des *Beatus* mozarabes[2] n'est pas une surface neutre, indifférente : il s'ordonne suivant une droite et une gauche, un haut et un bas, et tout mouvement figuré emprunte de sa direction, toute figure reçoit de sa localisation une connotation décisive. Mais il y a plus, et qui se laisse lire dans quantité de miniatures ou de fresques dont certaines remontent aux débuts de l'imagerie chrétienne. Le partage fréquent de la surface peinte en bandes horizontales de couleur compacte, loin qu'il se réduise à une donnée formelle, paraît répondre dans un grand nombre de cas à une conception cosmologique élaborée. Tout se passe en effet comme si, dans leur apparente simplicité, ces bandes parallèles, de largeur variable, correspondaient à des zones, à des *lieux* qualitativement différenciés. A la basilique inférieure de Saint-Clément, à Rome, l'*Ascension* (ou l'Assomption de la Vierge ? — XIe siècle) est représentée sous les dehors d'une composition à registres superposés dont chacun est marqué par une bande de couleur différente : tandis qu'à l'étage inférieur, les Apôtres se répartissent en deux groupes de part et d'autre d'une pierre relique enchâssée dans le mur, sur fond de couleur brique, la figure du Christ (ou de la Vierge ?) s'élève sur une bande intermédiaire bleutée, vers un « ciel » (ou « paradis ») verdâtre où le Christ(?) trône dans une mandorle portée par quatre anges[3]. La superposition des bandes de couleur paraît bien correspondre ici à une

1. Paris, B.N., lat. 10525, Cf. Abbé V. Leroquais, *Les Psautiers manuscrits des bibliothèques publiques de France,* Paris, 1940-1941, t. II, p. LXXXII-LXXXV.
2. Cf. Meyer Schapiro, « From Mozarabic to Romanesque in Silos », *Art Bulletin,* XXI (1939), p. 313-374.
3. Carlo Cecchelli, *San Clemente,* Rome, s.d., p. 146 et pl. 25.

articulation signifiante de nature conventionnelle. C'est ce que confirme, dans le cycle des mosaïques de Sainte-Marie-Majeure, la *Rencontre d'Abraham et de Melchisédech,* déjà évoquée dans ce texte (cf. 3.3.2.) : les protagonistes de la scène procèdent sur un « sol » de couleur verte où s'inscrivent leurs ombres portées. Leurs silhouettes se détachent sur un fond d'or uniforme qui se présente comme un mur de scène à l'antique, tandis que dans la zone supérieure Dieu (ou le Christ ?) émerge, sur le fond d'un ciel traité de façon curieusement « pittoresque », d'un concours de nuages bleus et rouges. L'opposition joue ici, de toute évidence, entre le fond d'or conventionnel et un « sol » d'une part, un « ciel » de l'autre, affectés quant à eux d'une qualité descriptive. On la retrouve, réduite à un simple jeu de couleurs, dans le *Livre des Péricopes* du groupe de Reichenau (début du XIe siècle) où la remise des clefs à saint Pierre (le Christ s'avançant à la rencontre des Apôtres comme Melchisédech au devant d'Abraham et de son armée) s'opère sur un fond articulé selon les mêmes normes : « sol » vert, « fond » or, « ciel » bleu[1]. Elle voit sa signification explicitée dans le *Psautier de Paris* de la bibliothèque de l'Arsenal (XIIIe siècle), lequel s'ouvre sur l'image de trois personnages, un copiste, un astronome et un computiste, assis sur une sorte de coffre, et dont les figures s'enlèvent en même temps que celles de deux arbustes sur un fond brunâtre, et sous un firmament étoilé qu'une frange de nuées ondulées isole du reste de la composition (planche VI A)[2]. L'opposition entre le fond sur lequel s'inscrivent les figures et la voûte céleste qu'observe l'astronome (lequel occupe au centre de l'image une position privilégiée, dominante, encore soulignée par le petit tabouret sur lequel reposent ses pieds, signe de dignité, et par la subordination du livre et du calendrier à l'astrolabe qu'il tend vers le ciel) a ici une connotation sans équivoque : elle correspond au partage aristotélicien du cosmos en un monde sublunaire soumis à la corruption, dont la terre pondéreuse et opaque occupe le centre, et les sphères célestes auxquelles sont fixés les astres impondérables, incorruptibles et lumineux.

1. *Livre des Péricopes d'Henri II,* Munich, Bayer staatsbibl. CLM 4452, fol. 152 v. Cf. André Grabar et Karl Nordenfalk, *La Peinture du haut Moyen Age,* Genève, 1957, reprod. p. 204.
2. Arsen. 1186, fol. 1v. ; cf. *Catalogue de l'exposition des manuscrits à peinture en France du XIIIe au XVIe siècle,* Paris, B.N., 1955, pl. I.

Série picturale et série théâtrale

De semblables représentations n'ont rien de problématique au regard d'un système qui n'asservissait pas le champ figuratif à un principe d'organisation unitaire. Mais lorsque, au Quattrocento, Masolino peindra la *Fondation de Sainte-Marie-Majeure,* il établira encore des nuées à la jointure des deux espaces : l'espace humain, sublunaire, soumis à la pesanteur et composé suivant une perspective rigoureuse, et l'espace divin d'où émane toute lumière (comme le connote le modelé très accentué des nuages) et où s'inscrivent, dans un cercle parfait, les effigies du Christ et de la Vierge. Il n'y aurait pas de sens à parler ici de contradiction, dès lors que l'opposition, outre qu'elle signale, par son excès même, le miracle qui aura été à l'origine de la fondation (cf. 3.2.2.), répond au partage traditionnel du cosmos. La contradiction n'apparaîtra qu'à partir du moment où la perspective linéaire s'imposera si bien au titre de frein et de gouvernail de la peinture que toute entorse à l'ordre par elle institué prendra figure d'exception à la règle. Le nuage lui-même sera alors *théoriquement* exclu de la représentation, sauf à revêtir l'apparence d'un accessoire de théâtre (et Vasari, on l'a vu, tiendra encore pour névropathe celui qui se laissera prendre à ses jeux).

L'*aisthesis* d'une époque ne se laisse donc pas ramener à un ensemble organisé de moyens d'expression dont la cohérence serait fonction d'un état instantané du système. Elle n'évolue pas du seul fait de l'usure, ni sous l'effet d'une sélection quasi naturelle qui ne retiendrait des expériences plastiques que les résultats qui s'accorderaient au sens général de l'évolution sociale et historique. Elle fournit au contraire l'assise systématique au regard de laquelle ces expériences se composent et prennent un sens, une portée historique. Sans qu'on soit fondé à y lire une « intention », un « projet » historique spécifique, une manière de finalité l'habite, qui prête — le cas échéant — à des retournements spectaculaires [1]. Pour emprunter encore à

1. Lorsque au détour du XVIIe siècle, la peinture et surtout la peinture dite décorative, travaillera à élargir l'ordre perspectif et à le faire basculer pour l'ouvrir sur le ciel, ce ne seront plus les envols aériens et les débordements de nuées qui paraîtront inconvenants, mais l'obstination d'un Caravage à maintenir ses figures rivées au sol et à salir leurs pieds d'une poussière bien peu métaphysique, ou — comme parlera Poussin — bien peu « antique ».

Tynianov et Jakobson, on dira que l'histoire du système est à son tour un système : « Chaque système synchronique contient son passé et son avenir qui sont des éléments structuraux inséparables du système [1] ». On conçoit, dans ces conditions, que le procédé de la nuée puisse apparaître, dans l'art aussi bien que dans le théâtre de la Renaissance, tantôt comme un archaïsme, et tantôt comme un trait novateur, quand il n'est pas l'un et l'autre à la fois : hérité de l'art et du spectacle médiéval, il acquiert dans la structure représentative liée à l'institution d'une scène unitaire, une valeur nouvelle. Là où, au Moyen Age, et compte tenu de la *discontinuité* caractéristique de la représentation médiévale, il servait à désigner un lieu parmi d'autres (le lieu du ciel, au sens divin et/ou météorologique du terme) et le passage d'un lieu à un autre, il introduit dans le *continuum* perspectif une façon d'ouverture ou de détour qui paraissent être appelés par le système lui-même et qui satisfont à des besoins, à des fonctions figuratives ou iconographiques très variées, voire contradictoires : la nuée permet d'introduire *a posteriori* dans un réseau de coordonnées qui semblaient devoir l'exclure la dimension de la transcendance (ainsi Véronèse, dans l'*Annonciation* des Offices, a-t-il renouvelé un thème traditionnel en faisant une nuée dorée envahir une perspective à colonnades et portiques, du type de celles qu'avait popularisées l'art de Piero della Francesca). Mais le même nuage qui sert de véhicule à l'Esprit Saint, au Christ, etc., peut transporter les dieux de l'Olympe ; et la même nuée qui ouvre sur le paradis fournira, dans un autre contexte, le ressort syntaxique d'une figure de rhétorique. Pour emprunter à Giulio Carlo Argan l'exemple qu'il a choisi pour illustrer la notion de « transcendance allégorique », Rubens peindra Henri IV encore revêtu de son armure, dans un paysage de ruines, mais déjà songeant à prendre femme pour marquer l'avènement d'une ère nouvelle : Minerve apparaît dans une nuée pour lui présenter le portrait de Marie de Médicis tandis qu'au loin, sur un nuage, sont évoquées symboliquement les noces de Jupiter (l'aigle) et de Junon (les deux paons) [2]. Une même *figure* satisfait à des fonctions tantôt représentatives (elle confère une manière de vraisemblance, sinon une qualité illusionniste, à la vision mystique) et tantôt symboliques (elle introduit dans le tissu iconique la distance de l'allégorie).

1. Tynianov et Jakobson, art. cit., p. 139.
2. Giulio-Carlo Argan, *L'Europe des capitales*, Genève, 1964, p. 28

A cet égard, la coupure radicale marquée par Georges Kernodle entre le théâtre moderne et le spectacle médiéval éclaire le problème de la représentation en même temps qu'elle situe à son juste niveau la question des échanges, des relations entre la série picturale et la série théâtrale. La représentation médiévale se développait suivant une ligne temporelle discontinue, les épisodes successifs s'organisant en des lieux différents (les *loci deputati*), autour d'objets emblématiques. Il faudra attendre le XVIe siècle pour voir les hommes de théâtre se préoccuper d'intégrer les multiples éléments d'un même spectacle dans un cadre unifié et revenir à une forme scénique abandonnée depuis des siècles [1]. Ce problème, que les metteurs en scène avaient ignoré aussi longtemps que places, rues et parvis, voire d'immenses échafauds, servaient de cadre au déroulement du spectacle, les peintres ne pouvaient, quant à eux, en faire abstraction. S'ils étaient libres de regarder la page, le mur, la voûte, le panneau comme de simples supports où disposer personnages et accessoires symboliques, la question d'une organisation systématique de la surface qui leur était donnée à couvrir n'en aura pas moins été posée, dès le départ, dans la pratique picturale elle-même. La perspective linéaire devait apporter à cette question une réponse à la fois technique et théorique ; mais la construction géométrique de l'espace n'épuisait pas le problème de la représentation : le redoublement spéculaire auquel celle-ci était liée dans son principe figuratif appelait, comme sa contrepartie signifiante, le jeu de renvoi dont procède le système des signes. Redoublement, jeu de renvoi : les termes doivent être pris à la lettre. Loin qu'ils s'alimentent réciproquement sur le mode des vases communicants, l'art et le théâtre mènent, chacun pour sa part, une vie sémiologique propre. Et si l'art emprunte au spectacle partie de ses signes, c'est le mécanisme sémiotique constitutif du signe, auquel répond l'emprunt, qui importe : l'élément « emprunté » par la peinture au théâtre ne compte plus comme tel dès lors qu'il est astreint à des fonctions proprement plastiques et qu'il satisfait à une exigence interne du système, dont il représente une articulation nouvelle [2].

1. Cf. Kernodle, *op. cit.*

2. Et de même à l'intérieur d'une même série : il n'y a pas de sens à parler de « survivances » à propos des machines du théâtre baroque. Les éléments « empruntés » au spectacle médiéval sont intégrés à des structures originales : traités de façon « réaliste » par les metteurs en

4.2.3. SCIENCE/PEINTURE

« *La prospettiva, figliola della pittura.* »
LÉONARD DE VINCI, *Trat.* 17.

Le nuage et la clôture de la représentation

Selon qu'on choisira de rapprocher la série picturale de telle ou telle autre série — religieuse, théâtrale, scientifique, etc. —, une structure figurative donnée prêtera à des interprétations multiples : les mêmes images de Zurbaran qui témoignent d'une évolution décisive du rôle assigné à l'expérience mystique dans l'économie de la foi se laisseront décrire en termes de mise en scène et paraîtront proposer une façon de compromis entre la scène à l'italienne, au centre dégagée, et les « façades » du théâtre espagnol. Mais l'espace de la représentation classique, tel que la peinture du Quattrocento en aura produit la scène [1], est un espace fermé, comme l'est le volume cubique, chambre ou place vue en perspective, où l'*istoria* — et, avec elle, chacun des éléments qu'elle met en jeu — trouve en principe son *lieu*. Or ce n'est pas par hasard si l'échiquier qui impose son ordre et sa raison à une représentation dont il marque la clôture, si cet échiquier occupe souvent la place du ciel [2]. Historiquement parlant, les premières surfaces en damier que les peintres se soient astreints à figurer en perspective auront peut-être été les couvertures à caissons, plafonds et voûtes dont la *Trinité* de Masaccio (Florence, Sainte-Marie-Nouvelle) offre un admirable exemple, en même temps qu'elle obéit à un principe de construction extrêmement « avancé », celui-là même dont Mantegna saura, en son temps, tirer toutes les conséquences : le point de fuite étant placé en dessous du bord inférieur de la fresque, la composition est ici déterminée par le « haut » et emprunte

scène du Moyen Age, comme encore à l'hôtel de Bourgogne du temps de Mahelot, ils seront utilisés dans les façades de scène du théâtre espagnol à des fins purement symboliques et conventionnelles.

1. Cf. les célèbres *Scènes comiques* ou *tragiques.* de l'école de Piero della Francesca, conservées à Urbino, Baltimore, Berlin, etc.

2. Cf. la *Dispute de sainte Catherine*, de Masolino (Rome, Saint-Clément), où les murs latéraux, le mur du fond et le plafond de la salle où se situe la scène sont compartimentés suivant un quadrillage régulier, tandis que le sol demeure uniforme et neutre.

son ordre, en l'absence de tout « sol » visible, du compartimentage de la voûte à caissons vue en perspective, sur le fond de laquelle s'inscrivent les figures de la Trinité [1]. Corollaire de l'institution du régime perspectif, l'abaissement de la ligne d'horizon révèle le ciel, que le peintre peut choisir d'organiser sur le mode architectonique ou quasi architectonique : dans la *Fondation de Sainte-Marie-Majeure,* de Masolino, les nuages mis en perspective servent — pour reprendre encore le mot de Burckhardt — à la désignation de l'espace et marquent la clôture de la scène terrestre en même temps que la frontière entre le monde sublunaire et le ciel où sont établies les figures divines. Il n'en va pas de même avec le petit panneau qui servit à Brunelleschi pour la première de ses démonstrations, et où le ciel — et les nuages qui y passaient, poussés par le vent — s'insérait comme un coin, sous la double espèce d'un reflet et d'un corps étranger, dans le circuit représentatif dont il dérangeait la linéarité. La fonction corrodante que Léonard devait assigner à la représentation des phénomènes atmosphériques trouve ainsi sa justification dès le principe : un même élément — le /nuage/, dont la parenté avec la *tache* a déjà été soulignée — peut être appelé à remplir une fonction tantôt intégrante et tantôt désintégrante, selon qu'il est utilisé à des fins constructives ou qu'il fournit, au contraire — au double titre d'indice météorologique et d'instrument pictural — matière à *perturbations.*

Léonard II

Corps sans surface, et donc sans contours, le nuage n'a théoriquement pas sa place dans une représentation fondée sur la réduction des volumes opaques à leur projection linéaire sur le plan. La peinture, si elle entend peindre *cela qui ne peut être peint,* ne va-t-elle pas devoir se modifier, sinon dans son projet, au moins dans ses moyens ? Mais Léonard ne pense,

1. J. White, *Birth and Rebirth of Pictorial Space,* p. 139, pl. 30 b. La conception de Masaccio est d'autant plus remarquable qu'elle revient à établir une voûte à caissons géométriquement construite et aveugle au lieu et place de la nuée lumineuse que les textes associent régulièrement à la présence de l'Esprit Saint dans la Trinité, que ce soit à l'occasion du Baptême ou de la Transfiguration. « *Spiritus fuit nubes lucida in die transfigurationis* », saint Augustin, *Lettre à Evodius,* Epist. CLXIX, *Patrol. Lat.,* t. XXXIII, col. 745. Cf. saint Thomas, *Somme,* q. 43, a.7, ad.6, et le Bréviaire Romain (6 août, resp.2) : « *In splendente nube Spiritus Sanctus visus est.* »

n'écrit pas seulement « en tant que peintre » : le nuage est pour lui autre chose qu'un élément pittoresque ou un accessoire de théâtre ; il est avant tout un phénomène météorologique, et c'est à ce titre qu'il jouera son rôle dans la représentation. Scientifiquement parlant, le nuage est un corps sans surface mais non sans substance, fruit qu'il est, au même titre que la brume, d'un *épaississement de l'atmosphère* (*Carnets,* II, p. 39), d'une contraction de l'humidité répandue dans l'air (*Ibid.,* I, p. 352 et 356). Outre qu'il joue un rôle déterminant dans la production des vents, en poussant l'air devant lui, en le comprimant et en l'exprimant [1], il constitue encore une manière de *site* où peuvent se répercuter les sons (I, p. 241), et où se forme l'arc-en-ciel (I, p. 261). Instrument et, tout à la fois, indice du cycle de l'évaporation et de la précipitation [2], le nuage occupe dans la cosmologie vincienne une position décisive, à la charnière de l'uranologie, de l'aérologie, de l'hydrologie (« une grande partie de la mer fuira vers le ciel, et de longtemps ne reviendra : c'est-à-dire les nuages »), (II, p. 415) et de la géologie : n'offre-t-il pas, dans sa formation autant que dans ses effets, une bonne

1. « Quand le nuage est formé, il engendre aussi du vent, attendu que tout mouvement naît de la surabondance ou de la pénurie ; le nuage en se créant attire donc à soi l'air ambiant et ainsi se condense, parce que l'air humide a été attiré de la région chaude dans la région froide située au-dessus des nuages ; étant donc obligé de transformer en eau l'air précédemment gonflé, une grande quantité d'air doit s'agglomérer avec force pour former le nuage ; et comme il ne saurait laisser de vide, l'air se précipite pour combler l'espace resté vacant par le départ de l'air (précédent) qui s'est condensé puis transformé en nuage dense. En cette circonstance, le vent s'élance à travers l'air sans effleurer la terre, sauf au sommet des hautes montagnes ; il ne peut attirer l'air de la terre parce qu'alors le vide naîtrait entre celle-ci et le nuage, et n'attirant que peu d'air par le travers, il l'attire surtout par chaque ligne. » Léonard de Vinci, *Leic.,* 28 r. ; *Carnets,* II, p. 107-108.

2. « Lorsque dans l'air calme tout un groupe de nuages s'élève à une certaine hauteur — où comme nous l'avons dit, ils se pressent ensemble —, la violence de l'air qu'ils expriment crée un mouvement si grand que tu peux le voir se communiquer aux autres nuages, de moindre grandeur. Et comme ils poussent également l'air devant eux, ils se donnent une raison de fuir davantage, car lorsqu'un nuage se trouve soit parmi d'autres, soit isolé, s'il produit du vent dans son sillage, l'air qui est entre lui et celui qui lui succède se multiplie et agit comme la poudre dans la bombarde, qui expulse de son voisinage les corps moins lourds et les poids plus légers. Ainsi donc, le nuage, quand il chasse le vent vers les autres qui offrent une résistance, les met en fuite et en envoyant devant lui cette avant-garde de vents, il augmente le volume du reste. » *C.A.,* 169 v., *ibid.,* I, p. 342-343.

illustration de la liaison universelle où s'enchaînent les parties de la nature, et du mélange, de la permutation incessante des éléments [1] dont la séparation a rompu le chaos, mais qui paraissent ici faire retour à l'indivision primordiale et se changer l'un en l'autre pour donner naissance à des amas instables dont la formation, l'évolution, les transformations et la résolution s'accompagnent de perturbations et de précipitations qui dérangent l'ordre du monde et de ses figures visibles : la pluie, la foudre, la neige, la grêle, le vent ? Loin qu'il marque la limite de ce monde-ci, au-delà de laquelle cesseraient d'avoir cours les principes de la mécanique et de la science des poids, le nuage est donc un corps, et qui obéit, comme tout autre corps, aux lois du mouvement et de la pesanteur, selon lesquelles s'accomplit toute action naturelle.

Pour être sans surface, le nuage n'en est pas moins *visible* [2]. Or Léonard, il faut ici le répéter, entendait que les fonctions de la peinture égalent celles de l'œil et que ses œuvres *représentent* celles de la nature (*l'opera del pittore rappresentano l'opere d'essa natura, Trat.* 9, Richter, I, p. 38). Le nuage ressortit au monde visible : c'est assez dire que celui-ci ne se laisse pas réduire à une construction linéaire. Et pourtant il semble que Léonard, théoricien de la peinture, emprunte à la géométrie plus encore que ne le faisait Alberti : attentif qu'il était à prévenir toute « confusion des genres », celui-ci affirmait vouloir ne parler qu'*en tant que peintre,* l'apport de la géométrie à l'art (la théorie) de la peinture — laquelle demande « une plus grasse Minerve [3] » — se réduisant en définitive pour lui à fournir le principe d'une construction raisonnée de la scène de l'*istoria,* de la représentation. Or la géométrie assume, chez Léonard, des fonctions autrement étendues, un rôle bien plus

1. « Les éléments se muent l'un en l'autre, et quand l'air se change en eau, à la suite de son contact avec la région froide de l'atmosphère, celle-ci tire avec violence à soi tout l'air environnant accouru furieusement pour remplir la place qu'a laissée vide l'air enfui ; ainsi, une masse se meut à la suite de l'autre, jusqu'à ce qu'elles aient en partie comblé l'espace d'où l'air s'est détaché ; et ceci est le vent. » *C.A.*, 169 r., *ibid.*, I, p. 340. Les éléments, c'est-à-dire en l'espèce l'eau, l'air et le feu, les nuages étant composés de chaleur et d'humidité, et (l'été) de vapeurs sèches (*C.A.*, 212 v., *ibid.*, I, p. 343). Mais la poussière, qui est de nature terrestre, peut se disperser dans l'air, et affecter la forme d'un nuage (*C.A.*, 79 r., *ibid.*, II, p. 249).

2. Sur le nuage en forme de haute montagne tout en feu qu'observa Léonard sur le lac Majeur, cf. *Carnets,* I, p. 108.

3. Cf. ci-dessus, 1.4.1.

fondamental. Si la peinture est une science (*se la pittura è scientia o no, Trat.* 1, Richter, I, p. 31), c'est à la géométrie qu'elle le doit. Ou, pour parler plus justement, aucune recherche ne mérite le nom de science qui ne passe par la démonstration mathématique [1]. Or qu'est-ce que la perspective, sinon la démonstration rationnelle que toute chose transmet son image en ligne conique ? Cette démonstration veut que la peinture, la *science* de la peinture, commence, à l'instar de la géométrie, avec le point, la ligne et la surface [2] ; point de départ théorique s'il en est : car la perspective est fille de la peinture et c'est le peintre qui l'a créée pour satisfaire aux exigences de son art [3].

La peinture engendre la perspective, qui la constitue en retour comme science. La science de la peinture commence avec le dessin ; mais de là naît une autre science qui a rapport avec l'ombre et la lumière (*da questa n'esce un altra scientia, che s'estende in ombre e lume,* Richter, I, p. 33), avec le clair-obscur, la perspective colorée et la perspective atmosphérique. Là où la géométrie ne va pas au-delà des quantités, continues et discontinues, la peinture a affaire, quant à elle, aux qualités des choses, qui font la beauté des œuvres de la nature [4]. Et c'est bien pourquoi elle n'a pas toujours été comptée au nombre des sciences : à l'instar des œuvres de la nature, elle n'a pas besoin, pour atteindre à son accomplissement, du secours des mots ; et les peintres n'ont pas cru bon de la décrire et de la réduire en principes [5]. Discipline « semi-mécanique », puisqu'elle naît de la science pour aboutir à une opération manuelle, la peinture n'est pas une science au sens où le sont celles qui

1. « *Nissuna humana investigatione si po dimandare vera scientia, se essa non passa per le matematiche dimostrationi* » *Trat.* 1, Richter, p. 31-32.

2. « *Il principio della scientia della pittura è il punto ; il secondo è la linea ; il terzo è la superfitie.* » *Trat.*, 3, *ibid.*, p. 32.

3. « *'l pittore è quello, che per necessità della sua arte ha partorito essa prospettiva.* » *Trat.* 17, *ibid.*, p. 37.

4. « *E se'l geometra riduce ogni superfitie circondata da linee alla figura del quadrato et ogni corpo alla figura del cubo, e l'Aritmeticha fa il simile con le sue radici, cube e quadrate, queste due scientie non s'estendono, se non alla notitia della quantità continua e discontinua, ma della qualità non si trauaglia, la quale è bellezza delle opere di natura e ornamento del mondo.* » *Ibid.*

5. « *E veramente non senza caggione non l'hanno nobilitata, perchè per se medesima si nobilita, senza l'aiuto de l'altrui lingue, non altrimente, che si facciano l'eccellenti opere di natura. E se li pittori non hanno di lei descritto e ridottola in scientia, non è colpa della pittura.* » *Ibid.*, p. 37-38.

ont leur point de départ et leur point d'arrivée dans l'esprit (*che principiano e finischono nella mente, ibid.*, p. 32). Or telle est l'erreur de ceux qui ont prétendu la réduire à la géométrie et qui, confondant le point naturel et le point mathématique, ont traité de la perspective comme si l'œil était un point [1] : la « confusion des genres », à laquelle Alberti n'avait pas voulu céder, est inévitable dès lors que la perspective n'est pas affaire seulement de géométrie.

Ce qui se joue ici, dans le texte de Léonard, est lourd de conséquences épistémologiques autant que picturales. L'aristotélisme proscrivait en effet toute confusion des genres : le géomètre n'a pas à penser en arithméticien, ni le physicien (et le peintre, sans doute, moins encore) en géomètre. Exigence parfaitement légitime, comme l'observe Alexandre Koyré : aussi longtemps que les « genres » subsistent, on ne saurait les mélanger. Encore peut-on les détruire [2] : or il semble bien que ce soit là ce à quoi Léonard se sera employé, Léonard en qui l'artiste se confondait avec l'ingénieur, tandis que le technologue le disputait chez lui au géomètre [3]. A quel point l'entreprise allait à l'encontre de la conception classique des « genres » qu'impose la division du travail, c'est ce que permet de mesurer la question dont Freud partira encore dans son célèbre essai sur Léonard (et sur laquelle on reviendra en un autre lieu) : comment, en Léonard, le savant, l'homme de science a-t-il « étouffé » l'artiste ? Question marquée de toute évidence au sceau d'une idéologie qui interdit en fait toute approche, aussi bien concrète que théorique, du problème des rapports entre art et science, entre l'image du monde que l'art travaille à imposer et celle qu'élabore la science, aussi bien qu'entre les procédures que le peintre et le physicien mettent respectivement en œuvre à cette fin. Or c'est là à quoi le « miracle Léonard » (comme parle Koyré) engage sans recours la réflexion.

Alexandre Koyré a montré comment l'attitude de Léonard en mathématiques, c'est-à-dire en géométrie, était essentiellement celle d'un ingénieur, et comment sa géométrie, bien loin d'avoir souffert de sa manière concrète de penser (et de la « confusion des genres » où celle-ci l'engageait) en aura au contraire béné-

1. *D* 10 v., *Carnets,* I, p. 212.
2. Alexandre Koyré, *Etudes galiléennes,* Paris, 196, p. 23, nº 3.
3. Id., « Léonard de Vinci 500 ans après », in *Etudes d'histoire de la pensée scientifique,* Paris, 1966, p. 85-100.

ficié. Géomètre-né, Léonard possède au plus haut degré le don — selon Koyré extrêmement rare — de l'intuition de l'espace, et ce don lui permet de surmonter son manque de formation théorique [1]. En même temps, la géométrie domine chez lui la science de l'ingénieur : « Ainsi sa géométrie est le plus souvent celle d'un ingénieur et vice versa son art d'ingénieur est toujours celui d'un géomètre [2]. » On pourrait en dire autant de cette discipline dans ses rapports avec la peinture (la perspective n'est-elle pas « fille de la peinture » ?). Mais comment ne pas voir que la géométrie de Léonard doit à la confusion des genres dont elle procède un caractère dynamique par lequel elle tranche résolument sur la tradition aristotélicienne ? Occupé qu'il était à montrer comment la plupart des concepts dont on fait honneur à la science moderne ont été énoncés, *préconstitués* dès le Moyen Age [3], Pierre Duhem voulait que Léonard ait emprunté d'Ockham la notion du point, de la ligne et de la surface qu'il développe dans ses *Carnets* [4]. Or si l'on compare les définitions que Léonard donne de la ligne et de la surface avec celles sur lesquelles s'ouvre le *Della Pittura* d'Alberti, on ne peut qu'être frappé par la transformation à laquelle Léonard soumet les entités mathématiques, les lignes et les figures de la géométrie. Là, en effet, où Alberti regardait la ligne comme déterminée par une suite de points disposés l'un après l'autre sans interruption et la surface comme déterminée par la réunion de plusieurs lignes, assemblées comme les fils d'une toile [5], Léonard les conçoit comme *produites,* comme *décrites* par le mouvement, dans l'espace, de points et de lignes. « La ligne est le parcours d'un point, et toutes ses extrémités sont des points... La surface est le mouvement d'une ligne... une extension produite par le mouvement transversal d'une ligne [le mouvement, écrira ailleurs Léonard, d'une ligne écartée de sa direction], et ses limites sont des lignes [6] ». Or ces définitions, loin qu'elles renvoient à la tradition scolastique, « anticipent » au contraire, sur le mode descriptif, pittoresque, la transformation conceptuelle qu'accomplira Newton, lorsqu'il rapprochera de la physique les entités

1. et 2. Koyré, *ibid.*, p. 95-97.

3. Cf Michel Fichant, « L'idée d'une histoire des sciences », in M.F. et Michel Pecheux, *Sur l'histoire des sciences,* Paris, 1969, p. 72-73.

4. Pierre Duhem, *Etudes sur Léonard de Vinci, ceux qu'il a lus, ceux qui l'ont lu,* nouv. éd., Paris, 1955, t. II, p. 17.

5. Cf. ci-dessus, 3.3.4.

6. *B.M.* 160 r., 176 r., 190 v. ; *Carnets,* I, p. 559-560.

mathématiques et les soumettra au mouvement : les considérant non plus dans leur « être », mais dans leur devenir, dans leur « flux »[1].

Il n'importe pas ici que cette « anticipation » (qui paraît fondée, en tant que telle, sur l'hétérogénéité des séries et la possibilité de report d'un champ théorique à un autre) ne puisse être lue comme telle, dans le texte de Léonard, que par récurrence, à partir de la synthèse newtonienne, et qu'elle ne produise ses effets que dans le temps logique que construit l'épistémologie. L'essentiel est de bien saisir comment la soumission des entités mathématiques au mouvement ne s'opère pas, chez Léonard, sur des bases théoriques, mais qu'elle procède de cette même « intuition de l'espace » où Koyré voyait l'un de ses « dons » les plus étonnants, et dans la dépendance directe de son expérience, de sa pratique de peintre (la perspective est fille de la peinture, qui tire elle-même son origine du point, de la ligne, de la surface). Mais le texte de Léonard va plus loin encore : là où la tradition prégaliléenne, précartésienne, assimilait le mouvement au changement, à un processus affectant les corps qui lui sont soumis, le concept du mouvement qui triomphera dans la science classique substituera à une notion physique, empirique, une notion purement mathématique, dépourvue de toute connotation qualitative : celle d'une relation sans rapport avec le temps, ou pour mieux dire d'« un mouvement qui se déroule dans un temps intemporel, notion aussi paradoxale que celle d'un changement sans changement[2] ». Or que lit-on dans le texte de Léonard ? Que « le temps, bien qu'il soit rangé parmi les quantités continues... ne tombe pas intégralement sous la puissance géométrique qui le divise en figures et corps d'une infinie variété, comme on le voit constamment des choses visibles et corporelles ; mais il s'accorde avec elles simplement sous le rapport de ses premiers principes, à savoir le point et la ligne. Le point, si on lui applique les termes réservés au temps, doit être comparé à l'instant, et la ligne à la longueur d'une grande durée de temps. Et tout comme les points constituent le commencement et la fin de ladite ligne, ainsi les instants forment le principe et le terme d'une certaine portion de temps donné. Et si une ligne est divisible à l'infini, il n'est pas impossible qu'une

1. Cf. Koyré, « Sens et portée de la synthèse newtonienne », in *Etudes newtoniennes,* Paris, 1968, p. 31-32.
2. *Ibid.*

portion de temps le soit aussi [1] ». La nature du temps est différente de sa géométrie [2] : c'est dire que le temps dont connaît la géométrie, que ce temps n'a rien de commun avec celui de la génération et de la corruption, le temps du changement, du mouvement au sens aristotélicien, mais qu'il est bien ce temps intemporel où procède « le mouvement qui ne change pas », et qui permettra de traiter en termes mathématiques de réalités telles que la vitesse, l'accélération ou la direction d'un mobile en un point quelconque de sa trajectoire, toutes questions qui ont occupé Léonard, sans qu'il disposât de la formation théorique nécessaire pour pouvoir y apporter autre chose que des commencements de réponse [3].

L'étrange faculté

L'« étrange faculté » dont parle Koyré, qui aurait permis à Léonard d'atteindre à des conclusions étonnantes en matière de mécanique et de balistique, alors qu'il ignorait les prémisses sur lesquelles elles étaient fondées, cette faculté empruntait nécessairement, autant qu'elle lui prêtait, à son expérience, à sa pratique d'artiste. La conception que Léonard s'est faite de la physique, et dont la géométrie euclidienne lui a fourni le modèle, rejoint sur un point décisif la conception de la peinture sur laquelle s'ouvre le *Trattato* : la physique (la peinture) doit commencer par un ensemble de principes et de propositions premières qui fourniront la base des développements ultérieurs [4]. La tendance à mathématiser la physique (suivant l'exemple d'Archimède) et qui va de pair avec la tentative pour la dynamiser, se retrouve dans la géométrie et la peinture elle-même : le « mouvement » et le « repos » comptent au nombre des fonctions de l'œil (qui sont aussi celles de la peinture), au même titre que la lumière et l'ombre, la substance, la couleur, la figure, le lieu, la proximité et l'éloignement. La confusion des genres, l'échange incessant des rôles, la communication permanente entre les séries sont sans doute l'un des traits déterminants du « miracle Léonard » : le souci obstiné de rapporter, de raccorder l'objet scientifique, théoriquement construit, à l'objet perçu, donné dans

1. *B.M.*, 173 v. et 190 v. ; *Carnets*, I, p. 76 ; Richter, II, n° 916, p. 137-138.
2. « *Scrivi la qualità del tempo, separata dalla geometrica.* » *B.M.*, 176 r. ; Richter, II, n° 917, p. 138 ; *Carnets*, I, p. 76.
3. et 4. Koyré, « Léonard de Vinci... », p. 98-100.

l'expérience préthéorique, ce souci qui fait le fond de toute philosophie de la Nature, travaille paradoxalement chez lui au rebours de la pensée du temps et lui permet de s'affranchir de la conception magique et poétique de la nature qui est celle de la Renaissance. Mais si l'homme de science ne peut, en Léonard, être séparé de l'artiste, et d'abord du peintre, c'est bien que quelque chose se joue, ici et là, qui ne se laisse saisir qu'à la jointure des deux séries : l'idéologie le disputant à la science, une même question, d'ordre essentiellement théorique, s'y articule en des termes plus ou moins rigoureux et explicites.

4.2.4. LE TABOU DE L'INFINI

> « Cette pensée porte avec elle je ne sais quelle horreur secrète ; en effet, on se trouve errant dans cette immensité à laquelle sont déniés toute limite, tout centre, et par là même, tout lieu déterminé. » KEPLER, *Opera omnia*

Une structure de contradiction

Les intuitions qui traversent le texte de Léonard, les aperçus surprenants, les anticipations abruptes qui le ponctuent, l'effort pour réformer tout ensemble, et peut-être l'une par l'autre, la géométrie, la physique et la peinture, la fragmentation même de ce texte et son dehors énigmatique, crypté, seraient la conséquence de l'irrespect dont Léonard témoignait à l'endroit de la division des genres, du peu de cas qu'il a fait de la partition sociale du travail. Alberti n'empruntait de la géométrie que ce qui pouvait servir au peintre ; Léonard travaille à définir, à partir de la géométrie, les conditions d'une pratique scientifique de la peinture, dont il attend qu'elle informe en retour la géométrie elle-même. Là où Alberti concevait les figures géométriques de façon statique, en termes de fils intriqués, de toiles tissées, de peaux tendues, il les voit comme produites par le mouvement des points et des lignes. Mais *qui* parle ici ? Le peintre, le géomètre, ou encore l'homme de la *praxis,* « un homme qui ne construit pas de théories, mais des objets et des machines et qui, le plus souvent, pense comme tel », et dont l'attitude en mathématique, c'est-à-dire en géométrie, est généralement celle d'un ingénieur [1] ? En fait, la confusion des genres, et la communication qu'elle induit entre les séries mathématique (*i.e.* géométrique), physique, picturale, etc., imposent de traiter le texte de Léonard dans son volume théorique, et en accordant une attention particulière à certaines des propositions qu'il contient : non pas tellement pour les replacer dans leur contexte culturel ou pour les lire, comme s'y est employé inlassablement Pierre Duhem, à la lumière des prédécesseurs de Vinci, mais pour en repérer les échos, les résonances lointaines dans le texte même de Léonard. Telles les quelques notes très brèves, touchant à la question de l'*infini*. Lorsque Léonard fait référence à la quantité continue, c'est-à-dire à la géométrie *(la quantità continuà, cioè la scientia di Geometria, Trat.* 1), pour en affirmer l'infinité [2], c'est dans une optique bien différente de celle d'Aristote et de la philosophie scolastique, et moins pour réfuter l'atomisme en alléguant de la divisibilité à l'infini de la grandeur [3], que pour en inscrire l'argument au principe de son *Traité de la peinture. Se la pitura è scientia,* si elle doit pouvoir faire l'objet d'une démonstration mathématique, qu'en est-il de cette pratique dans son rapport à la quantité continue, c'est-à-dire à l'infini ?

Si toute quantité est divisible (et extensible) à l'infini, ce n'est pas à dire que l'infini puisse être *donné* : « Quelle est cette chose qui ne se donne point et qui, si elle se donnait, cesserait d'exister ? C'est l'infini qui, s'il pouvait se donner, serait limité et fini, car ce qui ne peut se donner est ce qui n'a pas de limites [4]. » Dans les termes d'Alberti, le peintre n'a pas à connaître de la question de l'infini, puisque aussi bien il ne

1. Koyré, *art. cit.*, p. 94.
2. « La géométrie est infinie parce que toute quantité continue est divisible à l'infini, dans un sens ou l'autre. Mais la quantité discontinue commence à l'unité et s'accroît à l'infini, et, comme il a été dit, la quantité continue croît et décroît à l'infini. Si tu me donnes une ligne de vingt brasses, je te dirai comment en faire une de vingt et une. » *M.*, 18 r. ; *Carnets,* I, p. 555.
3. Cf. Pierre Duhem, « L. de V. et les deux infinis », in *Etudes sur L. de V., ceux qu'il a lus, ceux qui l'ont lu,* nouv. éd., Paris, 1955, t. II, p. 4-53.
4. « *Qual è quella cosa che non si dà, e s'ella si dessi non sarebbe ? Egli è lo infinito, il quale se si potesse dare, e'sarebbe terminato e finito, perchè cio che si pò dare, à termine colla cosa che la circuisce ne'sua stremi, et ciò che non si pò dare à quella cosa che non à termini.* » C. A., 131 r. ; *Carnets,* I, p. 540 ; Richter, nº 1216 a, I, p. 257.

doit « feindre » que cela qui se voit (*quello si vede*), c'est-à-dire qui se laisse circonscrire par des lignes et réduire, sur le plan, à un jeu de surfaces (cf. 3.3.3.) : l'infini n'a pas d'extrémités (pas de « surfaces »), pas de limites, il ne peut (du point de vue même de Léonard) être donné autrement qu'en concept. Or la perspective, considérée en tant que schème *optique,* emporte une contradiction tout à la fois théorique et formelle dont Léonard était parfaitement alerté [1]. La construction perspective, fondée

1. Léonard, et déjà les contemporains, voire les prédécesseurs immédiats d'Alberti, et en particulier Biagio Pelicani, qui fut à Paris l'élève de Buridan, et qui enseigna à Pavie, Bologne, Florence (où il se trouvait en 1389) et Padoue (où il mourut en 1416). Selon Robert Klein (*op. cit.*, p. 238), c'est à lui que reviendrait la *Perspective* anonyme donnée à Alberti par Bonucci (*op. volg.*, t. IV). Dans ses *Quaestiones Perspectivae,* de 1390, et dont Paolo Toscanelli devait rapporter une copie à son retour à Florence, en 1424, Pelicani énonce la règle de toute construction perspective, au sens optique du terme, règle qui veut qu'une limite soit assignée à la fuite des lignes à l'infini par le concours apparent des parallèles : « *Cum lineae equidistantes et oculus fuerint in eadem superficie, extimatur lineas illas debere concurrere et nullomodo esse equidistantes.* » (*Quaest.*, 1. I, *quaest* vii, art. i, corol. 2 ; cit. par Parronchi, *op. cit.*, p. 241.) La formule de Léonard réitère l'assertion de Vitellion (*Perspectiva,* 1. IV, th. 21) selon laquelle « *lineae... videbuntur quasi concurrere, non tamen videbuntur unquam concurrentes, quia semper sub angulo quodam videbuntur* ». Panofsky (« Die Perspektive als S.F. », *op. cit.*, n. 22, p. 140-141) a montré comment le théorème de Vitellion ne pouvait, à l'époque de son énonciation (XIIIe siècle), constituer une critique de la théorie du point de fuite, laquelle est liée, mathématiquement parlant, au concept « finitiste » de *limite*, c'est-à-dire à la possibilité d'imaginer que les parallèles s'étendant à l'infini, leur distance relative et, par là, l'angle sous lequel sont vus leurs points les plus lointains, deviennent égaux à zéro. En ce sens, il aurait fallu attendre Desargues pour voir énoncer la première définition réellement pertinente du concept de point de fuite. Il n'en reste pas moins que le modèle brunelleschien conduit à poser en des termes picturaux la question de l'infini, déjà marqué *métaphoriquement* comme point (« *quasi per sino in infinito* », comme l'écrira Alberti) : mais, loin qu'elle se fonde sur l'infinitisation explicite de l'espace, la construction perspective, par la *limite* qu'elle s'assigne, implique au contraire une clôture de la scène représentative. En fait, comme on va le voir, la question de l'infini était bien loin d'être seulement une question mathématique, et elle n'aura cessé de *travailler*, sous des espèces diverses, entre autres picturales, toute la culture de la Renaissance. On ne saurait donc suivre Panofsky quand il affirme, sans plus de nuances, que la conception de l'espace qu'emportait la construction perspective à point de fuite central est celle-là même qui sera plus tard rationalisée par Descartes et formalisée par la théorie kantienne (*op. cit.*, p. 121-122). La censure *idéologique* imposée au progrès des mathématiques, les *avancées* remarquables de l'art ou de la philosophie (on y reviendra) manifestent la complexité d'un travail culturel qui ne trouve pas à s'inscrire sous les

qu'elle est sur la convergence des lignes de fuite, donne à voir ce qui ne peut être vu : la rencontre de deux lignes parallèles (« L'œil entre deux lignes parallèles ne les verra jamais à une distance assez grande pour qu'elles se rencontrent en un point », *Carnets,* II, p. 300) en un point *donné,* visible, — soit *le signe, marqué d'un trou* dans l'expérience de Brunelleschi, et où se scelle, dans la coïncidence spéculaire du point de fuite et du point de vue, la clôture du système.

Cette clôture, les peintres du Quattrocento ont bien pu s'efforcer de la masquer (en dissimulant le point de fuite par un écran, mur de scène ou toile de fond), ou au contraire de la tourner (par l'ouverture, dans le cube perspectif, d'une *veduta* donnant sur un paysage ou un ciel d'une profondeur indéfinie [1]) : ils n'auront pu faire que la géométrisation de l'espace qui fait le fond de l'ordre perspectif n'ait, dès l'abord, sapé secrètement le système représentatif qui y trouvait sa condition. Alors que

rubriques traditionnelles de l'histoire de l'art, de la science ou des idées, en même temps que la nécessité d'une redistribution critique des domaines et des rôles assignés, dans une structure culturelle d'ensemble, à l' « art », à la « science » et à l' « idéologie ».

1. Francastel (*Peinture et Société,* p. 36-37 et 68) croit découvrir chez Masolino l'origine d'une spéculation sur l'espace ouvert, et d'un effort pour organiser l'espace cubique, unitaire, sans recourir à une toile de fond ; et de même, l'invention la plus importante dont il crédite Uccello, aurait été l'ouverture, dans l'*Histoire de Noé.* d'une percée imaginaire au fond de la toile. A ce travail (que Mantegna poursuivra par d'autres voies) s'oppose l'élaboration du cube scénographique fermé, dont la *Cène* d'Andrea del Castagno (Florence, Cenacolo de Sainte-Apollonie) fournit un bon exemple, et que Poussin construira encore matériellement, deux siècles plus tard, pour le faire servir à ses expériences sur l'éclairage des figures. On notera cependant, avec Francastel, que la représentation exige encore, dans ce cas, la notation simultanée du contenant et du contenu, le contenant (le cube perspectif ouvert sur un côté) étant lui-même contenu dans un espace abstrait. Francastel voit à juste titre dans ce paradoxe la version « esthétique » du problème du *continu.* Problème auquel Maurice Blanchot (*l'Entretien infini,* Paris, 1969, p. 11, n° 1) a su donner sa caractérisation exacte : « Quand on suppose (le plus souvent, implicitement) que le "réel" est continu, et que seule la connaissance ou l'expression introduirait la discontinuité, on oublie d'abord que le "continu" n'est qu'un modèle, une forme théorique qui, par cet oubli, se donne pour pure expérience, pure affirmation empirique. Or le "continu" n'est qu'une idéologie honteuse d'elle-même, de même que l'empirisme n'est qu'une connaissance qui se répudie. Je rappelle ce que la théorie des ensembles a permis de poser : contrairement à une longue affirmation, il y a une *puissance* d'infini qui élève l'infinité au-dessus du continu ou, comme le dit J. Vuillemin, "l'infini est le genre dont le continu est une espèce (*la Philosophie de l'algèbre*)". »

la construction perspective implique qu'à l'espace discontinu et qualitativement différencié de l'art prébrunelleschien se substitue l'espace continu, ouvert, homogène et abstrait, divisible et extensible à l'infini, de la géométrie euclidienne, elle se définit dans la pratique, en tant précisément que *construction,* par sa clôture. L'adjonction (voire la substitution) à la perspective linéaire de la perspective atmosphérique ne changera rien à cette situation théorique : il ne s'agira jamais, pour les peintres qui y auront recours, que d'échapper à la clôture du système par des moyens pittoresques, lesquels, n'empruntant rien de la géométrie et ne prêtant par conséquent pas à démonstration, ne lèvent qu'en apparence la contradiction qui est au principe du code paradigmatique et qui fait le ressort productif du système porteur de l'historicité de la pratique artistique. Cette contradiction — que l'art renaissant aura obstinément travaillé à surmonter, après en avoir lui-même posé les termes — peut être visée sous l'aspect conceptuel (soit les couples fermé/ouvert, discontinu/continu, fini/infini, etc.) aussi bien que figuratif (soit l'opposition entre les impératifs du « code », qui impliquent la réduction de la représentation à ses paramètres terrestres, et ceux d'une représentation qui ne renonce pas à jouer de la référence au ciel et à la dimension de la transcendance) : sous l'un ou l'autre aspect, la définition du code paradigmatique — sinon du système lui-même, qui y trouve son « frein » et son « gouvernail » — au titre de structure de contradiction a des implications qui outrepassent le champ strictement pictural.

Physique et métaphysique

En appeler à la géométrie euclidienne pour construire la scène de l'*istoria* n'allait en effet pas sans conséquences, qui se laissent mieux mesurer sur le terrain philosophique ou épistémologique. Sans doute Alberti lui-même attendait-il du tracé en perspective d'un pavement qu'il lui *démontrât* de quelle façon les quantités « transverses » semblent aller en diminuant, en fonction de la distance, pour ainsi dire jusqu'à l'infini (*quasi per sino in infinito* [1]). Mais il est très remarquable que l'infini (métaphorique) soit ici connoté simultanément comme infiniment petit

1. « *Quali segniate linee amme dimostrino in che modo, quasi per sino in infinito, ciascuna traversa quantità sequa alterandosi.* » Alberti, *op. cit.*, liv. I, p. 71.

(la diminution) et comme infiniment grand (la distance) : en fait, si la pensée grecque et, après elle, la pensée médiévale, ne faisaient pas difficulté à admettre l'infini *potentiel* (obtenu par division ou addition indéfiniment continuée), elles n'en refusaient que plus radicalement l'infini *actuel,* et d'abord l'idée d'un univers sans limites, infini. Le cosmos grec (et médiéval) est un monde de structure finie, hiérarchiquement ordonné et qualitativement différencié ; un univers qui se divise en plusieurs régions d'être, soumises à des lois différentes et où s'opposent les deux mondes de la Terre et du Ciel. Or cette idée n'était pas sans avoir de solides fondements dans l'expérience sensible. Comme l'écrit Koyré, « la conception de la finitude nécessaire de l'Univers stellaire, de l'Univers visible, est toute naturelle : nous *voyons* une voûte céleste ; nous pouvons la penser comme étant très loin, mais il est extrêmement difficile d'admettre qu'il n'y en a pas, et que les étoiles sont distribuées dans l'espace sans ordre, sans rime ni raison, à des distances invraisemblables et différentes les unes des autres. Ceci implique *une véritable révolution intellectuelle* [1] ». C'est cette révolution — dont Koyré a su démêler les tenants et aboutissants — qu'accomplira la science du XVIIe siècle, lorsqu'elle substituera à l'espace cosmique, qualitativement différencié et concret, de la physique prégaliléenne, l'espace homogène de la géométrie euclidienne, et à l'idée d'un monde fini, hiérarchiquement ordonné, qualitativement différencié, celle d'un univers ouvert et indéfini, un monde d'*une géométrie faite réelle,* soumis de part en part à une légalité uniforme, et où la physique et l'astrononomie ont à connaître d'un seul et même domaine d'être [2].

Or le premier à avoir affirmé « cette géométrisation de l'espace et l'expansion infinie de l'univers qui est la prémice de la révolution scientifique du XVIIe siècle, de la fondation de la science classique [3] », aura été non un homme de science, mais un philosophe, et qui devait payer de sa vie pareille audace : Giordano Bruno sera excommunié et brûlé publiquement à Rome, le 17 février 1600, pour — entre autres, et tirant argument de la toute-puissance divine — avoir soutenu

1. Koyré, « Les étapes de la cosmologie scientifique », in *Etudes d'histoire de la pensée scientifique,* Paris, 1966, p. 83.
2. Id., « Galileo and Plato », *Journal of the History of Ideas,* vol. IV, n° 4 (oct. 1943), trad. française, in *Etudes d'hist.,* p. 150-151.
3. Id., « L'apport scientifique de la Renaissance », *ibid.,* p. 45.

que l'univers était infini [1]. Or Bruno, comme le souligne Koyré, n'était aucunement un esprit moderne : mathématicien exécrable, il a défendu une conception du monde vitaliste et magique. Et cependant, dans son infinitisme, il n'en aura pas moins été très en avance sur son époque. Mais, sur ce point, ses contemporains ne *pouvaient* l'entendre. L'univers même d'un Nicolas de Cues, qui professait en la matière des opinions singulièrement hérétiques, cet univers n'était pas infini, mais seulement indéterminé, sans bornes assignables [2]. Et quant à Palingenius, auteur du *Zodiacus vitae* (publié à Venise en 1534), si nul avant Bruno n'a affirmé avec autant de force l'impossibilité de tracer des limites à l'action créatrice de Dieu (« Qu'est-ce que la Terre et la Mer en comparaison de l'Espace immense et admirable du monde ? »), il n'en aura pas moins maintenu avec insistance l'opposition entre les régions terrestres et célestes : « La Terre est la dernière des Habitations, encore trop bonne pour les Hommes et les Bêtes... Ce sont là les Royaumes ténébreux, parce qu'en dessous des Nuées règne une perpétuelle nuit en comparaison de la Lumière brillante et de la Splendeur éternelle qui est en dessus... Mais l'air supérieur aux Nuées est un Ciel heureux et serein. C'est là que règne une Paix éternelle ; c'est là que brille la Lumière du plus beau jour ; c'est là la Royale demeure des Dieux que nos yeux corporels ne peuvent apercevoir [3]. »

L'univers de Palingenius ne rompt avec le cosmos aristotélicien que sur un point : l'infinitude du royaume qui, au-delà du ciel, étincelle d'une admirable clarté. Pour le reste, il maintient la finitude du monde *matériel,* qu'entourent les neuf sphères célestes [4]. Conception qui s'accorde, moyennant cette correction, avec l'image du monde précopernicien telle que la propose encore la *Cosmographie* de Peter Appianus (1539) : la terre occupe le centre d'une suite de cercles concentriques dont elle est isolée par un double anneau de feu et de nuées, lesquelles ont

1. Cf. Koyré, *From the closed World to the infinite Universe,* Baltimore, 1957, trad. française, *Du monde clos à l'univers infini,* Paris, 1962, p. 42-62.

2. *Ibid.,* p. 7-19.

3. Marcellus Stellatus Palingenius, *Le Zodiaque de la vie,* trad. française, La Haye, 1732, cit. par Koyré, *op. cit.,* p. 26-27.

4. « Le monde est de cette façon partagé en trois dominations ou trois royaumes qui sont : la partie céleste, celle qui est sous les cieux ; chacune desquelles a des limites, et la troisième qui n'a point de bornes, et qui au-delà du ciel, étincelle d'une admirable clarté. » Cit. par Koyré, *op. cit.,* p. 28.

l'apparence des collerettes de nuages ondulés qu'on observe dans les miniatures médiévales et, dans un tout autre contexte culturel, à l'entour du toit circulaire qui représente le ciel dans le *Ming tang,* la « maison du calendrier » des anciens Chinois [1]. Mais la nuée qui sépare le royaume des ténèbres du royaume de lumière se retrouve dans un emblème un peu postérieur, extrait des *Emblemata* de Johannes Sambucus (Anvers, 1564) où elle marque, suivant une ligne diagonale, la frontière entre le domaine de la physique et celui de la métaphysique : la

Physicæ ac Metaphysicæ differentia.

Fig. 5. *Physicae ac Metaphysicae differentia.* Extrait de J. Sambucus, *Emblemata.*

nature, qui emprunte l'apparence de la Diane d'Ephèse, se tient à la jointure des deux mondes, désignant de sa main droite ailée un temple couronné d'un astrolabe et près duquel est figuré un croissant de lune, et qui occupe la partie supérieure gauche de la composition, et de sa main gauche, chargée d'une rose héraldique (symbole de la matière organique) un édicule

1. Koyré, *op. cit.*, fig. 1, p. 31 ; le schéma répond en tous points, comme on va le voir, à celui retenu par Botticelli pour illustrer le deuxième chant de la *Divine Comédie.* Cf. Schuyler Camman, « The Symbolism of the Cloud Collar Motif », *Art Bulletin,* XXXIII (1951), p. 1-9, et Marcel Granet, *La Pensée chinoise,* Paris, nouv. éd., 1950, p. 358 s.

circulaire surmonté d'un globe terrestre, disposé dans l'angle inférieur droit. *Physicae ac metaphysicae differentia :* à la charnière des deux mondes, la nuée remplit son double office figuratif *et* symbolique ; mais alors que le domaine de la physique est assimilé au monde sublunaire, le champ qui s'ouvre au-delà des nuées est ici réservé, sans plus de distinctions, à la métaphysique [1].

L'emblème de Sambucus n'accorde pas de place à l'astronomie, ancienne ou nouvelle. Il ne connaît que de l'opposition entre physique et métaphysique, entre les choses de la terre et celles du ciel. Or la conception de l'infinitude de l'univers aura été défendue par des philosophes, des métaphysiciens, avant de l'être par des astronomes. Et les hommes de science qui travaillaient le plus activement à défaire l'opposition entre physique et astronomie, entre les lois de la terre et celles du ciel, n'auront en fait pas été si pressés de s'y rallier, pour des raisons sans doute plus métaphysiques que scientifiques. Galilée lui-même, encore que la notion en soit impliquée dans la géométrisation de l'espace dont il aura été l'un des principaux agents, n'a jamais soulevé la question de l'infini [2]. Et quant à Kepler, lui qui jugeait que cette pensée portait avec elle « je ne sais quelle horreur secrète », il en aura cherché le remède dans l'astronomie elle-même. La science astronomique ne travaille que sur les seules données observables ; elle ne peut rien accepter qui soit en contradiction avec l'optique : or le monde optique est un monde fini (« Ce qui est vu est vu par ses extrémités... or il est contradictoire d'être infini et d'avoir des limites... donc, rien de visible n'est séparé de nous par une distance infinie [3]. ») L'astronomie de Kepler ne rompt pas avec l'expérience sensible : tirant argument de l'*apparence* du ciel, elle rejette l'idée, corollaire de l'hypothèse infinitiste, d'une distribution uniforme des étoiles, et conclut qu'« à l'intérieur, vers le soleil et les planètes, le monde est fini et en quelque sorte creux. *Le reste appartient à la métaphysique* [4] ». Et il n'est pas jusqu'à l'aspect de *voûte* que présente le ciel, qui ne

1. Johannes Sambucus, *Emblemata et aliquot Nummi antiqui operis*, Anvers, 1564. Cf. M. Praz, *Studies*, p. 34 s.
2. Koyré, *op. cit.*, p. 99.
3. Kepler, *Opera Omnia*, cit. par Koyré, *op. cit.*, p. 86.
4. *Ibid.*, p. 73, je souligne. Il est d'autant plus remarquable que Kepler ait été conduit, avant Desargues (cf. ci-dessus), à considérer un point à l'infini comme un cas particulier de point fini. Cf. Kepler, *Ad Vitelloniem*

corresponde à la structure de *notre* monde (du monde tel que l'astronome le voit, depuis le point où il est placé) : « Cette région a, en effet, en son centre un vide immense, un grand creux, entouré et pour ainsi dire fermé par l'armée serrée des étoiles fixes, comme par une paroi ou voûte, et c'est dans le sein de cette cavité immense qu'est contenue notre terre, avec le soleil et les planètes [1]. » « L'astronomie n'enseigne qu'une chose, à savoir qu'aussi loin qu'on voit des étoiles, si petites soient-elles, l'espace est fini [2]. » Et il n'y a pas de sens à prétendre, fût-ce métaphysiquement parlant, qu'au-delà du monde visible l'espace puisse s'étendre à l'infini. Car l'espace comme tel n'est rien, le vide est un néant. L'espace n'existe qu'en fonction des corps : là où il n'y a pas de corps, il n'y a pas d'espace [3].

Coupoles cosmiques et coupoles célestes

Cependant le monde de l'astronomie nouvelle n'est plus celui de la science médiévale. Mais c'est moins affaire de dimensions que de structure. Car même considérablement élargi [4], le monde de Copernic n'en demeure pas moins un monde clos, fini. Et de plus, c'est encore un monde ordonné, où la terre comme le ciel occupent la place qui leur revient de droit, compte tenu de leur importance, de leur perfection relative [5]. Or il en

Paralipomena, Francfort, 1604, p. 93 (les lettres se rapportent à une figure donnée dans le texte) : « *Focus igitur in circulo unus est A, isque idem qui et centrum : in Ellipsi foci duo sunt B C, aequaliter a centro figurae remoti et acutiore. In Parabole unus D est intra sectionem, alter vel extra vel intra sectionem in axe fingendus est infinito intervalla a priore remotus, adeo ut educta H G vel I G ex illo caeco foco in quodcunque punctum sectionis G, sit axi D K parallelos.* » Cit. par H.F. Baker, *Principles of Geometry,* Cambridge, 1929, vol. I, p. 178.

1. Kepler, *op. cit.,* p. 82.
2. *Ibid.,* p. 85.
3. *Ibid.,* p. 87-88. Newton sera le premier à affirmer, pour des raisons autant théologiques que scientifiques, l'infinitude de l'univers (Cf. Koyré, *Etudes d'hist.,* p. 84).
4. « Si Ptolémée s'y est trompé aultrefois sur les fondements de sa raison, si ce ne seroit pas sottise de me fier maintenant à ce que ceulx cy en disent, et s'il n'est plus vraysemblable que ce grand corps que nous appelons le Monde est chose bien aultre que nous ne jugeons. » Montaigne, *Apologie de Raimond Sebond* ; le diamètre du monde de Copernic est au moins 2000 fois plus grand que celui du monde d'Aristote ou de Ptolémée. Cf. Koyré, *Du monde clos,* p. 36-38.
5. Koyré, *op. cit,* p. 33.

va de même de l'espace que permet de construire la perspective : le peintre ne connaît que des choses visibles, des choses — comme parlera encore Kepler — qui se laissent voir par leurs extrémités, et dont chacune doit trouver son lieu en fonction de sa grandeur et de son rôle dans l'*istoria* (cf. 3.3.3.) ; et si même, dans la profondeur nouvelle qu'institue le trompe-l'œil, les quantités vont diminuant *quasi per sino in infinito,* les lignes de fuite n'en convergent pas moins en un point visible, là où se scelle — encore une fois — la clôture du système.

Quelques résistances qu'elle ait fait lever chez les hommes de science eux-mêmes — et la querelle de l'infini en est une preuve parmi d'autres —, il n'en demeure pas moins que la coupure copernicienne aura marqué la fin d'une période qui recouvre à la fois le Moyen Age et l'Antiquité classique. En même temps que la terre qu'il habite, et que Copernic, le premier, arracha de ses fondements pour la lancer dans les cieux [1], l'homme est dépossédé de la position centrale que lui assignait la cosmologie traditionnelle. Mais le *De Revolutionibus Orbium Coelestium* est de 1543. Et lorsqu'on voit les faiseurs de marqueterie de la fin du Quattrocento associer dans leurs compositions décoratives les instruments du *quadrivium,* arithmétique, géométrie, astronomie, musique, la question se pose aussitôt de l'articulation conceptuelle qui en commande le choix et l'arrangement [2]. De tels décors affirment l'unité des arts et des sciences : mais de quels arts, de quelles sciences ? Et encore : de quelle arithmétique, de quelle géométrie, de quelle musique, et surtout *de quelle astronomie ?* Un demi-siècle avant Copernic, on ne saurait prétendre que de pareils programmes iconographiques aient impliqué l'idée d'une géométrisation possible de l'espace, et moins encore une quelconque mise en cause du cosmos traditionnel. Bien au contraire, le rapprochement — lui aussi traditionnel — de la musique et de l'astronomie signale l'emprise persistante des considérations d'ordre et d'harmonie sur la science elle-même (la « musique des sphères ») [3]. En dernière analyse, la

1. Koyré, *Etudes newtoniennes,* p. 30.

2. Cf. les marqueteries exécutées vers 1480 pour le *studiolo* de Frédéric de Montefeltre, à Gubbio (auj. au Metropolitan Museum, New York) ; cf. E. Winternitz, « Quattrocento Science in the Gubbio Study », *The Metropolitan Museum Bulletin,* oct. 1942, p. 104-116, et Baltrušaitis, *Anamorphoses,* p. 59.

3. Sur l'élargissement et la restructuration de l'espace musical de la Renaissance, dans sa relation avec l'élargissement et la restructuration de

nouveauté la plus riche de conséquences réside dans l'application des procédés de la géométrie descriptive à la représentation des instruments du *quadrivium.* Le recours à la perspective vient à l'appui des prétentions de la peinture à prendre place parmi les arts libéraux ; mais il ne va pas, à son tour, sans effets épistémologiques : en établissant la géométrie au fondement de la représentation, les peintres auront travaillé, selon leurs voies et leurs moyens, à cette géométrisation de l'espace où Koyré reconnaissait à juste titre l'une des prémices de la révolution scientifique du XVIIe siècle.

On voit de quelle importance peut être, du point de vue d'une histoire de la Pensée (*la* Pensée, comme l'écrit Hegel, qui fait le fond de toutes *les* pensées), la question du statut de la perspective dans son rapport à la représentation : la perspective se réduit-elle à une technique empirique, permettant de tracer un pavement en échiquier, ou de dessiner le *mazzocchio ?* Emporte-t-elle au contraire une *théorie,* comme semblent le suggérer les expériences de Brunelleschi, et jusqu'à la critique à laquelle Alberti soumet la méthode artisanale de diminution des quantités transverses [1] ? Si la perspective se laisse ramener à un corps de recettes, la prétention de la peinture à figurer parmi les arts libéraux n'apparaît pas justifiée. Si au contraire, comme l'a voulu Léonard, la peinture se fonde sur une théorie, c'est-à-dire si elle admet une démonstration, si elle a valeur de science, pourquoi l'art n'aurait-il pas tenu sa partie, au même titre que la philosophie, dans la grande dispute qui devait trouver un terme, tout provisoire et d'autorité, avec la double condamnation, à trente-trois ans de distance, de Giordano Bruno et de Galilée, et jusqu'à poser, dans son champ, une question que la science refusait d'entendre ? Si l'histoire des sciences n'est pas entièrement logique, comme le démontre Koyré, et si les révolutions scientifiques ont elles-mêmes une *histoire,* il en va bien

l'espace physique et cosmique, cf. Edward E. Lowinsky, « The Concept of Physical and Musical Space in the Renaissance », *American Musicological Society, Papers for 1940-1941,* p. 57-84.

1. Alberti, *Della Pitt.,* liv. I, p. 71-72. Cf. ci-dessus 3.3.3. La méthode que critique Alberti consistait à tracer arbitrairement une première ligne parallèle à la ligne de base, pour ensuite en tracer une deuxième dont la distance par rapport à la première serait égale aux deux tiers de la distance de celle-ci à la ligne de base, et ainsi de suite. Le défaut de cette méthode est, selon Alberti, un défaut *théorique* : elle n'obéit pas à la règle du point centrique.

évidemment de même de l'art et de ses révolutions (encore que l'art et la science œuvrent dans des *temps* différents). Les problèmes que soulève la géométrisation de l'espace pictural (et la façon de contradiction qu'elle emporte), les implications de la construction perspective sont tels que l'évolution du système ne pouvait être qu'aléatoire et soumise à quantité de déviations ou de blocages. Trop d'intérêts non seulement esthétiques, mais philosophiques, scientifiques ou théologiques, étaient en jeu pour que le système ait pu développer d'emblée toutes ses conséquences, toutes ses possibilités. Mais cela n'exclut pas que l'art, considéré en tant que pratique sémiotique, et dans la mesure où ses révolutions sont d'abord des révolutions *théoriques,* ait pu devancer, sur certains points, la symbolisation scientifique ou la réflexion philosophique.

Dans le champ artistique, Brunelleschi apparaît bien comme l'homme de la *coupure,* et cela eu égard non seulement aux expériences, aux démonstrations de perspective dont ce texte a fait état, mais encore à la prouesse architectonique qui devait établir son autorité : la construction de la coupole de Sainte-Marie-de-la-Fleur. En appliquant pour la première fois le calcul à la solution d'un problème technique, celui de la couverture d'un espace si vaste qu'il excluait toute possibilité de construire sur échafaudages, Brunelleschi aura en effet substitué à l'empirisme médiéval une méthode rationnelle, fondée sur la géométrisation de l'espace, sur l'assimilation de l'espace architectural à l'espace euclidien [1]. Mais il y a plus : en s'attaquant au problème de la coupole, il aura fait porter son effort théorique, et de géométrisation, sur l'un des points symboliquement les plus sensibles de l'édifice chrétien. L'assimilation de la coupole du temple au ciel cosmique (et réciproquement) apparaît en effet comme l'une des figures fondamentales de l'art en même temps que de la cosmologie chrétienne, et cela dès la fin de l'Antiquité [2]. Ignorant les coupoles byzantines ou médiévales, on observera que cette figure devait trouver son accomplissement, au XVIe siècle, avec l'édifice à plan central, couronné d'une coupole, dont Palladio demandera qu'il soit fait à la ressemblance de « ce grand temple achevé dans sa perfection d'une seule parole issue de

1. Cf. G.-C. Argan, « The Architecture of Brunelleschi and the Origins of Perspective Theory », et Francastel, *Peinture et Société,* p. 17-19.
2. Cf. Karl Lehmann, « The Dome of Heaven », *Art Bulletin,* XXVII (1945), p. 1-27.

l'immense bonté de Dieu[1] ». L'inscription qui fait le tour de la coupole de la petite église Saint-Eloi-des-Orfèvres, élevée à Rome, après 1509, par Peruzzi, sur les dessins de Raphaël, est parfaitement explicite : *Astra deus nos templa damus tu sidera pende* (« Dieu a fait le ciel, nous les temples, à toi de déployer les astres[2] »). La coupole de Saint-Eloi n'a reçu aucun décor peint : il n'en va pas de même de la chapelle Chigi, à Sainte-Marie-du-Peuple (après 1515), pour laquelle Raphaël a conçu un décor de mosaïque où le Créateur dirige depuis la lunette le mouvement des dieux planétaires dont les figures s'inscrivent dans une suite de médaillons disposés en couronne. Loin qu'ils anticipent sur les développements de la nouvelle astronomie, ces décors satisfont à la définition la plus traditionnelle du cosmos, tel que Botticelli en avait recensé les figures dans ses illustrations pour la Divine Comédie[3].

Structure fermée, close sur elle-même, l'édifice que couronne une coupole cosmique — plutôt que « céleste », on va voir pourquoi — offre une représentation adéquate de notre région, « ce grand creux entouré et pour ainsi dire fermé par l'armée des étoiles fixes, comme par une paroi ou voûte » (Kepler). Au lieu que dans l'art de la basse Antiquité et dans le premier art chrétien, comme déjà dans l'art oriental, le ciel — au sens divin, théologique du terme — était censé s'étendre au-delà de la voûte qui correspondait au firmament, et à travers les ouvertures de laquelle se laissaient entrevoir des échappées célestes[4], la voûte de la Renaissance ferme, clôture l'espace

1. Palladio, *Quatro Libri dell'Architettura,* Venise, 1570, l. IV, Préface.
2. Cf. le catalogue de l'exposition *Symbolisme cosmique et Monuments religieux*, Paris, musée Guimet, juillet 1953, catal. nº 167. La « cité du soleil » de Campanella exaltera la valeur cosmique de l'utopie : « Au firmament de la coupole se trouvent toutes les grandes étoiles du ciel avec leur nom et leurs propriétés sur terre... On y voit les pôles et les méridiens, inachevés puisqu'il manque la partie inférieure, mais complétés idéalement par les sphères de l'autel. Sept lampes aux noms des sept planètes y sont toujours allumées. » (*Ibid.*, nº 169.)
3. André Chastel, *Art et Humanisme à Florence au temps de Laurent le Magnifique,* Paris, 1959, p. 213. Dans la suite des dessins de Botticelli pour la *Divine Comédie,* le plan du cosmos illustre le deuxième chant : onze cercles concentriques, dont le plus central représente la terre (*tera*) ; puis viennent les zones de l'air (*aria*) et du feu (*fuocho*) ; enfin les divers ciels : soit le schéma traditionnel que reprendra Peter Appianus dans sa *Cosmographia* (Cf. Yvonne Batard, *Les Dessins de Sandro Botticelli pour la Divine Comédie*, Paris, 1952, p. 80, reprod. p. 82).
4. Cf. S. Camman, art. cit., p. 8, n. 52. La langue anglaise rend

cosmique. Au XVIe siècle encore, à l'Arena de Padoue, dans la partie supérieure du *Jugement dernier*, deux anges achèvent de dérouler (ou commencent de replier ?), devant les portes du ciel, le firmament : le fond bleu intense qui fait la dominante du décor conçu par Giotto paraissant ainsi s'enlever *comme une peau* (une peau dont le revers serait *rouge*) sur le support de l'espace divin. Rien de tel avec les coupoles cosmiques, où ne se laisse apercevoir aucune de ces mains indiscrètes, échappées d'un nuage, et qui paraissaient percer la paroi byzantine ou médiévale. Qu'arrive-t-il si quelqu'un passe sa main à travers les cieux, demandait un vieil argument contre la finitude du monde, sans doute repris de Lucrèce, et que Giordano Bruno devait encore faire sien ? Du point de vue de la tradition aristotélicienne, la question n'a pas de sens : au-delà de la surface des cieux, il n'y a pas de lieu, et donc pas de possibilité d'être pour une chose ou un corps quel qu'il soit [1].

C'est cette ordonnance trop parfaite, cette clôture si bien assurée que seraient venues déranger, une vingtaine d'années avant le renversement copernicien, les coupoles célestes — ou encore aériennes, sinon atmosphériques — du Corrège (et encore faudrait-il faire état de la petite coupole en perspective *dal sotto in sù* de la Chambre des Epoux, où Mantegna a rompu, dès les années 1472-1474, avec les schèmes cosmiques ou astrologiques traditionnels (cf. 4.1.2.) : ce n'est certes pas le hasard qui a voulu que la première percée du cube perspectif dans le sens rigoureusement vertical s'opérât dans un décor profane et non à l'intérieur de l'édifice chrétien). Riegl a bien vu le saut qualitatif qu'impliquait le passage de la coupole construite en quartiers discontinus (Brunelleschi, Bramante) à la coupole conçue d'un seul tenant (Raphaël, Michel-Ange) [2] : c'est sur de pareilles surfaces que le Corrège devait établir des « machines » qui paraissent emprunter l'essentiel de leurs prestiges aux puissances du continu et à la suppression de tout compartimentage, à la

bien compte de cette dualité par l'opposition qu'elle ménage entre *sky* et *heaven*, et qui répète l'opposition marquée par les Romains entre *cælus* et *polus*. On rappellera pour mémoire (cf. 2.4.3.) que l'église bâtie sur le mont des Oliviers pour commémorer l'ascension du Christ, que cette rotonde (qui aurait dû être comme telle recouverte d'une coupole) était à ciel ouvert, les pèlerins étant invités à se placer à l'endroit même depuis lequel les Apôtres avaient assisté au phénomène et à diriger après eux leurs regards vers la profondeur indéfinie du ciel.

1. Koyré, *Du monde clos*, p. 50-51.
2. Riegl, *Barockkunst in Rom*, p. 85-86.

levée de toute délimitation matérielle ou figurative. La perspective à point de fuite unique avait autorisé, en même temps que son unification, un élargissement considérable du champ représentatif : dès le tournant du XVIe siècle, Pérugin et Raphaël commençaient d'ouvrir leurs compositions sur des cieux indéfinis [1]. Mais la représentation n'en demeurait pas moins asservie à un *horizon.* La contradiction qui est au principe de la perspective linéaire, cette contradiction *fuit,* s'esquive dans la construction en perspective horizontale, où l'horizon de la linéarité se confond avec la ligne d'horizon [2]. Or cette astreinte, cette limitation constitutive du système est levée avec la perspective *dal sotto in sù,* laquelle ouvre sur une profondeur *sans horizon,* sur un espace — pour reprendre le beau mot de Philippe Sollers — *hors-ligne* [3]. Elle n'est pas vaine, devait écrire Giordano Bruno, « cette puissance de l'intellect qui, toujours, veut et peut ajouter l'espace à l'espace, volume à volume, unité à unité, nombre à nombre..., la science qui nous délivre des chaînes de l'empire le plus étroit et nous fait accéder à la liberté de l'empire le plus vaste ; qui nous enlève à la pauvreté et l'étroitesse imaginaire et nous livre la possession des richesses innombrables d'un si vaste espace, d'un champ si riche, digne de tant de mondes

1. « *La Madone de Foligno...* représente la Madone apparaissant dans une gloire céleste. C'est un motif ancien, que l'iconographie du XVe siècle n'a toutefois point accepté. Les artistes du Quattrocento ont préféré asseoir la Vierge sur un trône, alors que plus tard les peintres, tenant compte du sentiment qui pousse à la séparation des sphères célestes et des régions terrestres, ont élevé le groupe divin dans le ciel... Quoique le disque placé autour de la Madone soit en partie encore rigide, il commence à se dissoudre dans l'ambiance nuageuse où des angelots tourbillonnent à leur aise. Là aussi il y a progrès, car les artistes du Quattrocento osaient tout au plus asseoir leurs chérubins sur des petits nuages isolés, inscrivant dans l'azur leurs contours précis. » Wölfflin, *L'Art classique*, p. 55-56.

2. Cela valant autant pour la construction à point de fuite unique que pour celle à multiples foyers répartis sur une même ligne d'horizon (cf. la *sinopia* de la *Nativité* peinte par Uccello pour l'église de San Martino alla Scala, à Florence ; cf. le catalogue de l'exposition *The Great Age of Fresco,* New York, Metropolitan Museum, 1968, catal. n° 36, reprod. p. 149), mais aussi bien pour les constructions dites par Panofsky en « arête de poisson » *(Fischgräte),* où les lignes de fuite concourent deux à deux en des points qui s'étagent régulièrement sur un même axe (une même *ligne*) vertical, soit le schème caractéristique à en croire P., de la perspective antique (Panofsky, « Die Perspektive als symbolische Form », *Aufsätze,* p. 106 s., fig. 5).

3. Cf. Philippe Sollers, « Un pas sur la lune », *Tel Quel,* 39 (automne 1969), p. 3-12.

admirables ; science qui ne permet pas que l'horizon tracé par l'œil sur la terre, et feint par notre imagination dans l'éther spacieux, puisse emprisonner l'esprit sous la garde d'un Pluton et la merci d'un Jupiter [1] ». Il reste à savoir si les « machines » du Corrège empruntent réellement quelque chose de cette science, de cette puissance, ou si elles ne sont pas, au contraire, une façon de leurre destiné à la tromper.

La question comporte deux aspects distincts, dont l'un a rapport au mouvement et l'autre à la fonction qui revient aux nuées dans la représentation. Dire que « chez le Corrège, tout se meut » n'emporte aucune caractérisation théorique de la dynamique corrégienne (cf. 1.3.1.). Or le mouvement auquel sont soumises les figures des coupoles de Parme (et singulièrement celle de la cathédrale), ce mouvement n'est pas neutre, indifférent, et il ne se laisse pas réduire aux coordonnées de la géométrie euclidienne. Le mouvement qui emporte la Vierge et les anges *vers le haut,* vers leur patrie d'origine ou leur séjour final, ce mouvement a quelque chose de *naturel,* au sens aristotélicien du terme. Est naturel, pour Aristote, le mouvement par lequel une chose tend à faire retour à son lieu propre, *naturel,* dont elle a été écartée par l'effet de quelque désordre ou déséquilibre. Mais le mouvement par lequel se rétablit un équilibre momentanément compromis est par définition un mouvement fini ; et l'on voit quel parti Aristote pouvait tirer du mouvement naturel *vers le haut* pour démontrer la finitude de l'univers [2]. Or, si dans la construction perspective à l'horizontale, les notions de bas et de haut, de gauche et de droite, etc., s'imposent naturellement [3], la perspective *dal soto in sù* est elle-même asservie, sinon à un centre, au moins à une direction

1. Giordano Bruno, *De l'infinito universo e mondi,* 1584, épître dédicatoire ; cit. par Koyré, *op. cit.*, p. 46., L'allusion à Pluton et Jupiter renvoie sans doute au texte, déjà cité, où Palingénius distinguait entre les Royaumes ténébreux, dont l'empire s'étend au-dessous des nuées, et la royale demeure des dieux, sise dans l'air supérieur aux nuées.

2. Koyré, *Etudes galiléennes,* p. 19.

3. Alberti, s'il fait sien le projet de géométrisation de l'espace pictural auquel est attaché le nom de Brunelleschi, ne confond pas pour autant physique et géométrie. La conception du mouvement à laquelle est astreinte l'*istoria* est encore tout aristotélicienne : le mouvement est assimilé au changement, et les changements de *lieu,* les seuls dont le peintre puisse faire état, ne sont pas d'une nature différente de celle de ces autres mouvements des corps que sont la génération et la corruption, la croissance et la décroissance, le passage de la santé à la maladie. Et c'est en termes aristotéliciens qu'Alberti distingue entre sept espèces de

privilégiée : le dynamisme ascensionnel des coupoles du Corrège se traduit par l'envolée de la Vierge vers son lieu de destination, tandis que les Apôtres ne quittent pas le sol qui leur est assigné pour séjour ; et si les nuées participent de ce mouvement et lui prêtent appui en fournissant une assise solide aux figures qu'elles véhiculent ou qui les traversent, elles n'en demeurent pas moins à leur place, en leur *lieu,* en position intermédiaire entre la terre et le ciel.

Mais c'est précisément cette position intermédiaire des nuées, autant que leur modelé fortement contrasté, qui fait problème. Corrège aura été le premier, dans l'art italien, à concevoir pour une vaste coupole un décor unitaire et qui ne devait plus rien aux structures architectoniques, feintes ou réelles. On ne doit pas sous-estimer la nouveauté de l'entreprise qui revenait à mettre en cause, dans son point le plus sensible, la clôture de l'édifice assimilé au cosmos, et qualifié, par métonymie, de « dôme » *(duomo).* Mais là où les prédécesseurs et les contemporains du Corrège, et par exemple Bramante, recherchaient délibérément un effet d'ouverture, en perçant leurs coupoles d'*oculi* et en les éclairant par une lanterne, les coupoles de Parme sont à peu près aveugles, et leur éclairage n'est pas sans poser de difficiles problèmes [1]. En fait, ces coupoles prétendument « célestes », bien loin d'ouvrir — comme en jugeait Riegl [2] — sur des lointains indéfinis, ont au contraire une évidente fonction de *couverture.* Les nuées d'apparence

changements de lieu : vers le haut, vers le bas, à gauche, à droite, en avant, en arrière, en rond (allusion au mouvement circulaire qui occupe dans la cosmologie traditionnelle la place que l'on sait). L'espace de la représentation n'est pas l'espace vide, sans qualités, non centré, de la géométrie. Astreint qu'il est à la règle du point de fuite, il n'existe, comme encore celui de Kepler, qu'en fonction des corps qui l'occupent, et dont les mouvements, le jeu, l'espacement, la superposition, l'empiètement réciproque définissent la perspective de l'*istoria* (cf. Alberti, *Della Pitt.*, liv. II, p. 92-98).

1. Roberto Longhi ne veut pas faire au Corrège l'injure de croire qu'il ait pu se satisfaire, la peinture étant « *cosa mentale* », d'une lumière purement imaginaire. Mais il n'en convient pas moins qu'il importe de remédier à l'insuffisance de l'éclairage pour satisfaire à l'exigence d'une pleine lisibilité de la peinture. On en arrive donc à ce paradoxe qu'il aura fallu attendre l'éclairage électrique pour que l'œuvre du Corrège ait pu produire tous ses effets (cf. A. G. Quintavalle, *Gli affreschi del Correggio*, présentation).

2. « *Jede isolierende Schranke zwischen Götlichem und Weltlichem ist gefallen* », « toute frontière marquée entre le divin et le mondain est abolie », Riegl, *Barockkunst in Rom,* p. 53.

solide et aux dessous fortement ombrés dont elles sont peuplées ne jouent pas comme terme médiateur entre la terre et le ciel : elles marquent bien plutôt la limite du Royaume des Ténèbres, et ne laissent pas entrevoir grand-chose de la splendeur, de la lumière qui règnent au-delà d'elles. Et il n'est pas jusqu'à leur disposition en cercles concentriques qui ne répète encore une structure traditionnelle. Mais surtout, par une façon de réaction préventive, ces nuées *dissimulent* le ciel : non le ciel astrologique ou cosmique, mais le ciel visible, le ciel observable, le ciel des astronomes, celui-là où la physique moderne a son origine et où elle trouvera sa perfection et sa fin [1]. Comme s'il s'était agi pour le peintre de travailler à devancer une révolution de pensée imminente en réaffirmant figurativement l'opposition des deux mondes, du monde d'en deçà les nuées et du monde d'au-delà les nuées, pour la réduire à celle de la physique et de la métaphysique. Dans cette *différence,* l'astronomie ne trouvait pas sa place, sauf à balayer le rempart de nuées que l'art qui se voulait au service de la foi s'efforçait encore à maintenir entre la terre et le ciel.

Les nuages de Galilée

Le nuage, la nuée cachent quelque chose ; mais quoi ? Le mouvement, par exemple, des corps célestes les uns par rapport aux autres, dont la cosmologie traditionnelle, attachée à la théorie des « fixes », ne pouvait s'accommoder. La relation que Galilée fait, dans le *Sidereus Nuncius* (1610), de la découverte de quatre étoiles errantes qu'il démontra être des satellites de Jupiter, est des plus instructives à cet égard : « Devant ce phénomène, et ne pouvant concevoir en aucune façon que des Etoiles aient pu se déplacer les unes par rapport aux autres, je commençai à hésiter, et me demandai comment Jupiter avait pu se trouver à l'orient de ces étoiles fixes, alors que la veille il était encore à l'occident de deux d'entre elles. Est-ce que, par hasard, le mouvement de Jupiter ne serait pas direct, contrairement aux calculs astronomiques et n'aurait-il pas, de son mouvement propre, dépassé ces Etoiles ? J'attendis donc avec impatience la nuit suivante, mais mon espoir fut déçu : *de tous côtés, le ciel était couvert de nuages* [2]. » Le ton de conteur des Mille et

1. Koyré, *Etudes d'hist.*, p. 176-177.
2. Galilée, *Sidereus Nuncius, Opere,* t. III, p. 80 ; trad. française, *Le Messager céleste,* Paris, 1964, je souligne.

une Nuits qu'adopte ici Galilée ne doit pas faire illusion : le nuage tient sa partie dans la nouvelle physique, une partie qui n'est pas seulement figurative ou allégorique. Comment la terre, demandaient les aristotéliciens, se mouvrait-elle alors que les nuages demeurent immobiles (les nuages qui appartiennent, selon Aristote, à la première région qui entoure la terre, région commune à l'eau et à l'air, siège des phénomènes — exhalaison et condensation — relatifs à la formation de l'eau dans la région supérieure, et dont le nuage est un effet parmi d'autres, cf. *Météorologiques,* I, 9) ? L'argument, rétorque Galilée, ne vaut pas plus pour les oiseaux, l'air, les arbres, les montagnes : tous ces éléments font partie de la terre et se déplacent avec elle du même mouvement [1]. Ils font partie de la terre (comme déjà l'avait souligné Léonard, le même Léonard qui tenait par ailleurs la terre pour une étoile [2]), c'est-à-dire qu'ils ne constituent aucunement une limite, un seuil entre un monde et un autre, une frontière entre deux domaines d'être. Avec Galilée, le nuage est définitivement destitué de ses fonctions métaphysiques ou allégoriques. L'astronome n'est pas de ceux qui pensent que la vérité ne se donne jamais que sous un déguisement. Et c'est bien pourquoi il ne se considère pas comme lié par l'Ecriture Sainte, dont les mots ne sont pas déterminés par des contraintes aussi rigoureuses que les effets de la nature, et qui, dans le souci de s'accommoder à la capacité de peuples rudes et incultes, ne s'est pas fait faute de voiler ses dogmes les plus essentiels [3]. Le *Discours des comètes* s'achève sur l'affirmation que la connaissance du vrai dissipe les nuées où l'esprit est empêtré (*che puote disnebbiar vostro intelleto* [4]). Et ce qui vaut pour la raison démonstrative vaut également pour la preuve expérimentale : pour découvrir des « accidents » dans le ciel incorruptible, des taches dans le soleil, des montagnes dans la lune — toutes choses impies —, il suffit d'un télescope [5]. Et que le ciel soit sans nuages.

La fortune paradoxale des coupoles du Corrège signale qu'un problème s'y trouvait posé auquel la pensée du temps n'était

1. Cf. *Lettre à Cigoli* (1624), *Opere,* t. VI.
2. *Come la terra è una stella,* Richter, n° 865, t. II, p. 111.
3. Galilée, *Lettre à Benedetto Castelli,* 21 décembre 1613 ; trad. française, in G., *Dialogues et lettres choisies,* Paris, 1966, p. 81.
4. Dante, *Purgatoire,* XXVIII, 81. Galilée, *Discours des comètes* (1619), *op. cit.,* p. 81.
5. Paul-Henri Michel, préface aux *Dialogues, op. cit.,* p. 9.

pas préparée à faire face, et sur lequel pesait même un véritable tabou. Bien loin d'annoncer une profonde mutation formelle, les nuées de Parme, ordonnées qu'elles étaient à la désignation d'un espace, auront contribué à la sauvegarde d'un système qui avait sans doute moins à craindre des assauts menés au nom du « style » contre la linéarité, que de la mise au jour des interdits qui assuraient son équilibre et son fonctionnement « normal ». Il n'en reste pas moins qu'en concentrant l'essentiel de ses moyens sur la couverture de l'édifice, et en faisant concourir l'ensemble du décor à la perspective *dal sotto in sù,* le Corrège désignait le point tout à la fois le plus stratégique et le plus exposé du système. On conçoit les résistances qu'aura fait lever ce « ragoût de grenouilles » *(guazzetto di rane)* établi au ciel de l'édifice chrétien. Burckhardt n'en fera pas mystère : comment la Gloire divine s'accommoderait-elle de la venue au premier plan des parties du corps humain que révèle la perspective de bas en haut ? Les choses devaient aller si loin que seul un jugement péremptoire du Titien, de passage à Parme avec la cour de Charles Quint, aurait évité la destruction de la coupole du Corrège : « Retournez-la, remplissez-la d'or, elle vaudra encore plus que son prix [1]. » Formule peut-être grossière, mais qui répondait sans doute au fantasme secret des chanoines : celui de mettre à bas cette coupole, ou de la recouvrir d'or à la mode ancienne, pour mieux couper court aux désirs qu'elle éveillait, et d'abord à celui d'aller y voir de plus près, une fois les nuées dissipées.

Et cependant les peintres, les spécialistes ne s'y trompaient pas. On a noté la réaction d'Annibal Carrache, le jugement du Titien. En 1587, G.-B. Armerini devait écrire qu'il n'y avait pas d'autre manière de décorer les *tribunes* que celle à laquelle s'était rallié le Corrège [2]. Mais la solution n'en tardera pas moins à s'imposer. Or il est au moins un indice, singulièrement frappant, qui permet de penser que l'histoire du décor plafonnant à Rome et jusqu'au blocage historique dont elle témoigne auront été liés, pour une part, au grand débat idéologique sur l'astronomie nouvelle et, en fin de compte, sur la question de l'infini. C'est un ami de Galilée, et qui lui servait à Rome de correspondant en même temps que d'informateur [3], le

1. Cité par Stefano Bottari, *Correggio,* Milan, 1961, p. 36-37.
2. Giovanni-Battista Armerini, *Veri Precetti della Pittura,* Ravenne, 1587 ; éd. Ticozzi, Milan, 1820, p. 231.
3. Cf. Panofsky, *Galileo as a Critic,* p. 5, n. 2.

Florentin Ludovico Cardi, dit le Cigoli (1559-1613) qui, en 1612, dota la chapelle Pauline de Santa Maria Maggiore de la première coupole céleste de Rome, sous l'espèce d'une *Assomption* encore bien peu révolutionnaire du point de vue formel puisque la Vierge y apparaît en vue horizontale, sur fond de nuées, les pieds reposant sur une lune, conformément à un type parfaitement conventionnel. Mais la lune en question n'est plus le croissant lisse et brillant de la tradition : c'est une lune avec toutes ses callosités, ses aspérités, ses irrégularités, ses accidents, celle-là même dont le *Sidereus Nuncius,* deux ans auparavant, avait révélé l'aspect. La présence sous les pieds de la Vierge, et dans la chapelle papale, de la lune de Galilée, une lune soumise, au même titre que la terre, à la génération et à la corruption, avait valeur de manifeste, sinon de provocation. Cigoli en était parfaitement averti, qui avait effectué d'importantes observations sur les taches du soleil et qui, rendant compte à Galilée des intrigues dirigées contre lui, comparait les réactions provoquées par ses découvertes à celles des critiques qui accusaient Michel-Ange d'avoir ruiné l'architecture en s'écartant des règles de Vitruve. Mais le peintre mourut trop tôt pour voir triompher à Rome le grand décor plafonnant. En 1625, Lanfranco reprendra, à la demande des théatins de San Andrea della Valle, le schéma corrégien de l'*Assomption,* vieux d'un siècle, en y introduisant une correction d'importance : en dotant la coupole d'une lanterne largement éclairée, cet autre Parmesan y ouvrira une percée qui paraîtra drainer vers l'extérieur, à la façon d'un trou de vidange, figures et nuées. Et dans les mêmes années qui virent la condamnation de Galilée, Urbain VIII — qui n'avait cessé, alors qu'il n'était encore que cardinal, de le soutenir, tout en lui conseillant la prudence, jusqu'au jour où, devenu pape et débordé par l'événement, il le fit mettre en accusation — commandera à Pierre de Cortone, pour l'un des nouveaux salons du palais Barberini, un plafond à la gloire de son règne : on y retrouve la Vierge établie sur une pyramide de nuages, face à un groupe d'anges chargés des insignes de la papauté ; mais le plus intéressant est qu'ici la composition s'organise suivant un compartimentage architectonique en trompe l'œil sur lequel débordent les nuées, et dont les lignes s'accordent à la perspective céleste.

« *Perspectivae pictorum atque architectorum* »

L'Eglise, qui avait toléré les théories nouvelles aussi longtemps qu'elle avait pu croire que celles-ci n'intéressaient que les seuls mathématiciens *(mathematica mathematicis scribuntur),* se sera vue acculée à les censurer du jour où commencèrent d'en apparaître, dans toute leur étendue, les implications métaphysiques, voire théologiques : Galilée sera condamné pour s'être écarté d'une position « hypothétique » et pour avoir prétendu fonder sur des arguments démonstratifs et *nécessaires* la mobilité de la terre et la stabilité du soleil [1]. Dans ce débat, l'art a pu jouer un rôle anecdotique (la lune de Galilée-Cigoli) : mais dans le champ plastique, comme dans le champ scientifique, les implications du système ne se laissaient pas clairement mesurer [2]. Et comment en aurait-il été autrement, s'il est vrai, comme l'écrivait Bruno, que « celui qui demande de connaître l'infini par la voie du sens est semblable à celui qui voudrait, par les yeux, voir la substance et l'essence [3] ». *L'infini ne peut être l'objet du sens* : mais les sens peuvent servir à « exciter la raison [4] ». La destruction du cosmos fini impliquait une rupture avec l'ordre perceptif qui fait *voir* une voûte céleste. Mais si la peinture ne peut donner à *voir* l'infini, elle peut le suggérer, le laisser pressentir, en faire naître le désir : et c'est bien là, objectivement, ce à quoi le Corrège aura tenté de remédier préventivement, en obturant par un grand concours de nuées l'ouverture, au ciel de ses coupoles, d'une perspective indéfinie. La peinture des XVIe et XVIIe siècles, comme le prouve le grand décor vénitien, s'accommodera fort bien des perspectives les plus lointaines, aussi longtemps qu'il s'agira de perspectives *horizontales.* Il n'en ira pas de même des perspectives *dal soto in sù,* affranchies de la contrainte de l'horizon, et dont les nuées auront permis de noyer les contours en substituant à la construction linéaire une façon de « désignation » pittoresque de l'espace. Mais ce n'était

1. Cf. Koyré, *La Révolution astronomique, Copernic, Kepler, Borelli,* Paris, 1961.

2. Francastel rappelle opportunément que ce n'est qu'au XVIIe siècle que les *Eléments* d'Euclide auront été distribués dans l'ordre où ils se présentent aujourd'hui, et pour justifier plus ou moins consciemment une vision du monde que les arts plastiques avaient commencé d'élaborer dès le XVe siècle (*Peinture et Société*, p. 109).

3. et 4. G. Bruno, *De l'inf. universo,* cit. par Koyré, *Du monde clos,* p. 48-49.

là qu'une solution d'attente, de compromis, comme pouvait l'être encore celle du *quadro riportato,* du tableau de chevalet fixé au plafond. En 1613, Guido Reni peignit au plafond du casino Rospigliosi, à Rome, une *Aurore* en perspective horizontale. Dix ans plus tard, le Guerchin achevait de décorer le plafond du casino Ludovisi d'une autre *Aurore* dont le char vu en raccourci s'inscrit dans l'ouverture d'un ensemble architectural en trompe l'œil, vu en perspective *dal soto in sù :* une perspective linéaire, mais dont les lignes de fuite n'étaient plus astreintes à un horizon, et où la contradiction qui faisait le fond (et le ressort) du système paraissait se résoudre dans la profondeur colorée.

L'histoire du décor plafonnant à Rome, au XVIIe siècle, illustre bien ce débat [1]. La solution architectonique, la seule à en croire Burckhardt qui puisse éveiller un sentiment conforme à la dignité du sujet, et qui n'emporte pas un *amoindrissement* de l'espace (cf. 1.1.1.), ne devait s'imposer dans l'édifice chrétien qu'à la fin du siècle, avec le *Triomphe des jésuites,* du père Andrea Pozzo, à la voûte de Saint-Ignace (1691-1694). Au Gesù, le *Triomphe du nom de Jésus* (1672-1783) du Baciccia (G.-B. Gaulli) emporte encore une désignation strictement nébuleuse de l'espace, avec cette correction que des nuées de stuc débordent du cadre de la fresque et qu'un mouvement de haut en bas, correspondant à la direction qualitative de la *chute,* vient contrebalancer le mouvement ascendant de l'*élection :* comme si la foi avait pu s'accommoder d'une ouverture limitée, contrôlée, et surtout *qualitativement* définie, le nuage fonctionnant à la fois comme opérateur d'élévation et comme agent d'abaissement [2]. Mais dans

1. Cf. M.-C. Gloton, *op. cit.*

2. Il convient de souligner ici qu'au moins à Rome, un décalage temporel considérable existe entre l'architecture et la peinture dites « baroques ». La plupart des grands ensembles décoratifs désignés comme tels datent de la fin du XVIIe siècle, c'est-à-dire d'une époque largement postérieure à celle du « haut baroque », telle que la définissent les historiens de l'art. Le Gesù sera resté plus d'un siècle sans décor de cette sorte (cf. le tableau d'Andrea Sacchi représentant *La visite d'Urbain VIII au Gesù en 1639,* Rome, Gal. Nationale). En fait, l'architecture des Bernin, Borromini, Cortone ou Rainaldi, paraît exclure tout décor peint : elle produit des entités architecturales complètes en elles-mêmes et ne prêtant pas à ouvertures illusoires. Le décor plafonnant ne devait s'imposer que tardivement, dans des édifices de structure classique, et qui n'avaient pas été prévus pour l'accueillir. La thèse de Wölfflin suivant laquelle l'art baroque a substitué à la recherche des effets « solides », qui auraient caractérisé la perspective linéaire de la première Renaissance, celle d'effets immatériels et

l'*Apothéose de l'ordre franciscain* (Rome, Saints-Apôtres, 1707), le même Baciccia devait renoncer à la perspective *dal soto in sù* au bénéfice d'un axe horizontal [1]. Et ce n'est qu'avec la fresque de Pozzo, à Saint-Ignace, que l'Eglise paraît avoir enfin pris son parti des conséquences de la géométrisation de l'espace pictural et de l'adoption d'une perspective sans horizon, laquelle confère à l'ouverture de l'espace une virulence que nulle construction ne saurait consumer. Ici le nuage ne sert plus que d'accessoire, symbolique ou pittoresque : l'effet de profondeur spatiale repose entièrement sur une perspective architecturale en trompe l'œil. Comme Pozzo y insiste lui-même, « la structure qui rassemble en elle tant de figures variées est une fausse architecture en perspective qui sert de champ à toute l'œuvre [2] ».

Le même Andrea Pozzo est l'auteur d'un traité au titre révélateur, le *Perspectivae pictorum atque architectorum,* qui devait exercer une influence considérable sur les décorateurs du XVIIIe siècle. On y découvre à quel point le goût des décors mouvementés et des perspectives célestes s'inscrit dans la dépendance d'une science de la construction linéaire poussée à

d'une perspective atmosphérique, n'est pas acceptable, au moins pour ce qui concerne le décor baroque : de même que les peintres de décors de théâtre devaient prendre la relève des architectes qui avaient défini la structure de la scène où se déploiera le spectacle baroque (cf. Kernodle, *op. cit.*, p. 186), de même la décoration dite « baroque » s'est développée comme en contrepoint sur des structures architectoniques qui n'ont souvent de baroque que le nom, et dont elle était solidaire dans son principe même.

1. Dans le même sens d'un refus final de la perspective *dal soto in sù,* cf. les « Mémoires sur la vie et les œuvres de M. Mengs », par le chevalier d'Azara, in Mengs, *Œuvres,* t. I, p. 15-16 : « De retour à Rome M. Mengs commença par peindre le plafond de la villa du cardinal Alexandre Albani, où il représenta Apollon, Mnémosyne et les Muses. Il mit à profit, dans cet ouvrage, les observations que lui avaient fournies les peintures d'Herculanum du cabinet de Portici. Il fit ce plafond comme si c'eût été un tableau attaché au plancher, parce qu'il avait reconnu l'erreur qu'il y a d'exécuter ces sortes d'ouvrages avec le point de vue *de bas en haut,* à cause qu'il n'est pas possible d'éviter de cette manière les raccourcis désagréables qui nuisent nécessairement à la beauté des formes. Cependant, pour ne point heurter absolument la méthode reçue de nos jours, il fit deux tableaux collatéraux, sur chacun desquels il n'y a qu'une seule figure, représentée en raccourci, dans le goût des artistes modernes. »

2. Cf. la lettre du père Pozzo au prince de Lichtenstein (1694), *Significati delle pitture fatte nella volta della chiesa di Sant'Ignazio a Roma,* Rome, 1828. On sait que le père Pozzo devait décorer le palais Lichtenstein, à Vienne, d'une célèbre fresque en perspective céleste.

la limite. La voûte de Saint-Ignace ouvre sur l'infini du ciel par l'effet d'un jeu perspectif très élaboré. Le peintre a superposé aux parois de l'édifice réel un feint portique à colonnes auquel s'accrochent des guirlandes de figures et de nuées. Mais celles-ci, loin qu'elles aient pour fonction de « brouiller » ou de perturber la construction, servent au contraire à la renforcer, figurativement et allégoriquement. Et il n'est pas jusqu'au programme iconographique qui sous-tend la *Gloire de saint Ignace* qui ne soit très significatif des intentions du père Pozzo. *Ignem veni mittere in terram, et quid volo nisi ut accendatur* (« Je suis venu jeter le feu sur la terre, et qu'ai-je à désirer s'il est déjà allumé ? »), cette citation de l'Evangile selon saint Luc (**12**, 49) en résume l'argument : le Christ portant sa croix apparaît dans le ciel, tel que le vit saint Ignace ; un rayon de lumière émane de lui qui atteint le cœur du saint, tandis qu'un autre rayon, issu de son flanc, se réfléchit sur un écu, frappé au monogramme du Christ (celui de la Compagnie), et que porte un ange ; de cet écu rejaillissent quatre rayons qui vont à leur tour frapper quatre femmes, symbolisant les quatre parties du monde et entourées des attributs énumérés par Ripa [1]. Cette triangulation lumineuse joue un rôle analogue à la triangulation des regards dans la représentation giottesque : elle confère à l'espace vide, indéfini, une cohérence, une valeur, un volume proprement représentatifs.

La fresque de Pozzo correspond à un tournant décisif dans les affaires de la foi. Il n'y a que le libertin athée, écrira bientôt Pascal, pour s'inquiéter du silence des espaces infinis. Loin de censurer plus longtemps l'apport des sciences nouvelles, la foi va s'employer à y répondre et à interroger l'infini, à le faire servir à ses fins. Le moment où l'infini commence à s'*écrire* dans les mathématiques est aussi celui où il va se *parler* dans la foi [2]. « Que l'homme contemple donc la nature entière dans sa haute et pleine majesté, qu'il éloigne sa vue

1. *Op. cit.* ; cf. M.-C. Gloton, *op. cit.*, p. 158.

2. Il allait même s'y révéler singulièrement bavard, et la prolixité des théologiens a de quoi étonner si on la compare à la réserve de nombreux mathématiciens et hommes de sciences. Tel Buffon qui, au XVIIIe siècle encore dans sa préface à la traduction de la *Méthode des fluxions* de Newton (Paris, 1740), continuera de défendre une notion strictement privative de l'infini : « La plupart de nos erreurs en Métaphysique viennent de la réalité que nous donnons aux idées de privation, nous connaissons le fini, nous y voyons des propriétés réelles, nous l'en dépouillons, et en le considérant après ce dépouillement, nous ne le reconnaissons plus, et nous croyons avoir créé un être nouveau, tandis

des objets bas qui l'environnent. Qu'il regarde cette éclatante lumière, mise comme une lampe éternelle pour éclairer l'univers, que la terre lui paraisse comme un point au prix du vaste tour que cet astre décrit et qu'il s'étonne de ce que ce vaste tour lui-même n'est qu'une pointe très délicate à l'égard de celui que les astres qui roulent dans le firmament embrassent. Mais si notre vue s'arrête là, que l'imagination passe outre ; elle se lassera plutôt de concevoir, que la nature de fournir. Tout ce monde visible n'est qu'un trait imperceptible dans l'ample sein de la nature. Nulle idée n'en approche. Nous avons beau enfler nos conceptions, au-delà des espaces imaginables, nous n'enfantons que des atomes, au prix de la réalité des choses. C'est une sphère dont le centre est partout, la circonférence nulle part [1]. Enfin c'est le plus grand caractère sensible de la toute-puissance de Dieu, que notre imagination se perde dans cette pensée [2]. » *Qu'est-ce qu'un homme dans l'infini ?* Et quelle meilleure préparation à croire que celle-là ? (et Pascal encore de noter, rompant décidément avec la tradition, que si l'infini en petitesse est moins visible, l'infini de grandeur est bien plus *sensible* : mais comment admettre alors que la peinture ne soit que vanité, si elle est capable de faire sentir à l'homme son néant, sa dépendance, son *vide* ?).

que nous n'avons fait que détruire quelque partie de celui qui nous était anciennement connu.

« On ne doit donc considérer l'Infini soit en petit, soit en grand, que comme une privation, un retranchement à l'idée du fini, dont on peut se servir comme d'une supposition qui dans quelques cas peut servir à simplifier les idées, et doit généraliser leurs résultats dans la pratique des Sciences ; ainsi tout l'art se réduit à tirer parti de cette supposition, en tâchant de l'appliquer aux sujets que l'on considère. Tout le mérite est donc dans l'application, en un mot dans l'emploi qu'on en fait » (*op. cit.* p. X-XI).

1. On reconnaît là la formule de Nicolas de Cues, souvent assignée à Hermès Trismégiste.

2. Pascal, *Pensées*, éd. Brunschvicg, section II, n° 72.

5

BLANC SOUCI DE NOTRE TOILE

Une ivresse belle m'engage
Sans craindre même son tangage
De porter debout ce salut

Solitude, récif, étoile
A n'importe ce qui valut
Le blanc souci de notre toile.

MALLARMÉ, *Salut.*

5.1.1. LE SERVICE DES NUAGES

Ce travail a jusqu'ici porté sur la relation entre signe et représentation dans le contexte pictural hérité de la Renaissance, — *signe* étant pris dans la double (et peut-être contradictoire) acception (a) d'unité signifiante, repérable comme telle sur le plan figuratif à deux dimensions, et (b) de trait symptomatique à travers lequel le procès représentatif dont la peinture s'est alors voulue le *théâtre* se dénonce dans son économie propre. Rapports dont on a vu de quelle structure implicite ils étaient la manifestation, la représentation étant liée dans son principe à l'ordre du signe et le signe, à son tour, empruntant sa représentativité de la représentation même. Pour historiquement vérifiable qu'elle soit, l'antériorité de la représentation spectaculaire sur la représentation discursive est d'abord fondée dans l'ordre logique : la représentation n'existe en effet comme telle qu'à se donner pour représentation d'une représentation, moyennant un redoublement caractéristique qui joue à l'étage du signe aussi bien que dans l'instance du « code » qui assure, sous l'espèce démonstrative, la régulation du jeu représentatif ; et quant au signe, s'il semble perdre en autorité sémiotique ce qu'il gagne en valeur représentative — l'imitation l'emportant apparemment sur la convention, et l'illusionnisme sur l' « arbitraire » — le déplacement symbolique qu'entraîne l'institution du régime perspectif, et l'ouverture (qui en est le corrolaire) du champ des substitutions, le restaurent en définitive dans sa discursivité. A la limite, toute transitivité lui est déniée : l'expérience de Brunelleschi réduit le /nuage/ à un effet de réflexion, à un reflet spéculaire convoqué dans le champ figuratif par le détour d'un artifice matériel. Mais cette réduction a une double portée, rationnelle *et* symptomatique : elle est tout ensemble la conséquence et l'indice de l'instauration de l'espace perspectif au titre d'espace *théorique* de la (re)présentation. Bien loin qu'il s'inscrive à son principe, l'illusionnisme (dont la limite est ici clairement marquée) apparaît comme un effet du système, comme une fonction de la structure représentative. C'est dire que, même dans le système de la représentation l'iconicité emprunte moins des mécanismes de l'illusion que des relations latérales que l'élément iconique entretient avec les autres éléments auxquels il est susceptible d'être associé sur le plan figuratif ; et si cet élément peut prendre valeur de symptôme, c'est moins eu égard à son référent que compte tenu de la position et des fonctions qui lui sont dévolues dans le système, en tant que celui-ci définit un champ de production spécifique, historiquement daté, géographiquement localisé.

La même logique qui avait conduit Brunelleschi à exclure, dans le principe, le nuage « réel » du domaine du « figurable », aura donc commandé l'emploi du graphe aux fins de tourner la clôture constitutive du système, d'en desserrer la contrainte, sinon de dissimuler la contradiction formelle qui en faisait le ressort ; jusqu'au jour où l'idéologie ayant fini par prendre son parti des implications théoriques de la géométrisation de l'espace, la représentation pourra paraître s'accommoder de l'introduction des nuées, au titre d'accessoire pittoresque, dans le cadre figuratif réglé par le régime perspectif. Le même /nuage/ qui avait servi au Corrège à « désigner » l'espace, dans sa clôture imposée, sera utilisé par les décorateurs vénitiens et les paysagistes des XVIIe et XVIIIe siècles pour le *qualifier* dans son ouverture indéfinie. Et quant aux cieux chargés d'orage que Ruysdaël établira au-dessus de la plaine d'Haarlem, ou aux nuées d'aurore dont se parent les paysages mythologiques de Claude Lorrain, ils n'ébranleront pas plus l'ordre représentatif consacré que ne le feront les amas nébuleux où jouent les figures de Tiepolo, ou les lointains brumeux, les perspectives évanescentes de la fête galante. En faisant place en son sein à l'élément qui connotait négativement sa clôture, la représentation démontrera tout à la fois l'étendue des possibilités d'adaptation du système et l'ambivalence de ses puissances formelles.

Le /nuage/, s'il marque ainsi la clôture du système, c'est en opposition avec le principe formel auquel obéissent les signes, par son manque de délimitation rigoureuse, au titre de « corps sans surface ». Mais rien ne serait plus faux, on y a suffisamment insisté, que de prétendre à justifier sa fortune picturale à partir d'une prétendue *nature,* thématique et/ou plastique. En tant qu'il intervient dans le tissu figuratif, et dans son apparence comme dans son signifié, le /nuage/ n'a pas d'autre « réalité » que celle que lui assigne la représentation. Est-ce à dire qu'il n'ait qu'une *valeur d'emploi,* et qu'on soit fondé à en traiter sous la rubrique de l'*outil,* dans une perspective instrumentaliste [1] ? À être ainsi posée, dans les termes et du point de vue qui sont ceux de la pensée du signe, la question n'admet pas de réponse simple, univoque : dans la conjoncture figurative dont le modèle perspectif assure la régulation, l'élément satisfait à un certain nombre de fonctions, facilement repérables. Mais la fonctionnalité du *signe* ne suffit pas à justifier sa valeur d'index théorique, pas plus qu'elle n'épuise l'efficacité de la *figure* dans le registre du signifiant (sur l'opposition signe/figure, cf. 1.2.2.) : si le /nuage/ assume dans l'ordre pictural une fonction stratégique, c'est qu'il y joue alternativement (voire simultanément, si l'on tient compte de la différence entre les niveaux où il est susceptible d'intervenir : l'intégration peut « sauter » un niveau), comme intégrant et comme désintégrant, comme signe et comme non-signe (l'accent étant mis ici sur la négativité potentielle de la figure, sur ce qui, en elle, contredit à l'ordre du signe, travaille à en desserrer l'emprise) : comme intégrant, dans la mesure où, dans la conjoncture ainsi définie, il prend valeur transitive ou commutative, garantissant par les moyens du signe, et conformément à la norme du système, l'unité de la représentation ; comme désintégrant, dans la proportion où, se renonçant comme signe et s'affirmant comme « figure » (au sens que l'on a dit), il paraît mettre en cause, dans son absence de limites autant que par les effets résolutoires auxquels il prête, la cohérence, la consistance d'une ordonnance syntaxique fondée sur une nette délinéation des unités.

Cette ambivalence du signe — où se dénonce et se redouble celle du système — en éclaire la fortune : le /nuage/ aura servi aux usages les plus divers, depuis des usages purement signalétiques ou descriptifs jusqu'à des usages constructifs, voire dissolutoires. A la charnière du XIXe siècle, et dans le cadre d'une méthode explicitement définie comme productive, il devait prêter encore à de nouveaux investissements. La *Nouvelle méthode pour aider l'invention dans le dessin de composi-*

1. Comme nous nous étions essayés nous-mêmes, dans une ébauche déjà ancienne de ce travail, « Un « outil » plastique : le nuage », *Revue d'esthétique,* janvier-juin 1958, p. 104-148.

tions originales de paysage, publiée en 1785 par l'Anglais Alexander Cozens [1], se voulait strictement mécanique dans son principe, et n'empruntant rien à l'imitation des maîtres ou de la nature, fondée qu'elle était sur la seule capacité d'*information* de la tache et du barbouillage *(blotting).* « Esquisser consiste à transférer des idées de l'esprit sur le papier (...), barbouiller consiste à faire des taches (...), à produire des formes accidentelles (...) dont les idées sont proposées à l'esprit (...). Esquisser revient à délinéer les idées, barbouiller les suggère [2]. » On conçoit que le répertoire des formations nébuleuses occupe dans le recueil une place de choix. La méthode de Cozens — comme il se doit — a fait *couler beaucoup d'encre ;* et cependant, si elle a pu paraître insupportable aux esprits académiques par l'intrusion qu'elle manifestait du hasard, de l'automatisme, sinon de l'informe, dans le champ pictural, cette méthode n'emportait aucune coupure théorique véritable : dans son principe, elle n'était pas plus scandaleuse que l'aveu par Léonard ou Piero di Cosimo de l'intérêt qu'ils portaient aux traces laissées sur les murs par l'humidité ou les crachats (cf. 1.4.2.). Et Gombrich a bien vu comment les schémas de Cozens autant que l'interprétation que celui-ci en propose renvoient, au moins pour partie, à une tradition établie, celle qui faisait de Claude Lorrain le maître incontesté du genre du paysage [3]. Dans la tache que laisse une éponge sur le mur, autant que dans les formations toujours renouvelées des nuages, chacun reconnaît ce qu'il veut : les figures de son désir, les images de son théâtre, les signes de sa culture.

1. Alexander Cozens, *A New Method of Assisting the Invention in Drawing Original Compositions of Landscape,* Londres, 1re éd., 1785. cf. Paul Oppé, *Alexander and John Robert Cozens,* Londres, 1952.

2. Cozens, *op. cit.,* préface ; cité par Ernst Gombrich. *Art and Illusion.* Londres, 2e éd., 1962, p. 156-157. Sur Cozens, cf. H. W. Janson, « The image made by chance... », et un travail en préparation de Jean-Claude Lebensztjen.

3. Gombrich, *op. cit.,* p. 157-158.

« *Les merveilleux nuages* »

> « Et qu'aimes-tu donc, extraordinaire étranger ?
> — J'aime les nuages, les nuages qui passent là-bas, les merveilleux nuages... » BAUDELAIRE, « L'Etranger ».

A faire servir le nuage à des usages toujours plus étendus, l'art s'exposait à voir la situation se retourner au bénéfice de l'élément même dont il avait jusque-là prétendu jouer comme d'un outil, d'un instrument au service de la représentation. C'est ce qui se serait produit au XIXe siècle, si l'on devait accepter la formule à laquelle Ruskin a prétendu réduire la production picturale de son temps : « le service des nuages » *(the service of clouds)*[1]. Etonnante formule, où s'affirme pour la première fois explicitement la préséance de l'ordre symbolique et le caractère non fonctionnel du signifiant, lequel se présente à vrai dire encore ici sous un masque emblématique : celui, précisément, du *nuage*, dont le peintre, après s'être si longtemps servi de lui, se veut désormais le serviteur. La nébulosité, le « nuagisme » *(cloudiness)* n'est-il pas le trait distinctif du paysage « moderne »[2] ? A l'époque où Ruskin entreprit de rédiger les *Peintres modernes* (vers 1840), l'intérêt que portaient au *ciel* les paysagistes anglais, Prout, Fielding, Harding, et par-dessus tout Turner, cet intérêt lui paraissait fondé sans restrictions; si les peintres modernes l'emportaient selon lui sur les anciens dans l'art du paysage, et rompaient avec la tradition académique qui reconnaissait ses maîtres en Poussin et Claude Lorrain, ils le devaient dans une bonne mesure à la « vérité » de leurs cieux, vérité où le *nuage* avait sa ,part. Mais les justifications qu'il avançait alors à l'appui de sa thèse étaient encore empruntées à l'ordre représentatif, sinon au registre des signifiés : chacun peut jouir et tirer son profit du spectacle, de la *mise*

1. John Ruskin, *Modern Painters,* 4e partie, chap. XVI. Cité ici d'après l'édition de 1856, t. III, p. 255.
2. « *We turn our eyes, as boldly and as quickly as may be, from the serene fields and skies of mediaeval art, to the most characteristic example of modern landscape. And I believe, the first thing that will strike us, or thut ought to strike us, is their cloudiness.* » Ruskin, *op. cit.* p. 254.

en scène du ciel (*the scenery of the sky,* t. I, p. 214), dont le spectacle se propose à tous ; et rien ne témoignait mieux, selon lui, de la puissance divine que le *système du firmament,* un système conçu, il faut y insister, en termes non plus astronomiques mais *météorologiques,* et où le nuage est offert à la vue de l'homme comme l'air l'est à ses poumons [1]. Les peintres d'autrefois ont su exprimer la *qualité* du ciel, ils n'en ont pas saisi la *vérité,* ignorant la connexion calculée qui existe entre le bleu de l'atmosphère et la blancheur des nuages, la mise en scène réglée selon laquelle ceux-ci se répartissent en trois régions, en *trois systèmes scéniques* dont chacun répond à une donnée formelle spécifique : une région centrale, la seule qui ait retenu l'attention des anciens, et particulièrement celle des Hollandais ; la région supérieure, dont Turner devait faire son domaine favori, « ouvrant au monde une autre Apocalypse céleste [2] ; la région inférieure enfin, celle du nuage de pluie et des vapeurs sans forme ni consistance, où excellent les modernes [3].

Mais le service des nuages, Ruskin s'en avisera par la suite (une curieuse divagation pseudo-scientifique scellant, comme on verra, son parcours critique), ce service n'avait pas que des aspects positifs. La formule connote le goût des modernes pour les étendues ouvertes, sans limites ni frontières, le désir de la liberté et d'une nature émancipée du gouvernement de l'homme (ainsi qu'en témoigne, à un autre niveau et dans un autre contexte, l'attrait de la *ruine,* où l'ordre bâti, constructif, se renonce à la façon dont l'ordre compositionnel paraît se défaire dans les nuées), l'amour encore de la montagne, étroitement lié à celui des nuages, la sublimité de l'une s'accroissant de la présence des autres [4], — une vision profane, enfin, des spectacles naturels (« Là où le peintre du Moyen Age n'a jamais peint un nuage, sinon dans l'intention d'y placer un ange (...), nous ne croyons pas quant à nous que les nuages contiennent autre chose qu'une quantité donnée de pluie ou de grêle [5] ») : le

1. *Ibid.*, 2ᵉ partie, section III, chap. I et II. Dans le dernier volume des M. P. (7ᵉ partie, « Of cloud beauty »), Ruskin comparera le nuage à la feuille qui s'interpose entre l'homme et la terre comme il s'interpose lui-même entre l'homme et le ciel.
2. Ruskin, *op. cit.*, t. I, p. 218.
3. *Ibid.*, t. I, chap. IV.
4. *Ibid.*, t. III, 4ᵉ partie, chap. XV. Cf. Léonard de Vinci : « Pourquoi un édifice environné de nuages paraît plus grand » (*Carnets,* II, p. 221).
5. Ruskin, *op. cit.*, t. III, p. 257.

peintre moderne s'intéresse à l'aspect sensible des nuages, à leurs configurations objectives, aux effets de brume, à l'apparence des choses vues à travers l'écran des formations atmosphériques. Mais cet intérêt a son revers : là où les peintres d'autrefois recherchaient la stabilité, la permanence, la clarté, le spectateur moderne est invité à se plaire à l'obscurité, à l'éphémère, au changement, et à tirer le plus de satisfaction et d'instruction de ce qui se laisse le moins facilement fixer et comprendre : le vent, l'éclairage, l'ombre des nuages, etc. Le service des nuages, — la formule, comme Ruskin l'écrira en 1853, pourrait malheureusement servir à caractériser l'art moderne, dans sa détermination négative : une bonne part du mystère cultivé par les contemporains ne procède-t-elle pas du désir de « parler ingénieusement de la fumée », qu'Aristophane avait déjà dénoncé dans *Les Nuées* (Aristophane, le seul des Grecs — à en croire Ruskin — à avoir parlé des nuages en mauvaise part, le seul aussi à les avoir étudiés avec quelque soin : mais que dire alors d'Aristote, d'Epicure ?). La sujétion au passager, à l'incertain, à l'inintelligible, se répercutant aussi bien au niveau de la composition (Ruskin en veut pour preuve l'importance prise dans le paysage par le ciel, auquel le premier plan est désormais subordonné : ne va-t-on pas jusqu'à l'assombrir pour mieux faire ressortir la blancheur des nuages ?) qu'à celui du dessin : le peintre médiéval dessinait avec le plus grand soin et dans tous les détails, au lieu que le peintre moderne ne s'intéresse qu'à la fumée *(is all concerning smoke)* : rien d'autre que celle-ci n'est vraiment *dessiné,* tout demeure vague, léger, imparfait [1].

Alors qu'il confondait encore, sous l'étiquette « ancienne », la peinture du Moyen Age, celle de la Renaissance, et la tradition liée à une interprétation académique des œuvres de Poussin et de Claude Lorrain, tout en admirant sans réserves l'art de Turner qui lui paraissait témoigner de la supériorité des modernes dans l'art du paysage, Ruskin pouvait ranger la *vérité des cieux* parmi les plus importantes " vérités " dont l'art ait à connaître, avant même celle de la couleur qu'il jugeait secondaire par rapport à la vérité de la forme. Et s'il est difficile d'établir en quoi consiste la *vérité des nuages,* c'est précisément que ceux-ci peuvent revêtir les formes les plus diverses ; mais c'est aussi pourquoi leur étude peut être d'un tel profit : « Si les artistes avaient davantage l'habitude de faire, d'après nature, des esquisses de

1. Ruskin, *op. cit.*, 4ᵉ partie, chap. XVI.

nuages rapides et aussi précises que possible *dans le contour* (je souligne), au lieu de barbouiller *(to daub down)* ce qu'ils appellent des " effets " avec la brosse, ils découvriraient bientôt qu'il y a plus de beauté dans leurs formes qu'on n'en peut attendre des hasards heureux de l'invention, si brillante soit-elle [1]. » On peut voir là une critique implicite de la méthode de Cozens : et pourquoi, en effet, demander au hasard ce que la nature dispense, sans aucun doute à dessein, avec une telle générosité et sous des dehors qui allient si bien le mystère à la beauté [2] ?

Le *mystère* [3] : tel serait le trait spécifique de l'art de Turner, lequel se différencie de tout autre par une exécution d'apparence incertaine, au point que ce peintre apparaît souvent comme le principal représentant du « nuagisme », du « flou » caractéristique de toute une part de la peinture du siècle [4]. « Chacune de ses compositions est évidemment dictée par le plaisir de voir les choses seulement en partie, et non dans leur totalité, et de les fondre dans une enveloppe de nuages et de brouillard, au lieu de les dévoiler [5]. » Or il y a là, Ruskin devait s'en aviser au vu des chefs-d'œuvre de l'art italien et des productions des préraphaélites, quelque chose comme un paradoxe : le « grand dessin » n'est-il pas net et précis, ne vise-t-il pas à une claire délinéation des formes ? A la différence de Turner, que Ruskin n'en continuera pas moins de considérer comme la plus forte individualité de son siècle, les préraphaélites — les plus grands hommes, *en tant que classe,* que l'Europe moderne ait produits dans les arts — célébreront la véracité de la lumière et s'accorderont pour condamner le brouillard et toute illusion fondée sur le « flou ». Mais le débat qui partageait les partisans du nuage (Copley, Fielding, etc.) et ses adversaires (Stanfield,

1. Ruskin, *op. cit.*, t. I, p. 213.

2. « *There is not a moment of any day of our lives, where nature is not producing scene after scene, picture after picture, glay after glay, and working still upon such exquisite and constant principles of the most perfect beauty, that it is quite certain it is all done for us, and intended for our perpetual pleasure.* » *Ibid.*, p. 201.

3. Dans le premier volume des *Modern Painters,* Ruskin rangeait le mystère parmi les six qualités (*truth, simplicity, mystery, inadequation, decision, rapidity*) de l'exécution (t. I, p. 36).

4. « Ce sont des paysages volatilisés, des aubes de plein ciel ; ce sont les fêtes célestes et fluviales d'une nature sublimée, décortiquée, rendue complètement fluide, par un grand poète. » J.-K. Huysmans, in *Certains,* Paris, 1889, p. 202.

5. Ruskin, *op. cit.*, t. IV, 5e partie, chap. IV (« On turnerian mystery »).

Harding), ce débat, Ruskin ne pouvait l'ignorer, n'était pas nouveau : il n'aura été que la reprise, dans un autre contexte, de celui qui avait opposé, en son temps, le Corrège et les Vénitiens, voire Rubens et Rembrandt, aux peintres de la tradition raphaélesque et, en général, à tous ceux qui avaient l'indistinction en horreur et se voulaient les défenseurs d'une vision nette, d'un espace intelligible de part en part *(an endless perspicuity of space)* [1].

« A la vérité, les nuages semblent pâtir sérieusement de tout cela. Et je suis, pour l'heure, comme si rien ne pouvait être dit en leur faveur. Et cependant, ayant moi-même été pendant longtemps un adepte de leur culte *(a cloud-worshipper),* et ayant passé de nombreuses heures de ma vie à les poursuivre par monts et par vaux, je dois considérer ce qui peut être avancé pour leur défense et celle de Turner [2]. » On mesure à ces lignes la perplexité de Ruskin après sa découverte de l'art italien et des préraphaélites : mais son plaidoyer prouve, jusque dans les contradictions où il l'entraîne, que l'auteur des *Modern Painters* n'aura rien renoncé, en fin de compte, des idées qui étaient les siennes avant le voyage d'Italie. D'abord les nuages existent, qu'on le veuille ou non ; la nature en a décidé ainsi, et le peintre de paysage ne saurait en faire abstraction sans tomber dans le maniérisme. En second lieu, et c'est là une règle fondamentale de l'esthétique de Ruskin, *il n'y a pas d'excellence sans obscurité* [3]. Le « mystère » n'est pas seulement celui, partiel et variable, dont les nuages ou les brouillards sont l'instrument, mais le mystère continu, permanent, qui correspond, *dans tous les espaces,* à l'infinité des choses. Les préraphaélites, comme Turner (en qui Ruskin affirme reconnaître leur vrai patron, *their true head*) sont eux-mêmes pleins de mystère et suggèrent plus qu'on ne peut voir. Car il n'est en fait pas de perception absolument claire et distincte : la seule question est de savoir où commence la mystification, *le point d'intelligibilité variant avec la distance* [4].

La distance, la visibilité (et encore : les effets de perspective atmosphérique, la notion de *point d'intelligibilité*) : le champ de pensée dans lequel procède Ruskin n'a rien d'original si on

1. Pour une prise de position particulièrement virulente à cet égard, cf. William Blake, « Annotations to Reynolds », *Complete Writings,* éd. par G. Keynes, Londres, 1957, p. 445-479.
2. Ruskin, *Modern Painters,* t. IV, p. 57.
3. *Ibid.,* p. 62.
4. « *The point of intelligibility varying in distance* », *ibid.,* p. 58.

le compare, par exemple, à celui où opérait Léonard. La problématique picturale (pour ne rien dire de l'« esthétique ») qu'il a prétendu opposer à la tradition académique, cette problématique, loin qu'elle introduise à des développements nouveaux, marque très précisément, dans son économie paradoxale, le point d'arrêt de la théorie, en même temps qu'elle révèle les apories où celle-ci achoppe. Soit, en effet, la question de la linéarité : là encore le nuage a valeur d'indice. Absolument parlant, aucun « nuage » ne saurait être tracé avec la pointe : seule la brosse, maniée le plus délicatement possible, est capable d'en *exprimer,* dans toute leur variété, les « bords » *(edges)* et les textures. Est-ce à dire que Ruskin ait été conduit à accepter, au terme de son enquête, les « effets » mêmes qu'il dénonçait au départ ? Il n'en est rien, puisque aussi bien il prend soin de préciser qu'ayant à *graver* un nuage, une exécution douce et soignée permettra d'obtenir une bonne approximation d'une *peinture ;* et quant au dessin, une mine grasse y suffira, puisqu'elle se prêtera aussi bien, utilisée de biais, au rendu des ombres, qu'elle pourvoira, par sa pointe, au tracé des lignes [1]. Le nuage, s'il décourage le dessin, ce n'est pas tellement dans son apparence formelle, mais par son instabilité, son évanescence. On peut à la rigueur dessiner *un* nuage avant qu'il ne se dissipe ou ne se transforme ; entreprendra-t-on de restituer l'ordonnance d'un ciel couvert de nuées, on devra se contenter de quelques lignes hâtives, pour terminer ensuite de mémoire. Or c'est précisément à sa mémoire prodigieuse que Turner aurait dû sa maîtrise sans égale dans le rendu des ciels. « D'autres ont pu colorer magnifiquement leurs nuages : il aura été le seul à vraiment les *dessiner,* un tel pouvoir lui venant de l'habitude où il était de dessiner les ciels, comme toute autre chose, avec la pointe [2]. »

On voit comment le nuage (en conservant à ce terme le statut ambigu qu'il a dans le texte de Ruskin, où il désigne tantôt un phénomène météorologique que la peinture moderne aurait constitué comme son référent privilégié, et tantôt s'inscrit, au double titre d'image distinctive et d'emblème efficace, à la charnière du symbolique et de l'imaginaire) sert en fait, le paradoxe étant ici dans les mots, de « pierre de touche » pour juger de la vérité d'une peinture — vérité impliquant dans le langage de Ruskin la véracité dans la restitution d'un fait naturel,

1. Ruskin, *op. cit.,* t. V, p. 115, note.
2. *Ibid.,* p. 122.

laquelle peut être obtenue, à la différence de l'imitation, par le détour de signes et de symboles qui revêtent une signification déterminée alors même qu'ils ne sont pas des *images,* qu'ils ne sont pas faits à la ressemblance des phénomènes [1]. Ce jeu subreptice — et qui n'est pas le fait du seul Ruskin — sur les idées de substance et de forme, de chose et de signe, d'imitation et de représentation, caractérise une démarche critique dont il explique les détours autant que les retours. Et cela se vérifie, encore une fois de la façon la plus nette, sur l'exemple du *nuage.* S'agissant des nuages dans la peinture, on a vu à quelles apories Ruskin aura été conduit, faute pour lui d'avoir su élaborer une théorie explicite du signe iconique dans son rapport à son référent. S'agissant du nuage « réel », il feindra d'être incapable d'en rendre raison : pourquoi le brouillard est-il si lourd, et les amas de nuées les plus colossaux si légers ? Qu'est-ce qui fait les nuages flotter dans l'air ? Comment expliquer que la vapeur répandue dans l'atmosphère devienne *visible ?* Et, par-dessus tout (mais la question, à être ainsi formulée, s'autorise d'une confusion entre *signifié* et *référent,* entre signe et substance), qu'en est-il de la *forme* des nuages, de leur *contour* (*how is a cloud outlined ?,* t. V, p. 111) ? A en croire Ruskin, ces questions n'admettraient pas de réponse ; mais elles accroissent le plaisir qui naît du « mystère ». Et de même encore pour le mouvement des nuages [2] : on ne peut en rendre compte qu'à partir de théories sur l'électricité et l'infini, auxquelles nul n'entend rien [3].

La référence à l'infini qu'emporte la question des ciels et du nuage, n'a rien ici d'accidentel : elle révèle à quel point Ruskin (sinon Turner lui-même) est demeuré prisonnier d'une tradition de pensée qui aura obstinément travaillé à opposer à l'infini géométrique et abstrait de la science (le plus souvent interprété dans le sens *privatif,* cf. 4.2.4.) un infini pittoresque et expressif dont l'idéologie religieuse et/ou métaphysique pût s'accommoder. L'*expression de l'infini* n'est-elle pas la première chose à considérer quand on juge une peinture, jusque dans le détail ; n'est-elle pas la preuve de l'excellence de Turner, Turner dont le *bleu,* fût-ce une parcelle de son bleu, est toujours « infini », d'une

1. Ruskin, *op. cit.*, 1re partie, section I, chap. V, « Of Ideas of Truth ».
2. « *Where ride the captains of their armies ? Where are set the measures of their march ?* » *Ibid.*, t. IV, p. 106.
3. *Ibid.*, p. 111.

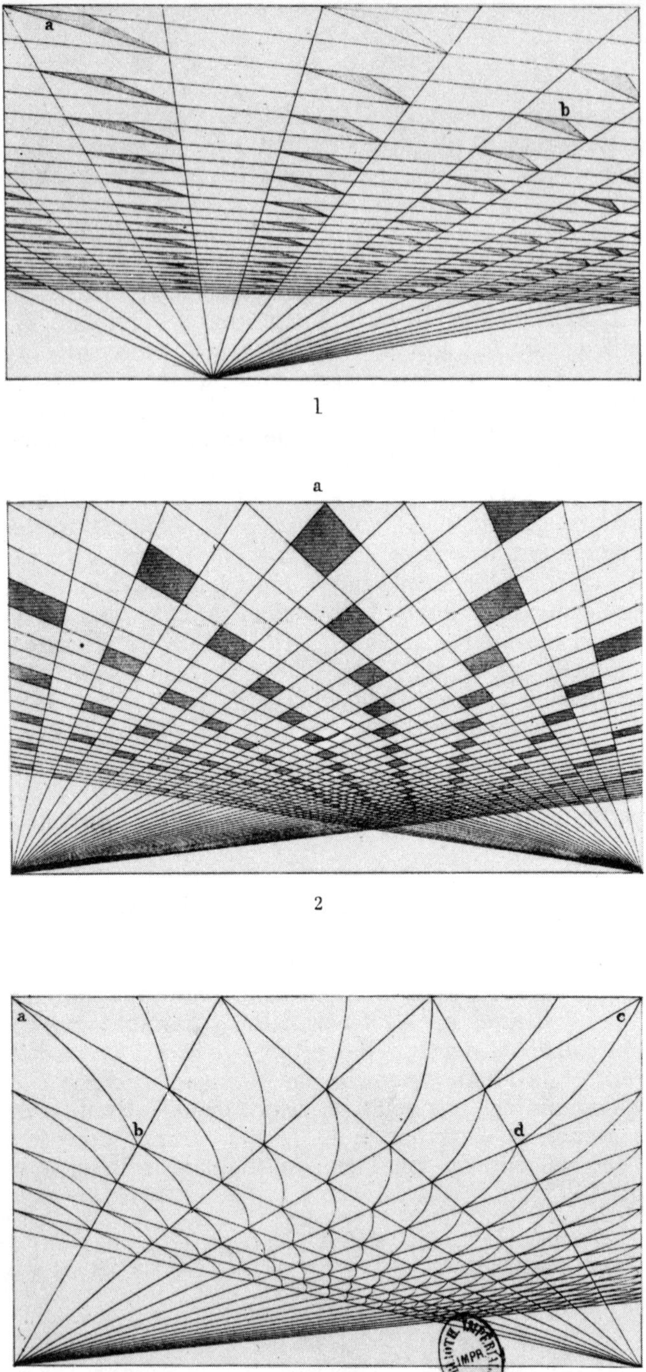

Fig. 6 A. Ruskin, *Perspective de nuages* (rectilinéaire).

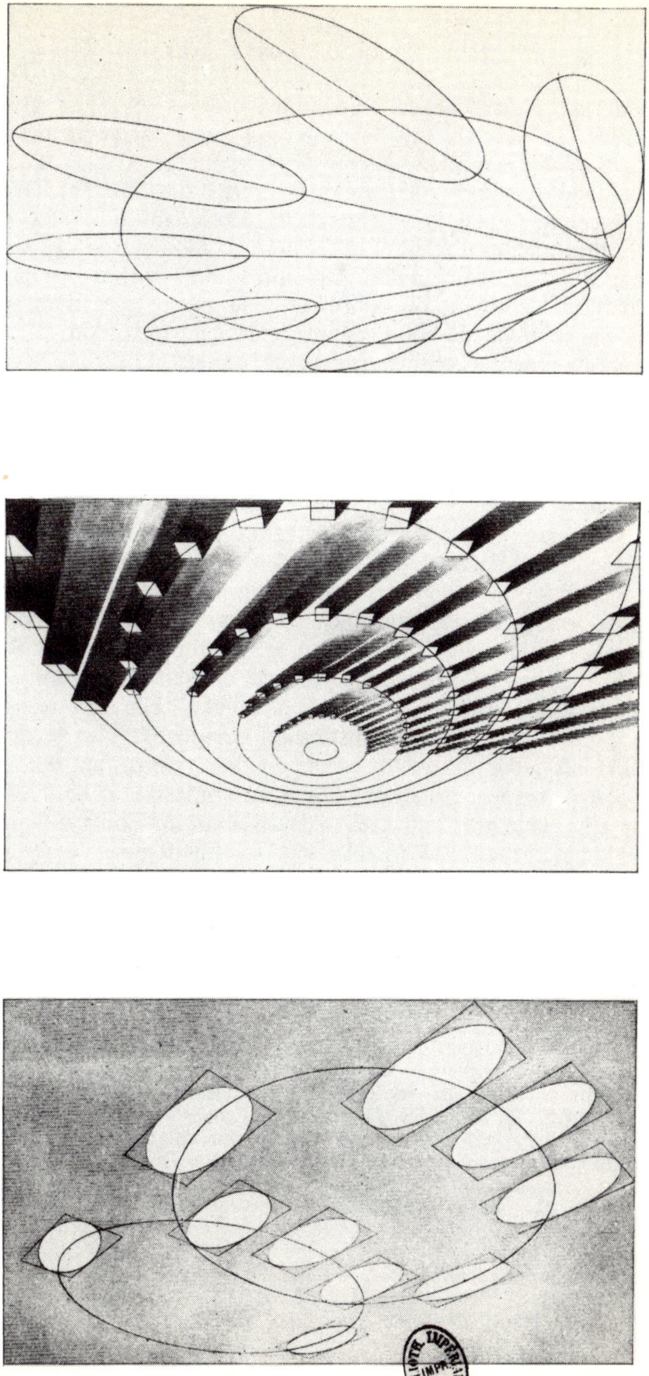

Fig. 6 B. Ruskin, *Perspective de nuages* (curvilinéaire).

profondeur, d'un espace incommensurables [1] ? Mais il suffit d'analyser les moyens mis en œuvre à cette fin pour découvrir que l'art de Turner obéit encore à la même régulation que celui de ses prédécesseurs : les nuages eux-mêmes doivent être mis en perspective ; et si l'on feint qu'ils présentent une base plane, il est alors facile d'établir la grille (l'échiquier) selon laquelle les disposer. Le vent peut bien introduire (comme déjà chez Léonard) un semblant de confusion : la perspective n'en fournit pas moins la règle de toute ordonnance céleste, qu'on ait affaire à un arrangement rectilinéaire ou, ce qui est le cas le plus fréquent, à un système courbe (fig. 6 B). Et c'est parce que les peintres ignorent tout de la perspective et des règles de proportion qui en découlent qu'ils échouent à *exprimer* l'énergie et l'étendue du ciel (*the expression of buoyancy and space in sky*, t. V, p. 121).

Le souci d'associer dans une même admiration et l'art de Turner et celui des préraphaélites aura ainsi conduit l'idéologue à se découvrir : derrière l'écran des brouillards et des nuées, la précellence de la linéarité demeure assurée, et cela jusque dans les fonctions imparties au code qui garantit le mieux ses privilèges. Le *service des nuages* : la formule, pour Ruskin, a moins valeur de programme que de constat. Loin d'introduire à des développements théoriques nouveaux, elle réitère, sur le mode d'une mise en garde, l'institution perspective : ce « service » ne doit pas aller jusqu'au point où le système se renoncerait dans son principe régulateur [2]. Bien au contraire, il doit s'accommoder de l'extension au ciel, jusque-là traité comme une toile de fond, des principes d'organisation qui valent pour la scène elle-même (mais l'on a vu qu'il se peut que la mise en échiquier du « ciel » — du *toit* — ait historiquement précédé celle du sol, cf. 4.2.3.) : les schèmes de perspectives célestes tracés par

1. Ruskin, *op. cit.*, t. I, p. 204.

2. Il est remarquable que les peintures de Turner où la dissolution (mais non la déconstruction) du cube perspectif est la plus poussée soient non pas des paysages, des marines ou des études de ciels, mais des scènes d'intérieur (cf. la série des *Intérieurs à Petworth*, c. 1830, aujourd'hui à la Tate Gallery), où le cube, sans cesser pour autant de structurer secrètement la composition, perd toute arête trop vive. Dans un tableau célèbre (*Pluie, vapeur, vitesse*, 1844, Nat. Gal.), Turner n'aura pas craint d'associer le « service des nuages » à l'emblème par excellence de la modernité, le chemin de fer, comme le fera encore Monet, dans la série des *Gare Saint-Lazare*, où la structure linéaire correspondant à la couverture métallique est *battue en brèche*, de façon significative, par la fumée des locomotives.

Ruskin obéissent encore au *point de vue* traditionnel, et la diminution qu'ils commandent des nuages, en fonction de leur position sur l'échiquier, répond aux usages reçus. L'Académie n'enseignait-elle pas à tirer parti des ombres portées sur le sol par *des nuages qui demeuraient eux-mêmes extérieurs au cadre de la représentation,* pour renforcer l'effet de profondeur obtenu, dans un paysage, par les moyens de la perspective, sous ses divers modes [1] ? Telle aura été, encore une fois, la souplesse du système, et si étendues ses capacités d'adaptation, que le même élément qui n'y aura d'abord trouvé place qu'au prix d'une entorse faite aux principes, et d'un desserrement — à vrai dire plus apparent que réel — des contraintes formelles qui réglaient le fonctionnement du système en tant que tel, devait être appelé à concourir, au moment où celui-ci allait être menacé dans ses fondements, et au double titre d'outil syntaxique et de facteur d'illusion, à la cohérence d'une représentation astreinte de façon toujours plus stricte au régime perspectif.

Météorologiques

Mais il faut revenir sur les raisons qui ont pu conduire Ruskin à prendre prétexte de ces questions pour faire, avec quelque complaisance, l'aveu de son incapacité prétendue à assimiler les progrès de la science moderne [2]. L'observation du ciel et des phénomènes atmosphériques connaissait en effet en Europe, depuis le début du siècle, un renouveau d'intérêt. Dès les années 1817-1822, Goethe rendait hommage, par une série d'études et même de poèmes, à l'Anglais Luke Howard, auteur d'un essai de classification scientifique des nuages [3] qu'il répartis-

1. « On fait encore usage avec succès des ombres accidentelles, c'est-à-dire dont la cause est hors du tableau, pourvu qu'elles soient vraisemblables, comme dans le paysage, où les nuées produisent naturellement ces effets qui servent à faire fuir les divers terrains. » Desportes, cité par André Fontaine, *Conférences inédites de l'Académie de peinture,* Paris, 1903, p. 66.

2. « *It is one of the most discouraging consequences of this work of mine that I am wholly unable to take notice of the advance of modern science. What has conclusively been discovered or observed about clouds, I know not*; *but by the chance inquiry possible to me I find no book which fairly states the difficulties of accounting for even the ordinary aspects of the sky.* » Ruskin, *op. cit.*, t. V, p. 107.

3. Luke Howard, *Essay on the Modifications of Clouds*, Londres, 1803, repris in *The Climate of London, deduced from Meteorological Observations*, Londres, 1818-1620. Cf., de Goethe, les deux études sur Howard

sait, comme le fera Ruskin lui-même, en trois zones ou couches, et où l'on a voulu voir, en même temps qu'une première tentative d'explication et de prévision, de *déduction* du temps, la source commune d'un certain nombre de poèmes, d'esquisses et de peintures qui ont le nuage pour référent et que Ruskin a curieusement ignorés, à commencer par ceux de Goethe, de Constable (planche VII A) et du Norvégien Johan Christian Dahl, pour ne rien dire de l'admirable poème de Shelley [1]. S'il a surestimé le retentissement direct des travaux d'Howard (que Constable, pour sa part, semble avoir ignorés [2]), et s'il n'a pas su poser le problème des rapports entre art et science autrement qu'en termes de « sources » et d'« influences », Kurt Badt a cependant bien dégagé les raisons de la convergence objective qui s'observe, au début du XIXe siècle, entre les travaux des météorologues et certaines productions poétiques ou picturales, lesquelles, sans constituer à proprement parler un « genre », n'en représentent pas moins, dans la production générale aussi bien qu'individuelle du temps, un ensemble ayant son autonomie, sa spécificité.

Les études de Constable comme les observations que les travaux de Luke Howard ont inspirées à Goethe ont en commun de mettre l'accent sur les déterminations temporelles des phénomènes, Constable lui-même ayant toujours pris soin de noter au revers de ses études de nuages non seulement la date mais l'heure, le lieu, la température, la direction des vents, etc. [3]. A la

(*Naturwissenschaftlichen Schriften*) et la série des poèmes « Atmosphäre », « Howards Ehrengedächtnis », « Stratus », « Cumulus », etc. :

> « Le monde, qui est si grand et étendu,
> Le ciel si élevé et lointain,
> Tout cela je dois le saisir par les yeux
> Mais il ne peut l'être par la pensée.
>
> Pour te retrouver dans l'infini
> Tu dois distinguer et ensuite rassembler.
> C'est pourquoi mon chant ailé remercie
> L'homme qui a distingué entre les nuages. »
>
> (*Atmosphäre*)

1. Kurt Badt, *Wolkenbilder und Wolkengedichte der Romantik*, Berlin, 1960.
2. Cf. Louis Hawes, « Constable's Sky Sketches », *Journal of the Warburg and Courtauld Inst.*, vol. XXXII (1969), p. 344-365.
3. Exemple : « *5 sept.* 1822 *: 10 o'clock morning, tooking south cast. Brisk wind at west. Very bright and fresh grey clouds running fast over a yellow bed, about half way in the sky.* »

vision synchronique de la Renaissance s'oppose désormais une vision diachronique, sinon historique (cf. l'idée d'une « histoire du climat » chez Howard) : il s'agit de savoir comment se développent dans le temps les phénomènes naturels qui trouvent leur lieu dans l'espace (et le même Constable qui demandera à la peinture de paysage d'être *scientifique autant que poétique,* faisait gloire à Ruysdaël d'avoir su raconter une *histoire* — en un sens nouveau, *naturel,* du mot —, d'avoir compris ce qu'il peignait, et le paysage lui-même comme le produit non de l'imagination mais d'une *déduction* [1]). Mais la prise en considération des nuages n'aura pas répondu seulement à des intérêts scientifiques ou théoriques nouveaux ; elle devait fournir un aliment — et cela chez Baudelaire comme déjà chez Goethe — aux rêveries romantiques sur l'infini, le lointain, l'indéterminé, les puissances de l'informe. Kurt Badt note avec pertinence que le /nuage/ occupe dans la peinture du XIXe siècle une place comparable à celle qu'ont tenue les draperies dans la peinture flamande du XVe siècle, — prélude aux « exercices par l'informe » attribués à Degas par Valéry, et que celui-ci tenait pour une idée assez « vinciste » : l'informe, ce n'étant pas à dire ce qui n'a pas de formes, mais ce dont les formes ne trouvent en nous « rien qui permette de les remplacer par un acte de tracement ou de reconnaissance net [2] ». Le nuage n'est pas une forme réductible ; et c'est bien pourquoi Goethe le tenait, quant à lui, pour un signe privilégié de l'*Unvergangliches* de la relation d'engendrement réciproque où sont toutes choses — et avec elles le moi connaissant — au sein du cosmos infini, et qui faisait l'objet de la *Naturphilosophie* : « De même que j'ai prêté peut-être trop d'attention à l'étude de la géologie, je m'attaque maintenant au domaine de l'atmosphère. *Si c'était seulement pour découvrir comment on pense et peut penser, cela en soi serait d'un profit considérable* [3]. »

Dans la mesure où la météorologie telle que l'entendaient Luke Howard et ses contemporains se voulait une science d'abord

1. Dans ses *Conférences sur la peinture de paysage,* publiées par Charles Robert Leslie. cf. Badt, *op. cit.,* p. 74 et 77.

2. « Et, en effet, les formes informes ne laissent pas d'autre souvenir que celui d'une possibilité... Pas plus qu'une suite de notes frappées au hasard n'est une mélodie, une flaque, un rocher, un nuage, un fragment de littoral ne sont des formes réductibles. » Paul Valéry, *Degas, danse, dessin,* in *Œuvres,* Bibl. de la Pléiade, t. II, p. 1194.

3. Goethe, Lettre à Zelter, 24 juillet 1823, citée par Badt, *op. cit.,* p. 19 (je souligne).

descriptive, fondée sur l'observation et la classification des phénomènes, on conçoit qu'elle ait pu recouper, et cela jusque dans certaines de ses productions graphiques, le travail de la peinture de paysage, une peinture que Goethe souhaitait de voir se mettre à l'école du savoir rationnel, allant jusqu'à former l'idée de la production d'un art nouveau à partir de la science (*die Hervorbringung von neuerer Kunst aus Wissenschaft* [1]). Mais c'est le caractère même, strictement phénoménologique, *non théorique,* de cette « science » qui en explique le succès auprès d'un esprit tel que Goethe, appliqué qu'était celui-ci à dénoncer les fondements matérialistes de la science newtonienne et à défendre, après Schelling, les droits d'une « physique spéculative » (cf. la *Farbenlehre*). « L'homme doit tout saisir par les yeux » *(Alles muss der Mensch mit Augen fassen* [2]) : si Goethe, comme d'ailleurs Ruskin, ne prête attention qu'au dehors des phénomènes, c'est, indépendamment du fait que les droits du « mystère » sont ainsi préservés, que la « signification » de ces mêmes phénomènes lui importe plus que leur *structure.* La science à laquelle ils en ont, l'un et l'autre, c'est celle des physiciens qui, à la suite de Newton, prétendaient par exemple réduire la lumière à un processus matériel, alors que les couleurs comme les sons sont des *sensations* liées comme telles à l'organisation animale (*the animal frame*), sensations qui n'admettent aucune explication et ne sauraient faire l'objet que d'une *science morale* [3]. La façon dont la météorologie vient ici, au titre de discipline strictement phénoménologique, non matérialiste, au secours d'une interprétation symbolique, sinon mystique (comme on le verra chez Carl Gustav Carus et même chez Constable) des phénomènes naturels, n'a pas de quoi surprendre si l'on songe, par différence, à la place faite à ces mêmes phénomènes dans les grands textes matérialistes de l'Antiquité. C'est que d'*expliquer* comment « les nuages peuvent se former et s'accumuler, soit par suite de la condensation de l'air sous la pression des vents, soit par suite de l'entrelacement de certains atomes aptes à s'accrocher pour cet effet, soit enfin par suite de la condensation des évaporations émanées

1. Cf. la lettre de Goethe publiée par Carl Gustav Carus comme introduction à ses *Neuen Briefe über die Landschaftmalerei* (1831) Badt, p. 36.
2. Goethe, « Wolkengestalt nach Howard », 1820, cité par Badt, p. 24.
3. Cf. Ruskin, *The Storm-Cloud of the nineteenth Century, Two Lectures delivered at the London Institution,* Orpington, 1884, p. 34-35. C'est là le propos même auquel répond la *Farbenlehre* de Goethe.

de la terre et des eaux[1] », ou de beaucoup d'autres manières encore, ces explications coupent court à toutes divagations mythologiques. Les admirables pages de Lucrèce sur le système du ciel *(ratio caeli)* n'avaient pas d'autre but que de délivrer les mortels de la crainte des dieux où les tenait leur ignorance des causes ; pas plus l'éclair qui brille quand les nuages font jaillir de nombreux atomes ignés (*De Nat. Rerum,* VI, v. 160-161) que la foudre, qui prend naissance dans d'épais nuages accumulés sur une grande hauteur (*ibid.,* v. 246-247), ne sont l'œuvre des dieux. « Qu'on tienne seulement le mythe à l'écart, et l'on y parviendra si, observant bien les phénomènes, on en tire des indications sur les choses invisibles[2]. » Or c'est au contraire à restaurer contre la science matérialiste, les droits du mythe et de l'idée, sinon ceux de la religion et d'un « invisible » conçu sur le mode mystique, que se seront employés, chacun à sa façon, Goethe et Ruskin[3].

Dans le texte matérialiste de l'Antiquité, la formation des nuages fournissait une manière d'illustration grossière du processus selon lequel les atomes qui se meuvent dans le vide entrent en composition. « Les nuages se forment lorsqu'un assez grand nombre de leurs éléments, en volant vers les hautes régions du ciel, se rencontrent soudain et grâce à leurs légères aspérités s'enchevêtrent d'une manière assez lâche, mais suffisante pour maintenir leur cohésion[4]. » La distinction entre visible et invisible n'impliquait, dans ce contexte, aucune différence ontologique ; elle était affaire seulement de *seuil* : « Au moment où les nuages commencent à se former, quand ils sont encore trop ténus pour être perçus par notre œil, les vents qui les emportent les rassemblent à la crête des montagnes. C'est là seulement que, réunis en troupe plus nombreuse et plus dense, ils commencent d'être visibles[5]. » Or, c'est ce que ne pouvait admettre un Ruskin, attaché qu'il était au « mystère » au point qu'il lui ait fallu ignorer, aussitôt qu'énoncée, l'idée que le nuage pût

1. Epicure, *Lettre à Pythoclès,* trad. Maurice Solovine, Paris, 1937, p. 61.
2. *Ibid.,* p. 84.
3. Cf. Goethe, *Ganymède* : « Plus haut, plus haut j'aspire. / Les nuages planent / Vers moi, s'inclinant, les nuages, / Vers mon amour nostalgique. / A moi ! à moi ! / Dans votre sein / Soulevez-moi ! / Enlaçant, enlacé, / Là-haut, sur ta poitrine ; / O père tout aimant ! » (trad. Maurice Betz).,
4. Lucrèce, *De Natura Rerum,* VI, v. 451-454 (trad. Alfred Ernout).
5. Lucrèce, *ibid.,* v. 462-466.

être constitué de molécules sphériques maintenues ensemble par l'attraction [1], tout en déclarant sans issue le problème de sa *visibilité,* de sa *couleur,* de son *contour.* Ce que ces problèmes laissent pointer, tout en la dérobant, c'est la question même du *signifiant* de la peinture, question que Ruskin, pour sa part, s'est employé à dissimuler systématiquement *sous un amas de nuées.* Loin qu'il se soit interrogé sur les déterminations historiques *et* théoriques de l'invasion du champ pictural par les nuées, et de l'entrée du peintre au service des nuages, on le verra sur le tard tâcher d'expliquer indirectement cet état de fait par un changement radical dans l'aspect du temps, changement dont l'apparition dans le ciel européen d'un type de nuage jusque-là inconnu aurait été le signe. Les deux conférences de 1848 sur le *storm-cloud* au XIXe siècle signalent la rupture de l'équilibre traditionnel du « système du firmament ». Confrontées au texte des *Peintres modernes,* elles aboutissent à déplacer la question du rapport entre le signifiant de la peinture et son signifié, pour la référer à une prétendue réalité naturelle, elle-même définie en des termes rien moins que scientifiques : devant les progrès de l'obscurité, devant l'accroissement de la nébulosité, quelle consolation trouver dans le matérialisme ? A nouveau se dénonce ici la fonction idéologique assignée dans ce contexte au *nuage* : on a vu comment, loin de favoriser dans tous les cas une dé-construction systématique de l'ordre perspectif, l'envahissement de la toile par les nuées aura souvent autorisé au contraire une série d'effets qui en renforçaient l'emprise, par-delà le brouillage superficiel des coordonnées géométriques, tout en continuant de dissimuler, conformément au projet fondamental du système classique, le support *réel* de la peinture, la surface où celle-ci inscrit ses images. Par son propos résolument antimatérialiste, le texte de Ruskin fait bien ressortir la nature contradictoire du « service des nuages » : le même /nuage/ qui paraissait lié, dans le contexte figuratif réglé par le modèle perspectif, à la composante sensible de la peinture, à sa matérialité, sinon à la couleur dans son opposition à la délinéation, se révèle fonctionner comme un écran destiné à masquer la réalité d'un procès signifiant dont il ira jusqu'à se présenter, à l'époque symboliste, comme le substitut fantasmatique.

1. Ruskin, *Modern Painters,* t. V, p. 108-109.

L'« idéal » wagnérien

En fait, par ses contradictions autant que par le pessimisme dont témoigne mainte page des *Peintres modernes* ou la divagation d'autodidacte vieillissant sur le *storm-cloud,* par l'admiration qu'il portait à Turner et par la critique, à l'inverse, des facilités du « flou », de l'attrait de la « fumée », Ruskin aura tenu objectivement sa place dans le débat où se résumera la querelle qui domine la fin du siècle : celle du wagnérisme. Lorsque Nietzsche, après une longue « convalescence », décidera de rompre avec Wagner, sa guérison prendra la forme d'un choix : choix, contre le Nord humide et les brumes de l'idéal wagnérien, de la *limpidezza* de l'air des pays chauds et de la *gaya scienza* — le gai savoir, c'est-à-dire non seulement la légèreté, l'esprit, le feu, la grâce, mais aussi *la grande logique* [1], — et avant tout choix d'un art *autre* — « un art ironique, léger, furtif, divinement désinvolte, divinement artificiel, qui, telle une flamme claire, jaillit *dans un ciel sans nuages* [2] *!* ». Cette revendication d'*un art sans nuages,* d'un art, encore, pour artistes, rien que pour artistes (mais non d'un « art pour l'art »), prend tout son sens au regard de l'entreprise wagnérienne, vouée qu'aura été celle-ci, au contraire, à la recherche de l'effet, de l'*expression* à tout prix [3] : une entreprise qui mettait la musique au service de la *scène,* du théâtre « total » et du public commun à tous les arts, tout en impliquant comme sa condition préalable la neutralisation (au sens où l'on a pu dire que le régime perspectif emportait la « neutralisation » du support de la peinture) du « foyer technique de la musique », de l'« organisme producteur des sons », (l'orchestre) établi à Bayreuth en contrebas de la scène, dans un « abîme mystique » qui avait pour fonction de séparer le « réel » de l'« idéal » et de faire apparaître l'action scénique dans un lointain indéfini [4]. Or les effets scéniques

1. Frédéric Nietzsche, « Le cas Wagner », in *Le Crépuscule des idoles,* trad. Henri Albert, 1952, p. 35.
2. Id., *Le Gai Savoir, Œuvres complètes,* trad. française, Paris, 1967, p. 18 (je souligne).
3. Id., *Considérations,* p. 63.
4. Richard Wagner, « Le théâtre des festivals scéniques de Bayreuth » (1873), in *Œuvres en prose,* trad. française, t. XI, Paris, 1923, p. 170-174.

qu'autorisait cette neutralisation de l'instance productive matérielle de la musique n'étaient pas sans rapports avec ceux auxquels visaient les adeptes d'un certain « flou » ou « nuagisme » pictural. Car le fait pour l'orchestre d'être ainsi dérobé à la vue, transforme le sol de la scène réelle en « une surface meuble, souple, malléable, éthérée, dont le fond insondable est la mer du sentiment lui-même [1] ». Rien ne vient troubler la vision que le spectateur, de sa place, a de la scène et son regard ne rencontre rien qu'« un espace qui plane en quelque sorte entre les deux proscéniums grâce à un artifice d'architecture, et qui montre l'image qu'elle fait apparaître lointaine, sous l'aspect inaccessible d'une apparition de rêve, tandis qu'une musique mystérieuse, semblable aux vapeurs émanant du sein sacré de Gaia, sous le trône de la Pythie, se dégage, comme un esprit, de l' " abîme mystique [2] " ».

On entrevoit comment les traits spécifiquement musicaux de l'opéra wagnérien — la mélodie « infinie », sans « points fixes », conjointe au chromatisme où achève de se dissoudre le système de la tonalité [3] — pouvaient s'intégrer à une représentation que Wagner aura voulue *totale,* englobant les différents arts qui étaient appelés à concourir, au titre de *moyens,* à sa réalisation. Dans un spectacle qui s'adresse à la vue autant qu'à l'ouïe [4], les mêmes moyens produisent les mêmes effets et se renforcent les uns les autres : le désarroi tonal qu'engendre une suite d'accords « vagues » s'accroît de la défaillance du sol de l'histoire obtenue par l'utilisation de tous les procédés de l'optique [5]. L'important est que toute spécificité, toute réalité, toute *matérialité* soient déniées aux moyens qui concourent à l'œuvre d'art totale — à la musique, si bien spiritualisée qu'elle revêt l'apparence d'une « vapeur » aussi bien qu'à la peinture de paysage elle-même, où Wagner voyait cependant « la conclusion ultime et parfaite de tous les arts plastiques », et qui devait enseigner à dresser la scène pour l'œuvre d'art dramatique de l'avenir, où elle représentera « l'arrière-plan de la nature [6] ». La

1. Id., « Lettre sur la musique » (1860), *ibid.,* t. VI, p. 226.
2. Id., « Le théâtre de Bayreuth », p. 174-177.
3. Cf. René Leibowitz, *Schoenberg et son école,* Paris, 1947, Introduction.
4. « Là seulement où la vue et l'ouïe s'assurent réciproquement de son apparition, l'homme vraiment artiste est satisfait », Wagner, « L'œuvre d'art de l'avenir. » *Œuvres,* t. III, p. 137.
5. Id., « Opéra et drame », *Œuvres,* t. IV, p. 220.
6. Id., « L'œuvre d'art de l'avenir », p. 212.

neutralisation de l'organe technique producteur des sons n'est que l'indice le plus frappant d'un processus d'idéalisation qui culmine, dans le *Tannhaüser,* avec la scène du Venusberg où le caractère féerique de l'apparition est souligné par le moyen de rideaux transparents où sont peints des nuages, et qui descendent l'un derrière l'autre, de façon à rendre imperceptibles les contours du décor de la vallée de la Wartburg, planté au fond. Dans une telle mise en scène, où le peintre-décorateur se confond avec le machiniste, les nuages — par la dissolution des contours qu'ils suggèrent — procurent « l'effet mystérieux du lointain [1] ». De même que le chromatisme — où René Leibowitz a reconnu l'élément *destructif* du système de la tonalité, qu'il n'aura cessé de travailler de l'intérieur [2], comme la *couleur* le système de la linéarité — implique un élargissement considérable de l'univers sonore de la musique (que Wagner met lui-même en relation avec l'élargissement du monde à l'époque des grandes découvertes et la substitution à la mer fermée des Anciens de l'Océan sans bornes [3], le « nuagisme » où se dénoncent et se renoncent (cessent d'être opérantes, productives) les contradictions d'une culture toujours astreinte, en dernière analyse, au système de la linéarité, autorise une série d'effets qui font croire à une extension indéfinie du cadre de la représentation. Mais là où le chromatisme (du gr. χρῶμα = couleur, ton musical) entraînait une série de questions de *forme* que les musiciens du XXe siècle, à la suite de Schönberg et de Webern, travailleront à développer et à résoudre [4], le « nuagisme » représente au contraire, en peinture, la négation de tout problème formel, sinon une fuite dans l' « idéal » analogue à celle que Nietzsche décèle chez Wagner. Par un renversement qui n'a rien de dialectique, le même élément qui était l'indice, dans le contexte classique, de la matérialité du

1. Wagner, « Sur la représentation du *Tannhaüser* » (1852), *Œuvres,* t. VII, p. 215-216.
2. Leibowitz, *op. cit.,* p. 59.
3. Wagner, « Une communication à mes amis » (1851), *Œuvres,* t. VI, p. 57-58.
4. Les *Nocturnes* de Debussy (et particulièrement le premier d'entre eux, intitulé *Nuages*) occupent à cet égard une position historique décisive : rompant, en dépit des apparences avec l'impressionnisme et les prestiges du « flou », Debussy y travaille en effet à libérer la ligne mélodique des astreintes thématiques pour la faire concourir, dans son instabilité, son foisonnement réglé, à la définition du nouvel espace musical, comme champ analytique, fondé sur la symbiose, le déplacement, la transformation.

signifiant pictural, apporte alors son renfort à l'idéalisme régnant, et fonctionne comme l'opérateur de la transformation de la réalité scénique en *image* [1]. Il reste à savoir si, dans un tout autre contexte, celui de la peinture d'Extrême-Orient, le « service des nuages » n'aura pas revêtu un sens très différent, en même temps qu'une portée autrement radicale, un tel détour devant permettre, comme on verra, d'introduire la question de la peinture moderne en des termes proprement dialectiques et matérialistes.

1. Wagner n'aura cessé de critiquer les dispositifs qui confèrent à l'image scénique une réalité *tactile,* et d'insister sur la nécessité d'isoler cette image, de la faire surgir dans son idéalité essentielle (cf. « Un coup d'œil sur l'opéra allemand contemporain », *Œuvres,* t. XI, p. 86 : « Ce qui me dégoûtait surtout en cela, c'était la grossièreté de l'exhibition à nu des mystères de la scène devant les yeux de ces voyeurs : ce qui ne peut faire de l'effet que grâce à un éloignement bien calculé, on ne croit pas pouvoir l'étaler assez à la lumière crue des lampes de l'extrême premier plan. »)

5.1.2. L'HIÉROGLYPHE DU SOUFFLE

> « Et je veux avec l'hiéroglyphe d'un souffle retrouver une idée du théâtre sacré. » ANTONIN ARTAUD. *Le Théâtre de Séraphin.*

> « Huang Dachi avait le visage frais comme celui d'un jeune garçon. Mi Youren, à plus de quatre-vingts ans, avait conservé la clarté de son esprit, sans aucun signe de dégénérescence. Il mourut sans maladie. C'est que les nuages et les brumes, dans leurs peintures, les sustentaient. » DONG QICHANG (1555-1636), *Hua Yan.*

La Chine et ses nuées

N'était l'anachronisme, et si l'on fait abstraction des vaticinations de Ruskin, on est en effet tenté de réunir sous la bannière d'un même goût « nuagiste » aussi bien les paysages « volatilisés » de Turner et les mises en scène vaporeuses de Bayreuth que les paysages monochromes de la Chine des Song ou des Ming et les peintures japonaises d'inspiration « zen », avec leurs montagnes et leurs forêts noyées dans la brume, mangées par les nuées. Anachronisme, car la peinture chinoise et même japonaise sera demeurée à peu près inconnue en Occident, alors même que la culture européenne, s'arrachant aux « brumes de l'idéal wagnérien » et aux « mensonges du grand style » (Nietzsche), commençait de regarder vers d'autres cieux, et d'abord vers l'Extrême-Orient [1]. Les estampes qui déferlèrent alors sur le marché ont apporté aux impressionnistes et à leurs contemporains quantité d'*indications* touchant la mise en page, le rendu des formes, le cadrage des figures. Mais, comme l'a souligné Focillon, la peinture impressionniste se séparait radicalement *dans sa matière,* qui procède de la juxtaposition de touches de couleur,

1. La même année 1888 où Nietzsche rédigera sa lettre de Turin, qui marque sa rupture avec Wagner, verra le début de la publication, par fascicules mensuels, du *Japon artistique* de Samuel Bing, le futur fondateur du Salon de l'art nouveau.

de la gravure japonaise, où règne l'à-plat (au point que l'art japonais ait pu servir d'argument à ceux qui, rompant avec l'impressionnisme, allaient prôner, à la suite de Gauguin, le cloisonnement des formes, la disjonction de la ligne et de la couleur [1]). Et Whistler aura peut-être été le seul, usant d'une couleur qui n'a plus rien de pondérable, à traduire dans ses *Nocturnes* et dans les termes d'un *goût* (mais avec la connotation théorique qu'attache à son nom la traduction par Mallarmé du « Ten o'clock ») quelque chose des données du japonisme : jeu des pleins et des vides, relèvement de l'horizon, composition par plans superposés, séparés par des bancs de brume, comme on le voit par exemple dans les *Stations du Tokaido* d'Hiroshige.

Mais l'art tout de suggestion de Whistler, ce « nuagisme » qui ne dit pas son nom [2], ne devait pas connaître de suite. Et si nombreuses, si envahissantes même que puissent être, aujourd'hui encore, les résurgences de ce moment du goût européen dont les *Nocturnes* sont un témoin autrement discret, l'histoire n'autorise pas à pousser plus avant le rapprochement avec la tradition picturale de l'Extrême-Orient. Est-ce à dire que la comparaison puisse être portée sur le plan théorique, au niveau des tâches imposées à la peinture d'Occident par l'épuisement du système classique de la représentation ? La tentation est grande, en effet, de mettre en parallèle le retournement qu'illustre la formule de Ruskin plaçant le paysage moderne *au service des nuages*, et ce qui apparaît à première vue comme l'une des données les plus constantes de l'art d'Extrême-Orient, sinon de la peinture chinoise telle que l'Occident commence d'en connaître, et dans laquelle les « vues de brumes et de nuages » auraient occupé un rang privilégié [3]. Ne voit-on pas, dès le XIe siècle,

1. Henri Focillon, *La Peinture au XIXe et XXe siècle, du réalisme à nos jours*, Paris, 1928, p. 206-208.

2. « Jamais la peinture ne s'est plus mystérieusement effacée, on dirait une soie embuée de couleurs profondes et pâles (...). Les *Nocturnes* de Whistler sont uniques dans l'histoire de la peinture et représentent, sous sa forme la plus élevée l'art de la suggestion, ou, si l'on veut, l'intimité lyrique du paysage en Occident. » *Ibid.*, p. 198-199.

3. « Examiner et contempler les tableaux [qui représentent] le Buddha et des scènes bouddhiques, a une [valeur] d'édification qui donne à ces [peintures] le plus haut rang. Puis viennent les paysages, [sources] de délices inépuisables ; les vues de brumes et de nuages sont tout particulièrement belles. Les bambous, et les pierres se classent ensuite, puis [viennent] les fleurs et les plantes. Quant aux jolies femmes et aux sujets de « plume et de poil », [il n'y a là] que divertissement pour gens du monde. On ne [peut pas] les inclure parmi les purs joyaux d'art »,

Mi Fu souligner dans son *Histoire de la peinture* la très haute antiquité de la « conception », à propos des vues de brumes de Dong Yyuan qui étaient alors très répandues, et où l'ossature des montagnes se voilait ou se dévoilait, tandis qu'apparaissait ou disparaissait la haute cime des arbres, que les brumes tantôt s'éclairaient et tantôt s'obscurcissaient, sans qu'il soit fait appel à aucun artifice[1] ? Au XVIIIe siècle encore, le *Jiai zi yuan huazhuan* (« Les enseignements de la peinture du jardin grand comme un grain de moutarde ») verra dans les nuages « la parure du ciel et de la terre, la broderie de la montagne et des eaux », les comparant à ce titre aux citations de poésie que font les écrivains pour augmenter la puissance du style. Bien mieux : les nuages sont la *récapitulation* du paysage : « Car dans leur vide insaisissable, on voit beaucoup de traits de montagnes et de méthodes d'eau qui s'y dissimulent. C'est pourquoi on dit : des montagnes de nuages, des mers de nuages[2]. » Et quant aux *Propos sur la peinture* de Shitao (entre 1710 et 1717), ils paraissent fournir la clé de l'emploi du /nuage/ dans la peinture de paysage : dans le paysage tel qu'il se réalise « en atteignant le principe de l'univers » dont il exprime la forme et l'élan, « rivières et nuages, dans leur rassemblement ou leur dispersion, *constituent le liant* », « le Ciel enlaçant le paysage au moyen des vents et des nuages, et la Terre l'animant au moyen des rivières et des rochers[3] ».

A s'en tenir à la lettre de ces textes, le /nuage/ ne paraît pas intervenir, dans les peintures dont ils proposent la théorie, au titre d'unité récurrente, et qui se laisserait précisément repérer, délimiter, ni même localiser. Chinoise ou japonaise, la peinture bouddhique a régulièrement usé du *nuage* en façon de socle ou de véhicule, défini par un strict contour dont l'arabesque évoque souvent la silhouette d'un dragon ou d'un poisson à longue queue, pour y asseoir le Bodhisattva ou pour accompagner la descente sur terre d'Amida et de son escorte, ou encore le vol

Mi Fu, *Huashi,* III, § 158 ; cf. Nicole Vandier-Nicolas, *Le Houa-che de Mi Fou, ou le Carnet d'un connaisseur de l'époque des Song du Nord,* Paris, 1964, p. 147.

1. Mi Fu, *op. cit.,* III, § 19, 21 et 45 ; *op. cit.,* p. 35-36 et 49.

2. *Jiai zi yuan huazhuan,* III, chap. XXI, traduction, Raphaël Petrucci, *Encyclopédie de la peinture chinoise,* Paris, 1918, p. 173.

3. Cf. Pierre Ryckmans, *Les « Propos sur la peinture » de Shitao. Traduction et commentaire pour servir de contribution à l'étude terminologique et esthétique des théories chinoises de la peinture,* Bruxelles, 1970, p. 63-64.

d'une *apsara.* Et l'on a voulu voir dans le motif du *yun jian,* le « col de nuages » dont étaient pourvues les robes impériales, le résidu d'un symbole cosmique très ancien qui marquait le seuil du ciel, à l'extrémité de l'axe du monde, selon un schéma qui se retrouverait dans l'Occident médiéval [1]. Mais cette iconographie (et toutes les rencontres ou filiations qu'on peut prétendre à établir, à ce niveau, entre l'art européen et l'art chinois) n'est d'aucun poids au regard du statut théorique extrêmement original que les Traités assignent au nuage : celui d'un élément, d'un principe qui, selon qu'il se rassemble ou se disperse, constitue dans son « vide insaisissable », le *liant* du paysage dont il articule, tout en les dissimulant, les « traits de montagnes » et les « méthodes d'eau ». L'étendue, et plus encore la nature des fonctions proprement picturales imparties aux brumes et aux nuées dans la peinture de paysage, les connotations d'ordre cosmologique — comme on verra — qui s'y attachent, tout paraît indiquer que la peinture extrême-orientale, loin qu'elle ait connu une *question du nuage,* au sens où l'expérience en forme de démonstration de Brunelleschi la fait apparaître et l'établit *au départ* du système représentatif de la Renaissance européenne, a vu dans cet élément tout ensemble un moyen et un principe électifs. Lors même qu'il est convoqué dans le tableau par des moyens mécaniques ou conventionnels, le nuage marque en Occident la limite d'une représentation asservie à la finitude de la linéarité ; à partir d'un certain seuil, sa prolifération, plus ou moins délibérée et contrôlée, prend valeur de symptôme : elle signale le début de la dissolution d'un ordre (mais non de sa *dé-construction,* qui sera le fait de Cézanne et des cubistes). C'est dire qu'à première vue le système chinois paraît fonctionner, en la matière, au rebours du système renaissant puisqu'il commencerait et trouverait son ouverture là où celui-ci rencontre sa limite, sa clôture : impression superficielle, et qui masque peut-être les questions que fait surgir un examen, même rapide et superficiel, de la production pratique et théorique de la Chine dans le domaine pictural (le détour — qui s'impose ici — par la Chine et ses « vues de brumes ou de nuages », ne visant à rien autre chose qu'à permettre de poser la question des conditions de possibilité d'une théorie *générale,* et non plus seulement

1. Cf. Schuyler Camman, « The Symbolism of the Cloud-Collar Motif ». *Art Bull.,* 1951, p. 1-9.

locale, géographiquement et historiquement parlant, du /nuage/ et, partant, de la peinture elle-même).

Dessinateurs et souffleurs de nuages

Et pourtant, *dans son traitement,* le /nuage/ chinois ne paraît pas de prime abord relever d'une problématique tellement éloignée de celle que ce travail a tenté de définir pour ce qui regarde l'aire occidentale. « Pour peindre les nuages on n'emploie que la couleur pure. Quand on les regarde, ils semblent se dresser en tas. Quand on n'y met pas de tracés d'encre, c'est préférable. Quand dans les peintures de paysages en *ts'ing-liu* (pin yin : *qing li* [1]), on fait des traits fins, il faut que les [nuages] soient en harmonie. Alors on emploie l'encre faible pour tracer [leurs contours : mais l'addition ici s'impose-t-elle ?] et on les teint avec l'azur [2]. » L'enseignement du *Jardin du grain de moutarde* semble explicite. Le nuage (comme Aristote déjà l'avait établi, cf. 1.5.) a rapport à la couleur plutôt qu'à la ligne, dans la mesure où celle-ci engendre les *figures*. Si la méthode employée pour suggérer la profondeur impose de recourir au trait, si ténu fût-il, il faut alors délinéer le /nuage/ à l'encre faible, quitte à repasser ensuite les traits d'encre avec de la poudre, comme on l'apprend des anciens : « Les peintres des T'ang avaient deux manières de peindre les nuages ; on appelle la première : la méthode *tch'ouei-yun* (pin yin : *chui yun,* m. à m. : souffler les nuages). Elle consiste à peindre la soie avec du blanc léger. Cette manière correspond aux couches de nuages flottant suivant le vent : c'est léger et pur, cela plaît aux hommes ; c'est excessivement gracieux. La seconde méthode, c'est ce qu'on appelle la méthode *keou-fen* (pin yin : *goufen,* m. à m. : tracer la poudre). Dans les peintures de paysage *kin-pin* (pin yin : *jin bi* [3]), on repasse les traits d'encre avec de la poudre. Le maréchal Li, le fils, employait souvent cette méthode ; l'aspect en était très puissant. Cela augmentait la richesse de la peinture [4]. »

Est-ce à dire que le /nuage/, en Chine comme en Occident,

1. *Qing lü* (ou, dans la graphie de l'E.F.E.O., *Ts'ing-liu*) : perspective aérienne obtenue par un dégradé de couleurs allant du bleu au vert, avec emploi d'or et de teintes brillantes, ainsi que de traits très fins.

2. Petrucci, *op. cit.* p. 173.

3. *Jin bi,* technique analogue au *qing, lü,* avec emploi plus prononcé de l'or.

4. Petrucci, *op. cit.,* p. 173-174.

contredise à l'ordre de la linéarité, et que le mode sous lequel il opère dans la peinture de paysage se laisse définir et apprécier dans les termes de l'opposition dessin/couleur (sinon « linéaire »/ « pictural ») marquée au départ de ce travail — la peinture chinoise (qu'on songe aux *résistances* qu'a rencontrées, à ses débuts, l'art européen du paysage) procédant de cela même qu'aura prétendu exclure celle d'Occident, et travaillant — comme l'indiquerait la place privilégiée assignée aux « vues de brumes et de nuages » dans la hiérarchie des formes picturales — sur ce qui fait le refoulé de cette peinture, dont elle apparaîtrait ainsi comme le *négatif,* en même temps que comme son complément théorique obligé ? La position n'est pas tenable sous cette forme, dès lors qu'en Chine même la classification traditionnelle des Ecoles de peinture emprunte massivement de l'opposition du dessin et de la couleur : « Le *Houai-nan tseu* (pin yin : *Huainan Zi*) a dit : " Les gens de Song excellent au dessin, et ceux de Wou à poser les couleurs. " N'en est-il pas ainsi en effet [1] ? » Dès l'époque Tang (VIIe-Xe siècle), au cours de laquelle s'est imposé définitivement l'art du paysage pur, une distinction a été établie, qui fera la membrure de toutes les « histoires de la peinture », entre l'« Ecole du Nord », celle des peintres professionnels, traditionalistes par destination, et dont la manière « bleue et verte » représentera jusqu'au XIXe siècle une façon d'idéal, et l' « Ecole du Sud », celle des peintres « amateurs », des lettrés qui, utilisant l'encre de façon libre et spontanée, se feront quelques siècles plus tard, contre l'Académie, les apôtres du paysage monochrome. Or la théorie de la peinture que livrent aussi bien le *Huashi* de Mi Fu que les *Propos* de Shitao et, à un moindre degré, le *Jardin du grain de moutarde,* cette théorie, lors même qu'elle emprunte à la tradition, est le fait des seuls lettrés [2]. Elle ne donne pas accès aux peintures relevant du style officiel et que caractérisent, *jusque dans le dessin des nuages,* un contour net et précis, une technique où la couleur vient *supplémenter* — de façon rarement indiscrète — le dessin. Bien entendu, l'opposition, sous cette forme géographique tranchée, n'a qu'une valeur d'indice : elle ne saurait rendre compte de

1. Zhang Yanyuan, *Lidai Ming Hua Ji* (Annales des peintres célèbres au cours des dynasties successives), ouvrage terminé en 847, cité par Nicole Vandier-Nicolas, *Art et Sagesse en Chine. Mi Fou (1051-1107), peintre et connaisseur d'art dans la perspective de l'esthétique des lettrés,* Paris, 1963, p. 63.

2. Sur l'esthétique des lettrés, cf. N. Vandier-Nicolas, *op. cit.*

l'évolution réelle, historique, de la peinture chinoise. Mais le débat dont le /nuage/ fait l'objet dans la théorie s'éclaire de la rivalité entre un art orthodoxe, sinon académique, astreint à la linéarité la plus stricte, et une pratique qui se pose explicitement comme transgressive (il n'est que de rappeler à cet égard les innombrables anecdotes sur les adeptes du *po mo* — « l'encre éclaboussée » — et du *yi pin* — la « peinture sans contraintes » : tel étendait ses rouleaux à même le sol et les maculait de taches qu'il transformait ensuite en paysages, par l'adjonction de quelques traits, tel autre peignait avec sa natte ou tournant le dos à son œuvre, en état d'ivresse ou de transe, etc. [1]).

Le trait de pinceau

A un peintre qui se vantait devant lui de savoir peindre « le souffle des nuages », Zhang Yanyuan (IXe siècle) répondait : « En peignant les nuages, les anciens n'ont pas encore atteint une habileté parfaite : ainsi, parsemer une soie imprégnée d'eau de légers [grains de] poudre soufflés par la bouche, cela s'appelle souffler les nuages. Ceci, c'est [évidemment] saisir le principe de la nature. Mais si l'on [peut] parler là de solution merveilleuse, cependant le trait de pinceau n'apparaît pas. C'est pourquoi on ne peut appeler cela de la peinture. C'est comme l'encre éclaboussée *(po mo)* chez les paysagistes, on ne peut pas davantage appeler cela de la peinture, cela ne souffre pas la copie [2]. » Cette dernière proposition dénonce en Zhang Yanyuan le tenant d'un académisme éclectique qui prétendait imposer l'imitation scrupuleuse des modèles et des maîtres du passé, compliquant du même coup la tâche des experts, des « connaisseurs [3] ». Attitude

1. Cf. Peter Swann, *La Peinture chinoise,* trad. française, Paris, 1958. C'est dans ce contexte qu'il faut juger du texte de Song Di, cité en 1.5.
2. *Lidai Ming Hua Ji,* cit. par N. Vandier-Nicolas, *op. cit.*, p. 62. La même fin de non-recevoir à l'égard des techniques hétérodoxes se retrouve au XVIIIe siècle chez Zou Yigui (cf. Ryckmans, *op. cit.*, p. 46-47).
3. *Ibid.*, p. 132-134. Cf. pour l'époque Ming, le texte de Dong Qichang cité par Ryckmans, *op. cit.*, p. 34-35 n. 6 : « Certains prétendent que chacun doit fonder sa propre école ; en fait, il n'en est rien : pour peindre les saules, empruntez la manière de Zhao Qianli ; pour les pins, suivez Ma Hezhi ; pour les arbres morts, prenez Li Cheng, car ces divers modèles sont éternels et ne pourraient être modifiés ; et même si vous les réinterprétez à votre manière, pour ce qui est de l'essentiel vous ne pouvez vous écarter de cette source fondamentale. Il serait inconcevable, en effet, de prétendre à une création personnelle au mépris des règles classiques. »

conformiste à laquelle s'opposeront résolument les lettrés [1] : encore ceux-ci n'ont-ils pas défendu l'originalité à tout prix, mais seulement les droits de la *transformation,* la liberté, la nécessité pour le peintre qui étudie les anciens, de procéder à des changements, à des *conversions* (« S'il y a règle, il faut qu'il y ait changement... du moment que l'on sait la règle, il faut s'appliquer à transformer [2] »). Certes, les professions de foi individualistes abondent chez les peintres et les calligraphes [3], et Shitao lui-même insistera sur le fait que « c'est par soi-même que l'on doit établir la Règle ». Mais le souci d'originalité, la volonté de ne rien devoir qu'à soi s'affirment dans un champ préalablement défini, constitué : celui de la *peinture,* en tant que pratique spécifique qui a son principe, son fondement dans le *trait de pinceau,* principe, fondement qui ne se découvrent, rompant avec la connaissance asservie à l'imitation, qu'à faire retour à la source pour y découvrir la règle suprême, celle qui s'engendre de l'absence de règles et embrasse la multiplicité des règles [4].

Cette primauté du trait n'est-elle pas inscrite, dès l'abord, dans la définition de la peinture qu'impose, dans son articulation même, le caractère *hua,* 畫 ? A en croire le *Shuo Wen Jie Zi,* dictionnaire remontant à la fin du Ier siècle (c.100) et qui donne l'étymologie des caractères, le caractère *hua* est un caractère complexe, composé de deux éléments graphiques qui, pris séparément, constituent les caractères *yu,* 聿, dérivant de la main écrivant avec un stylet, et qui a pris le sens de « pinceau », et *tian,* 田., image d'une pièce de terre traversée par des sillons.

1. « Les peintures de Houang Ts'iuan ne méritent pas d'être recueillies, elles sont faciles à copier ; les peintures de Siu Hi ne peuvent pas être copiées. » Mi Fu, *Huashi,* III, § 108, Vandier, p. 97.

2. « L'Antiquité est l'instrument de la connaissance ; transformer consiste à connaître cet instrument sans toutefois s'en faire le serviteur. La connaissance qui s'attache étroitement à imiter ne peut qu'être sans envergure ; aussi l'homme de bien lui, n'emprunte-t-il à l'Antiquité que pour fonder dans le présent (...). Quant à moi, j'existe par moi-même et pour moi-même (...). Et s'il arrive que mon œuvre se rencontre avec celle de tel autre maître, c'est lui qui me suit et non moi qui l'ai cherché. » Shitao, *Propos,* chap. III, (« La transformation »), Ryckmans, p. 31-32. Dans le même sens, cf. *Jiai zi,* I, chap. X (« Le talent de transformation ») et les textes cités par Ryckmans, *op. cit.*, p. 35-36.

3. Cf. Mi Fu : « J'ai balayé d'un seul coup l'affreux style des deux Wang (les deux calligraphes les plus universellement vénérés) et illuminé la dynastie Song pour dix mille âges. » (Cité par Tang Hou, cf. Ryckmans, « Les propos sur la peinture de Shi Tao », *Arts asiatiques,* t. XIV, 1966. p. 95, n. 4.)

4. Cf. Shitao, *Propos,* chap. I ; éd. Ryckmans, p. 11.

« Peindre » reviendrait donc à tracer avec un pinceau des lignes qui donneraient le contour des formes comme les sentiers limitent les champs et en fixent la configuration ; c'est en ce sens que paraît l'entendre le *Jardin du grain de moutarde :* « Le Chouo Wen dit : la peinture est faite de limites, elle ressemble aux sentiers qui limitent les champs[1]. » De là à affirmer que la peinture chinoise n'existe qu'en fonction de son graphisme[2], et que la ligne, voire plus précisément encore, le *contour*, domine la peinture chinoise d'un bout à l'autre de son histoire[3], il n'y a qu'un pas, que la critique occidentale franchit sans s'inquiéter de la pertinence de catégories qui lui sont en fait imposées par la culture, sinon par l'idéologie dont elle relève. Il est vrai que la théorie — et pas seulement la théorie académique, traditionaliste, mais celle même des « amateurs », des lettrés, qui trouve son accomplissement dans le concept de l'« Unique Trait de Pinceau », *yi hua,* — 畫 , auquel s'ordonne le système de Shitao dénie le nom de « peinture » à toute pratique où n'intervient pas le « coup de pinceau », et d'abord, on l'a vu, à la technique des « nuages soufflés » ou de l'encre « éclaboussée ». Il est en outre attesté que la critique chinoise a regardé comme hétérodoxes les premières peintures à l'huile importées d'Occident. Mais l'absence de précisions quant à la nature de ces peintures est révélatrice : faut-il entendre que les connaisseurs chinois auraient uni dans une même réprobation et Turner et les préraphaélites, Ingres ou Delacroix ? A être posée dans ces termes, la question révèle, en fait de *limites,* celles du système de pensée à partir duquel opère la critique occidentale : car, bien évidemment, les amateurs de la Chine des Ming n'auraient pas plus admis, au titre de « peinture », un panneau aux figures aussi nettement délinéées que peuvent l'être celles d'Uccello qu'une fresque de Masaccio où les formes sont définies par des moyens plus strictement picturaux. Contour, surface, limite même (au sens où, dans la théorie d'Alberti, le contour est limite de la surface qu'il *dénote,* cf. 3.3.4.) : ces catégories n'assurent aucune prise sur une pratique qui est en fait visée comme *productivité* avant que de l'être dans son *produit,* dominée qu'elle est non par la ligne — comme le veut une analyse hâtive — mais (les textes y insistent suffisamment) par le *trait de pinceau.*

1. *Jiai zi,* I, chap. XII ; Petrucci, p. 33.
2. Ryckmans, *op. cit.,* p. 16.
3. Cf. James Cahill, *La Peinture chinoise,* Genève, 1960, p. 11.

La chair et les os

« Les anciens disent : " Avoir du pinceau, avoir de l'encre. " Ces deux caractères, pinceau et encre, beaucoup ne les comprennent pas. Si l'on possède seulement le contour, sans la méthode des traits, on appelle cela " sans le pinceau ". Si l'on a la méthode des traits, on appelle cela " sans le pinceau ". Si l'on a la méthode des traits sans les nuances (mot à mot : sans le clair et le foncé), on ne peut indiquer ni ce qui est exposé à la lumière, ni ce qui lui est opposé, ni l'ombre du nuage, ni le brillant ni l'obscur ; on appelle cela " sans encre " [1]. » Le *pinceau,* l'*encre,* ce sont là les deux notions, les deux catégories auxquelles la critique chinoise recourt le plus régulièrement pour juger de la valeur d'un peintre : « Du moment qu'on a le pinceau et l'encre, on est un maître ; avoir le pinceau mais pas l'encre est une faute ; avoir l'encre mais pas le pinceau est une faute également [2]. » C'est dire que ni l'encre ni le pinceau ne se laissent réduire à des éléments, à des composantes formelles, identifiables comme telles : ils correspondent plutôt, à ce stade de l'analyse, à des principes productifs complémentaires dont la capacité relative se mesure à l'étendue autant qu'à la nature des effets qu'ils engendrent dans la pratique. « Le pinceau sert à camper les formes, l'encre sert à différencier les ombres des lumières [3] » : en dépit des apparences, l'opposition ne redouble pas celle de la ligne et de la couleur, telle qu'elle trouve en Occident sa détermination idéologique. Car là où la ligne assume, dans la tradition figurative de l'Europe, et sous des espèces souvent déguisées, l'essentiel des fonctions sémiotiques conférées à l'image de peinture (le contour *dénote* les figures, la couleur n'intervenant qu'au titre de supplément), la peinture d'Extrême-Orient impose un déplacement théorique radical, et d'abord de renoncer à la notion de *contour* en même temps qu'à toute distribution des données picturales suivant les rubriques de la ligne (ou de la figure) et de la couleur, du « graphisme » et de la « tonalité ».

En Occident, comme Focillon l'a observé [4], la peinture a toujours façonné l'estampe à son image (Ruskin ne jugeait-il pas

1. *Jiai zi,* I, chap. XIII, « L'encre et le pinceau » ; Petrucci, p. 35.
2. Dong Qichang, cit. par Ryckmans, *op. cit.*, p. 46, n. 1.
3. Han Zhuo (XIIe siècle), *Shanshui Chouan Quanzi* (Traité complet sur le paysage), *ibid.*
4. Henri Focillon, *Hokusaï,* Paris, 1925, p. 19 s.

qu'en matière de nuages, une gravure pouvait fournir une bonne approximation d'une peinture ?) ; c'est qu'en fin de compte elle n'a cessé de se penser dans son rapport avec la gravure, un rapport qui n'aura pas été seulement de reproduction et de diffusion, mais d'abord de traduction, de *conversion,* la gravure étant appelée à véhiculer par des moyens strictement graphiques l'essentiel du « message » de l'image de peinture, dans la mesure où les *traits* d'un tableau — pour reprendre les termes de Rousseau, cf. 1.4.1. — nous touchent encore dans une estampe. Bien mieux : la peinture européenne classique n'a pas répugné à emprunter à l'occasion quelque chose du caractère de la gravure (si même, comme le demandait Alberti, il convenait de ne pas trop appuyer les contours, cf. 1.4.1.). En Chine, au contraire, la manière des graveurs *(ke hua)* aura été considérée par la plupart des théoriciens comme l'un des défauts fondamentaux en matière de peinture [1]. Et de fait, l'estampe, fût-elle japonaise, ne saurait servir d'introduction, ni même de terme de comparaison pour l'analyse picturale (alors que la gravure occidentale s'est donné les moyens de restituer le modelé, l'éclairage, etc.). C'est que la picturalité extrême-orientale échappe à toute *réduction* et qu'elle ne se laisse pas distribuer, encore une fois, selon les deux versants de l'opposition ligne/couleur. « Si l'on possède seulement le contour, sans la méthode des traits, on appelle cela " sans le pinceau ". Qu'on traduise *lun kuo* 輪廓 (de *lun,* 輪 , « roue » et *kuo,* 廓 , « large », « élargir » : l'entour de la roue en tant que sa rotation l'emporte au-delà d'elle-même ?) par « contour », comme le fait Petrucci, ou par « grandes lignes » comme le préfère Ryckmans [2], le sens du passage cité plus haut du *Jiai zi* n'en demeure pas moins énigmatique au regard des catégories occidentales : ce n'est donc pas le *pinceau* mais l'*encre* qui donne le « contour », les « grandes lignes », le travail du pinceau étant au contraire assimilé à la méthode des « traits » ou des « rides » (c'est-à-dire, selon la définition classique, ce qui s'obtient par le moyen d'un pinceau pointu manœuvré de biais, ou encore les « surpeints ajoutés au pinceau sec » : « On les ajoute après [les grandes lignes] pour fragmenter les volumes [3] »)? L'encre, non le pinceau (mais

1. Cf. Ryckmans, *op. cit.,* p. 80, n. 2 ; Vandier-Nicolas, *op. cit.*; p. 131, 230, etc.
2. Ryckmans, *op. cit.,* p. 47, n. 1.
3. Cf. les textes cités par Ryckmans, p. 73, n. 1.

l'encre telle que l'anime le pinceau) fait « s'épanouir » (on verra ce qu'il faut entendre par là) les formes des Monts et des Fleuves (c'est-à-dire du paysage) : l'encre qui en donne les « grandes lignes », sinon le « contour », tandis qu'il appartient au pinceau (mais au pinceau chargé d'encre) de « déterminer leurs lignes de force [1] » et, par le moyen des « traits », des « rides », de suggérer « le relief vivant des choses [2] ». Si les divers types de « rides » ou de « traits » que recensent les Traités (« gouttes de pluie », « broussailles en désordre », « crête des nuages », « eau tourbillonnante » ; et encore : « crâne de squelette », « pierre d'alun », « poil de bœuf », etc.) se réfèrent à des structures naturelles et correspondent, chacun pour sa part, à un aspect caractéristique de la montagne « réelle », rides ou traits ont d'abord une valeur diacritique, différentielle : « Comme les formes des montagnes peuvent affecter mille aspects variés, il s'ensuit que cette expression de leur relief ne peut se réduire à une seule formule [3]. » Le pinceau emprunte son expressivité des différences en fonction desquelles se sont constitués les divers types de rides (*hua* désignant alors un « trait » parmi d'autres, le contour obtenu par le va-et-vient du pinceau, employé pour les architectures et les sapins [4]). Mais ce faisant il s'affranchit de toute subordination à l'ordre de la délinéation. Comme l'écrit fortement P. Ryckmans (mais sans en tirer toutes les conclusions théoriques qui s'imposent) : « Après que les grandes lignes ont situé les contours d'un objet donné (pierre, montagne, tronc d'arbre, etc.), les " rides " viennent s'inscrire à l'intérieur des grandes lignes ou s'appuyer sur elles, pour décrire le relief, la texture, le grain, la luminosité, les accidents de la surface et le volume de cet objet ; *c'est-à-dire qu'elles cumulent dans la peinture chinoise les fonctions variées qui, en Occident, relèvent tour à tour de la ligne, de la couleur, des ombres et de la perspective, puisqu'elles décrivent tout à la fois la forme, la matière, l'éclairage et la masse des choses* [5]. »

Le pinceau n'a donc pas pour fonction de délivrer le contour ni de délimiter les formes dont il lui revient plutôt d'exprimer la

1. Shitao, chap. XVII ; éd. Ryckmans, p. 115.
2. et 3. *Ibid.*, chap. IX ; éd. Ryckmans, p. 71.
4. *Jiai zi*, I, chap. XII. Au XIIIe siècle, Li song avait défini le dessin méticuleux d'architecte comme « peinture des limites », *jiai hua*, cf. Cahill, *La Peinture chinoise*, p. 54.
5. Ryckmans, *op. cit.*, p. 73, n. 1 (je souligne).

structure, voire la texture, par les moyens qui sont les siens. « Qu'il s'agisse de n'importe quelle forme plastique, elle se ramène toujours aux principes élémentaires qui sont inclus dans les divers types de lignes et de rides [1]. » D'où il découle une notion de la forme — pour autant que le mot s'impose, et qu'il soit ici recevable — qui ne doit rien à la délinéation au sens occidental, non plus qu'au partage aristotélicien entre couleur et figure (d'autant que la peinture, celle des « lettrés », à laquelle se réfèrent pour une bonne part les Traités chinois sur la peinture de paysage — et d'abord les *Propos* de Shitao — est une peinture monochrome, qui ne connaît que des seules valeurs de ton). L'encre et le pinceau sont comme *chair et os :* l'encre, si elle fait s'épanouir les formes du paysage, c'est dans la mesure où elle confère sa chair à l'ossature qu'il appartient au pinceau de produire : elle remplit la forme, lui confère son contour, comme la chair donne au corps sa « figure ». Mais, pas plus que de chair sans os ou d'os sans chair, il n'est d'encre sans pinceau ni de pinceau sans encre [2] : et c'est bien là ce qui fait le caractère proprement aberrant de la technique dite des « nuages soufflés » ou de l'encre « éclaboussée », et qu'elle ne mérite pas le nom de « peinture ». A être prise à la lettre, ne conduit-elle pas, cette technique, à séparer ce qui ne saurait l'être et à isoler l'un des termes d'une opposition qui n'a de sens qu'à se présenter comme *dialectique*, à la différence d'oppositions de nature purement formelle ou analytique du type ligne/couleur, linéaire/pictural, ou encore forme/matière. L'encre n'est pas au pinceau comme la couleur l'est à la ligne, ni même comme la matière l'est à la forme : car les os (il importe de le souligner pour prévenir ici toute interprétation idéaliste, du style de celles qui abondent dans la littérature occidentale consacrée à l'art

1. Shitao, chap. VI ; éd. Ryckmans, p. 51.

2. « Avoir le pinceau et non l'encre ne signifie pas que la peinture est littéralement sans encre, mais que les rides et le lavis sont réduits à peu de chose ; le tracé des pierres se découpe à nu, le tronc et les branches des arbres se détachent de manière décharnée, ce qui donne la sensation d'une absence d'encre ou, comme on dit, « les os l'emportent sur la chair ». Avoir l'encre et non le pinceau ne signifie pas que la peinture est véritablement faite sans pinceau, mais que, dans le tracé des pierres et la peinture des troncs, le pinceau n'est intervenu que légèrement, tandis qu'il est fait un usage si excessif du lavis qu'il en vient à masquer le coup de pinceau et oblitérer sa présence, ce qui donne l'impression que la peinture est dénuée de pinceau ; c'est ce qu'on appelle « la chair l'emporte sur les os. » Tang Dei, cit. par Ryckmans, *op. cit.*, p. 46-47.

d'Extrême-Orient), les os ne sont pas moins « matériels » que la chair.

Hua/La délimitation

Que la peinture, si elle est « faite de limites » et « ressemble aux sentiers qui limitent les champs », ne soit cependant pas affaire de délinéation, et surtout qu'elle ne soit pas astreinte à une clôture préalable (« sentier » n'est pas « clôture »), c'est ce qu'indique le caractère *tian,* 田, « champ », qui entre dans la composition du caractère *hua,* 畫 (ou, sous sa forme simplifiée, 画), « peinture », dès lors qu'on prête attention à l'ordre dans lequel doivent être tracés les traits qui le constituent, ordre au regard duquel la « délimitation » assume, dans le champ pictural, une signification radicalement différente de celle qui lui est explicitement assignée, depuis Alberti, par la tradition européenne. « Ici, laissant les autres choses, je dirai seulement ce que je fais quand je peins. D'abord où je dois peindre. Je trace *(scrivo)* un quadrilatère à angles droits aussi grand que je veux, lequel je répute être une fenêtre ouverte par laquelle je regarde ce qui y sera peint[1] » : la « fenêtre » d'Alberti n'est qu'une interprétation, parmi d'autres possibles, du champ pictural tel que le peintre occidental commence par le circonscrire, l'ouverture du champ se confondant ainsi avec le marquage de sa clôture (cf. Paul Klee : « La scène est la surface, plus précisément le plan délimité[2]. »). Or *l'ordre des traits* auquel obéit l'écriture chinoise veut au contraire (toute erreur en la matière équivalant à une « faute d'orthographe ») que la fermeture, que la clôture n'interviennent qu'en dernier lieu : lorsque l'ensemble ou une partie d'un caractère est compris dans un espace clos, celui-ci ne doit être fermé que lorsque tous les traits intérieurs ont été tracés[3]. S'agissant du caractère *tian,* 田, on commencera donc par tracer le « côté » gauche du « champ »,

1. L.-B. Alberti, *Della Pittura,* liv. I, p. 70 ; cf. 3.3.3.

2. « *Schauplatz ist die Fläche genauer die begrenzte Ebene* », Paul Klee, *Das Bildnerische Denken,* Bâle, 1956, p. 39. Il conviendra d'étudier dans quelle mesure la peinture médiévale, sinon la peinture antique, auront procédé, en Occident, comme plus tard celle de la Renaissance, d'une délimitation préalable du champ ou, suivant le mot de Klee, de la « scène » picturale, une telle enquête constituant l'un des préalables indispensables à toute théorie de la peinture occidentale en tant que telle.

3. Cf. Viviane Alleton, *L'Ecriture chinoise,* Paris, 1970, p. 28-30.

丨, pour, d'un seul mouvement, en établir ensuite le bord supérieur et le « côté » droit, 冂 ; après quoi, on inscrira à l'intérieur de l'espace ainsi défini deux traits en croix, en commençant par le trait horizontal,  ,  , pour enfin « fermer » le caractère en donnant sa base au rectangle, 田 .

Encore une pareille « fermeture » n'efface-t-elle pas l'allure discontinue d'une délimitation qui s'opère à partir de traits simples et *séparés*[1], et dont l'ouverture aura été maintenue, préservée jusqu'au dernier tracé. A cet égard, on comparera le caractère *hua*, dans sa forme simplifiée 画 , où une façon de cadrage *ouvert* vient redoubler l'inscription du champ, au schéma d'apparence très voisine, par lequel Klee rend compte, à partir de la position d'un point P, des possibilités d'orientation sur le plan préalablement délimité, schéma qui confère à la surface

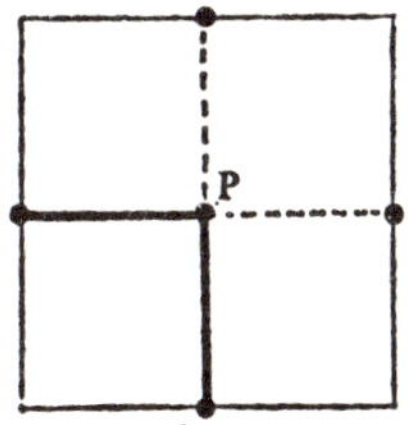

Fig. 7. Figure extraite de Klee. *Das Bildnerische Denken.*

(die Fläche) une identité substantielle dont « gauche » ou « droite », « haut » et « bas » apparaissent comme les attributs, au lieu que le caractère chinois impose de penser l'orientation (la définition des « orients ») comme première : à l'intérieur de l'espace, indiqué plutôt que délimité sur trois côtés, *et dont la ligne de base est encore réservée*[2], un premier tracé horizontal opère le partage entre le haut et le bas, tout en joignant la gauche à la droite, le tracé vertical assurant au contraire la liaison entre haut et bas, en même temps qu'il

1. Viviane Alleton, *ibid.*

2. La ligne de base (*la linea di sotto qual giace nel quadrangolo;* comme la définit Alberti) prenant au contraire dans la peinture d'Occident valeur de *fondement*, puisque c'est à partir d'elle, et de sa partition en segments égaux, que se laisse tracer le pavement en échiquier qui fait le « sol » de la construction perspective.

marque l'articulation gauche/droite. La priorité donnée à la position des orients, et d'abord au partage entre haut et bas, entre « ciel » et « terre », sur la délinéation et la production substantielle de la surface comme telle, correspond à une démarche constante de la pensée chinoise, laquelle n'a pas pour fondement le principe d'identité et la notion de substance qui en est le corollaire, mais prend pour point de départ des *orientations relatives* ou plutôt (on en a un bon exemple avec les catégories d'*encre* et de *pinceau*) l'opposition des contraires [1]. C'est ce que souligne, en l'appliquant à la peinture de paysage, un passage du *Jiai zi* qui vaut d'être mis en parallèle avec le texte d'Alberti qu'on vient de lire : « D'une façon générale, avant de commencer à peindre, il faut réserver la place du Ciel et de la Terre. Qu'est-ce qu'on appelle le Ciel et la Terre ? Sur un tableau d'un *tch'é* (pin yin : *chi,* environ 35 cm) et demi, la partie supérieure réserve la place du Ciel, la partie inférieure réserve la place de la Terre ; au milieu seulement on s'occupe de déterminer le paysage [2]. » L'opération par laquelle le peintre *réserve* ainsi la place du Ciel et de la Terre, pour inscrire le paysage *entre les deux,* ne procède pas, il faut y insister, d'une division, d'une partition de la surface conçue dans son identité, sa substantialité, et comme le substratum de la peinture : et de même Shitao critique-t-il la méthode des trois plans successifs (un avant-plan pour le sol, un deuxième plan pour les arbres, un troisième pour la montagne) ou celle des deux sections (avec leur zone intermédiaire de nuages [3]), comme trop proches du *découpage en morceaux* qui caractérise la gravure [4]. Si délimitation il y a, elle aura moins pour rôle d'isoler, de séparer, de *définir,* d'*identifier,* que d'établir une corrélation entre deux termes qu'elle ne pose

1. Cf. Chang Tung-Sun, « La logique chinoise », *Yenching Journal of Social Studies,* vol. I, nº 2 (1939) ; trad. française in *Tel Quel,* 38 (été 1969), p. 3-22.

2. *Jiai zi,* I, chap. XVI ; Petrucci, p. 44.

3. « La division en deux sections consiste à placer la scène en bas, la montagne en haut et, conventionnellement, on ajoute encore des nuages au milieu pour accuser plus clairement la séparation des deux sections. » Shitao, *Propos,* chap. X, éd. Ryckmans, p. 79.

4. « Les divisions, lorsqu'elles se font selon la méthode des trois plans successifs ou des deux sections, semblent devoir vouer le paysage au gâchis (...). Si, pour chaque paysage, on se livre à une sorte de défrichage ou découpage par morceaux, le résultat ne sera pas vivant pour un sou, car l'œil en découvre aussitôt la fabrication (...). Si l'on peint selon cette méthode des trois plans, en quoi le résultat se différencie-t-il encore d'une planche gravée ? » *Ibid.*

comme disjoints que pour ouvrir le champ de leurs interactions et du procès dialectique auquel donne cours leur opposition.

Ouvrir le chaos

Pour en revenir au couple encre/pinceau, on vérifiera sur cet exemple la répugnance de la pensée chinoise (répugnance fondée *dans la langue*) à toute façon de définition logique sur le modèle occidental de l'attribution d'un prédicat à un sujet. Ni l'encre, ni le pinceau ne se laissent définir — et c'est bien là ce qui interdit d'introduire ces notions, de les *traduire* dans le langage occidental, sauf à les réduire à des termes substantiels, identifiables comme tels — autrement que dans leur « dualité corrélative[1] », et par analogie, comme on va voir, avec des oppositions de même nature et qui obéissent aux mêmes lois, encore qu'elles jouent dans d'autres registres et avec une extension beaucoup plus massive. Les rapports de l'encre et du pinceau ne sont rien de moins que simples et linéaires. En fait, il pourrait sembler que l'antériorité de la « structure » sur la « forme » (pour autant que ces notions soient recevables dans le contexte d'un système de pensée au contact duquel se brouillent les « entrées » que travaille à se ménager la pensée occidentale) ait été explicitement affirmée dès une époque très reculée. Le deuxième des principes énoncés par Xie He dans son *Guhua Pinlu* (fin du ve siècle), et qui sont au fondement de toute l'esthétique chinoise, ce second principe a trait à la recherche de l'ossature par le moyen du pinceau[2], tandis que le troisième porte sur la détermination

1. Chang Tung-Sun, art. cit., p. 12.

2. *Gu fa yong bi shi ye,* 骨法用筆是也, « La loi des os au moyen du pinceau » (Petrucci, *op. cit.*, p. 7), ou encore, comme traduit James F. Cahill (« The Six Laws and how to read them », *Ars Orientalis*, vol. 4 (1961), p. 372-381), « user du pinceau [suivant] la méthode des os ». Il ne nous appartient pas de discuter ici des problèmes que pose la traduction des « Principes » de Xie He. Mais il faut observer que la principale difficulté que rencontrent les spécialistes occidentaux à en donner un équivalent dans l'une des langues européennes est liée à la récurrence, d'un énoncé à l'autre, de la formule *shi ye*, qui servirait seulement, selon l'interprétation traditionnelle, à relier le principe à son numéro d'ordre (cf. Cahill, art. cit. ; Alexander Soper, « The First Two Laws of Hsieh Ho », *Far Eastern Quarterly*, vol. 8 (1948), p. 412-423), tandis que d'autres l'assimilent à une copule qui articulerait sur le code d'une définition (« *which means* », « c'est-à-dire ») les deux couples de caractères que le principe met en jeu. C'est ainsi que R. W. Acker, (*Some T'ang and pre-T'ang Texts on Chinese Painting*, Leyde, 1954, p. 4)

des formes et la représentation des objets [1], le quatrième sur l'application de la couleur [2], et le cinquième sur la distribution des lignes, la composition [3]. La mise en place de l'ossature précède ainsi, au registre des principes, la détermination des formes. Mais ce n'est pas à dire que le pinceau ait sur l'encre la moindre priorité *logique,* si même, comme l'observe P. Ryckmans, une certaine hiérarchie peut paraître se dessiner qui donne au pinceau la prépondérance, du fait qu'il est plus facile d'avoir l'encre que le pinceau [4]. C'est à l'encre, en tant que celle-ci est donnée par la nature et qu'elle représente un acquis technique [5], par opposition au pinceau qui représente la part de l'homme (l'homme qui le *contrôle)* dans la production picturale, qu'il appartient de préparer l'*ouverture du chaos* qu'accomplira le pinceau [6] : la synthèse de l'encre et du pinceau se réalisant dans le trait de pinceau — l'unique trait de pinceau, *yi hua,*— 畫, comme l'écrit Shitao — dont les variantes constituent la méthode la plus simple et la plus élémentaire du maniement de l'encre et

traduit le second principe : « Rechercher l'ossature, c'est-à-dire savoir utiliser son pinceau. » Outre le fait qu'il n'y a pas en chinois de verbe « être », cette difficulté naît de l'absence de toute prise de la logique occidentale sur une forme de pensée qui ignore le problème de l'équation entre deux termes. Comme l'écrit Chang Tung-Sun (art. cit., p. 10), « une formule comme " *shi* ... *ye* ... " ne signifie rien d'identique et par conséquent ne constitue pas une proposition logique dans la structure occidentale ». Cela dit pour souligner encore une fois l'impossibilité de tout transfert de notions du texte extrême-oriental au texte occidental, abstraction faite du contexte où s'inscrivent ces notions.

1. « Conformément aux choses, dessiner les formes » (Petrucci) ; « En réponse aux choses, dépeindre leurs formes » (Cahill) ; « Représenter les objets, c'est-à-dire déterminer les formes » (Acker).

2. « Selon la similitude des objets, appliquer la couleur » (Petrucci) ; « En accord avec l'espèce, mettre les couleurs (ou : décrire les apparences) » (Cahill) ; « Respecter le sujet, c'est-à-dire bien poser les couleurs. » (Acker).

3. « Distribuer les lignes et leur attribuer leur place hiérarchique » (Petrucci) ; « Diviser et combiner, disposer et arranger » (Cahill) ; « Etablir le dessin, c'est-à-dire savoir composer » (Acker).

4. Dai Xi, cit. par Ryckmans, *op. cit.*, p. 47.

5. *Meng yang,* « formation technique » comme traduit P. Ryckmans (*ibid.*, p. 48), l'origine de ce concept se trouvant dans le *Livre des Mutations* : « L'œuvre du Saint, c'est de *dégager la rectitude à partir du Chaos* », d'où il vient à désigner, dans la langue courante, l'instruction de base donnée à l'enfant qui commence d'apprendre à lire les caractères.

6. Cf. Shitao, *Propos,* chap. II ; éd. Ryckmans, p. 27 : « L'encre vient de la Nature, épaisse ou fluide, sèche ou onctueuse, comme on veut. Le pinceau est contrôlé par l'homme pour exprimer les contours, les rides, les différentes sortes de lavis à son gré. »

du pinceau » et qui représente « le premier pas élémentaire dans l'apprentissage de la calligraphie et de la peinture [1] ».

« L'aisance de l'encre est une question de formation technique ; l'esprit du pinceau est une question de vie. » " Avoir l'encre mais pas le pinceau " veut dire que l'on est investi de l'aisance que donne la formation technique, mais que l'on est incapable de donner libre cours à l'esprit de la vie. " Avoir le pinceau mais pas l'encre " veut dire que l'on est réceptif à l'esprit de la vie, mais sans cependant pouvoir introduire les métamorphoses que donne l'aisance de la formation technique [2]. » Tel est le déplacement qu'impose ici la référence à la Chine que le pinceau puisse être associé à la « réceptivité », au lieu que l'encre le serait à l'invention ou plutôt, comme le veut le texte chinois, à la *transformation.* Mais c'est que la peinture n'est pas affaire d'imitation mais de réception, et qu'elle se fonde sur une dialectique de l'*hospitalité,* où chaque terme prend successivement position d'hôte *(zhu)* et d'invité *(bin),* dialectique à laquelle obéissent les rapports de l'encre et du pinceau, mais plus profondément encore ceux de la peinture et de l'univers, puisque « le principe de la peinture et la technique du pinceau ne sont rien d'autre que la substance intérieure de l'univers d'une part, et d'autre part sa beauté extérieure [3] ». Cette « substance intérieure » (mais le mot est particulièrement mal choisi dans la mesure où la pensée chinoise ignore le mot, et jusqu'à l'idée de « substance », et ne connaît que de l'interaction, des corrélations, des implications entre les termes, entre les *signes,* sans se préoccuper de la substance qui les sous-tend [4] et dont la notion, comme l'a montré Granet, se confond avec celle de *rythme*), cette structure (à condition qu'on l'entende en un sens strictement logique, et comme un principe d'ordre dialectique) n'a rien d'une forme intelligible, d'une idée platonicienne. Et il faut ici dénoncer la réduction idéaliste à laquelle la critique occidentale, dans sa quasi-totalité, soumet systématiquement les pratiques autant que la théorie picturale de l'Extrême-Orient [5]. C'est ainsi

1. *Ibid.*, chap. VI ; éd. Ryckmans, p. 51.
2. « La peinture résulte de la réception de l'encre ; l'encre de la réception du pinceau ; le pinceau de la réception de la main, la main de la réception de l'esprit. » *Ibid.*, chap. IV, p. 41.
3. *Ibid.*, chap. VIII, p. 63.
4. Chang Tung-Sun, art. cit., p. 12.
5. Lorsque nous parlons ici de *la* pratique ou de *la* théorie picturale de la Chine, nous n'ignorons évidemment pas que cette pratique et, à un

que la théorie chinoise de la peinture ignore le partage qu'opère la tradition « iconologique » européenne entre le « corps » et l'« âme » de l'image (cf. 2.2.2.), en même temps qu'elle récuse la copie, l'imitation des apparences extérieures : « La ressemblance saisit la figure *(xing)* et laisse échapper le souffle animateur *(qi)*, la vérité *(zhen)* saisit tout ensemble le souffle *(qi)* et la matière (*zhi*)[1]. » Mais le souffle n'est pas d'un autre ordre que la figure ou la matière ; il n'a rien d'un principe « spirituel » mais constitue l'élément premier, élément simple, fondamental, comme l'est l'Unique Trait de Pinceau, qui anime l'indifférence première et arrache au chaos les êtres et les choses[2], le mouvement de la vie *(sheng dong)*, précisément, que le premier des principes de Xie He associe à l'harmonie (ou encore, par homophonie, aux révolutions) du souffle *(qi yun)*, et qui, par l'effet de l'un de ces renversements dialectiques dont la pensée chinoise est coutumière, apparaît comme l'effet de l'« encre » plutôt que du « pinceau », l'encre qui a pour fonction d'« ouvrir le chaos » et qui est assimilée à l'« eau », où la peinture trouve son « mouvement »[3].

Yin/Yang

Si le caractère *yin* s'emploie par analogie pour désigner une peinture, alors que son sens premier est « ombre », ce n'est pas à dire qu'à travers l'ombre le peintre prétende à *copier* l'objet : la fable antique qui veut que la peinture trouve son origine dans la délinéation de l'ombre projetée sur le mur par un corps (cf. 1.5. et 3.3.4.)[4] n'a de sens que dans le contexte d'un

moindre degré, cette théorie ont une *histoire,* et qu'on ne saurait mettre sur le même plan un peintre de l'époque Han et un paysagiste Ming. Outre que l'art chinois obéit cependant à un mode d'historicité très différent du mode occidental (il faudra y revenir), la peinture, la théorie chinoise, si elles sont ici massivement convoquées, c'est aux seules fins de préparer les voies d'une théorie *générale,* où l'art d'Occident perdrait son privilège centralisateur.

1. Jing Hao (?), *Bi fa ji* (Notes sur la méthode du pinceau, xe siècle), cit. par N. Vandier-Nicolas, *op. cit.*, p. 188.
2. *Ibid.*, p. 187.
3. « En s'en prenant à la montagne, la peinture trouve son âme ; en s'en prenant à l'eau, elle trouve son mouvement. » Shitao, chap. VII ; éd. Ryckmans, p. 57.
4. « Une jeune fille, apercevant l'ombre de son amant sur un mur, dessina les contours de cette ombre. » Chateaubriand, *Le Génie du christianisme,* I, 3 (fable reprise de Pline, *Hist. nat.*, XXXV).

art asservi à la *mimesis,* c'est-à-dire au *dehors* et, en dernière analyse, au *contour.* Il y a ombre et ombre, et l'Occident l'a bien marqué en réservant le qualificatif d'ombres *chinoises* à un type de spectacle qui n'impliquait aucun redoublement spéculaire. Le peintre chinois qui dessine l'ombre du bambou portée sur l'écran de la fenêtre, ce n'est pas pour en fixer le contour, mais parce que ce dispositif, trace et support, réalise l'équivalent d'une peinture où se manifeste, par abstraction ou pour mieux dire par *abréviation,* le principe des choses. « Comment celui qui apprend à peindre un paysage agirait-il autrement [1] ? » « Car s'il peut suffire pour les animaux, bœufs et chevaux, comme pour les personnages et les objets, de copier la ressemblance, pour les paysages, la copie ne réussit pas. Dans le paysage, le lieu où la pensée créatrice se saisit elle-même est élevé [2]. » Comme l'écrit encore Shitao, « la substance du paysage se réalise en atteignant le principe de l'univers », et c'est là la raison pour laquelle, dans la hiérarchie des genres, le paysage occupe un rang élevé. Le terme même, fait de deux caractères associés, *shanshui,* 山 水 , « montagne/eau », qui désigne en chinois le « paysage », n'en signale pas tellement, encore une fois, la « substance » qu'il n'en manifeste la *loi* : le paysage obéit au même rythme que l'ordre du monde ; comme l'univers lui-même, il est engendré par le jeu de deux principes, de deux emblèmes antithétiques, selon la conception rythmique qui régit toute la pensée chinoise, mythique aussi bien que philosophique, et que résume la formule *yi yin, yi yang* (mot à mot « un yin, un yang »), laquelle conception peut avoir pour symbole toute *image* enregistrant deux aspects contradictoires [3]. *Yin* et *Yang* constituent un couple efficace qui répond du classement de tous les aspects de la réalité et de leur universelle alternance, l'ordre du monde résultant de l'interaction entre les deux ensembles d'aspects complémentaires, selon une règle de bipartition que commande la notion de totalité et qui est entièrement dominée, comme Granet y a fortement insisté, par la catégorie de *sexe.* Or la distinction, l'opposition du pinceau et de l'encre, respectivement assimilés à la *montagne* et à l'*eau* (Shitao : « Il faut faire que l'océan de l'encre embrasse et porte, que la montagne du pinceau s'érige et domine » chap. XVII, p. 115), est elle-même déterminée par cette

1. Guo Xi, *Linquan Gao zhi,* cité par N. Vandier, *op. cit.*, p. 205.
2. Mi Fu, *Huashi,* III, § 24 ; Vandier, p. 36.
3. Marcel Granet, *La Pensée chinoise,* p. 115-148.

règle (« L'union du pinceau et de l'encre est celle de Yin et Yun. La fusion indistincte de Yin et Yun constitue le chaos originel. Et sinon par le moyen de l'Unique Trait de Pinceau, comment pourrait-on défricher le chaos originel? (...) La métamorphose de l'Un produit Yin et Yun, et voilà que toutes les virtualités du monde se trouvent accomplies », *ibid.*, chap. VII, p. 57).

Ce sont là choses désormais connues, encore que pas toujours bien comprises, en dépit des analyses décisives de Granet, la censure portant en particulier sur le fait que l'autorité du couple *yin/yang,* lesquels « évoquent avec tant de force [groupés par couples, tous les autres emblèmes] qu'ils ont l'air de les susciter, eux et leur accouplement [1] », que cette autorité, qui trouve son fondement dans la sexualité, ne saurait prêter à une interprétation idéaliste, les deux termes constituant, comme le souligne Granet, « les deux aspects antithétiques de ce que nous appellerions matière ou substance [2] ». Mais cela vaut également pour le couple (et « couple » doit s'entendre ici avec sa connotation sexuelle) encre/pinceau. Si privilège il y a du pinceau sur l'encre, au regard des catégories occidentales qui donnent le pas à l'activité (assimilée à l'esprit) sur la passivité (liée à la matière), ce privilège n'est aucunement celui de l'« idée ». Mais passivité/activité, c'est encore trop dire, ou trop peu : l'échange incessant des positions et des fonctions (encre/pinceau, « hôte »/« invité », etc.) caractérise une pensée qui joue systématiquement de l'opposition au titre de moyen d'expression, et pour laquelle chaque terme a besoin de son contraire pour que sa signification se révèle dans toute sa complexité [3] : « Qui ne saisit la Mer qu'au détriment de la Montagne, ou la Montagne au détriment de la Mer, celui-là en vérité n'a qu'une perception obtuse ! Mais moi, je perçois ! La Montagne, c'est la Mer, et la Mer, c'est la Montagne. Montagne et Mer connaissent la vérité de ma perception : tout réside en l'homme, par le libre élan du seul pinceau, de la seule encre [4] ! »

On comprend alors que, pour le paysage, la « copie » ne suffise pas. L'iconicité ne se définit pas sur le mode de la dénotation terme à terme, mais sur celui, dialectique, de l'analogie. « La peinture n'est pas copie d'un univers préexistant, elle est

1. et 2. *Ibid.*, p. 123-124.
3. Chang Tung-Sun, art. cit., p. 12.
4. Shitao, chap. XIII ; éd. Ryckmans, p. 89.

elle-même un univers (...). La peinture n'est pas une description du spectacle de la Création, elle est elle-même une Création au sens littéral du mot, un microcosme dont l'essence et le mécanisme sont identiques et parallèles à ceux du macrocosme [1]. » C'est dire qu'à être ainsi entendue (et avec cette réserve, d'importance, que la pensée chinoise ignore l'idée de « Création », au sens judéo-chrétien, *majuscule,* du terme), la peinture n'emprunte pas de l'ordre, de la structure représentative : et l'on ne voit pas que sous sa forme la plus haute (le paysage), la peinture comme la poésie chinoise (à la différence, peut-être, de la peinture, de la poésie japonaises) doive rien au spectacle, au théâtre [2]. Elle serait plus proche, dans son principe, de la Géomancie *(feng shui)* qui a pour objet de déterminer la valeur des sites en considérant les eaux courantes *(shui)* et les courants aériens (*feng*), lesquels sont toujours mis en rapport avec les montagnes [3]. Et la fonction du peintre est analogue, *dans son champ* (un « champ » défini par une double orientation, horizontale/verticale, autant que par ses « limites », et qui n'a rien d'une *scène,* au sens où l'entendra Paul Klee), à celle du Chef qui a pour fonction première d'instituer un certain ordre de l'espace, et dont les randonnées jusqu'aux quatre *limites* de l'Empire répondaient au besoin d'une reconstitution rythmée de l'étendue, d'une qualification rituelle des différents espaces, en même temps que d'une définition du cycle des saisons [4]. « Il faut faire que l'océan

1. Ryckmans, *op. cit.,* p. 49 et 58.

2. « Comme l'ont dit les hommes d'autrefois, un poème est une peinture sans formes, une peinture est un poème qui prend une forme [visible]. Les philosophes ont souvent traité ce thème, et je l'ai pris, quant à moi, comme principe directeur. Aussi, dans mes jours de loisir, j'ai souvent médité les poèmes des Tsin et des Ts'ang, ceux de jadis et d'aujourd'hui. Parmi les beaux vers, il en est qui expriment parfaitement l'activité profonde de l'homme (*fou-tchong tche che* : activité viscérale), d'autres qui décrivent de façon ornée le spectacle qui se présente aux yeux (...). L'idée qui dirige la peinture, comment l'atteindre facilement ? Quand tout autour de moi devient familier, et que mon cœur et ma main se répondent, je puis enfin me conformer librement aux règles et trouver en tout ce qui m'entoure le moyen de faire retour à la source. » Guo Xi, *Linquam Gao zhi,* cit. par Vandier, *op. cit.,* p. 195-196.

3. Granet, *op. cit.,* p. 118, n° 5. Cf. E.J. Eitel, « Feng-shuei ou principe de sciences naturelles en Chine », *Annales du musée Guimet,* I (1880), p. 203-253.

4. On rapprochera du thème épique des randonnées impériales les voyages imposés par la tradition aux peintres de paysage. La formation du peintre ne se limite pas à une culture littéraire et à la connaissance des œuvres des Anciens : « Il faut encore que l'artiste, en voiture ou à cheval,

de l'encre embrasse et porte, que la montagne du pinceau s'érige et domine ; ensuite, il faut largement étendre leur emploi jusqu'à exprimer les huit orientations, les aspects variés des Neuf districts de la Terre, la majesté des Cinq Monts, l'immensité des Quatre Mers, se développant jusqu'à inclure l'infiniment grand, s'amenuisant jusqu'à recueillir l'infiniment petit [1]. » Et il n'est pas jusqu'au va-et-vient réglé du pinceau, de gauche à droite, puis de haut en bas, etc. qui n'obéisse aux mêmes déterminations cosmologiques que les déplacements du souverain : la poésie épique a célébré les voyages de Qin Shi huangdi, le fondateur de l'empire chinois et de l'empereur Wu, le grand souverain de l'époque des Han : tous deux ont voulu mettre de l'ordre dans l'empire en construisant du nord au sud et de l'est à l'ouest *une immense croisée des chemins* [2].

Là où le peintre occidental, dans la définition qu'en propose Alberti, a pour office de constituer, par une manière de *repetitio rerum* qui étaye la structure représentative, la scène où l'histoire, ensuite, prendra place (à la façon dont les prêtres des Hymnes védiques, et les *Fetiales* romains en ouvraient, comme l'a montré Georges Dumézil, les *perspectives,* cf. 3.3.3.), le peintre chinois est, à son niveau, dans son champ, à l'instar du Prince, du régent responsable, le régulateur du rythme, celui qui fait « concerter » le Yin et le Yang [3]. Le souverain, s'il doit animer l'espace et le temps, il lui faut se poster au

sillonne de ses voyages une bonne moitié de l'univers, et alors seulement il pourra prendre le pinceau », Guo Xi, cit. par Ryckmans, art cit., p. 112, n. 6. Ses voyages entraînèrent Zong Bing (375-443) d'abord à l'est (point de départ de l'activité du Yang, lié au printemps), puis au sud, avant que, contraint par la maladie de rentrer chez lui, il ne peigne les sites qui l'avaient enchanté sur les (quatre ?) murs de sa chambre.

1. Shitao, chap. XVII, éd. Ryckmans, p. 115. Les huit orientations correspondent aux huit trigrammes disposés en octogone du *Livre des Mutations.* Et quant au nombre cinq (les cinq monts, mais aussi bien les cinq éléments, les cinq sons, les cinq couleurs, etc.), placé au milieu des neuf premiers nombres (les neuf provinces, les neuf fleuves, les neuf cieux, les neuf rubriques du *Hong Fang,* les neuf salles du *Ming tang,* etc.), il s'impose comme le symbole du Centre (cf. Granet, *op. cit.,* III, « Le système du monde »). C'est dire qu'aux quatre piliers, aux quatre montagnes cardinales qui jouent dans la nature un rôle analogue à celui des chefs dans la société, paraît ici s'en ajouter une cinquième qui correspondrait au pilier central, confondu avec l'axe de l'univers. Les quatre mers (de barbares) correspondent à l'espace inorganique qui circonscrit [illegible] par les saints (*ibid., p. 359*).

2. Granet, *op. cit.,* p. 318.

3. *Ibid.,* p. 125.

milieu du *Ming tang* et donner à l'année son centre *vide*[1]. Et de même le peintre, s'il participe aux métamorphoses de l'univers, s'il sonde les formes des monts et des fleuves, s'il mesure l'immensité lointaine de la terre, s'il jauge la disposition des cimes et déchiffre *les secrets sombres des nuages et des brumes,* il lui faut toujours en revenir à « cette mesure fondamentale du Ciel et de la Terre[2] » et, pour contribuer à leur œuvre créatrice, « faire le troisième », cette expression (fondée sur l'étymologie de *can* 參 , « participer ») conférant au travail du peintre sa pleine signification dialectique. *Avant de commencer à peindre,* loin de définir au préalable, dans sa finitude, l'espace de la représentation, il « réserve » la place du Ciel et de la Terre, pour ensuite déterminer, dans le milieu laissé vide, le paysage qui apparaît comme la résolution de la contradiction Ciel/Terre, et comme son dépassement[3]. A la différence de ce qui se produit dans l'art occidental, Ciel et Terre n'apparaissent pas comme deux registres superposés, conventionnellement définis et que signalent un certain nombre d'accessoires (soit, pour le ciel, les nuées, qui assurent en outre la communication entre les deux régions en servant à l'occasion de véhicule pour les acteurs de l'*istoria*), mais comme deux termes antithétiques qui concourent, par leur opposition même, à la production du paysage, dès lors que le peintre a su trouver, par le trait

1. « Pour permettre au souverain d'exercer son action centrale, il a fallu, entre le sixième mois qui marque la fin de l'Eté et le septième qui est le premier de l'Automne, instituer une sorte de temps de repos que l'on compte pour un mois, bien qu'on ne lui attribue aucune durée définie. Il n'a qu'une durée de raison ; celle-ci n'enlève rien ni aux douze mois ni aux saisons, et cependant elle est loin d'être nulle : elle équivaut à l'année entière, car c'est en elle que paraît résider le moteur de l'année. » *Ibid.*, p. 103.

2. Shitao, chap. VIII ; éd. Ryckmans, p. 64.

3. « Lou-tch'ai-che dit : Siu Wen-tch'ang, parlant de la peinture, estime les pics de montagnes surprenants, les parois escarpées, les grandes rivières, les cascades, les pierres étranges, les vieux sapins, les solitaires et les prêtres taoïstes. En général, il estime le tableau sur lequel l'encre est tombée goutte à goutte, que la vapeur et la brume remplissent, qui est vide comme si on ne voyait pas le ciel, plein comme si on ne voyait pas la terre. Alors [le tableau] est supérieur. Ces paroles ne semblent pas être d'accord avec ce qui est dit plus haut (touchant l'ouverture du Ciel et de la Terre) : mais Wen-tch'ang est un lettré d'une âme libre. Dans le comblement extrême, il possède les idées de l'extrême vide. Il dit *vide* et *plein* : dans ces mots son caractère se dévoile. » *Jiai zi,* I, chap. XVI ; Petrucci, p. 44.

de pinceau, la mesure qui les articule[1]. Mesure non pas finie, mais infinie, le travail de peinture étant appelé à se développer « jusqu'à inclure l'infiniment grand » et à s'amenuiser « jusqu'à accueillir l'infiniment petit[2] ». Et de même, l'Unique Trait de Pinceau, qui représente l'unité de base de la peinture, « cet Unique Trait de Pinceau confère l'infinité des traits de pinceau[3] », la formule confirmant du même coup qu'il s'agit là d'une notion essentiellement *productive*, dont l'infinité potentielle est expressément soulignée. Mais qu'on n'aille pas croire qu'il suffise, pour faire une peinture, de quelques marques de pinceau, de quelques taches sur une feuille de papier ou un tissu de soie : si la mesure du Ciel et de la Terre n'a pas été prise *au préalable* (et l'on sait maintenant quelle est la fonction logique de cette « mesure »), on n'obtiendra qu'un barbouillage dépourvu de toute signification[4], en même temps que de toute valeur d'instruction (alors que « parmi les peintures des Anciens, il n'en est aucune qui n'apporte un encouragement ou un conseil[5] »).

1. Selon Granet (*op. cit.*, p. 125, n. 3) « le mot *tsie* signifie " articulation ", et évoque l'image d'un nœud de bambou. Il désigne l'instrument dont on se sert pour battre la mesure (*le Roi fait concerter le Yin et le Yang en battant la mesure aux quatre saisons*) et les divisions du temps qui servent à rythmer le cours des saisons ».

2. « Quant à l'immensité du Paysage : avec ses terres étendues sur mille lieues, ses nuages qui s'enroulent sur dix mille lieues, ses successions de cimes, ses alignements de falaises, même un immortel qui, dans son vol, n'en voudrait prendre qu'un aperçu superficiel n'en pourrait faire le tour », Shitao, chap. VIII, éd. Ryckmans, p. 64.

3. P. Ryckmans insiste à juste titre sur l'ambivalence du signe *yi*, —, dans le concept de *yi hua*, — 畫; *yi*, —, ne signifie pas seulement « un », mais aussi l'un absolu du *Livre des Mutations* (la barre, le premier emblème fondamental qui, par division et combinaisons successives, exprimera la totalité des phénomènes), l'Un dont la division produit le Ciel et la Terre. L'étymologie supposée du caractère *tian*, 天, « ciel », associe de manière typique la notion d'un à celle d'absolu : « 天 signifie hauteur extrême, que rien ne peut surpasser ; ce caractère provient de l'association de *yi*, —, « un », et de *da*, 大, « grand » (Ryckmans, *op. cit.*, p. 17).

4. « J'ai vu souvent des débutants prendre tout à coup un pinceau et remplir le tableau de taches et de traits grossiers. Le regarder faisait mal aux yeux ; on en sentait déjà le dégoût. Comment un tel tableau pourrait-il être estimé par les connaisseurs ? » *Jiai zi*, I, chap. XVI ; Petrucci, p. 44.

5. Mi Fu, *Huashi*, III, § 76 ; Vandier, p. 73. C'est là ce qu'auront voulu ignorer les tenants du Japonisme, et d'abord Whistler (« Aussi nous en sommes venus à entendre parler d'une peinture qui élève, et d'un devoir du peintre — de telle peinture qui est pleine de pensée », *Ten o'clock*, trad. Mallarmé), ouvrant ainsi les voies à l'interprétation idéaliste de l'art d'Extrême-Orient et au développement, en Occident, de pratiques

Citations

C'est en fonction de cette logique symbolique, de cette *emblématique* (au sens efficace et productif où Granet prend la notion d'emblème) à laquelle obéit la peinture de paysage, et qui se résume dans la dialectique signifiante de l'encre et du pinceau, que doit s'articuler la question du /nuage/ dans la peinture chinoise. Dès lors qu'on accepte que la « forme » puisse être donnée autrement que dans et par le « contour » (sauf à produire du contour une notion libre de toute référence à la délinéation [1]), l'opposition que marque Léonard entre les corps solides (réductibles à une composition de surfaces) et les « corps sans surface », sans limite précise et définie (cf. 3.3.5.), cette opposition cesse d'être pertinente dans l'ordre pictural. Si le peintre n'a pas pour mission de fixer l'apparence fugitive des choses, mais d'en saisir le principe organisateur, on voit combien on est loin, en dépit d'analogies superficielles, de tout « impressionnisme ». Et de même encore, s'agissant de la question de l' « espace », on ne saurait prétendre que le nuage serve, dans la peinture chinoise, à dissoudre le cadre géométrique, à l'ouvrir sur l'infini. La peinture chinoise a rapport à l'espace, mais en un sens très différent de la peinture occidentale, toujours habitée par le fantasme du trompe-l'œil et contrainte par l'illusion, soit qu'elle s'y livre ou au contraire la refuse. « Si l'on traite [de la peinture] en tenant compte de son aptitude à rendre la distance, un tableau n'égalera pas le paysage [réel]. Si au contraire on prend pour thème le merveilleux travail du pinceau et de l'encre, le paysage n'égale certainement pas le tableau [2]. » Toutes les spéculations sur le statut de la « perspective » dans la peinture chinoise sont sans objet dès lors que celle-ci ignore non pas toute « profondeur » (et l'on vérifie une fois de plus

picturales prétendument inspirées par celui-ci (et en particulier par la calligraphie), pratiques dont la fonction de recouvrement idéologique — par emprunt du dehors des pratiques extrêmes-orientales et oblitération de la théorie, de la « pensée » qui y est à l'œuvre — n'a plus aujourd'hui à être démontrée.

1. Cf. la technique dite du *dun suo*, « enfermé par le nuage », s'appliquant aux brumes flottant devant les cascades et les cachant à demi. « Quand on peint ces nuages, il ne faut pas laisser voir les traces du pinceau et de l'encre. On fait seulement le contour avec la couleur légère. Ainsi on montre une main habile. » Petrucci, *Encyclopédie*, p. 161, fig. LXXVIII.

2. Dong Qichang, *Bi mo pingmiao*, d'après Vandier, *op. cit.*, p. 240.

que la profondeur n'est pas liée à la perspective par un lien nécessaire), mais la soumission à un ordre géométrique en même temps qu'à l'autorité d'un point de vue. Comme l'écrit Brecht, dans une note particulièrement éclairante, « il manque à la composition chinoise l'élément de contrainte qui nous est à nous absolument familier. *Son ordre ne coûte aucune violence* [1] ». Face à une peinture déroulée, le spectateur ne reste pas dans la position d'un observateur passif : il saute l'espace jusqu'aux quatre frontières du monde, sans se refuser jamais aux impulsions qu'il reçoit des éléments antithétiques dont le paysage est le produit ; il fait écho à l'appel de la solitude et « répond » à celui des sommets dressés à des hauteurs majestueuses, des forêts enveloppées de nuages qui se répandent au loin [2]. Si le nuage tient sa partie dans ce « concert », il ne doit pas l'emporter sur les autres voix, ni leur faire *violence,* comme ç'aurait été le cas, ainsi qu'en jugeait Mi Fu, des paysages du célèbre Li Cheng : « Peints à l'encre très diluée, ces paysages ressemblent à des [paysages] de rêve. Au sein de la brume les rochers semblent se mouvoir comme des nuages. C'est fort habilement fait, mais il y a peu de vérité dans l'inspiration [3]. »

Si les nuages, comme on le lit dans le *Jardin du grain de moutarde,* sont la *récapitulation* des méthodes de la peinture, c'est que la question purement technique de leur « rendu » est moins déterminante que la position logique assignée à cet élément dans le paysage. La méthode des « deux sections », que critique Shitao, veut que l'on *ajoute* les nuages entre la montagne *en haut* et la scène *en bas,* pour accuser la séparation des plans. Cette division mécanique et conventionnelle (mais qu'on ne confondra cependant pas avec le partage en deux registres ciel/terre dont la peinture occidentale tire une bonne partie de ses effets) ne transmet rien des échanges, de l'interaction entre le haut et le bas, entre Ciel et Terre, entre la montagne et l'eau, puisque, littéralement parlant, le Ciel et la Terre ne trouvent pas leur place dans le paysage chinois, lequel s'établit dans l'entre-

1. Bertolt Brecht, « Sur la peinture chinoise », in *Ecrits sur la littérature et l'art,* trad. française, Paris, 1970, vol. 2, p. 69 (je souligne).

2. Zhang Yanyuan, *Lidai Ming Hua Ji,* chap. VI, cité par Shio Sakanishi, *The Spirit of the Brush,* Londres, 1939, p. 40.

3. Mi Fu, *Huashi,* II, § 160, d'après Vandier, p. 149. Li Cheng, *zi* (dit) Xianxi, l'un des plus grands paysagistes de l'époque des Cinq Dynasties, mort en 967, et dont les œuvres prétendues étaient si nombreuses à l'époque Song que Mi Fu déclarait vouloir écrire un « essai sur sa non-existence » (*ibid.,* III, § 18 ; Vandier, p. 34).

deux. Le paysage doit exprimer la structure (antithétique) et l'élan (dialectique) de l'Univers par toute une série d'effets que recense Shitao [1], les rivières et les nuées assumant dans cette entreprise une fonction décisive, qui « dans leur rassemblement ou leur dispersion, constituent le liant », tandis que le Ciel enlace le paysage au moyen des vents et des nuages et que la Terre l'anime au moyen des rivières et des rochers, selon la *mesure* qui rend compte de toutes les métamorphoses du paysage, de tous les renversements, de toutes les inversions de signes dont il est le produit en même temps que le lieu. C'est dire que le nuage n'est, en l'occurrence, le signe d'aucune transcendance. Il n'a pas seulement pour fonction de faire ressortir l'élévation des montagnes, la profondeur des forêts : il est l'un des éléments à travers lesquels la montagne en appelle à son contraire, les nuées assumant par rapport à elle le rôle assigné à l'eau dans la dialectique montagne (pinceau) /eau (encre) [2]. Les pierres sont les os des montagnes, mais les cascades sont les os des pierres : et qu'est-ce qui est plus fort, en effet, que l'eau, l'eau qui use, à la fin, les pierres et qui secoue les plus hautes montagnes (Lao-Tseu : « Rien n'est plus souple et plus faible que l'eau, mais pour enlever le dur et le fort, rien ne la surpasse ») ? L'eau est comme le sang qui engendre les os, comme la moelle qui les nourrit : un os mort, un os sans moelle ni sang, n'est plus un os. La montagne sans eau, sans nuages, n'est plus qu'un squelette mort [3]. Et c'est pourquoi on appelle la pierre la « racine du nuage » *(yun ben)* : la montagne enfante le nuage, la vapeur est comme son souffle [4].

« Les nuages sont la parure du ciel et de la terre, la broderie de la montagne et des eaux. Ils sont rapides comme un cheval au galop. Ils s'élancent contre les pierres [des montagnes de telle sorte que] l'on entend leur bruit. Telle est la vigueur du

1. « Le vent et la pluie, l'obscurité et la clarté constituent l'humeur atmosphérique ; la dispersion ou le groupement, la profondeur et la distance constituent l'organisation schématique ; verticales et horizontales, creux et reliefs constituent le rythme ; ombre et lumière, épaisseur et fluidité constituent la tension spirituelle ; rivières et nuages, dans leur rassemblement ou dispersion, constituent le liant ; le contraste des replis et des ressauts constitue l'alternance de l'action et de la retraite... » Shitao. *Propos,* chap. VIII ; éd. Ryckmans, p. 63.

2. Ryckmans, *op. cit.,* p. 90, n. 2.

3. *Jiai zi,* III, chap. XVIII ; Petrucci, p. 165-166.

4. *Ibid.,* III, chap. I, p. 121 s.

nuage ! En général quand les Anciens peignaient les nuages, ils avaient deux secrets :

« Premièrement, à l'endroit des paysages où mille pics et dix mille précipices se réunissaient en nombre, ils les cachaient au moyen de nuages. Les pics bleutés pénètrent dans le ciel, tout à coup les écharpes blanches s'étalent horizontalement ; elles les séparent par couches. Quand la partie supérieure des montagnes [se trouve] dans l'échancrure des nuages, leur tête azurée réapparaît. C'est, comme disent les écrivains, chercher le calme dans la précipitation. Ainsi, par les cinq couleurs, on charme les yeux des spectateurs.

« Deuxièmement, à l'endroit du paysage où les montagnes et les précipices sont trop clairsemés, au moyen des nuages, on y ajoute du mouvement. Là où il n'y a ni eau ni montagne, les couches [de nuages] commencent ; elles sont ondulées comme [les vagues] de la grande mer et comme formées de pics de montagne. C'est pareil à ce que les écrivains appellent " faire des citations de poésie pour augmenter la puissance du style " [1] »

Le *Jardin du grain de moutarde* résume très précisément les fonctions plastiques assignées au /nuage/ dans la peinture de paysage. Là où la composition est trop encombrée, le nuage permet de l'articuler, de l'abréger (et c'est là chercher le calme dans la précipitation). Là au contraire, où le vide l'emporte, le nuage sert à introduire le mouvement : et la notion de *citation* intervient alors à propos, le nuage autorisant en effet, entre la montagne et l'eau, des échanges sur le mode de l'*intertextualité* — en donnant à ce concept sa pleine résonance matérielle. Eau et montagne échangent leurs textes (leurs « caractères ») et jusqu'à leur *texture,* les nuages apparaissant tout ensemble comme le produit et comme le signe de cet échange [2]. Et si le *Jardin du grain de moutarde*, parmi les méthodes pour peindre le paysage, place à la fin la question des nuages, c'est encore une fois que ceux-ci en sont la *récapitulation* « car dans [leur] vide insaisissable on voit beaucoup de traits de montagnes et de méthodes

1. *Jiai zi,* t. III, chap. XXI *;* Petrucci, p. 172-173.

2. « La Montagne, avec la superposition de ses cimes, la succession de ses falaises, avec ses vallées secrètes et ses précipices profonds, ses pics élevés qui pointent brusquement, ses vapeurs, ses brumes et ses rosées, ses fumées et ses nuages fait penser aux déferlements, aux engloutissements et aux rejaillissements de la Mer ; mais tout cela n'est pas l'âme que manifeste la Mer elle-même : ce sont seulement celles des qualités de la Mer que la Montagne s'approprie. » Shitao, *Propos*, chap. XIII ; éd. Ryckmans, p. 89.

d'eau qui s'y dissimulent. C'est pourquoi on dit : des montagnes de nuages, des mers de nuages [1]. »

L'inscription du vide

Il reste que « vents et nuages n'enlacent pas tous les divers paysages de la même manière, rivières et rochers n'animent pas tous les paysages suivant une seule recette de pinceau [2] ». On retrouve à ce point la question qui faisait l'enjeu du débat entre les « souffleurs de nuages » et autres praticiens de l'encre « éclaboussée » et les tenants du *trait de pinceau*. La peinture chinoise, comme celle d'Occident, connaît des nuages nettement délinéés, aussi bien que des brumes aux contours indistincts ; et l'on a vu que cette différence de traitement recoupait une opposition dont joue massivement « l'histoire de l'art » telle que la Chine la connaît : opposition entre la « manière bleue et verte », aux contours nets et précis, et celle des peintres lettrés, le *yi pin,* ou « manière sans contraintes », et que redouble celle, marquée dès le VIIIe siècle, entre les deux styles de paysage, le style *mi,* essentiellement descriptif, soucieux du détail, celui de Gu Kaizhi, de Lu Tanwei, lesquels travaillaient avec tant de soin que « l'on ne voyait pas de fin à leurs lignes », et le style *shu,* le style « abrégé » de Zhang Sengyou et de Wu Daozi, qui espaçaient au contraire les points et les traits, jusqu'à laisser apparaître des manques (« en ceci leur pensée s'exprimait complètement, bien que le dessin restât incomplet ») [3]. Or les noms que la tradition attache aux deux styles sont ceux d'artistes demeurés célèbres pour leur talent non seulement de peintres mais de calligraphes, le travail de peinture ne se laissant pas dissccier de celui d'écriture qui, encre et pinceau, met en jeu les mêmes éléments et procède de la même dialectique (au point que dès l'époque Yuan les lettrés préféreront le désigner par le caractère *xie,* 寫 , « écrire », plutôt que par le

1. *Jiai zi,* III, chap. XXI ; Petrucci, p. 173.
2. Shitao, *Propos,* chap. VIII, éd. Ryckmans, p. 64.
3. Zhang Yanyuan, *Lidai,* cit. par W.R.B. Acker, *op. cit.,* p. 154-159. « Lorsqu'on a compris qu'il y a en peinture deux styles, l'un abrégé (*shu*), l'autre détaillé (*mi*), c'est alors qu'on peut discuter. » Gu Kaizhi, *zi* Chang Kang, calligraphe et portraitiste de l'époque Jin (IVe siècle). Lu Tanwei (Ve siècle). Zhang Sengyou (VIe siècle). Wu Daozi (VIIIe siècle), le grand ancêtre des « lettrés », est connu pour la rapidité avec laquelle il travaillait : c'est ainsi qu'il aurait peint de mémoire, en une seule journée, le panorama de la rivière Jialing.

caractère *hua*, 畫)[1]. Mais l'écriture, la calligraphie avait connu, dès l'époque des Han, un semblable partage entre la régularité de l'écriture « correcte » *(zheng)*, utilisée pour la rédaction des actes officiels et la liberté de la cursive dite « écriture d'herbe » *(cao shu)*, le style de brouillon, longtemps frappé d'interdit, et qui a peut-être dû partie de son succès à la censure, toujours plus relative, dont il était l'objet[2].

Il n'est bien sûr pas sans conséquences, historiques autant que théoriques, qu'en Extrême-Orient comme en Occident le travail de peinture se trouve communiquer, dès l'instance de la langue, avec celui d'écriture, un même vocable ou caractère (γράφειν, *xie*) désignant ici comme là les deux pratiques. Mais alors qu'en Occident le paradigme, dès lors qu'il joue sous l'espèce phonétique, impose une analyse du procès pictural en termes de représentation, de dérivation, de *projection* (cf. 3.3.4.), à partir d'une structure déjà verbalisée, déjà articulée selon les voies du logos, le fait qu'en Chine l'écriture n'ait pas abouti à une analyse phonétique du langage et n'apparaisse pas comme le décalque plus ou moins fidèle de la parole, ce fait, cette détermination affranchit par contrecoup la peinture de sa dépendance par rapport à une totalité « naturelle », préexistante, et qui s'annonce comme totalité du signifié, c'est-à-dire, en définitive, de sa dépendance par rapport au langage, au logos comme *phonè*, pour l'établir — tirant argument de la connivence profonde qui, traversant tout système institué, lie la trace picturale à la trace scripturale — à l'origine de l'articulation où le langage, et la « logique », la « science » avec lui, trouvent leur principe.

Il suffira de marquer ici que le nuage aura été associé, pour ce qui regarde l'écriture aussi bien que la peinture à cette façon de transgression qui se justifie de la recherche du *Spontané* : « La calligraphie a le Spontané *(ziran)*. Le Spontané une fois posé, le Yin et le Yang se manifestent. Le Yin et le Yang s'étant manifestés, le dessin des formes apparaît[3]. » C'est en regardant les nuages d'été glisser au vent que le moine Huaisu (VIIIe siècle) saisit soudain l'idée du pinceau et obtint le *samadhi* (l'extase) de l'encre[4] ; et de même, ce seraient les vues de nuages de Mi Fu qui auraient révélé à Dong Qichang, le grand critique d'époque

1. Ryckmans, *op. cit.*, p. 16.
2. Vandier, *op. cit.*, p. 23.
3. Texte attribué au calligraphe Cai Dong (132-192), inventeur du style cursif *bafen* ; cf. Vandier, *op. cit.*, p. 19.
4. Cf. *Xuanhe Shu Pu* (catalogue des autographes de l'empereur Hui zong XIIe siècle), cit. par Vandier, *op. cit.*, p. 55.

Ming, le *samadhi* de l'encre [1]. Le *Hua Yan* du même Dong Qichang, veut que le paysagiste « applique sa pensée à faire naître les nuages. Les couleurs ne peuvent pas être utilisées. [L'effet] doit jaillir de la pureté de l'encre, avec un résultat semblable aux vapeurs du souffle, qui paraissent toujours prêtes à retomber. C'est alors seulement qu'on peut parler de l'harmonie du mouvement vital [2] ». On conçoit alors que Zhang Yanyuan, tout en accordant que par cette « solution merveilleuse » on saisit le principe de la nature, ait assimilé aux « souffleurs de nuages » les adeptes de l'encre *éclaboussée,* ou encore (par homophonie des caractères) de l'encre *brisée.* Et s'il est difficile, comme l'observe Nicole Vandier-Nicolas, de savoir ce que les premiers maîtres du lavis entendaient par là, les textes tardifs sont en revanche parfaitement explicites : « Au XVIIe et au XVIIIe siècle, les peintres qui travaillaient à l'encre éclaboussée, construisaient d'abord leur sujet en éclairant *(tchao-yin* ; pin yin : *zhao yin)* les montagnes et les forêts. Ils laissaient ainsi subsister des vides entre les formes qu'ils avaient suggérées, afin de permettre au souffle de circuler à travers la peinture. Ils assuraient ensuite, par quelques touches légères, la jonction entre les " vides et les pleins ", puis ils animaient l'ensemble en opposant les noirs faits avec de l'encre desséchée et les tons pâles traités avec une encre saturée d'eau. Il restait, une fois la peinture sèche, à « encager » par un léger voile d'encre pâle les points sombres : le sommet des montagnes, les pics et jusqu'aux espaces laissés libres entre les nappes de brume [3]. »

C'est donc bien l'encre, comme l'énonce le *Jardin du grain de moutarde* — l'encre qui différencie les ombres et les lumières, — qui donne d'abord le « contour », en « éclairant » montagnes et forêts. Mais l'*encre,* ce n'est pas à dire, encore une fois, l'encre sans le pinceau, mais seulement que, dans l'opération, le pinceau ne doit pas apparaître [4]. La prétention de nombreux peintres calligraphes à ne rien laisser transparaître de leur travail dans l'œuvre achevée devait trouver à s'accomplir dans les vues de

1. Dong Qichang, *Hua Chanshi Suibi*, cit. par Vandier, p. 122-123.
2. Id., *Hua Yan*, cit. par Vandier, p. 141.
3. Vandier, *op. cit.*, p. 64, d'après un texte emprunté à Shen Zongqian, calligraphe et peintre actif au XVIIIe siècle.
4. « Quant à l'encre éclaboussée, c'est se servir de l'encre avec délicatesse et subtilité sans laisser apparaître le tracé du pinceau, comme si [l'image] surgissait seulement par jaillissement. » Li Ri-hua, peintre du XVIIe siècle, cit. par Vandier, p. 64.

brumes et de nuages : mais il importe de répéter ici que la peinture chinoise ne se laisse en aucune façon réduire à une manière de « nuagisme » plus ou moins pittoresque. On a vu que Mi Fu lui-même ne considérait pas sans réticences les paysages de Li Cheng, peints à l'encre très diluée. Mais c'est à un critique du XVIIIe siècle, Tang Zhigi, qu'il appartiendra de dénoncer la réduction qu'implique, par rapport à la conception traditionnelle et *dialectique* du paysage, les procédés qui donnent le pas à l'encre sur le pinceau, à l'eau sur la montagne, et — en définitive — à la peinture sur la réalité : « Le *qiyum shengdong* (révolutions du souffle, mouvements de la vie) et les [effets] vaporeux et onctueux ne sont pas [choses] du même [ordre]. Les gens du monde se trompent fort lorsque, à propos de ces [effets] vaporeux et onctueux, ils parlent du mouvement de la vie (*shengdong*) (...) Le souffle peut [se manifester par le moyen] du trait, de l'encre et de la couleur. On peut aussi considérer ses aptitudes organisatrices, sa force et son dynamisme. Tout ceci intéresse ses révolutions. Quant au mouvement vital en lui-même, les révolutions du souffle [telles que le pinceau les opère] ne peuvent en tenir lieu [1]. »

Tang Zhigi aura eu le mérite d'expliciter la donnée fondamentale de la théorie chinoise de la peinture : la reconnaissance de la peinture au titre de pratique signifiante spécifique. C'est à partir de cette spécificité, de la *différence* où elle se fonde comme pratique signifiante, que la peinture doit être pensée dans le rapport — rapport de *connaissance* et non d'expression, d'*analogie* et non de redoublement, de *travail* et non de substitution — qu'elle entretient avec le réel. Mais *travail, connaissance,* ce n'est pas à dire seulement travail, connaissance de l'encre et du pinceau ; le texte qu'on a lu plus haut fait encore apparaître un autre « trait » (en un sens purement distinctif, libre de toute référence à la linéarité) caractéristique de la peinture chinoise, le rôle dévolu au vide et, à travers lui, au *support.* « Les artistes chinois ont aussi beaucoup de place sur leur papier. Certaines surfaces paraissent inutilisées ; mais elles jouent un grand rôle dans la composition, elles semblent avoir été prévues, pour ce qui est de la dimension et de la forme, avec autant de soin que les contours des objets. Dans ces vides, le papier ou le lin ressortent comme des valeurs toutes particulières. L'artiste

1. Tang Zhigi, auteur du *Huishi Weiyan,* cité par Vandier, *op. cit.,* p. 241-242.

ne se contente pas de nier la surface d'ensemble en la couvrant entièrement. Le miroir dans lequel quelque chose ici se reflète demeure en valeur comme miroir. Ce qui implique entre autres un heureux renoncement à la complète soumission de celui qui regarde, dont l'illusion ne peut jamais être entière [1]. » Là, en effet, où en Occident la brosse est appelée à *couvrir* la toile, c'est-à-dire à la faire disparaître sous la superposition des apprêts, enduits, pâtes et vernis, redoublant ainsi au niveau sensible la « néantisation » du support qu'implique la construction perspective, là, encore, où l'écriture phonétique s'efface dans sa matérialité et travaille à se rendre indépendante de tout support pour s'articuler au plus près de la *phonè,* la peinture, l'écriture chinoise empruntent toujours partie de leur rayonnement *(shen zai)* de la qualité de la soie ou du papier utilisé. Il était même des calligraphes pour estimer que ce rayonnement devait l'emporter sur le *xing shi,* sur le corps matériel du caractère. Il est d'autant plus remarquable de voir Guo Xi, dans son *Linquan Gaozhi,* noter que les brumes et les nuages donnent à la montagne son *shen zai* [2], le lien étant ainsi nettement marqué entre le /nuage/ et le support tel que le révèle, dans son rayonnement spécifique, la paradoxale *inscription du vide* qu'autorise la dialectique de l'encre et du pinceau (mais c'est assez dire que le /nuage/, dès lors qu'il assume cette fonction éminemment scripturale, ne se laissera pas nécessairement repérer ni délimiter sur le plan à deux dimensions, au titre d'unité dénotée, de graphe identifiable. Les « vues de brume et de nuages » peuvent bien occuper une place enviable dans la hiérarchie des formes picturales : peut-être ne se trouve-t-il pas, dans toute la peinture chinoise, un seul *nuage* au sens où Ruskin *l'entendait*).

1. Brecht, *loc. cit.*
2. Cf. Vandier, *op. cit.*, p. 219.

5.1.3. LA TOILE ET L'HABIT

> « Tout ce que l'analyse de la valeur nous avait révélé, la toile elle-même nous le dit, dès qu'elle entre en société avec une autre marchandise, l'habit. Seulement, elle ne trahit ses pensées que dans le langage qui lui est familier, le langage des marchandises. Pour exprimer que sa valeur vient du travail humain, dans sa propriété abstraite, elle dit que l'habit en tant qu'il vaut autant qu'elle, c'est-à-dire est valeur, se compose du même travail qu'elle-même. Pour exprimer que sa réalité sublime comme valeur est distincte de son corps raide et filamenteux, elle dit que la valeur a l'aspect d'un habit, et que par conséquent elle-même, comme chose valable, ressemble à l'habit, comme un œuf à l'autre. »
>
> KARL MARX, *Le Capital*, livre I, chap. I, III, A, 2.

A travers toute son histoire — une histoire que le texte pictural *décrit* dans son ordre et à son niveau spécifique —, la pensée occidentale, d'Aristote à Léonard de Vinci et Descartes, a repoussé obstinément l'idée du *vide*, par un mouvement idéologique qui est à son tour l'indice d'un refus autrement plus profond, où le matérialisme — ainsi qu'on commence aujourd'hui de l'entrevoir, après les travaux d'Althusser et de Sollers sur le texte de Lénine — s'est constitué comme le *refoulé* de cette même pensée. Un tel refus, un tel refoulement se traduit, dans l'économie picturale, par la neutralisation, la « néantisation » du support matériel et technique de l'image de peinture, cette neutralisation, cette néantisation trouvant son accomplissement avec l'institution de l'espace perspectif au titre de milieu objectif, de continuum sensible qui emprunte de la lumière sa substance. Orient/Occident : on a vu comment le nuage paraît remplir dans l'un et l'autre système des fonctions parfaitement symétriques, puisqu'il sert dans le système occidental à dissimuler le principe même qu'il lui revient, en Extrême-Orient, de produire — la question restant ouverte de savoir si l'on est en droit de réunir sous une même rubrique, et en se fondant sur la seule *dénotation,* des éléments qui assument dans des systèmes aussi hétérogènes des valeurs et des fonctions dont la symétrie n'est peut-être qu'apparente. Si le détour par la Chine, plus immédiatement, manifeste l'articulation, matérialiste en son principe, du vide et du support — du vide comme support, du support comme vide —, il dévoile en même temps le sens du travail par lequel la peinture d'Occident s'est systématiquement employée à en oblitérer l'instance. Pour se limiter à un exemple particulièrement révélateur, lors même qu'avec les scènes de corrida de Goya (cf. le *Chien dans l'arène,* de la série des « peintures noires » de la Quinta del Sordo), cette peinture paraîtra s'ouvrir aux sollicitations du vide, une pareille ouverture obéira encore aux déterminations du trompe-l'œil, la zone laissée vide ne se donnant pour telle que moyennant l'évacuation des figures et leur regroupement dans les marges de la composition. L'impression de « vide » ainsi obtenue se réduit à un effet de « manque » qui n'en fait que mieux ressortir le *plein* du « fond » sur lequel les figures s'enlèvent, conformément à la donnée d'un système qui n'aura su produire la scène de la représentation qu'en substituant aux fonds d'or médiévaux un espace illusionniste construit selon les règles d'une perspective plus ou moins contraignante, *un espace qui fût lui-même une figure,* la cohérence formelle du système se mesurant en définitive moins à la rigueur, souvent relative, des figures dont il propose le modèle, qu'au degré de forclusion du support qu'il autorise, (et c'est bien pourquoi il aura fallu attendre le détour par la Chine pour avancer, en lui donnant enfin sa pleine résonance théorique, le mot : *dialectique*).

La rupture décisive interviendra avec les dernières œuvres de Cézanne, où, dans les lacunes, dans les manques de l'image, la toile elle-même impose l'évidence de sa matérialité, tandis que la prise en considération de la surface plane du tableau l'emporte, sans retour possible, sur la recherche de l'illusion de profondeur. C'est par ce déplacement de l'*image,* proposée à l'imagination, au *tableau,* offert comme tel à la perception, plus encore que par la déconstruction de l'espace traditionnel qui aura été le moyen de ce déplacement, que l'œuvre de Cézanne prend, au détour du XXe siècle, figure de *coupure.* Certes, l'impressionnisme, en substituant à la superposition en épaisseur des couches et glacis la juxtaposition sur le plan de touches discrètes de couleurs, avait déjà restitué à la surface picturale un semblant de réalité physique (à propos des peintures de Whistler,

Huysmans observait même que « la toile est avec cela à peine chargée, montrant pour un peu son grain [1] »). Mais la touche n'était encore pour Monet que l'instrument d'une dissolution des formes dans l'atmosphère : il faudra que vienne Cézanne pour la voir assumer, sur la toile, une fonction constructive [2]. Occupé qu'il était non plus à noter ses impressions, mais à transcrire des *sensations,* poursuivant avec obstination « la réalisation de cette partie de la nature qui, tombant sous nos yeux, nous donne le tableau [3] », Cézanne aura finalement été conduit à donner le pas à la lettre du tableau sur le chiffre de la représentation. Entre la lecture du modèle et sa réalisation [4], le tableau s'offre comme le lieu *fini* d'une conversion dont la touche, qui le répète dans sa forme et sa position [5], se présente comme l'opérateur. La touche, et non le trait : car la méthode de construction ne saurait se réduire au dessin, lequel ne restitue que la configuration du visible et ne saurait donner le « reflet », la lumière qui, par le « reflet général », fait l'enveloppe des choses (avec cette réserve d'importance capitale que *la lumière n'existe pas pour le peintre,* et qu'il faut distinguer, du point de vue théorique, entre les sensations *optiques,* qui se produisent dans l'organe visuel et font classer les plans selon leur degré de luminosité relative, et les sensations *colorantes* (et non : « colorées »), soit les signes qui *représentent* ces mêmes plans sur la toile, moyennant la conversion que Cézanne dénote « réalisation », et qui impose de produire, en termes théoriques, la question du signifiant en peinture [6]).

Tels sont les rapports radicalement nouveaux que le dessin noue chez Cézanne avec la couleur, que « les touches qui constituent les objets dans toute leur densité sont des lignes ouvertes », le contour d'une pomme étant constitué « d'innombrables traits qui se recouvrent les uns les autres, mais se glissent aussi dans les objets voisins », tout en se trouvant parfois,

1. Huysmans, *Certains,* « Whistler », p. 66.
2. Cf. Meyer Schapiro, *Cézanne,* trad. française, Paris, 1956, p. 6.
3. Paul Cézanne, lettre à Emile Bernard, 23 octobre 1905, *Correspondance,* Paris, 1937, p. 276.
4. « La lecture du modèle, et sa réalisation, est quelquefois très lente à venir pour l'artiste », Id., à Charles Camoin, 9 décembre 1904, *op. cit.*, p. 267.
5. Cf. Clement Greenberg, « Cézanne », in *Art and Culture,* Boston, 1961, p. 55.
6. Cf. Cézanne, à Charles Camoin, p. 268 ; à Emile Bernard, 23 décembre 1904, p. 269 ; au même, 23 octobre 1905, p. 276.

paradoxalement, à l'extérieur de la pomme [1]. Mais cette attention en partie double — attention au texte de la nature, attention au tableau comme texte, un texte, comme l'observe Clement Greenberg, dont la densité l'emporte en fin de compte sur celle de l'objet — explique encore le surgissement final de la toile dans l'intervalle des touches qui la ponctuent. La *thèse à développer* étant, « quel que soit notre tempérament ou puissance en présence de la nature — de donner l'image de ce que nous voyons en oubliant tout [ce] qui est apparu avant nous », Cézanne verra se poser à lui, l'âge venant, des problèmes qu'il n'avait pas prévus et qui ajouteront encore à la difficulté de la tâche : « Or, vieux, soixante-dix ans environ, les sensations colorantes qui donnent la lumière sont cause d'abstractions qui ne me permettent pas de couvrir ma toile, ni de poursuivre la délimitation des objets quand les points de contact sont ténus, délicats ; *d'où il ressort que mon image ou tableau est incomplète* [2]. » Bien entendu, l'aspect extraordinairement novateur des tableaux aussi bien que des aquarelles peints par Cézanne dans les dernières années de sa vie ne saurait être porté au compte d'une baisse quelconque de son acuité visuelle : ce qui importe, bien au contraire, c'est que le peintre ait tiré argument d'une moindre « puissance en présence de la nature » pour donner libre cours aux sensations colorantes [3], c'est-à-dire, encore une fois, aux signes des sensations optiques, et ouvrir ainsi les voies de l'*abstraction*, une abstraction dont il a su dire — avec quelle *pré-science* — que, rompant tout ensemble avec la néantisation du support et la délinéation, elle serait la conséquence de la conjonction dialectique de la couleur et de la surface. Car il n'était pas question, parvenu à ce point, de tâcher encore à sauver la figure par les moyens du trait, comme s'y emploieront les néo-impressionnistes : d'un côté l'image (mais non le *tableau,* ainsi que s'attacheront à le démontrer les peintres qui reprendront le travail de Cézanne au point où celui-ci l'aura laissé) est incomplète ; « d'un autre côté les plans tombent les uns sur les autres, d'où est sorti le néo-impressionnisme qui circonscrit les contours d'un trait noir, *défaut qu'il faut combattre à toute force* [4] ».

1. Schapiro, *op. cit.,* p. 17.
2. Cézanne, à Emile Bernard, 23 octobre 1905, *ibid.,* p. 277 (je souligne).
3. « Je regrette mon âge avancé, vu mes sensations colorantes. » Id., à son fils, 3 août 1906, *ibid.,* p. 281.
4. A Emile Bernard, p. 277.

Il est remarquable que Cézanne, tout en déplorant les infirmités de l'âge, ait su prendre la mesure de la rupture que préparait son travail : l'idée en revient sans cesse dans la correspondance des dernières années, sur un ton parfois prophétique (« Je travaille opiniâtrement, j'entrevois la terre promise. Serai-je comme le grand chef des Hébreux ou bien pourrai-je y pénétrer [1] ? »). Et il était si bien alerté du caractère parfaitement transgressif de sa pratique par rapport aux canons traditionnels de la figuration qu'il n'hésitait pas à se comparer au peintre du *chef-d'œuvre inconnu* (« Frenhofer, c'est moi »), à l'auteur de ce « prétendu tableau », de cette « muraille de peinture », comme parle Balzac, qui n'empruntait rien des dehors de la représentation et qui n'offrait aucune prise à une analyse procédant de la dénotation — sauf pour le spectateur à repérer dans « ce chaos de couleurs, de tons, de nuances indécises, espèce de brouillard sans forme », le bout d'un pied nu, « fragment échappé à une incroyable, à une lente destruction », et qui faisait le Pourbus de la nouvelle de Balzac s'écrier, rassuré en quelque façon : « Il y a une femme là-dessous ! » Les toiles de la dernière période de Cézanne n'ont rien de palimpsestes : mais comme dans le chef-d'œuvre inconnu, cette « muraille de peinture », les relations latérales de touche à touche, de ton à ton, l'emportent de façon décisive sur la relation verticale entre les figures et leur référent, la seule dont puisse connaître une lecture astreinte à l'ordre de la dénotation verbale ; cette latéralité s'imposant à son tour comme ordre de la lettre, *littéralité* où les « blancs » eux-mêmes « assument l'importance » (Mallarmé), et où le support s'égale au vide, ce même vide — comme un support — dans lequel les atomes se groupaient, selon Epicure, dans un ordre et un arrangement divers, « comme les lettres qui, tout en étant en petit nombre, produisent pourtant, quand elles sont diversement rangées, des mots innombrables [2]. »

Lecteur assidu du *De Natura rerum,* Cézanne prétendait que pour bien peindre un paysage, il lui fallait en découvrir d'abord les assises géologiques [3]. D'où, au rebours des études de ciels et de nuages de ses prédécesseurs romantiques et impressionnistes, tant d'études de rochers, saisis dans leur stratification, leur

1. A Ambroise Vollard, 9 janvier 1903, p. 252.
2. Lactance, *Divin. Instit.*, III, 17, cit. par Maurice Solovine, in *Epicure, Doctrines et maximes,* Paris, 1937, p. 118-119.
3. Joachim Gasquet, *Cézanne*, Paris, 1926, p. 117-118.

morcellement, leurs failles, et dont il aura poussé l'analyse, en termes de sensations colorantes, jusqu'à leur donner l'apparence d'amoncellements de nuées, retournant en somme la phrase de Lucrèce (« Souvent il nous semble voir s'avancer de hautes montagnes, entraînant des roches arrachées à leurs flancs... », cf. 1.5.). Mais ce renversement, à la différence de celui que paraît impliquer le « service des nuages », revêt une portée véritablement dialectique, dans la mesure où la dé-construction cézannienne, loin qu'elle s'inscrive dans le prolongement d'un nuagisme plus ou moins fantasmatique, produit au contraire, au titre de composante matérielle du procès pictural, l'élément même que le paysage romantique tâchait encore à oblitérer, la surface comme support de toute inscription, de toute construction, le support comme surface, matière première qu'il appartient à la peinture d'articuler. Cette production confère à l'interminable théorie du /nuage/ dans la peinture d'Occident son sens, en même temps qu'elle en rend manifeste la fonction d'écran au service du refoulement : refoulement du signifiant, refoulement de la *peinture* en tant que pratique spécifique, procès matérialiste de production. Il appartenait à la théorie, entendue non plus comme procession d'œuvres ou de textes, mais comme production de concepts, de montrer comment un certain « nuagisme » a pu faire écran au retour du refoulé que signale, dans ses contradictions mêmes, le texte de Ruskin, et de pointer le moment où s'opère, dans l'œuvre de Cézanne, la levée de la censure. Mais il importe, au terme de ce travail, de prévenir toute confusion : le support, la « toile » telle que Cézanne la dévoile, la constitue au titre de signifiant, ce support, cette toile n'a rien, comme le voudrait l'idéologie positiviste, d'une *donnée de fait* (il suffit à cet égard d'observer, avec Meyer Schapiro, que le plan pictural préparé, délimité, pour ne rien dire du panneau indépendant, est un acquis relativement récent dans l'histoire de l'humanité, et que pendant des millénaires la peinture aura eu pour support les parois les plus irrégulières, allant jusqu'à tirer parti à l'occasion — comme on le voit par exemple à Altamira — des accidents de la roche [1]). Elle est le produit d'une histoire, l'histoire de la peinture occidentale, qui reste encore à écrire d'un point de vue matérialiste.

1. Cf. Meyer Schapiro, « On Some Problems in the Semiotics of Visual Art : Field and Vehicle in Image-Signs », *Semiotica,* vol. I, (1969), n° 3, p. 223-224, trad. franç. à paraître.

Le vide, en particulier, avec lequel Cézanne renoue dans ses aquarelles, ne saurait être confondu avec celui dont joue la peinture chinoise et qui est, quant à lui, le produit d'une *autre* histoire, elle aussi encore à écrire. Mais si l'idée d'une telle histoire, en même temps que celle d'une théorie générale qui articulerait les histoires particulières dans une perspective dialectique, si cette idée peut aujourd'hui être avancée, c'est que la peinture contemporaine, par son développement, en impose la tâche. D'où le paradoxe où cette peinture trouve son *départ,* et qu'El Lissitzky a traduit à sa façon dans sa conférence sur « le nouvel art russe » (1922), lorsqu'il affirmera tout à la fois que, l'art ne connaissant pas d'évolution, le nouvel ordre pictural ne devait rien au passé, et que la surface plane de la toile suprématiste apparaissait comme l'expression ultime de l'espace, le dernier chaînon dans la longue suite des « impressions d'espace » à quoi se ramène cette évolution[1]. Le plan blanc, « infini », de Malevitch, les panneaux *finis* (mais, fini ou infini, ces notions n'ont plus alors le sens qu'elles pouvaient avoir dans le contexte renaissant), carrés ou rectangulaires de Mondrian, en même temps qu'ils apparaissent comme le produit direct de la coupure cézannienne, s'inscrivent au départ de la peinture moderne, une peinture enfin débarrassée des nuages qui l'encombraient. Et bien sûr, il faudrait ici marquer encore les retours du nuage, à l'époque cubiste, en tant qu'élément à la fois constructif et de remplissage, dans les *Fenêtres* et les *Tours* de Delaunay ou dans *la Noce* de Léger, sa récurrence, chez le même Léger, au titre d'objet « démystifié », cerné du même contour qu'une feuille ou un guidon de vélo, élément hasardeux que *fixeront,* suivant le mot du peintre, les structures métalliques des *Constructeurs* ; ou encore, chez Liechtenstein, sous l'espèce d'une déchirure dans la continuité d'une trame régulière ; sans oublier le rôle qu'il aura assumé, reflet indéfiniment reporté, dans la série — contemporaine des premières compositions de Mondrian — des *Nymphéas* de Monet, qui préparent, par leur format, le travail d'un Pollock, étendu aux dimensions de la toile qui en supporte l'impact. Mais ces retours, ces détours n'ont de sens, ne prennent leur sens dialectique qu'au regard d'une autre histoire, encore improbable, celle de l'art moderne, dont ce travail, en même temps qu'il en procédait, aura seulement

1. El Lissitzky, « New Russian Art : a Lecture », 1922. Cf. Sophie Lissitzky-Küppers, *El Lissitzky*, trad. angl., Londres, 1968, p. 334.

prétendu à désigner le seuil : une histoire où la peinture, pour emprunter enfin le langage de Marx, cesserait de feindre que la réalité sublime que l'habit confère à la toile puisse être séparée de son corps plus ou moins raide et filamenteux, et qui tâcherait à exprimer ses pensées dans un autre langage que celui de la *marchandise,* ce même langage qui faisait Pontormo considérer la peinture comme une manière de tissage qui ne se distinguait pas, sinon par la valeur relative qui s'y attache, du tissage de la toile elle-même, conformément au principe énoncé par Marx et qui veut que tout travail, en tant qu'il produit de la valeur, se laisse ramener à une même mesure abstraite qui fait de l'habit l'équivalent de la toile et le miroir de sa valeur (dans le système classique, la toile n'a de valeur, d'ailleurs dérisoire, que dans son rapport au tableau, référence où s'abolit sa matérialité. ayant seule un prix la croûte superficielle dont elle est recouverte, le vêtement qui la dissimule) ; une histoire, à être posée comme matérialiste, non plus quantitative mais qualitative, non plus comptable mais dialectique, et qui, loin de traiter le travail pictural comme une marchandise, et eu égard à la seule valeur qu'il produit, saurait le penser dans ses déterminations matérielles, au titre de pratique spécifique dont la productivité se mesurerait à l'étendue des effets auxquels elle peut prétendre dans l'ordre symbolique.

INDEX
DES NOMS CITÉS

Abbate, N. dell', 16.
Accolti, P., 186.
Adamnanus, 109.
Alberti, L.-B., 43, 44, 55, 118, 130, 132, 146, *152-166*, 177, 179, 185, 186, 188, 190, 193, 195, 202, 217, 219, 220, 223, 225, 227, 234, *239-240*, 285, 287, 290, 291.
Alciat, A., 37, 80.
Alleton, V., 290, 291.
Althusser, L., 312.
Angelico Fra, 107.
Apelle, 180.
Apollonius de Thyane, *53-54*.
Appianus, P., 229, 236.
Arétin (P. Aretino), 39.
Aretusi, C., 16.
Argan, G.-C., 162, 178, 212, 235.
Aristophane, 259.
Aristote, 25, *55-57*, 210, 224, 225, 232, 239, 242, 259, 281, 312.
Armerini, G.-B., 243.
Artaud, A., 136, 277.
Augustin, saint, 215.
Ausonius, 176, 180, 182.

Bachelard, G., *32-33*, 35, 39.
Baciccia (G.-B. Gauli), 17, 19, *246-247*.
Bacon, F., 86.
Badt, K., *268-269*.
Baker, H. F., 232.
Baltrušaitis, J., 52, 88, 186, 187, 188, 233.
Balzac, H. de, 316.
Barbaro, D., 186.
Barthes, R., 26, 164.
Baruzi, J., 70.
Batard, Y., 236.
Baudelaire, C., 257, 269.
Baudoin, J., 80, 83.
Bellini, G., 177.
Bellori, G., 16, 19.
Benedetto da Majano, 168.
Benjamin, W., *95-97*.
Benveniste, E., 115, 134.
Berenson, B., 131.
Bernard, E., 314, 315.
Bernin (G.-L. Bernini), 67, 246.
Berti, L., 58.
Bianconi, P., 36.
Bing, S., 277.
Blanchot, M., 226.
Blake, W., 261.
Boccace, 135.
Boeck, W., 169.
Bonaventure, saint, 133, 139.
Bordone, P., 38.
Borromini, F.-C., 246.
Bosse, A., 88, 159.
Bottari, G., 16, 39.
Bottari, S., 243.
Botticelli, S., 53, 57, 155, 230, 236.
Bramante, D., 237, 240.
Braque, G., 43, 154, 196.
Brecht, B., 304, 311.
Brunelleschi (F. di Ser), 91, 105, 106, 122, 146, *157-158*, 162,

164, *166-171*, 177, 178, 179, 185, 186, 192, 194, 195, 215, 225, 226, 234, 235, 237, 239, 253, 254, 280.
Brunet, G., 76.
Bruno, G., *228-229*, 234, *237-240*, 245.
Buffon, 248.
Burckhardt. J., *12-14*, 20, 21, 28, 29, 31, 61, 62, 75, 215, 243, 246.
Burnacini, L., 114.

Cahill, J., 285, 293, 294.
Cai Dong, 308.
Camman, S., 230, 236, 280.
Camoin, C., 314.
Campanella, T., 236.
Canguilhem, G., 48.
Canova, G., 38.
Caravage, (M.-A. Merisi), 211.
Carrache, An., 12, 16, 17, 18, 30, 243.
Carrache, Aug., 16, 18.
Carrache, L., 16, 18.
Carus, C.-G., 270.
Cassirer, E., 144.
Castagno, A. del, 226.
Cecca (F. d'Angelo), *104-106*.
Cecchelli, C., 147, 209.
Cecchi, E., 128, 137.
Cennini, C., 44, 125, 179.
Cézanne, P., 19, 48, 178, 180, *313-317*, 318.
Chang Tung-Sun[1], 292, 293, 294, 295, 298.
Chastel, A., 134, 164, 168, 236.
Chateaubriand, R. de, 296.
Chomsky, N., *120-121*.
Cigoli (L. Carli), 19, *244-245*.
Cimabue, 135.
Cipriani, R., 101.
Cochin, C.-A., 81.
Cohen, G., 106, 108.
Constable, J., *268-270*.
Copernic, *232-233*.
Copley, J.S., 260.
Corrège (A. Allegri), *11-40*, 41, 49, 61, 62, 66, 69, 74, 76, 94, 98, 106 179, 183, 184, 185, 196, 201, 202, 204, 237, *239-240*, *242-243*, 245, 254, 261.
Cortone, P. de, 17, 18, 244, 246.
Cosimo, P. di, 49, 50, 256.
Courel, F., 73.
Cozens, A., 256, 260.

Dahl, J. C., 268.
Dai Xi, 294.
D'Alembert, 92.
Dante, 37, 242.
David, L., 91, 93.
Debussy, C., 275.
Degas, E., 269.
Delacroix, E., 285.
Delaunay, R., 318.
Derrida, J., 44, 100, 136, 137, 143, 160, 178.
Desargues, G., 159, 225, 231.
Descartes, R., 86, 225.
Desportes, C., 267.
De Wald, E.T., 208.
Donatello, D., 163, 168, 185.
Dong Qichang, 277, 283, 286, 303, 308.
Dong Yyuan, 279.
Duhem, P., 220, 224.
Dumézil, G., 39, 158, 300.
Dürer, A., 77, 107, 108, 113, 119, 155, 157, 180, 183, 186, *203-205*.
Dvořak, M., *197-199*, 203.

Eikhenbaum, B., 43, 45.
Eitel, E.J., 299.
Eliade, M., 67, 68.
Épicure, 55, 259, 271.
Érasme, 176, *180-183*.
Euclide, 169, 245.

Fargues, A., 139.
Faye, J.P., 43.

1. On a noté en italique les noms chinois qui apparaissent dans le texte dans la graphie de l'E.F.E.O.

Février, J., 141, 142.
Fichant, M., 220.
Fielding, C., 257, 260.
Fiocco, G., 184.
Focillon, H., 46, 277, 278, 286.
Fontaine, A., 267.
Foucault, M., 54, *84-86*, 89.
Francastel, P., 68, 71, 94, 100, *102-103*, 111, 113, 131, 135, 137, 178, 226, 235, 245.
Francesca, P. della, 153, 164, 179, 212, 214.
Freud, S., 126, 127, 132, 219.
Friedländer, W., 198.

Galilée, G., 19, 88, 157, *187-188*, 231, 234, *241-245*.
Gasquet, J., 316.
Gaucher, C.E., 81.
Gauguin, P., 45, 278.
Gauricus, P., 155, 156.
Gernet, J., 121.
Geyer, P., 109.
Giles, H., 52.
Ginzberg, L., 78.
Giorgione (G. da Castelfranco), 49, 196.
Giotto, 67, 93, 122, *124-140*, 150, 163, 165, 237.
Gloton, M.-C., 18, 19, 246, 248.
Gnudi, C., 134.
Gobry, Y., 136.
Goethe, W., 181, *267-270*.
Gombrich, E., 256.
Goya, F., 79, 313.
Gozzoli, B., 128.
Grabar, A., 78, 147, 149, 150, 210.
Granet, M., 230, 295, *297-303*.
Gravelot, H.F., 81.
Greco, D.Th., *197-199*, 202, 204, 205.
Greenberg, C., 314, 315.
Grégoire le Grand, 76.
Grimm, H., 96-98.
Guerchin (G.F. Barbieri), 246.
Gu Kaizhi, 307.
Guo Xi, 297, 299, 300, 311.

Han Zhuo, 286.
Harding, F., 257, 261.
Haskell, F., 77.
Hawes, L., 268.
Hegel, G.W.F., 131, 234.
Hérodote, 55.
Hiroshige, 278.
Hjelmslev, L., 24, 25, 30, 31, 182.
Horapollon, 79.
Howard, L., 267-269.
Houang Ts'iuan, 284.
Huang Dachi, 277.
Hui Zong, 308.
Husserl, E., 46.
Huysmans, J.K., 260, 314.
Hyatt Mayor, A., 114.

Ignace de Loyola, saint, *71-73*, 248.
Ingres, J.D., 285.

Jakobson, R., 42, 63, 121, 125, 206, 212.
James, M.R., 202.
Janson, H.W., *53-54*.
Jantzen, H., 132.
Jean de la Croix, saint, *69-71*.
Jing Hao, 296.
Joyce, J., 43.
Juan de Flandres, 108.

Kant, E., 43, 225.
Kepler, J., 223, *231-233*, 236, 240.
Kernodle, G.R., 94, 100, 102, 111, 213, 247.
Khlebnikov, V., 43.
Kircher, A., 79.
Klee, P., 57, *290-291*, 299.
Klein, R., 80, 156, 225.
Knappe, K.A., 113.
Koyré, A., 157, *219-222*, 224, *228-233*, 237, 239, 241, 245.
Kristeva, J., 46, 48, 136, 165.
Kroeber, A., 50.

Lacan, J., 145.
Lactance, 316.
Landino, C., 37.

Lanfranco, G., 17, 19, 244.
Lao-Tseu, 305.
Lebègue, R., 114.
Lebensztjen, J.-C., 256.
Lee, R.W., 42.
Leeuw, G. van der, 67.
Léger, F., 318.
Lehmann, K., 235.
Leibowitz, R., 274, 275.
Lénine, V.I., 312.
Leoni, G., 161.
Leriche, R., 48.
Leroquais, V., 209.
Leroy, O., 70, 139.
Lévi-Strauss, C., 103.
Li Cheng, 283, 304, 310.
Li Ri-hua, 309.
Li song, 288.
Liechtenstein, R., 318.
Lippi, F., 155.
Lissitzky, El., 318.
Lissitzky-Kuppers, S., 318.
Lomazzo, G. P., 188.
Longhi, R., 101, 240.
Lorrain, C., 254, 256, 257, 259.
Lou-tch'ai-che, 301.
Lowinsky, E. E., 234.
Lucrèce, 54, 55, 237, 239, 271, 317.
Lu Tanwei, 307.
Luther, 203.

Machiavel, 201.
Mac Mahon, P., 52, 53.
Mahelot, 214.
Ma Hezhi, 283.
Mâle, E., 109, 111.
Malevitch, K., 43, 318.
Mallarmé, S., 34, 251, 278, 302, 316.
Malraux, A., 95.
Manetti (A. di Ciaccheri), 169.
Manetti (A. di Tuccio), 157, 166, 168, 169, 194, 195.
Mannheim, K., 199, 205.
Mantegna, A., 11, 35, 54, 101, *102-105*, 106, 113, 177, *183-185*, 187, 188, 201, 202, 226, 237.
Marinangeli, B., 125.
Marx, K., 312, 319.
Masaccio, T. di G., 122, 167, 185, 214, 285.
Masen, J., 72.
Masolino, T. di C., *150-152*, 211, 214, 215, 226.
Matz, F., 177.
Meiss, M., 53, 124.
Melzi, F., 195.
Mengs, A. R., 11, 16, 17, 20, 21, 23, 24, 28, 29, 32, 35, 41, 247.
Merleau-Ponty, M., 48, 186.
Michel, P.-H., 242.
Michel-Ange, 13, 18, 37, 61, 98, 198, 237, 244.
Mi Fu, 279, 282, 284, 297, 302, 304, 308, 310.
Milanesi, G., 169.
Mi Youren, 277.
Mondrian, P., 43, 318.
Monet, C., 181, 266, 314, 318.
Montaigne, 232.
Müntz, E., 97, 99.
Murillo, B.E., 66, 73.

Newton, I., *220-221*, 232, 240, 248, 270.
Nicolas de Cues, 229, 249.
Nietzsche, F., 273, 275, 277.
Nordenfalk, C., 78, 210.

Ockham, G. d', 220.
Ovide, 38.
Palingenius, M. S., 229, 239.
Palladio, A., 235, 236.
Pascal, B., *248-249*.
Panofsky, E., 21, 35, 37, 70, 88, 98, *117-119*, 122, 123, 132, 144-145, 149, 155, 157, 176, *180-182*, 186, 188, 199, *203-204*, 225, 238, 243.
Paris, L., 112.
Parronchi, A., 158, 170, 185, 225.
Passeri, G.B., 77.
Pautrat, B., 27.
Pêcheux, M., 220.

Peirce, C.S., 30, 59, 90, 125, 162, *194-195*.
Pelicani, B., 170, 225.
Pérugin (P. Vanucci), 238.
Peruzzi, B., 236.
Petrucci, R., 52, 279, 281, 286, 292, 294, 302, 303, 305, 306, 307.
Philostrate, *53-54*, 57.
Picasso, P., 43.
Piombo, S. del, 37.
Platon, 84.
Pline, 52, 53, 55, 166, 180, 181, 182, 296.
Pollock, J., 318.
Pontormo, J., *57-58*, 183.
Pope-Hennessy, J., 169.
Popham, A.H., 36, 37.
Porcher, J., 208.
Pourbus, F., 316.
Poussin, N., 177, 211, 257, 259.
Pozzo, A., 18, *246-248*.
Praz, M., 72, 81, 91.
Protogénès, 53.
Prout, S., 257.
Ptolémée, 232.

Qin Shi huangdi, 300.
Quintavalle, A. G., 12, 240.
Quintilien, 166.

Rainaldi, C., 246.
Raphaël (R. Sanzio), 16, 21, 62, 63, 72, 74, 75, 77, 81, *96-99*, 201, 236, 237, 238.
Réau, L., 113.
Redon, O., 204.
Rembrandt, H. van Rijn, 261.
Reni, G., 246.
Reynolds, J., 261.
Ricci, C., 14, 32, 37.
Richard, J.-P., 34.
Richeome, père, 72.
Riegl, A., 15, 16, *20-23*, 24, *176-177*, 237, 240.
Ripa, C., 37, *80-90*, 161, 248.
Rousseau, J.-J., *43-44*, 55, 287.
Rubens, P.P., 91, 212, 261.
Ruhmor, K.F., 96.
Ruskin, J., 177, *257-272*, 273, 277, 278, 286, 311, 317.
Ruysdael, J., 254, 269.
Ryckmans, P., 279, 283, 284, 285, 287, 288, 289, 292, 294, 295, *298-302*, 305, 306, 307, 308.
Rykwert, J., 161.

Sacchi, A., 246.
Sakanishi, S., 304.
Sambucus, J., 230.
Sanchez-Canton, F.J., 108.
Sanpaolesi, P., 170.
Sartre, J.-P., 30, 46.
Sabbatini, N., 99.
Saussure, F. de, 113, 121, 205, 207.
Savonarole, 203.
Schapiro, M., 49, 76, *109-110*, 113, 209, 314, 315, 317.
Schefer, J.-L., 120.
Schelling, F.G., 270.
Schlegel, U., 185.
Schon, E., 186.
Schönberg, A., 275.
Schongauer, M., 108.
Semper, G., 169.
Seurat, G., 19.
Shelley, P., 35, 268.
Shen Zongqian, 309.
Shitao, 279, 282, 284, 285, 288, 289, 292, 294, 295, 297, 298, 300, 301, 302, 305, 306, 307.
Signorelli, L., 103.
Siu Hi, *284*.
Siu Wen Tch'ang, *301*.
Sollers, P., 238, 312.
Solovine, M., 316.
Song Di, 52, 283.
Soper, A., 293.
Soria, M., 63, 65, 66, 68, 101.
Stanfield, C., 260.
Stendhal, 20, 24, 39.
Stravinsky, I., 43.
Swann, P., 283.

Tang Dei, 289.
Tang Hou, 284,

Tang Zhigi, 310.
Tasse (T. Tasso), 88.
Tempesta, A., 50.
Testa, P., 76.
Thérèse d'Avila, sainte, 65, 67, *69-71*, 199.
Thomas, saint, 215.
Thomas a Kempis, 64.
Thomas de Celano, 139.
Tibaldi, P., 16.
Tiepolo, G.-B., 254.
Tintoret, J. Robusti, 99, 198, 201.
Tintori, L., 124.
Titien, T. Vecellio, 16, 21, 76, 243,
Todorov, T., 43, 206.
Toscanelli, P., 225.
Turner, W., *257-266*, 273.
Tynianov, J., 206, 212.

Uccello, P., 103, 122, 146, 163, 168, 169, 170, 178, 226, 238, 285.

Valéry, P., 269.
Vandier-Nicolas, N., 279, 282, 283, 284, 287, 296, 297, 299, 302, 303, 304, 308, 309.
Van Eyck, J., 146.
Van Gogh, V., 181.
Vasari, G., 36, 49, 96, 104, 105, 106, 135, *167-168*, 169, 170, 178, 179, 211.
Venturi, A., 37, 164.
Verheyen, E., 36, 37, 38, 39.
Véronèse, (P. Cagliari), 100, 212.
Vinci, L. de, 49, 50, 52, 53, 57, 91, 159, 170, 178, 179, 182, *188-196*, 201, 214, *215-226*, 234, 242, 256, 258, 262, 303, 312.
Virgile, 177.
Vitellion, 225.
Vitruve, 176, 244.
Vollard, A., 316.
Vuillemin, J., 173, 226.

Wagenseil, J., 75.
Wagner, R., *273-276*.
Webern, A., 275.
Weng-Tch'ang, *301*.
Wang Wei, 284.
Weyden, R. Van der, *117-119*, 122, 127, 131.
Whistler, J.A., 278, 302, 313.
White, J., 127, 128, 131, 133, 163, 215.
Winternitz, E., 233.
Wölfflin, H., *14-15*, 17, 18, 23, 26, 41, 61, 90, 97, 98, 179, 182.
Wu Daozi, 307.

Xie He, *293-294*, 296.

Yakoubinski, L., 45.

Zao Qianli, 283.
Zhang Yanyuan, 282, 283, 304, 309.
Zhang Sengyou, 307.
Zong Bing, 300.
Zou Yigui, 283.
Zurbaran, F., *63-73*, 74, 92, 94, 98, 99, 101, *199-200*, 214.

TABLE

1. SIGNE ET SYMPTÔME

1.1. COUPOLES 11

1.1.1. Principes 11
Trompe l'œil, 12. — Description, 12. — Espace/lumière : la destruction du cube perspectif, 14.

1.1.2. Prestige 15
Opération, 16. — Modèle série, 17. — Blocage, 18.

1.1.3. Grille 19
Concepts, 20.

1.2. INDEX 24

1.2.1. Procès : texture 24
Style système, 26.

1.2.2. Le /nuage/ du Corrège 26
Signes et figures, 30.

1.3. LA MACHINE ET LE RÊVE 32

1.3.1. Thématique 32
Mouvement, 32. — L'air, le ciel, 35.

1.3.2. Fantasmes 38
Io, 38. — Fonctions, 39.

1.4. L'ÉCART ET LA NORME 41

1.4.1. Le pays de l'erreur 41
« Ut pictura poesis », 42.

1.4.2. Le normal et le pathologique 47
Taches, 49.

1.5. LE NUAGE, LA PEINTURE 51

L'œuvre de la Fortune, 51. — Miroirs, 55. — Les deux dimensions de la théorie, 57.

2. LE SIGNE ET LA REPRÉSENTATION

2.1. ICONOMYSTICA 61

2.1.1. Valeurs d'emploi 61
Zurbaran, 62.

2.1.2. Images 63
Extases et transports, 63. — La nuée mystique, 65.

2.1.3. Le code hiérophanique 67
Signes / symboles, 67. — Séquences, 68.

2.1.4. Fonctions de la représentation 69
L'expérience et ses figures, 69. — Du bon usage des images, 71.

2.2. LES DEUX MODES DE LA REPRÉSENTATION 74

2.2.1. L'écriture et la représentation 74
Présentation,/représentation, 74. — L'apparition dans la nuée, 77.

2.2.2. Le signe et la représentation 79
Iconologie et iconologique, 79. — Image et définition : l'image de la Beauté, 81. — L'élément de la représentation, 83. — Le signe et la similitude, 85. — Intarsia I, 88. — Le nuage de la représentation, 89.

2.3. LE THÉATRE DE LA PEINTURE 91

2.3.1. L'objet de la représentation 91
L'art et le spectacle, 91. — Le dédoublement de la représentation, 92.

2.3.2. La substitution 95
Valeur de représentation et valeur d'exposition, 95. — La représentation possible, 98.

2.4. REPRÉSENTATION / RÉPÉTITION / SUBSTITUTION 100

2.4.1. Décors 100

2.4.2. La Nuvola 102
Engins, 102. — Spectacles, 104.

2.4.3. La fonction représentative du signe 106
L'accessoire d'une mise en scène, 106. — Réalité spectaculaire et réalité figurative : la peinture comme représentation, 110. — Répétition, substitution, 111. — Le système et les emprunts, 112.

3. L'ESPACE SYNTAXIQUE

3.1. Un problème de lecture 117

3.2. L'écriture de la représentation 120

3.2.1. Remarque 120

3.2.2. Figuration et représentation 122
Le récit d'Assise, 124. — Le drame giottesque et ses acteurs, 127. — Volonté d'écriture, 131. — Le geste et la parole, 135. — Le nuage de saint François, 137.

3.3. La surface et les signes 141

3.3.1. L'espace scripturaire 141
Constantes, 141. — Perspectives, 143.

3.3.2. Syntaxes 146
Antiquité du procédé, 146. — Masolino, 150.

3.3.3. L'histoire et la géométrie 152
L'office du peintre, 152. — Perspective et répétition, 155.

3.3.4. Intarsia II 159
Le paradigme de l'écriture, 159. — Point / signe / surface, 160. — Un espace sans profondeur, 164. — Le mythe de Narcisse, 165.

3.3.5. Le miroir aux nuages 166

4. PUISSANCES DU CONTINU

4.1. Le « style » et la théorie 175

4.1.1. Une structure d'exclusion 175
L'impensé du système, 175. — « Nebulae in pariete », 180.

4.1.2. Du linéaire au pictural 183
La lunette de Mantegna, 183. — Chimères : l'anamorphose et la nuée, 185. — Léonard I, 188. — Symbole, icône, index, 193.

4.2. Le ciel et la terre 197

4.2.1. Aisthésis 197
Greco, 197. — Le système comme champ de production, 199. — Apocalypses, 201.

4.2.2. Sémiologie et sociologie 204
Productivité / créativité, 204. — Figures médiévales, 207. — La duplication du ciel et du fond, 209. — Série picturale et série théâtrale, 211.

4.2.3. Science / Peinture 214
Le nuage et la clôture de la représentation, 214. — Léonard II, 215. — L'étrange faculté, 222.

4.2.4. Le tabou de l'infini 223
Une structure de contradiction, 223. — Physique et métaphysique, 227. — Coupoles cosmiques et coupoles célestes, 232. — Les nuages de Galilée, 241. — « Perspectivae pictorum atque architectorum », 245.

5. BLANC SOUCI DE NOTRE TOILE

5.1.1. Le service des nuages 253
Les « merveilleux nuages », 257. — Météorologiques, 267. — L'« idéal » wagnérien, 273.

5.1.2. L'hiéroglyphe du souffle 277
La Chine et ses nuées, 277. — Dessinateurs et souffleurs de nuages, 281. — Le trait de pinceau, 283. — La chair et les os, 286. — Hua / la délimitation, 290. — Ouvrir le chaos, 293. — Yin / Yang, 296. — Citations, 303. — L'inscription du vide, 307.

5.1.3. La toile et l'habit 312

INDEX DES NOMS CITÉS 321

ILLUSTRATIONS

FIGURES

Fig. 1 *La Beauté,* 82
Figure extraite de *l'Iconologie* de Ripa.

Fig. 2 Dürer, *L'Ascension du Christ,* 107
Extrait de la petite *Passion* sur bois.

Fig. 3 Giotto, *Extase de saint François,* 129
Analyse de la structure de l'*intonaco.* D'après Tintori et Meiss.

Fig. 4 Reconstitution de la première expérience de Brunelleschi, 127
D'après Parronchi, *La Dolce Prospettiva,* fig. 91, Milan, Martello éd.

Fig. 5 *Physicae ac Metaphysicae differentia,* 230
Extrait de J. Sambucus, *Emblemata.*

Fig. 6A Ruskin, *Perspective de nuages* (rect.), 264
Extrait de *Modern Painters,* tome V.

Fig. 6B Ruskin, *Perspective de nuages* (curv.), 265
Ibid.

Fig. 7 Klee, *Figure,* 291
Extrait de *Das Bildnerische Denken,* p. 39.

PLANCHES

I A Corrège, *La Vision de saint Jean à Patmos*
Coupole de Saint-Jean-l'Evangéliste, Parme (*Alinari-Giraudon*).

I B Mantegna, lunette du plafond de la Chambre des Epoux
Mantoue, palais ducal (*Anderson-Giraudon*).

II Zurbaran, *Vision du bienheureux Alonso Rodriguez*
Madrid, Académie de San Fernando (*Anderson-Giraudon*).

III Mantegna, *L'Ascension du Christ,* volet droit du triptyque de *L'Adoration des Mages*
Florence, musée des Offices (*Anderson-Giraudon*).

IV A *L'Ascension du Christ,* détail. Mosaïque de l'abside de l'église des Saints-Cosme-et-Damien
Rome. VIe siècle (*Anderson-Giraudon*).

IV B Giotto (?), *L'Extase de saint François*
Assise. Basilique supérieure (*Anderson-Giraudon*).

V Masolino, *Fondation de Sainte-Marie-Majeure.*
Naples. Musée de Capodimonte (*Anderson-Giraudon*).

VI A *Le Songe de Jacob.* Bible (c. 1300)
Collection Pierpont Morgan, Ms. 138, New York, Fol. 42r.

VI B *Astronome, copiste et computiste.* Psautier de Paris (XIIIe siècle)
Bibliothèque de l'Arsenal, Ms. A. 46185, Fol. Iv. (*B.N.*).

VII A Constable, *Etude de nuages* (datée du 6 septembre 1882)
Londres. Victoria and Albert Museum.

VII B Attribué à Gao Ranhui (XIIIe-XIVe siècle), *Brouillard d'été*
(Attribué par la tradition à Mi Fu.) Collection part., Japon. (*Photo J.-R. Masson.*)

VIII Léger, *La Noce* (1911-1912)
Paris. Musée d'art moderne. (*Giraudon.*)

COMPOSITION : HÉRISSEY À ÉVREUX
IMPRESSION : REPRINT/AUBIN À LIGUGÉ (12-88)
D.L. 2e TR. 1972. No 2990-4 (L 30198)

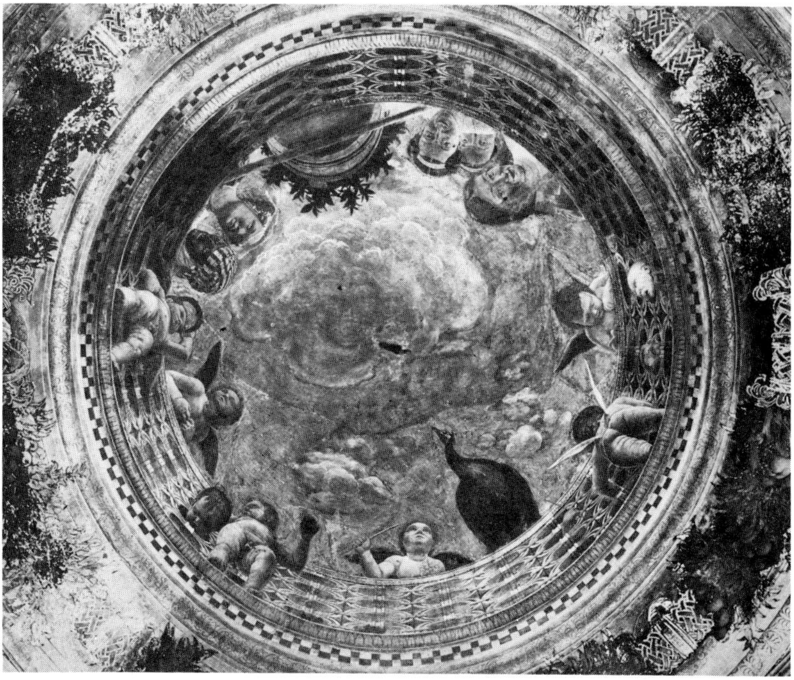